國家社會科學基金資助項目（11BZW045）
國家古籍整理出版專項經費資助項目

唐宋史料筆記叢刊

唐摭言校證

上

〔五代〕王定保 撰
陶紹清 校證

中華書局

圖書在版編目(CIP)數據

唐摭言校證/(五代)王定保撰;陶紹清校證. —北京:中華書局,2021.7(2023.3 重印)
(唐宋史料筆記叢刊)
ISBN 978-7-101-15197-8

Ⅰ.唐… Ⅱ.①王…②陶… Ⅲ.科舉制度-歷史-中國-唐代 Ⅳ.D691.3

中國版本圖書館 CIP 數據核字(2021)第 091839 號

責任編輯:胡 珂 劉 學
責任印製:陳麗娜

唐宋史料筆記叢刊
唐摭言校證
(全二册)
〔五代〕王定保 撰
陶紹清 校證
*
中華書局出版發行
(北京市豐臺區太平橋西里 38 號 100073)
http://www.zhbc.com.cn
E-mail:zhbc@zhbc.com.cn
北京新華印刷有限公司印刷
*
850×1168 毫米 1/32 · 23½印張 · 4 插頁 · 463 千字
2021 年 7 月第 1 版 2023 年 3 月第 2 次印刷
印數:3001-4000 册 定價:85.00 元

ISBN 978-7-101-15197-8

目録

上册

下　册

前言

與唐五代科舉史相關的史料，目前存世的主要有兩種，一是清代徐松所撰的登科記考，實際上是一部唐五代科舉史料編年數據庫性質的工具書；另一部就是唐末五代王定保撰的唐摭言。唐摭言又名摭言，足本十五卷，是現存唯一一部由唐人親撰的唐代科舉專書，書中全面系統地記録了有唐一代科舉制度的形態、發展、變遷等史實，保存了大量與科舉相關的重要資料，爲我們今天瞭解和研究唐代科舉制度和當時文人的生活、思想、交往以及創作，提供了豐富的文獻史料。有些如王勃撰滕王閣序、裴度還帶、薛書記十離詩、白居易謁顧況、孟浩然無官受黜、王播碧紗籠題詩等條，雖然不一定完全符合史實，但卻爲後代小説、戲劇創作提供了豐富的素材。四庫總目提要給予很高的評價：「是書述有唐一代貢舉之制特詳，多史志所未及，其一切雜事，亦足以覘名場之風氣，驗士習之淳澆，法戒兼陳，可爲永鑒，不似他家雜録但記異聞已也。」

爲了更便於讀者閲讀和使用，我們試著對這部書作了較爲全面的校勘，對其中記載的人物史實也分別做了一些考訂工作。下面就本書的作者、版本、編纂體例和價值作一些簡要的介紹。

一、王定保生平及家世

唐摭言，唐末五代王定保撰。定保，字不詳，唐末迄五代豫章南昌（今江西南昌）人。

王定保的生年，有其自述：「定保生於咸通庚寅歲。」（唐摭言卷三散序）即唐懿宗咸通十一年（八七〇），這是没有疑問的。而對於他去世的時間，學界還有争議，主要有南漢大有十三年（九四〇）和十四年兩説。資治通鑑卷二八二説：「是歲（後晉天福五年，即南漢大有十三年），漢門下侍郎、同平章事趙損卒。以寧遠節度使南昌王定保爲中書侍郎、同平章事，不逾年，亦卒。」這是最早的記録，卻也是後世解讀歧義所在。其後通鑑紀事本末卷三九、南漢書卷九王定保傳同通鑑。十國春秋南漢高祖本紀以大有十三年十一月丁丑望趙損卒。清萬斯同南漢將相大臣年表十三年庚子考：「按廣雅本繫此二人於十二年，於定保下無官銜，作『俱本年卒』。考定保爲相，在庚子十二月損卒以後，損亦不卒於己亥，故今從稿本訂正。」〔一〕此外，清劉毓崧通義堂文集卷一二唐摭言跋和余嘉錫四庫提要辨證都認爲是在大有十三年。認爲在大有十四年的，有梁廷枏南漢書

〔一〕清萬斯同撰，南漢將相大臣年表，二十五史補編本，開明書店，一九三六年版，第七七二二頁。

考異和今人王素、李方〔一〕。問題集中在「不逾年」之「逾」字如何理解。逾，説文解字二下辵部云：「越進也，從辵，俞聲。」〔二〕即越過、超過之意。按照這個解釋，我們以爲，「不逾年」當是「没有越過此年」之意，即以定保卒於大有十三年内，或許更妥當些。

（一）王定保的字

明萬曆間范淶修、章潢纂新修南昌府志、清康熙二年（一六六三）陳弘緒纂修南昌郡乘、清謝旻等修江西通志、清光緒趙之謙等撰江西通志等地志本傳，以及國圖藏清管庭芬抄本，均有「周後人翊聖」五字，即以爲字翊聖。但是自宋迄清前，都未見署「字翊聖」的記載，上述地志疑均將新唐書宰相世系表太原字翊聖之王定保，誤認爲撰唐摭言之王定保。

（二）王定保的郡望與親族

唐摭言的題署，清盧見曾雅雨堂叢書刻本、同源之四庫本及翻刻雅雨本之嘯園叢書本，均題「唐光化進士瑯琊王定保撰」，郡望瑯琊。又據唐摭言卷一鄉貢之自述，定保七世伯祖爲鸞臺鳳閣龔石泉公王方慶。舊唐書卷八九王方慶傳云方慶爲雍州咸陽人，「其先自琅邪南度，居於丹陽，爲

〔一〕王素、李方撰，唐摭言作者王定保事跡辨正，中華書局，文史第二十五輯，第三三六—三三八頁。
〔二〕東漢許慎撰，説文解字，中華書局，一九六三年，第四〇頁。

江左冠族。褒北徙入關，始家咸陽焉」。其家世流衍，斑斑可尋，則定保郡望爲瑯琊洵可定論。

唐摭言中，王定保也偶爾提及其親族名諱，這爲我們瞭解其家族成員提供了一些基本資料。如定保之父，唐摭言中兩次述及。其一，卷四節操「盧大郎補闕」下注「盧名上字與僕家諱同，下字曰暉」；其二，卷三慈恩寺題名遊賞賦詠雜紀：「蔣泳以故相之子，少年擢第。時家君任太常卿。」據岑仲勉先生等考，定保父名當有「龜」字。

除上述「七世伯祖」王方慶外，書中敘及的同姓親族還有王摶、王起與王渙。唐摭言卷三散序稱「從翁丞相溥，從叔南海記室渙」。錢大昕考「溥當爲摶之訛」。卷八及第與長行拜官相次條：「王倜，丞相魯公損之子，倜及第翌日，損登庸，王倜過堂別見。」劉毓崧又證王損當爲王摶之訛。據兩唐書昭宗紀，王摶景福二年（八九三）和乾寧三年（八九六）兩次入相，光化三年（九〇〇）六月罷，爲崔胤所誣貶死。唐摭言中提起次數最多的王姓之人，爲王起。起爲太原人，王播之弟。另外還有王定保稱爲「從叔」的南海記室王渙，一九五四年曾發現盧光濟撰墓誌銘，同年岑仲勉先生撰文，考定即新唐書卷七二中宰相世系表之太原第二房之王渙〔一〕。後二人均爲太原王氏。自中唐以迄晚唐，瑯琊王氏凋零，遠不及同祖之太原王氏。

〔一〕岑仲勉撰，從王渙墓誌解決了晚唐史一兩個問題，金石論叢，中華書局，二〇〇四年，第四四一—四五二頁。

（三）王定保之交遊與行跡

唐摭言卷三散序述其交遊：「嘗諮訪於前達間，如丞相吳郡公扆、翰林侍郎濮陽公融、恩門右省李常侍渥、顔夕拜蕘、從翁丞相溥、從叔南海記室涣，其次同年盧十三延讓、楊五十一贊圖、崔二十七籍若等十許人。」

舉凡唐摭言所及的人物，不下數十人。我們特就所知，編纂了王定保簡譜，對相關的人和事作了一些基本的考辨，作爲本書附録，兹不贅述。

王定保一生主要行跡大致爲五個時期：咸通十一年至大順元年（八九〇）爲棲隱廬山前的青少年時期；大順元年至光化三年，棲隱廬山及進士及第期；光化三年及第到天復元年（九〇一）南下，在京城長安，娶著名詩人吳融之女；天復元年至天祐二年（九〇五），南下荆南，遊湖、湘，依馬殷，容州任巡官，除寧遠軍巡官；天祐二年至南漢大有十三年，先入廣州依劉隱，七十一歲時爲中書侍郎、同平章事，卒於任。定保生於唐季，歷經唐末亂離。後背家棄妻，隻身南竄。自光化三年進士及第，至大有十三年，這四十年中，王定保自京城至廣州，其遊歷既廣，仕宦亦久，所見所聞應當頗爲豐富。

二、唐摭言的成書和内容

唐摭言卷三散序説，早年因「跡未嘗達京師，故治平盛事，罕得博聞」。之後大約在入京城參加進士試始（定保三舉不中，第四次方於光化三年及第），才有機會「諮訪於前達」，「時蒙言及京華故事，靡不録之於心，退則編之於簡策」。從書中述及故舊多爲京城同年或官宦來看，可以推見定保實際爲撰寫摭言準備材料，應該早在入京參加進士試時就有意識地開始了。

劉毓崧據唐摭言卷一五趙光逢再相在梁貞明二年（九一六）八月，而本書不避南漢高祖之巖字，亦不避巖兄隱、父謙之名，推斷摭言成書必在貞明二年九月以後，三年七月劉巖稱帝以前。但卷九表薦及第載何澤應舉，澤父容管經略，可能爲王定保在容州聽聞。末句「梁太祖受禪，澤假廣南幕職入貢，敕賜及第」，朱全忠天祐四年（梁開平元年，九〇七）受禪時，王定保已入廣州劉隱幕。則此條不可能爲天復間王定保在容州任寧遠軍巡官時聽聞，而更可能是在其後來任寧遠節度使時。我們認爲，唐摭言的成書，當在南漢大有中定保任寧遠節度使期間，時年六十五歲前後。

唐摭言十五卷，時間跨度達整個有唐一代，並延及五代初。全書結構相對完整，基本囊括唐代科舉活動的方方面面。按内容來説，卷一主要講述科舉源流、舉子來源、考試科目及相關禮儀，卷二專論各地州府試鄉貢，卷三專論進士及第後禮儀程式，卷四述座主與門生及門生之間的交往，卷五述文人切磋交流，卷六述舉薦，卷七再述座主擢引門生及科舉試後同年之間的交往，卷八至卷九述科舉對文人生活和品行的影響，卷一〇至卷一一專述舉子落第及落第後的情狀，卷一二至卷一三述科舉中士子情態及人品優劣，卷一四述座主在知貢前後所受褒貶，卷一五爲雜記。每卷末有簡短的論贊評議。儘管還羼入科舉之外的內容，分類也不够完善，但總體來説，唐摭言遠非信手記録、漫無體系的雜著可比。尤其是卷一和卷二中對歷代選舉制度和科舉發展脈絡的梳理，以及各卷中對唐人書劄、詩文的引述，都不大可能在短期内一蹴而就。全書結構完整，條理清晰，應當是經過較長時間的積累、寫作和整理後才完成的。

唐摭言中並未明確説明其總體思想，但各卷後共有論贊二十一條，正文中論贊性質的表述尚有若干，可大致鈎勒出其主旨。一是與唐人風氣一致，特重進士科。唐摭言卷一述進士上篇説：「咸亨之後，凡由文學舉于有司者，競集于進士矣。」這種唯進士是崇的風氣，在唐代愈演愈烈。唐摭言以記録時人進士應舉過程爲中心，甚至可以説是唐進士科專著，這是摭言史料選擇和編纂重心之所在。二是鄙薄時風，懲戒方來。唐末政局動蕩，人心浮動，即使在被王定保視爲政治和文化精英的進士中，其風教頹圮的氣氛也已到處彌漫。在禮崩樂壞、世道寖微的晚唐五代之際，王定保對文人中恥於問學、羞於向師的流風著意批評，唐摭言似乎也蘊藏著安邦定國的大義。但我們也不必過分拘泥於所謂的微言大義，而更應關注書中所述唐人之衣冠盛事，那才是歷史的滾滾洪流。

三、唐摭言的文獻來源和價值

對於以史料文獻見長的筆記作品，文獻來源的可靠性和可信度無疑是衡量其價值的重要標準。王定保主要生活在唐末五代，彼時朝政淪替，文化也逃不了一場浩劫。即如極爲貴重安全的宫禁藏書，早在宣宗後即開始了被破壞的厄運。晚唐裴庭裕東觀奏記序説：「自宣宗皇帝宫車晏駕，垂四十載，中原大亂，日曆與起居注不存一字，致儒學之士擱筆未就，非官曠職，無憑起凡例也。」到僖宗時更經歷亂離，北夢瑣言作者孫光憲應該是親見的：「唐自廣明亂離，秘笈亡散。武宗已後，寂寞無聞，朝野遺芳，莫得傳播。」〔一〕唐末典籍的流散，加上逐漸遠離中原，使得王定保在撰唐摭言時，史料搜求範圍變得相對狹窄。從我們對全書的考察來看，是書的文獻來源主要有以下幾個方面：

（一）唐國史、實録、詔敕等官方文獻

唐摭言中有多處直接標明出自實録，尤其是前三章敘述唐代科舉制度流變，從不同時期編纂的實録中拈取，顯得更加清晰和權威。唐摭言全書中明引實録的有卷一兩監、卷三慈恩寺題名遊

〔一〕宋孫光憲撰，北夢瑣言序，北夢瑣言，中華書局，二〇〇二年，第一五頁。

賞賦詠雜紀、卷四師友三處。其中，除第一條舊唐書卷四高宗紀上及册府元龜卷五九七學校部載録外，後二則均不見載。唐代國史、實録除韓愈私撰順宗實録完整保存外，其它均已亡佚，唐摭言也因此具備了補史之闕的價值。

記載唐代詔令詔敕的著作，新唐書卷五八藝文二著録了王起寫宣等十餘種，均已佚失。唐摭言也有一定的載録，如卷一會昌五年舉格節文，登科記考卷二二會昌五年下録有此年正月受尊號大赦制，注出舊書本紀、册府元龜、摭言。經檢實僅見於本書。此「節文」雖然只是一種簡本，不是全貌，但至少能一窺唐代官方舉格的大致體例。

（二）官私修撰登科記

唐人所撰登科記，新唐書藝文志載録崔氏唐顯慶登科記、姚康科第録、李弈唐登科記三家。玉海卷一一五唐進士舉引姚康科第録長慶二年五月十二日敘：「自武德已來，登科名氏編紀凡十餘家，皆不備具。」就是説這十餘家登科記，都没有完整記録自武德至長慶二年間所有的「登科名氏」。宣宗時因爲「皆是私家記録」（東觀奏記卷上唐宣宗重科名），便改由官修。由趙璘集合諸家科目記撰成，「仰所司逐年編次」，記録自武德以後的「及第人姓名及所試詩賦題目」。此書亦佚，大中十年（八五六）以後是否還有續撰也已不詳。因爲時代較近，這十餘家編紀的「登科名氏」和大中時登科記，定保是有可能親見的。唐摭言中明確采自登科記的就有卷一述進士上篇之趙條、卷三元和元年登科記京兆等第牓敘、卷一〇海敘不遇之張倬條及同卷韋莊奏請追贈不及第人近代者之李甘條，另外尚有不下十餘條也極有可能出自登科記。尤其可貴的是，卷三慈恩寺題名遊賞賦詠雜紀所列會昌三年座主門生賦詠之事，雖然並非直接抄録登科記，但卻提供了唐代文獻中唯一一份完整的進士登科名單。

(三)唐五代詩文集

唐人纂輯的本朝詩文別集和總集，具有重要的文獻價值，尤其表現在詩文的輯佚、考證和辨僞中。唐代是手抄本的時代，大多數詩文都是通過手寫得以傳抄流通的。手抄無論在文本複製、文字準確性，還是流傳及保存方面，都較刊刻複雜得多。唐摭言也引録了豐富的包括墓誌在内的唐人詩文作品，因爲比較容易辨識，就不再舉例説明了。

(四)唐五代筆記雜史

晚唐五代之際，科舉制度的發展和筆記雜史的撰寫都已大備，這一方面爲唐摭言的編寫提供了相當充分的社會史料，一方面也造就了唐摭言的集成性質。相互汲取是筆記創作的尋常之舉，唐摭言也不例外，書中大量引録有關典故，豐富了材料來源，並使相應題材更爲集中。通過檢索比核，我們發現，唐摭言在引用時，對材料多數做了重新整合加工，並不像後來的唐語林、南部新書等那樣原文照抄。經過逐條檢核，我們可大致確定唐摭言源自李肇唐國史補的有十餘處，此外還引用了盧氏雜説、北里志、封氏聞見記、雲谿友議、唐闕史等二十餘種著作。

王定保的行跡，是自江西至京城，再由京城南下湖南、容州和廣州，其經歷也大致爲進士及第前的江西生活、及第後的京師活動、南依馬殷時期和在容管任職並再依南漢。不同時期的生活經歷和人事還往，進一步豐富和充實了唐摭言的内容。

（五）諮訪於前達

王定保生在豫章，二十歲前後隱於廬山，對江西人文掌故耳濡目染，劉毓崧唐摭言跋説「全書紀載最多者，莫如江南西道」。書中對歷任江西觀察使，尤其是崔安潛和鍾傳幕府的記録最多，戴偉華唐方鎮文職僚佐考輯録崔、鍾兩任幕府幕僚共十二人，唐摭言中述及的就有六人。崔安潛廉問江西在咸通十三年至乾符二年（八七五），鍾傳主政在中和二年（八八二）至天祐三年。乾符二年，定保年僅六歲，不可能與崔府有過交結。但對鍾傳府幕僚們的一些活動，王定保倒有可能直接瞭解。

王定保在四次應進士舉之前「跡未嘗達京師」，前三次或許來去匆匆，及第後大約一年便離京南下湖湘，在京師諮訪的「十許人」，就是唐摭言中京城掌故的主要來源。例如吴融，唐摭言中牽涉最多，這自然與兩人的翁婿關係有關。而與吴融過從甚密者，有韓偓、韋昭度、成汭、釋貫休、顔蕘、方幹、李洞、陸龜蒙、皮日休、盧延讓等，其中少數人與定保有直接過從，如盧延讓與之爲同年進士。大部分人事，可能多是轉得自吴融。

定保大約於天祐初至廣州，一直到南漢大有十三年去世，除了大有初外任寧遠軍節度使以外，大約有三十年基本在廣州度過。嶺南舊事，以及南漢幕僚平素所言，自然也成了唐摭言的主要内容之一。如卷一二惡分疎門所述文德中褚載行卷劉崇龜事，據唐方鎮年表卷七，劉崇龜爲嶺南東道節度使在大順元年至乾寧二年，定保與之不可能有交集。檢新五代史南漢世家第五劉隱傳，王定保與劉崇望之子濬同在劉隱清海軍幕，而崇望又是劉崇龜之弟。這樣，唐摭言該條記事的來源，就顯而易見了。

豐富的文獻來源，也是唐摭言作爲科舉專書的價值所由。書中既保存了較爲原始的官方資料，有資於補遺辨正，更融入了中央與地方、國家與個體等大背景下，應舉士人的生活百態和科舉制度的具體運作，展現了唐代科舉的全景畫面，這是同時代其他筆記難以企及的。

四、唐摭言的著録及版本

（一）唐摭言的著録及早期流傳

唐摭言自撰成之後，由五代入宋的孫光憲，已在北夢瑣言卷八顧非熊再生條引述：「王定保摭言云：人傳（顧）況父子皆有所遇，不知何適。由此而言，信有之矣。」這是摭言作爲書名的最早記載。北夢瑣言成書至少在入宋後，距王定保去世已遠〔一〕。

北宋初，隨著「四大書」的編纂，唐摭言漸爲人知。太平廣記貢舉一門，半出摭言。文苑英華對唐摭言中所載詩文多亦全文收録。册府元龜卷六三九至六五一貢舉部也大量徵引，並對部分條目有所辯證。

在太平廣記編成七十餘年之後，歐陽脩等編新唐書，其藝文志雖未載録唐摭言，但出自歐陽脩之手的選舉志卻多與本書相同，主要由宋祁所撰的列傳中也有許多材料出於唐摭言所載。臺灣學者章群先生勾輯出新唐書與唐摭言類同者多條，如胡證救裴度事、王勃作滕王閣序事、韓愈試李賀高軒過事等，無疑出自本書，歐、宋等人恐不大可能未見唐摭言〔二〕。

在唐摭言的流傳史上，南宋是一個重要的轉折點。宋寧宗嘉定四年辛未（一二一一），西安（今屬浙江衢州）人鄭昉刻摭言十五卷於宜春郡齋，唐摭言終於首次刊刻，但除了鄭昉本人的一則跋文在明清的抄本刻本中遞相轉録外，原本早已不存。

南宋時，各家公私書目中對唐摭言的徵引著録開始多起來。在鄭昉刻摭言之前，鄭樵通志

〔一〕陳尚君，花間詞人事輯，唐代文學叢考，中國社會科學出版社，一九九七年，第四〇七頁。
〔二〕章群，通鑑及新唐書引用筆記小説研究，臺北文津出版社，一九九九年。

卷六八藝文略，范成大吴郡志卷四八，程大昌演繁露卷一二金蓮燭、知後典條以及洪邁容齋續筆卷一一高鍇取士條等均已著録摘引〔一〕。高宗紹興中舉進士的晁公武在郡齋讀書志卷三下著録云：「摭言十五卷，右唐王定保撰，八十三門，記唐朝進士應舉登科雜事。」當是根據原書著録的。

關於唐摭言的分門，鄭昉跋不言門數，郡齋讀書志説是八十三門，玉海卷五八唐神州等第録注亦八十三門〔二〕。這與今天所見一百零三門差距很大。我們逐條檢出太平廣記中的引述，並參照類説、紺珠集所引條目，除少數幾條是誤記或自他書羼入的以外，内容基本與今本唐摭言相合。可以初步肯定，在南宋以前，唐摭言當是以八十三門行世，後世所謂的一百零三門或一百零五門，只是在門目上有所離析合併，而内容上並無删節增補。

另外需説明的是，孫光憲和鄭昉提到的書名是摭言，當爲原書本名。清乾隆間雅雨堂叢書初印本題唐摭言，後印本則改爲摭言。「唐」字當爲後人所增，類似唐新語又稱大唐新語，國史補又稱唐國史補，以利辨識。本書在書名稱謂上，不予嚴格區分。

〔一〕宋鄭樵撰，通志，中華書局，一九八七年；宋范成大撰，吴郡志，臺灣成文出版社影印本，一九七〇年；宋程大昌撰，許逸民校證，演繁露校證，中華書局，二〇一八年；宋洪邁撰，容齋隨筆，四部叢刊續編景宋刊本。

〔二〕宋王應麟撰，玉海，廣陵書社，二〇〇三年影印光緒九年浙江書局刊本，第一一一二頁。

（二）唐摭言的版本及流傳

對於流傳於世的唐摭言版本的著録，見於歷代序跋、文章書信、隨筆短劄等材料之中，數量非常之多。這些散落文字間的本子，因爲種種原因，大多數已無法尋索，以致今人梳理各本源流困難重重。今檢索海内外公私藏書目録，所知的全本有近二十種，應該是存世唐摭言的家底了。

現存明本摭言較少見。國家圖書館藏有明代殘本，存十卷。傅增湘藏園群書經眼録卷九子部三亦曾著録：「唐摭言，十五卷，五代王定保撰。明寫本，棉紙藍格，十一行二十二字。鈐有『天一閣』朱文印。考刻本凡十五卷，此鈔本乃自卷六至十五，尚缺前五卷。」與筆者所見爲同本。此本文字與雅雨等本多有不同，如卷六公薦下韓文公薦牛僧孺條爲韓愈和梁肅，而雅雨、學津本等均爲韓愈和皇甫湜；卷七「顔與陸據、柳芳最善」後有小注「出李華三賢論」等，爲他本所無。但該本文字錯訛脱漏甚夥，校勘價值有限，如卷八通牓門，「四人曰侯喜」脱「侯喜」；友放門，「賀拔惎」作「賀孜其」，「更取」作「吏取」等。

在清代，唐摭言的抄刻流傳更爲頻繁廣泛，存世約十餘種版本，自康熙以迄光緒，遞相接續。乾隆二十一年（一七五六）德州盧見曾雅雨堂叢書刻本，字體圓潤端正，版式精美，於此書廣泛流佈爲功甚鉅。王士禛、宋犖、厲鶚、黄丕烈、顧千里、方成珪、管庭芬等諸多藏書家、校勘家，也先後參與到對此書的校訂之中。有清一代，是唐摭言重新焕發青春、惠澤學林的重要時期。

在對文本進行通校的基礎上，我們大致梳理了唐摭言在流傳中形成的主要版本系統：

1 影宋本系列

清代影宋抄本，現藏國家圖書館（編號：一八一八一）。原書十五卷，存前五卷，佚十卷。封面、目録和首頁缺，第二頁目録自「期集」條始完整，卷五後半卷也有殘頁。是書字體寬大疏朗，規模宋板。前五卷中，與雅雨本文字多有出入，卻多與另三種抄本（宋犖藏抄本、宋筠抄本、韓熙藏抄本）相合。如卷一進士歸禮部後論贊中「畫龍之效」，三本「效」均作「効」；同卷兩都貢舉中「始置内都貢舉」之「内」，三本均作「兩」等。摭言宋本不存，影宋本雖亦不盡完整，但從目前尚存的前五卷文本看，其與宋犖等本的關聯性是可以明確的，我們姑以此本爲相關系列的統稱，該系統下大體包含五個本子。

（1）宋犖藏抄本（簡稱「宋犖本」）

此本現藏國家圖書館，編號：一七七一二。宋犖，字牧仲，號漫堂、西陂、綿津山人，清初著名藏書家。此本目録前鈐有「商丘宋犖收藏善本」朱文大長方印，首尾無序跋題識。半葉九行，行二十字，無格，正書。此本「玄」字無缺筆，或爲康熙前舊物。文字與前述影宋本接近。

（2）宋筠抄本（簡稱「宋筠本」）

此本現藏國家圖書館，編號：一一三四五。

宋筠，字蘭揮，宋犖第六子。藏園群書經眼録卷九著録此本：「唐摭言十五卷，五代王定保撰。舊寫本，九行二十字。前有嘉定辛未柯山鄭昉跋，王世（士）禛跋，皆宋蘭揮筠所手録。」〔一〕此本版式如傳言，有題識：「雪苑宋筠蘭揮録于京邸，時己亥花朝前一日。柯山鄭昉跋未及抄，容爲補入。」己亥爲康熙五十八年，當即抄成之時。該本又有題記云：「借葵窗居士善本逐一校勘，其中訛字僅去十分之半，並録鄭、王二跋于前。」此本書尾跋稱：「此書錯誤甚多，惜無別本可對勘，即各條中有重出及前後倒置者，亦不能盡改。」

（3）揆敘舊藏抄本（簡稱「揆敘本」）

此本現藏國家圖書館，編號：〇八二五四。

四册，目録下鈐「謙牧堂藏書印」、「曾在周叔弢處」印，爲康熙間大學士明珠之子納蘭揆敘所藏。揆敘與姜宸英、吴兆騫、朱彝尊、王士禛、查慎行等漢族文人多有交往，家富藏書，「公貯書最富，凡鏤刻無本者，輒令人鈔録，大半綿手經丹□」（揆敘墓誌銘），後皆歸内府。是本唐摭言後僅録鄭昉跋，並無朱、王跋語，恐並非鈔自兩人之本。是本後爲周叔弢先生購得，轉入國圖。

〔一〕傅增湘撰，藏園群書經眼録，中華書局，一九八三年，第七五二頁。

（4）韓熙藏抄本（簡稱「韓熙本」）

此本現藏國家圖書館，編號：一五五五五。四册，僅存卷一至三、七至十二九卷。是書非同一人抄録，其錯訛也相應較多。經與上述幾個本子對校，現存文字多與清影宋抄本相合，又與宋犖藏本類同。如卷一貢舉釐革并行鄉飲酒下「開元二十五年」條，「所宜貢之人」，三本均無「人」字；同卷兩監下「袁咸用」，三本均作「袁成用」。與之比較接近的還有周星詒跋黄丕烈藏本。如卷一兩都貢舉門下「始置内都貢舉」，此四本均作「始置兩都貢舉」。由此推斷，清影宋抄本、宋犖藏本、黄丕烈藏本和此韓熙藏本恐爲清影宋本同系統的不同傳本。

（5）舒木魯明抄本

此本爲黄永年先生所藏。

黄永年撰有跋康熙時舒木魯明鈔本唐摭言，敘述出自王士禛另一抄本的清康熙間舒木魯明抄本源流〔一〕。據該文稱，是本爲開花紙印黑色版框大字本，半葉八行、行十八字，雙魚尾大黑口未施闌綫，清諱僅有「玄」字。此本王士禛題識署「康熙壬申年長至日南郊大雪經筵講官户部右侍

〔一〕黄永年撰，跋康熙時舒木魯明鈔本唐摭言，唐研究，第五卷，第四一—四四頁。

郎王士禛」，與雅雨本之「王士禛阮亭跋」不同。據此可知乃徑從王士禛本抄出，雖「中多舛字」，但仍保留了王士禛本的面目。

黄先生公子黄壽成先生以學津本爲底本，參校舒木魯明本，進行整理，已由三秦出版社出版，可見其大概。

另有兩種已佚失之本，從各本序跋中，也可約略尋索其源流。

（1）朱彝尊藏本

朱彝尊曝書亭集卷五二摭言足本跋中稱其藏有十五卷本摭言一種：「獲之京師慈仁寺集，乃足本也。」「卷尾有柯山鄭昉跋，稱嘉定辛未刊於宜春郡。」〔一〕此本未見，但可知爲朱彝尊從京師購得，並非如蔣光煦所言爲朱氏抄本。朱跋另云：「吴江徐電發近録棠村相國（案即梁清標）所藏，與此本略同，當就其校讎訛字發雕焉。」宋筠抄本也照附此跋。黄裳來燕榭讀書記硯林詩集跋云：「王定保唐摭言十三卷足本（案此處十三卷或誤書），王漁洋、朱竹垞兩先生俱從徐菊莊鈔本傳録，每以未得刻本爲憾。」〔二〕

〔一〕朱彝尊撰，曝書亭集附笛漁小稿，四部叢刊初編本。
〔二〕黄裳撰，來燕榭讀書記，遼寧教育出版社，二〇〇一年，第一六一頁。

朱彝尊藏本爲後世所重，雖原本已不見，但在後來諸抄、刻本中，或録其跋語，或以之參校，影響甚大。

（2）王士禛抄本

此本今已不見。江澄波古刻名抄經眼録記王士禛跋：「唐王定保摭言，足本凡十五卷，宋嘉定中柯山鄭昉刻於宜春。竹垞有寫本，予戊辰、辛未于京師兩借觀。今會稽商氏刻僅什之一耳，商刻稗刻（案當爲稗海）多得之浙東鈕石溪家。」〔一〕是知出於朱彝尊本。黄永年先生認爲此跋「什之一」與舒木魯明本「十之五」及雅雨本「什之五」異，又誤言「今」，是「爲牟利而僞撰」。但也不能排除誤抄的可能。李文騊另録王士禛蠶尾集中唐摭言足本跋云：「摭言十五卷，從朱竹垞翰林借鈔，視稗海多十之五。唐人説部流傳至今者絶少，此書洎封氏見聞記皆秘本可貴重，當有好事者共表章之。」僞撰之説尚無確證。

2　雅雨堂刻本系列

清代刻本以乾隆二十一年雅雨堂叢書本和源自雅雨本的張海鵬學津討原本流傳最廣，而雅雨堂刻本又有初印、後印之别。

〔一〕江澄波撰，古刻名抄經眼録，江蘇人民出版社，一九九七年。

（1）雅雨堂初印本（簡稱「雅雨初印」）

所見爲國家圖書館藏本，編號：〇〇一九六。

清乾隆二十一年，德州盧見曾輾轉得唐摭言十五卷抄本，「此書行世絶少，吾鄉漁洋山人謂與封氏見聞記皆秘本可貴重者，特刊佈以廣其傳」，作爲雅雨堂叢書之一種刊刻。

所見國家圖書館藏初印本唐摭言，一函三册。首有乾隆丙子盧見曾序，每卷卷端題「唐光化進士瑯琊王定保撰」。有傅增湘校改痕跡。雅雨初印本又爲後來學津討原本和嘯園叢書本的祖本。一九五七年古典文學出版社亦據此初印本排印。

（2）雅雨堂後印本

所見爲國家圖書館藏本，編號：七二〇〇一八。

因初印本錯訛較多，盧見曾後又修正版片，訂正前訛，卷末補録鄭昉、朱彝尊、王士禛三跋，重新印行。後印本改正了初印時的不少訛脱衍倒，如卷一述進士上篇「而升諸司馬，曰進士。司馬辨論官材」一句，初印本脱「曰進士」三字，句意顯然不通順。再如初印本卷九好知己惡及第「詩人章碣賦東都望幸刺詩曰」一句，後印本及管庭芬抄本作「詩人章碣賦東都望幸詩，刺之曰」，文字順暢。另外，還重新析分了初印部分易混條目，如初印本卷一邵安石事與鄭隱事合爲一條，後印本析作二條。卷一一怨怒門下任華三書，初印本錯簡尤甚，至爲混亂，後印本重新釐正。

筆者手校唐摭言十餘種抄、刻本後，認爲雅雨後印本校勘精審，訛誤相對他本較少，文意通暢，條目析分更爲合理，是一個較好的本子。本次整理，即以之爲底本。

（3）學津討原本（簡稱「學津本」）

距雅雨堂刻唐摭言五十年後，嘉慶十年（一八〇五），刻書家張海鵬感於雅雨本唐摭言「仍舊本之失」，「從邵朖仙處假得舊本是正」，列爲學津討原之一重鐫。張海鵬（一七五五—一八一六），字若雲，昭文（今江蘇常熟）人。年二十一補博士弟子員，絶意科場，治經之暇，以剞劂古書爲任，曾刻學津討原、墨海金壺等大型叢書。此本首冠四庫總目摭言提要，書末有張海鵬題識。

經筆者以學津本與雅雨初、後印本對校，兼與所經眼清初諸抄本相參校，發現學津本當是以雅雨初印爲基礎重刻的，雖以舊本勘正，但錯誤仍夥。如卷一會昌五年舉格節文一條，唯有學津本「今請送二百人」作「三百人」；卷八通牓下「三榜」條「諫議柳遜」，學津本誤作「陳議柳遜」。總體來説，其文本較雅雨後印本尚有不足。唯重出處加小注，較爲便利。

（4）嘯園叢書本（簡稱「嘯園本」）

清末又有嘯園叢書本唐摭言，係光緒五年（一八七九）葛元煦以雅雨初印爲底本重刻之本。葛元煦，清仁和（今浙江杭州）人。此本首爲盧見曾序，書末有葛元煦光緒五年正月題識，全書與雅雨初印僅個别字有出入。

3　四庫本系列

在盧見曾與張海鵬之間，尚有四庫全書本（簡稱「庫本」）和四庫全書薈要本（簡稱「薈要本」）兩種較重要的版本。

據四庫提要，庫本底本「爲松江宋賓王所録，末有跋語，稱以汪士鋐本校正」。經互校發現，薈要本與庫本大致相同，更動處極少。在王菡先生惠寄筆者的兩通傅增湘唐摭言題跋中，據云其中一本修四庫全書時曾經採進：

> 舊抄本唐摭言十五卷，有朱竹垞、吴尺鳧、法梧門藏印，翰林院官印，當是吴氏呈進備采之本，未經發還，而詩龕遂潛攜出院者。校此刻異字殊多，尤異者卷十二任華三書，各本皆錯簡，微此本殆莫正其誤，是可寶也。庚申歲暮假校，辛酉正月初四校畢，適鄧正闇來索，群碧樓中又添秘笈矣。沅叔。

如傅氏所説，因鈐有翰林院官印，疑爲編纂四庫全書時所進善本。然據筆者核對庫本及薈要本，卷一一任華三書仍然錯亂如别本，恐並未用該本校勘。

此外，還有四個源流不明確的重要抄本，亦簡述之。

4　厲鶚校跋本（簡稱「厲校本」）

此本現藏國家圖書館，編號：〇二一五九。

全書存八卷（卷八至卷十五），一册。全書後附鄭昉跋，鄭跋後有厲鶚跋：「乾隆甲子冬十一月，在廣陵，以叢書樓本校定數本，其疑者闕之。厲鶚記。」卷一〇蔣凝條原作「臼頭」，厲鶚校改爲「白頭」。卷八下又有勞權題識：「道光丙午十月朔，從吴山寶書堂購。丹鉛精舍主人勞權手識。」厲鶚（一六九二—一七五二），字太鴻，號樊榭，浙江杭州人。性嗜書，精於校勘之學，嘗館於揚州馬曰琯小玲瓏山館數年。叢書樓是清代揚州馬曰琯、馬曰璐兩兄弟所建，藏書十萬餘卷。勞權，字平甫，號巽卿，仁和人，精於校讎之學。

據厲鶚跋，此本當即在乾隆甲子（九年，一七四四）冬於叢書樓校書時完成。底本不知所之。檢現存後八卷，原本謬誤甚多，而厲校也不盡精。如卷八自放狀頭下「杜黄門」條，「樞年樞七十餘」，後「樞」顯爲衍字，厲鶚校删。「鄭損舍人」條「丞相六公㞧爲狀元」，「六公」顯訛，厲鶚改作「陸公」。原本條目也屢有舛誤，如卷八「已落重收」誤爲「巴落重收」，卷九「誤掇惡名」誤爲「誤擬惡名」等，不一而足。厲校唐摭言與盧見曾刻唐摭言相距不遠，盧見曾也曾拜訪叢書樓，厲鶚所改與雅雨初印多相合。

5 黄丕烈藏抄本（簡稱「黄本」）

此本現藏國家圖書館，編號：〇二七五五。

半葉十行、行二十字，無格，正書。目録下鈐「遂寧堂」白文方印和「平江黄氏圖書」朱文方印。外封題「臨宋本，坿顧千里、黄蕘甫跋」，卷一署名「周後人翊聖」，較爲獨特。

黄丕烈跋云：「此抄本唐摭言，余於丙辰春得諸書肆中，取其卷末有宋人跋，或從刻本影抄，較盧雅雨本有異同爾。近顧澗蘋從此參校，果多勘正處。勿以世有刻本而薄抄本爲不必觀，其信然哉。嘉慶丁巳（二年，一七九七）秋九月廿八日黄丕烈書。」顧廣圻在以雅雨本參校後，於書末黄丕烈跋前題識云：

雅雨堂開雕是書，無嘉定辛未跋，亦足本也。第十卷有云「白頭花鈿滿面，不若徐妃半妝」，屢讀不見其誤，此本獨作「白頭」，初觀尚未謂然，徐悟出列女辨通傳，乃指無鹽耳。夫開雕如雅雨堂之是書精矣，然猶遜舊本，況惡刻耶。

蕘圃出此見示，舉以共欣賞，他佳處殊多，不悉及云。嘉慶丁巳九月燈下閱一過記。顧廣圻。

黄丕烈根據顧千里校勘意見，也親自編排卷頁並做了部分對校。疑此本爲從鄭昉宋刊本鈔出，書末有宋人跋。

此書後爲晚清山陰（今浙江紹興）周星詒（一八三三—一九〇四）所得，卷首有周星詒朱筆附記：「于卷中檢得顧千里、黄蕘圃兩先生手跋一紙，撿裝入卷尾，又記。」「卷葉中有標題某卷幾葉字及校勘小籤，皆復翁筆也。」同治六年（一八六七），此書由周星詒妻李蕙校過，目録末有跋：「是書經顧、黄二公閲過，而誤脱仍多，未嘗正補。惜無盧刻及他本一爲讐對耳，悵悵惋惋。三月晦夕覽訖記。夸脱内文李氏同望，丁卯三月二十九日葆馥李蕙讀過。」

同治十年，周星詒以嘉靖本太平廣記略校，見「太平廣記引用諸條，凡『恒』字，此本皆改作『常』」，推測其源自宋本。

是本經多人校勘，朱筆墨筆校語混雜，較爲精當，如卷一試雜文條下，「以失投之」，墨筆校「失」爲「矢」；「敕挑云」，墨筆校「挑」爲「批」。但也存在誤校，如「吴師道等二十七人及第」，朱筆校「師道」爲「道古」。總體看有一定的價值。

6　徐洪鼇跋抄本（簡稱「徐本」）

此本現藏臺北「故宫博物院」。日本京都大學昭和三十三年（一九五八）影印唐摭言，所據即此本。

是書題署「周後人翊聖五代王定保撰」。無格，半葉十行、行二十字。書前有「國立北平圖書館珍藏」、「延古堂李氏珍藏」等印。第二册鈐「庭芬」白文小方、「管子」朱文小方印。知管庭芬當曾寓目，書中眉批有「方云」、「方校」等語，或即管氏所録。

全書眉批、夾校錯雜，疑非一人手筆。各卷字體亦不一，抄手也當非一人。卷首冠四庫提要，當爲後人所加。卷尾録南宋鄭昉跋。又有署名曉堂者題記：「乾隆辛未重午日，曉堂校對一過。」「乾隆庚辰上巳前二日，又從雅雨堂新刊本校勘一過。」末有徐洪鼇跋。

徐跋稱：「此本爲武原張氏涉園故物。咸豐戊午（八年，一八五八）得之西吴書舫，楮墨俱舊，尚是雅雨未刻以前鈔本，所據未審何本。」該本何時入藏涉園則不得而知。書中有眉批校語（字跡與管氏校語不同），經以雅雨初印、後印本覆核，所用當爲初印本。

7 管庭芬抄吴昂駒、方成珪校正本（簡稱「管本」）

此本現藏國家圖書館，編號：一一六八七。

清人吴昂駒、方成珪曾對唐摭言全書文本做了校正，今傳有道光二十三年（一八四三）管庭芬抄本。是書十五卷，半葉十一行，行二十一字，黑格，左右雙邊。卷一題下署「周後人翊聖」。卷首有吴昂駒道光元年、十四年兩跋和方成珪道光十四年跋。書尾有鄭昉跋及方成珪、周勛常、管庭芬、丙鴻等人跋語，末附方成珪致吴昂駒和吴昂駒致管庭芬書信兩通。

吴昂駒，字子仲，號醒園，浙江海寧人，著名藏書家吴騫之侄。據吴氏自識，唐摭言原本是其於道光元年從杭州書肆購得。吴氏先用周勛常家藏雅雨本對校，感歎盧刻本「每有魯魚亥豕之異」。又購曝書亭本、知不足齋本，合而校之。復借武原張石樓家藏鮑氏知不足齋本重校一過。但其校勘已不僅是不同版本的對校，還參考了唐詩紀事、太平廣記、海録碎事、十駕齋養新録等多種相關材料，「顯謬者正之，可疑者兩存之」。這是對唐摭言文字和本事進行的第一次全面的清理，吴氏内弟周勛常説他「醒園之神勞矣，醒園之功偉矣」，並非諛美之辭。

吴昂駒在用雅雨本、知不足齋本及朱彝尊抄本等校過後，於道光十四年復請方成珪校閲。方成珪（一七八五—一八五〇），字國憲，號雪齋，温州瑞安人。精研小學，尤勤於校讎，藏書數萬卷。方氏從吴氏校本另抄録一本，復以全唐文、唐書、南部新書等廣泛搜羅，「以史傳證當日之事」，精加校證。對吴昂駒所校充分尊重的同時也提出不同意見。「不敢攘善而没其勞焉」的同時，「餘著按字，悉係鄙論。或原本尚有可通、兩本各不相礙者，必仍留其舊」。

道光十四年臘月五日，方成珪將校訂完成的唐摭言手稿存於吴昂駒處，並致書一通，詳述校訂的十五處不同。吴昂駒將方氏手訂稿復校閲三遍，並於卷首題識。其後，吴昂駒又於道光二十三年將經吴、方二人校過的唐摭言交予管庭芬復校、整理並「録成善本」。管氏於是年初夏始抄録，至同年臘月録畢。管庭芬道光二十三年題識稱方成珪「所注過半，雪齋師又升任甬東，此志中輟」。然檢全書，方氏校語通篇至卷末，似並未中斷。國圖現藏本紙面清潔，字跡端正，字體一以貫之，當即經管氏手録的定本。

經過吴、方、管等多人之手，以多種抄、刻本參校，復援用諸多史乘典籍，廣搜博徵，精加勘正，使此本成爲現存唐摭言中最爲精審之作，書中年代本事訛誤竄奪也得以更訂。雖然其中仍有許多需要繼續考證完善之處，但先賢們的初步整理，使此本已超出一般的校勘意義，對之後系統整理研究唐摭言也具有重要的參考價值。

拙書成編後，曾得業師復旦大學陳尚君先生百忙中審閲，意見竟達數千字之多，不由懷念十餘年前負笈海上的美好時光。先生拳拳諄諄、循循善誘之苦心與期待，令我誠惶誠恐，感激涕零，也給予我無盡的學習動力和求知熱情。

深摯感謝中華書局劉學先生艱苦而卓越的工作，獲益良多。感謝爲拙書付梓默默辛勤努力的所有同道。

校書如掃落葉，筆者深深體會到其中艱難，也時時告誡自己，竭力目無旁視，心無旁騖。雖戮力爬梳十有餘年，然畢竟學識鄙陋，根基淺薄，疏舛訛誤之處一定極多，真誠懇請識者批評是正。

陶紹清

於杭州小和山浙江科技學院中文系

二〇二〇年十二月

凡例

一、本書以清乾隆二十一年盧見曾雅雨堂刻後印本爲底本，校注中簡稱「原本」。雅雨堂刻初印本訛誤之處不少，其衍出的學津討原本、嘯園叢書本，僅個别有校勘價值處，予以核校吸收。

二、本書用以校勘之本頗多，影宋本系列中，以稍早之宋犖藏抄本（簡稱宋犖本）、厲鶚校跋本（簡稱厲校本）、黄丕烈藏抄本（簡稱黄本）、徐洪釐跋抄本（簡稱徐本）通校。管庭芬抄本（簡稱管本）中吴昂駒、方成珪考訂文字頗有價值，在校證中積極吸收並簡要考辨。四庫本系列兩種（庫本、薈要本）幾乎全同，館臣所抄亦較隨意，文字牴牾處較多，僅在確有價值處參校。此外，太平廣記（簡稱廣記）、唐詩紀事（簡稱紀事）之引録，亦多有校勘價值，予以參校。類説、説郛、稗海等所收之節録本，間亦取校。

三、唐摭言文字，多散見於他書，尤其是各種詩文别集及册府元龜、文苑英華、唐文粹、唐國史補、唐詩紀事等書中，本書亦盡力爬梳，以資參核。所用諸書版本，具詳書末參考文獻。

四、本書文字，除非明顯不合史實，及個别文字訛脱倒衍，且有版本支持者，予以改正外，一般保留原貌,在校記中加以説明。凡宋、清避諱字,逕予復原。

五、本書鈔本甚多,其間異體字亦夥,若可備參考則予標注,一般不至歧誤者則不出校,如「舩」、「舡」、「船」者,不再出校,以省篇幅。亦有當時相通用之字亦分别保留,如「常」與「嘗」,「燕」、「讌」與「宴」之類。

六、本書於文字校勘外,亦嘗試對史事故實、名物掌故作適當注釋和考證。以梳理基本史實爲要,目的在於增進讀者對相關文字及背景的瞭解,亦省卻翻檢之累。與本條内容無關之人物生平、史事典故不予過多延展,於人事枝蔓處不過分膠著,以免繁瑣。

七、原書每條文字,若互見於他書,或内容相近者,亦盡力尋索,於該條正文後標示書名卷次,以備參照。

八、本書每卷每門下内容繁多,特於每卷每條前標注序號,指代時以卷、條編號,如卷一五第1條爲15-1條等,以利辨識。原本部分條目混併爲一條,整理中適當析分,一般不起新條。個别篇幅較長者,適當分段。

九、本書前言,爲校證者近年研究心得,僅供讀者參考。爲便於瞭解王定保仕履交遊,書後還編製了王定保簡譜。另附録本書歷代著録及題跋題記,以備參考。

徵引書簡稱

舊唐書	舊書
新唐書	新書
資治通鑑	通鑑
唐會要	會要
文獻通考	通考
登科記考	記考
登科記考補正	記考補正
文苑英華	英華
唐文粹	文粹
全唐詩	全詩
全唐文	全文
昌黎先生文集	韓集
太平廣記	廣記
太平御覽	御覽
册府元龜	元龜
北夢瑣言	瑣言
雲溪友議	友議
詩話總龜	總龜
唐詩紀事	紀事
永樂大典	大典

唐摭言序

〔清〕盧見曾

進士所從來尚矣。射義稱：「古者天子之制，諸侯歲獻貢士於天子，天子試之射宮。」鄭康成注：「歲獻國事之書及計偕物也。三歲而貢士，大國三人，次國二人，小國一人。」漢踵其選，郡國有好文學，敬長上，出入不悖所聞，二千石謹察可者，常與計偕。詣太常受業，即有秀才異等，輒以名聞。唐之朝集使與貢士見於殿廷，舉人朝見，列于方物之前，猶循歲獻計偕之例。故進士一科雖始于隋之大業，盛于唐貞觀、永徽之際，而王制「大樂正論造士之秀者，以告於王，而升諸司馬，曰進士」其造端乎？考唐選舉志，科目有秀才、明經、俊士、明法、明字、明算等。多至八十五科，然終不得與進士並列，宜爲學者之所争趨也。唐末有鳳閣侍郎王方慶八代從孫定保撰摭言一書，記進士應舉登科雜事，共列一百五門，釐爲十五卷，每條有論贊。所述典故，有選舉志所未備者，豈非以當時崇尚而又爲歷代之所遵行者，故不憚詳細言之，以存舊事歟！此書行世絶少，吾鄉漁洋山人謂與封氏見聞記皆秘本可貴重者，特刊布以廣其傳。定保光化二年進士，爲吴融子華壻，其載子華祭陸魯望文，傑驁有奇氣云。乾隆丙子德州盧見曾序。

唐摭言校證　卷一

案：原本各卷首結銜題「唐光化進士瑯琊王定保撰」，黄本、管本、徐本署「周後人翊聖」。

統序科第

1 周禮：鄉大夫具鄉飲酒之教，考其德行，察其道藝〔一〕，三年，舉賢者貢于王庭。非夫鄉舉里選之義源於中古乎？夫子聖人，始以四科齒門弟子〔二〕，後王因而範之。漢革秦亂①，講求典禮，亦解循塗方轍②，以須賢俊。考德行則升孝廉而激浮俗，掄道藝則第雋造而廣人文，故郡國貢士無虚歲矣。繇是天下上計集于大司徒府〔三〕，所以顯五教于萬民者也。我唐沿隋法漢〔四〕，孜孜矻矻，以事草澤③。琴瑟不改，而清濁殊塗；丹漆不施，而豐儉異致。始自武德辛巳歲四月一日〔五〕，敕諸州學士及白丁有明經及秀才、俊士、進士④，明於理體⑤，爲鄉里所稱者，委本縣考試，州長重覆，取其合格，每年十月隨物入貢〔六〕。斯我唐貢士之始也。厥有沿革，録之如左。

〔校〕

①秦亂　揆敍本「亂」作「弊」。

②循塗方轍　管本方校：「『方』當作『守』。」

③以事草澤　「事」，閣本作「羅」。黄本「草」原作「華」，顧校作「草」；徐本「草」下注「華」。

④「敕諸州」至「進士」　原本及宋犖本、學津本「白丁」皆作「早」，閣本、薈要本作「蚤」，據本書卷一五雜記門第1條(15-1)改。

⑤明於理體　薈要本「理」作「治」，原避唐高宗諱。

〔證〕

〔一〕考其德行察其道藝：案周禮注疏卷一二鄉大夫：「鄉大夫之職，各掌其鄉之政教禁令。正月之吉，受教灋于司徒，退而頒之于其鄉吏，使各以教其所治，以考其德行，察其道藝。」唐賈公彦疏：「云『考其德行』者，謂鄉大夫以鄉三物教萬民，遂考校其萬民有六德六行之賢者；云『察其道藝』者，謂萬民之中有六藝者，並擬賓之。」

〔二〕四科：謂德行、言語、政事、文學，出論語第十一先進。

〔三〕繇是天下上計句：後漢書卷六一左周黄列傳：「漢初詔舉賢良、方正，州郡察孝廉、秀才，斯亦貢士之方也。」

〔四〕沿隋法漢：管本方云：「隋不應列漢上也，且隋亦何法之可言乎？」案：科舉始於隋大業中，原書不誤。

〔五〕武德辛巳歲：即武德四年（六二一）。

〔六〕每年十月隨物入貢：通典卷一五選舉三歷代制下大唐：「每歲仲冬，郡縣館監課試其成者，長吏會屬僚，設賓主，陳俎豆，備管絃，牲用少牢，行鄉飲酒禮，歌鹿鳴之詩，徵耆艾、敍少長而觀焉。既餞，而與計偕。」新書卷四四選舉上：「每歲仲冬，州、縣、館、監舉其成者送之尚書省。……自高祖初入長安，開大丞相府，下令置生員，自京師至于州縣皆有數。既即位，又詔秘書外省別立小學，以教宗室子孫及功臣子弟。其後又詔諸州明經、秀才、俊士、進士明於理體爲鄉里稱者，縣考試，州長重覆，歲隨方物入貢。」記考卷一引新書選舉志考云：「與摭言十月異。」通典稱「每歲仲冬」亦即十一月。唐六典卷三尚書户部：「凡天下朝集使……皆以十月二十五日至于京都，十一月一日户部引見訖，於尚書省與群官禮見，然後集于考堂，應考績之事。」會要卷二四諸侯入朝載略同。全文卷三三一楊綰上貢舉條目疏：「既是貢士，刺史、縣令不得以部人待之，加其禮數，隨朝集使以十月二十五日到省。」與六典合。全文卷三五五趙匡舉選議：「大抵舉選人以秋初就路，春末方歸。」全文卷九六七録有開成二年（八三七）四月中書門下請吏部選人頒行長榜奏：「其所資官取本任黄衣本貫解，一千里内三月十日解到省，二千里、三千里遞加十日，並勒本州齎送，選人發解訖，任各歸家。其年七月十五日，齊於所住府，看吏部長榜定留放。」雖然指的是銓選注官時限，但其情形與貢舉當也相近。據上，唐代各地鄉貢餞送時間不一，隨距京師地理遠近或早或晚，但到達京師「隨物入貢」的時間是確定的，即每年十月（二十五日）。「每歲仲冬」或源自通典，不確。唐摭言所述當無誤。另，本書15-1條「高祖武德四年四月十一日」前半内容與本條相同，後半爲次年之科試及録取情況。省試由尚書省吏部轉至禮部，知貢舉由吏部考功員外郎改禮部侍郎，本卷下進士歸禮部門有詳述，兹不贅。

貢舉釐革并行鄉飲酒

2 開元二十五年二月敕〔一〕：「應諸州貢士，上州歲貢三人，中州二人，下州一人〔二〕。必有才行，不限其數。所宜貢之人①，解送之日，行鄉飲禮。牲用少牢，以官物充。」〔三〕

〔校〕

①所宜貢之人　影宋本、宋筠本、宋犖本、徐本、韓熙本、雅雨初印、學津本無「人」字。

〔證〕

〔一〕開元二十五年二月敕：唐代詔敕目録開元二十五年（七三七）有州縣貢額條革定準敕，注出唐六典。六典卷三户部郎中下注：「開元二十五年，敕令中書門下對朝集使隨便條革。」當即此敕，然並無以下内容。會要卷二六鄉飲酒與本書所載略同，然時間在三月。會要、唐文拾遺卷三皆爲「以現物充」，拾遺取資會要，然題諸州貢人限數敕。

〔二〕上州歲貢三人句：案唐六典卷四尚書禮部録載開元二十五年敕數段，但未録此唐摭言所引之敕，卷三〇三府督護州縣官吏：「凡貢人，上州歲貢三人，中州二人，下州一人。若有茂才異等，亦不抑以常數。凡貢人行鄉飲酒之禮，牲用少牢。」然未著年月。通典卷一五選舉三：「大唐貢士之法，多循隋制。上郡歲三人，中郡二人，下郡一人，有才能者無常數。其常貢之科，有秀才，有明經，有進士，有明法，有書，有算。自京師郡縣皆有學焉。每歲仲冬，郡縣館監課試其成者，長吏會屬僚，設賓主，陳俎豆，備管絃，牲用少牢，行鄉飲酒禮，歌鹿鳴之詩，徵耆艾、敘少長而觀焉。既餞，而與計偕。其不在館學而舉者，謂之鄉貢。舊令諸郡雖一、二、三人之限，而實無常數。」又新書卷三七地理一：「武德元年更諸郡爲州，其没于賊者，事平乃更。天寶三載以州爲郡，乾元元年復以郡爲州。凡州、郡、縣無所更置者皆承隋舊。」開元間郡當爲州。摭言所述，與唐六典合，而通典爲郡，摭言更爲準確。

〔三〕案會要卷二六鄉飲酒載此敕於三月。又，有關唐代鄉飲酒禮，唐蘇鶚蘇氏演義卷上進士者可進受爵禄者也條、丘光庭兼明書卷一鄉飲酒樂條及會要卷二六鄉飲酒下亦有所述，可與本條互參。

會昌五年舉格節文〔一〕

3 公卿百寮子弟，及京畿內士人寄客①，外州府舉士人等修明經、進士業者，並隸名所在監及官學，仍精加考試。所送人數：其國子監，明經舊格每年送三百五十人，今請送二百人②；進士依舊格送三十人，其隸名明經亦請送二百人；其宗正寺進士送二十人③〔二〕，其東監、同、華、河中，所送進士不得過三十人，明經不得過五十人；其鳳翔、山南西道、東道、荆南、鄂岳、湖南、鄭滑、浙西、浙東、鄜坊、宣、商、涇、邠、江南、江西、淮南、西川、東川、陝虢等道，所送進士不得過一十五人，明經不得過二十人；其河東、陳許、汴、徐泗、易定、齊、德、魏博、澤潞、幽、孟、靈夏、淄青、鄆、曹、兖海、鎮冀、麟勝等道，所送進士不得過一十人，明經不得過十五人；金、汝、鹽、豐、福建、黔府、桂府、嶺南、安南、邕、容等道〔三〕，所送進士不得過七人，明經不得過十人。其諸支郡所送人數，請申觀察使爲解都送，不得諸州各自申解。諸州府所試進士雜文，據元格並合封送省④。准開成三年五月三日敕落下者，今緣自不送。所試以來，舉人公然拔解。今諸州府所試⑤，各須封送省司檢勘。如病敗不近詞理，州府妄給解者，試官停見任用闕。

〔校〕

①士人寄客 「士」，全文卷七八作「土」。

②今 韓熙本作「令」。

③宗正寺 閣本、薈要本作「宗正等」。宋筠本、雅雨初印傳校「寺」作「等」，管本原亦作「等」，吴校作「寺」。詳下考。

④封送省 管本吴校：「『省』下應有『司』字。」

⑤今諸州府所試 管本方校：「今」當作「令」。

〔證〕

〔一〕此條舉格全文，唐大詔令集未收，然舊書卷一八上武宗紀、元龜卷九一帝王部下赦宥第一〇、會要卷九下雜郊議下等皆有敘及。全文卷七八有會昌五年（八四五）正月三日所製加尊號後郊天赦文：「武功既暢，經術是修，宜闡儒風，以宏教化。應公卿百僚子弟及京畿內土人寄客修明經、進士業者，並隸名太學。每一季一度，據名籍分番於國子監試帖。三度帖經全通者，即是經藝已熟，向後更不用帖試。如三度全不通，及三度託事故不就試者，便落下名籍，至貢舉時不在送省之限。其外寄居及土著人修進士明經業者，並隸名所在官學，仍委長吏於見任官及本土著學行人中，選一人充試官，亦委每季一試，餘並準前處分。如無經藝，雖有文章，不在送省之限。所冀人皆嚮道，學務通經。」此舉格節文或即以此赦文主旨爲據，是爲落實赦文内容更細緻之規定。唐代詔敕目録在正月三日。

〔二〕宗正寺：案：上引加尊號後郊天赦文：「委宗正寺收補明經，每年許參三十人出身，同兩館例與補。各搜圖籍，精驗源流，明爲保舉，不得容有踰濫。仍一季一度試帖經，餘並進士明經條例處分。」又新書卷四四選舉上：「中宗反正，詔宗室三等以下、五等以上未出身，願宿衛及任國子生，聽之。其家居業成而堪貢者，宗正寺試，送監舉如常法。」

〔三〕「其鳳翔」至「邕容等道」：所稱諸地間有道、方鎮（節度使、經略使等）、州、府，頗爲混亂，非僅道而已。案舊書卷三八地理一：「開元二十一年，分天下爲十五道。」新書卷三七地理一：貞觀元年（六二七）分天下爲十道：「一曰關内，二曰河南，三曰河東，四曰河北，五曰山南，六曰隴右，七曰淮南，八曰江南，九曰劍南，十曰嶺南。」開元二十一年，山南、江南各析爲東、西道，增置黔中道及京畿、都畿，合十五道，置十五採訪使。安史亂，河西、隴右陷於吐蕃，至大中、咸通，隴右始復。即會昌五年時實僅十三道。又吴廷燮唐方鎮年表共列方鎮七十七，其中包括會昌後所置。

述進士上篇

4 永徽已前，俊、秀二科猶與進士並列。咸亨之後，凡由文學舉于有司者，競集于進士矣。繇是趙傪等嘗刪去俊、秀〔一〕，故目之曰進士登科記。古者閭有序，鄉有庠，以時教行禮而視化焉①。其有秀異者，則升于諸侯之學；諸侯歲貢其尤著者②，移之于天子，升于太學，故命曰造士，然後命焉。周禮：「大樂正論造士之秀者，以告于王，而升諸司馬，曰進士。司馬辨論官材，論進士之賢者③，以告于王，而定其論。論定，然後官之；任官，然後爵之；位定，然後祿之。」〔二〕若列之於科目，則俊、秀盛於漢、魏。而進士，隋大業中所置也，如侯君素、孫伏伽④〔三〕，皆隋之進士也明矣。然彰于武德，而甲於貞觀。蓋文皇帝修文偃武，天贊神授，嘗私幸端門，見新進士綴行而出，喜曰：「天下英雄入吾彀中矣〔四〕！」若乃光宅四夷，垂祚三百，何莫由斯之道者也。

案：類說、說郛、稗海收録摭言自本條始，且將本條之內容析爲登科記及英雄入吾彀中二條。較目前通行之本，三本刪削殊多。

〔校〕

①以時教行禮而視化焉　「視」，管本吴校當作「觀」，徐本注爲方校。

②其尤著者　宋筠本「其」作「具」，宋犖本「尤著」作「木」，黄本、管本無「著」。

③論進士之賢者　薈要本、雅雨初印、學津本無「者」字。

④孫伏伽　影宋本「伽」原作「加」，墨筆改作「伽」。

〔證〕

〔一〕趙傪：趙璘因話録卷一宫部德宗躬親庶政條自注「伯父諱傪，貞元三年進士及第，當年制策登科。」記考卷二貞元三年（七八七）趙傪下引因話録爲證，又注：「傪於四年登制科。」元龜卷六四五貢舉部科目、會要卷七六制科皆作四年。

〔二〕周禮句：語出禮記王制。又通典卷一三選舉歷代制上：「凡士之有善，鄉先論士之秀者，升諸司徒，曰選士；司徒論選士之秀者而升諸學，曰俊士；既升而不征者，曰造士；大樂正論造士之秀者升諸司馬，曰進士。司馬論進士之賢者及鄉老、群吏獻賢能之書于王，王再拜受之，登於天府，藏於祖廟，内史書其貳而行焉。（原注：書其貳，謂寫其副本。）在其職也，則鄉大夫、鄉老舉賢能而賓其禮，司徒教三物而興諸學，司馬辯官材以定其論，太宰詔廢置而持其柄，内史贊與奪而貳於中，司士掌其版而知其數。論定然後官之，任官然後爵之，位定然後禄之。蓋擇材取士如此之詳也。」

〔三〕侯君素孫伏伽：君素即侯白，隋書卷五八陸爽傳附侯白傳：「（陸）爽同郡侯白，字君素，好學有捷才，性滑稽，尤辯俊。舉秀才，爲儒林郎。通侻不恃威儀，好爲誹諧雜説，人多愛狎之，所在之處，觀者如市。……高祖聞其名，召與語，甚悦之，令於秘書修國史。每將擢之，高祖輒曰『侯白不勝官』而止。後給五品食，月餘而死，時人傷其薄命。著旌異記十五卷，行於世。」君素登進士事，未見載。明徐應秋玉芝堂談薈卷二：「唐、宋以來狀元科第姓名可考者，唐高祖武德元年孫伏伽止稱第一人。」案：記考考唐科舉始於武德五年，伏伽於此年進士及第。摭言言伏伽爲隋進士，未見他書載。

〔四〕天下英雄入吾彀中矣：此處與本書卷一五雜記門15-2條互見。宋張舜民畫墁録引唐書亦有此語，張氏原案：「太宗一朝五放牓，每牓一名，安得綴行之士？」元陶宗儀説郛卷一八上亦抄録張氏此條，以爲附論。張舜民所引不見載於兩唐書，疑仍出自摭言。案：貞觀共二十三年，除貞觀二年和十六年兩年不貢舉外，年年貢舉，每年所舉進士一至二十餘人不等。據記考統計，太宗二十一牓，共録取進士二百五人，張氏所云「太宗一朝五放牓，每牓一名」不確。另，尚無資料證明，貞觀間曾在洛陽舉行過貢舉試，張舜民所引有「在洛登端門」，也不大可能。御覽卷六二九治道部一〇貢舉下引亦注出自唐書，内容仍與摭言無二。

述進士下篇

5 元和中，中書舍人李肇撰國史補，其略曰：進士爲時所尚久矣，是故俊乂實在其中①，由此而出者，終身爲文人②，故争名常爲時所重③。其都會謂之「舉場」，通稱謂之「秀才」，投刺謂之「鄉貢」，得第謂之「前進士」，互相推敬謂之「先輩」，俱捷謂之「同年」，近年及第，未過關試，皆稱「新及第進士」，所以韓中丞儀嘗有知聞近過關試儀以一篇紀之曰：「短行納了付三銓，休把新銜惱必先。今日便稱前進士，如留春色與明年④〔一〕。有司謂之「座主」。京兆府考而升者，謂之「等第」。外府不試而貢者，謂之「拔解」。然拔解亦須預託人爲詞賦，非謂白薦⑤。將試各相保，謂之「合保」。群居而賦，謂之「私試」。造請權要，謂之「關節」。激揚聲價⑥，謂之「還往」。既捷，列名於慈恩寺塔⑦，謂之「題名」。大醼於曲江亭子⑧，謂之「曲江會」。曲江大會在關試後，亦謂之「關宴」〔二〕。宴後，同年各有所之，亦謂之爲「離會」。藉而入選，謂之「春關」⑨。不捷而醉飽，謂之「打毷燥」⑩。匿名造謗⑪，謂之「無名子」。退而肄業，謂之「過夏」。執業以出，謂之「夏課」。亦謂之「秋卷」。挾藏入試，謂之「書策」。此其大略也。其風俗繫於先達，其制置存于有司。雖然，賢者得其大者⑫，故位極人臣，常有十二三，登顯列，十有六七。

而元魯山、張睢陽有焉，劉闢、元翛有焉⑬。

唐李肇唐國史補卷下、廣記卷一七八總敘進士科、唐語林卷二文學、御覽卷六二九治道部一〇貢舉下皆收此條，文字稍異。

〔校〕

① 俊乂實在其中 「俊乂」，廣記作「俊人」。唐國史補「在」作「集」。

② 終身爲文人 「文人」，唐國史補、御覽作「聞人」，管本、徐本校或作「聞人」。

③ 争名常爲時所重 唐國史補作「争名常切而爲俗亦弊」。影宋本、宋犖本、宋筠本、撲敘本、韓熙本、徐本、雅雨初印「重」作「弊」。

④ 「近年及第」至「與明年」 唐國史補無此段文字，下文小注亦無，當爲定保自注。廣記「紀之曰」作「記之日」，「衕」作「街」，「如」作「好」，宋筠本「如」亦作「好」。

⑤ 「有司」至「白薦」 管本脱。宋犖本「託」作「記」，宋筠本原亦作「記」，校改爲「託」。

⑥ 激揚聲價 黄本「揚」原作「揭」，校改「揚」。

⑦ 列名於慈恩寺塔 唐國史補「名」作「書」。

⑧ 大醼於曲江亭子 唐國史補「大」上有「會」。

⑨ 謂之春關　黃本「關」校改作「闈」。

⑩ 眊燥　閣本作「眊矂」，唐國史補、廣記及學津本作「毷氉」。

⑪ 匿名造謗　廣記「謗」作「牓」，當誤。

⑫ 賢者　唐國史補作「賢士」。

⑬ 元魯山張雎陽有焉劉闢元脩有焉　唐國史補「張雎陽」作「張闢陽」。宋犖本、宋筠本皆無「陽」字。廣記「闢」作「關」。

〔證〕

〔一〕短行納了付三銓句：案全詩卷六六七韓儀記知聞近過關試詩：「短行軸了付三銓，休把新銜惱必先。今日便稱前進士，好留春色與明年。」小傳云：「韓儀字羽光，京兆萬年人，偓之兄也，以翰林學士爲御史中丞，朱全忠貶爲棣州司馬。」全詩所録或采自本條。

〔二〕亦謂之關宴：廣記作「聞喜宴」，據下文「讌名」，聞喜宴與關宴皆爲曲江會中諸宴之一，然關宴爲其中最大之宴，廣記所載有誤。

散序進士

6 進士科，始於隋大業中，盛於貞觀、永徽之際。搢紳雖位極人臣①，不由進士者，終不爲美，以至歲貢常不減八、九百人②。其推重謂之「白衣公卿」，又曰「一品白衫」。其艱難謂之「三十老明經，五十少進士」。其負倜儻之才，變通之術③，蘇、張之辨説④，荆、聶之膽氣，仲由之武勇，子房之籌畫⑤，弘羊之書計，方朔之詼諧，咸以是而晦之。脩身慎行，雖處子之不若。其有老死於文場者，亦所無恨。故有詩云：「太宗皇帝真長策，賺得英雄盡白頭。」〔一〕獨孤及撰河南府法曹參軍張從師墓誌云：「從師祖損之，隋大業中進士甲科，位至侍御史、諸曹員外郎。損之生法，以碩學麗藻，名動京師，亦舉進士，自監察御史爲會稽令。」〔二〕

〔校〕

① 搢紳雖位極人臣　管本「位」作「會」，朱批：「疑『位』」。

② 常　廣記作「恒」，「百」下無「人」字。黄本卷端有校記云：「廣記引用諸條，凡『恒』字，此本皆改作『常』，蓋避宋諱也。」

③ 通　韓熙本誤作「道」。

④ 辨　韓熙本作「辯」。

⑤ 子房之籌畫　宋犖本、宋筠本「畫」作「晝」，誤，宋筠本校改作「畫」。

〔證〕

〔一〕「進士科」至「白頭」：廣記卷一七八與上條合一，題總敘進士科。廣記卷一七八、錦繡萬花谷前集卷二二、明陳耀文撰天中記卷三八等皆引自唐國史補，然現存學津討原本唐國史補無此條。通典卷一四選舉二：「煬帝始建進士科。」太宗詩，全詩卷七九六小注云：「國史補曰：進士科得之艱難，其有老死於文場者，亦無所恨，故詩云。畫墁録以爲趙嘏作。」案：注引唐國史補之文，今本並無，當取自本書。譚優學趙嘏詩注亦自全唐詩外編全唐詩續補遺卷七直録此殘句而未予辨考。畫墁録：「唐書：太宗在洛登端門，見新進士綴行而出，喜曰：『天下英雄入吾彀中矣。』趙嘏詩云：『太宗皇帝真長策，賺得英雄盡白頭。』」總龜卷二七引此條云出自摭言，唯語略不完。

〔二〕案：全文卷三九三録有獨孤及唐故河南府法曹參軍張公墓表，略與本條同，文曰：「初，公祖損之，隋大業中進士甲科，位至侍御史、尚書水部郎。損之生烈考滋（原注：一作法），以碩學麗藻，名動京師，亦舉進士，自監察御史爲會稽令。」又見毘陵集卷一一及英華卷九七〇，文字稍異。又全文卷九九五闕名撰張從師墓誌：「從師祖損之，隋侍御史、水部郎。損之生滋，碩學麗藻，名動京師。從師之父也。」與墓表稍異。

兩監〔一〕

7 按實録：西監，隋制；東監，龍朔元年所置①〔二〕。開元已前，進士不由兩監者，深以爲恥。李華員外寄趙七侍御詩略曰〔三〕：「昔日蕭邵友，四人纔成童。」華與趙七侍御驊、蕭十功曹穎士、故邵十六司倉軫②，未冠游太學，皆苦貧共弊③。五人登科④，相次典校。邵後二年擢第，以冤横貶，卒南中。又郭代公、崔湜、范履冰輩，皆由太學登第。李肇舍人撰國史補亦云：天寶中，袁咸用、劉長卿分爲朋頭⑤〔四〕，是時常重兩監。爾後物態澆漓，稔於世禄，以京兆爲榮美，同、華爲利市，莫不去實務華，棄本逐末。故天寶十二載敕天下舉人不得言鄉貢⑥〔五〕，皆須補國子及郡學生。廣德二年制京兆府進士，並令補國子生，斯乃救壓覆者耳。奈何人心既去，雖拘之以法，猶不能勝。矧或執大政者不常其人，所立既非自我，則所守亦不堅矣。繇是貞元十年已來，殆絶於兩監矣。

〔校〕

① 龍朔元年所置　類説「龍朔」誤作「龍翔」。

②邵十六司倉軫　黄本「六」校作「大」，誤。

③苦貧共弊　「弊」，管本方校云「弊」當作「敝」，取論語子路與朋友共敝之無憾之意。

④五人登科　依上文，「五人」實爲「四人」，閣本作「四」，當是。韓熙本「人」作「入」。

⑤袁咸用　「咸」，黄本、韓熙本、影宋本、宋鈞本及唐語林卷二皆作「成」，唐國史補卷下同，徐本原作「成」，校改「咸」。雅雨初印傳校「咸」作「成」。

⑥天寶十二載　原本作「天寶二十載」。管本方校：「天寶無二十載，當作十二。」據改。

〔證〕

〔一〕兩監：隋書卷二八：「煬帝即位，多所改革。……改内侍省爲長秋監，國子學爲國子監。」新書卷一六四歸崇敬傳：「皇太子欲臨國學行齒胄禮，崇敬以學與官名皆不正，乃建議：古天子學曰辟雍。……永嘉南遷，唯有國子學。隋大業中，更名國子監。」通典卷二七職官九：「煬帝即位，改國子學爲國子監。」唐六典卷二一國子監：「仁壽元年罷國子，唯置太學。大業三年，改爲國子監。」

〔二〕東監龍朔元年所置：東監建置時間，史書記載不一。唐六典卷二一國子監：「皇朝因之。龍朔二年改爲大司成。」未云東監設置時間。通典卷二七職官九注：「龍朔元年，東都亦置。」與摭言同。然舊書卷四高宗紀上云：「（龍朔）二年春正月……丙午，東都初置國子監，並加學生等員，均分於兩都教授。」

〔三〕李華員外寄趙七侍御詩：全詩卷一五三收此詩，計六十二句三百十字。

〔四〕朋頭：又作「棚頭」，封氏聞見記卷三貢舉：「玄宗時，士子殷盛，每歲進士至省者，常不減千餘人。在館諸生更相造詣，互結朋黨，以相漁奪，號之爲『棚』，推聲望者爲棚頭。」

〔五〕天寶十二載：舊書卷九玄宗紀下：天寶十二載（七五三）「七月壬子，天下齊人不得鄉貢，須補國子學生然後貢舉。」舊書卷二四禮儀四：「十二載七月，詔天下舉人不得充鄉貢，皆補學生。」新書卷四四選舉上：天寶九載，「置廣文館於國學，以領生徒爲進士者。舉人舊重兩監，後世禄者以京兆、同、華爲榮，而不入學。十二載，乃敕天下罷鄉貢，舉人不由國子及郡、縣學者，勿舉送。」

8 貞觀五年已後，太宗數幸國學，遂增築學舍一千二百間，增置學生凡三千二百六十員〔一〕。無何，高麗、百濟、新羅、高昌、吐蕃諸國酋長①〔二〕，亦遣子弟請入。國學之內，八千餘人，國學之盛，近古未有。至永淳已後，乃廢〔三〕。

本條原與上條合爲一條，管本析分，從之。

〔校〕

①吐蕃　閣本、薈要本「蕃」作「番」。

〔證〕

〔一〕貞觀五年句：案舊書卷一八九上儒學上：「貞觀二年……大徵天下儒士，以爲學官。數幸國學，令祭酒、博士講論。畢，賜以束帛。學生能通一大經已上，咸得署吏。又於國學增築學舍一千二百間，太學、四門博士亦增置生員，其書算各置博士、學生，以備藝文，凡三千二百六十員。」貞觀政要第二十七崇儒學：「貞觀二年，……是歲大收天下儒士，賜帛給傳，令詣京師，擢以不次，布在廊廟者甚衆。學生通一大經以上，咸得署吏。國學增築學舍四百餘間，國子、太學、四門、廣文亦增置生員，其書、算各置博士、學生，以備衆藝。太宗又數幸國學，令祭酒、司業、博士講論，畢，各賜以束帛。四方儒生負書而至者，蓋以千數。」新書卷一九八儒學上：「貞觀六年……數臨幸觀釋菜，命祭酒博士講論經義，賜以束帛。生能通一經者，得署吏。廣學舍千二百區，三學益生員，並置書、算二學，皆有博士。大抵諸生員至三千二百。」

〔二〕無何句：舊書卷一八九上儒學上：「俄而高麗及百濟、新羅、高昌、吐蕃等諸國酋長，亦遣子弟請入於國學之内。鼓篋而升講筵者，八千餘人。濟濟洋洋焉，儒學之盛，古昔未之有也。」貞觀政要第二十七崇儒學：「俄而吐蕃及高昌、高麗、新羅等諸夷酋長，亦遣子弟請入於學。於是國學之内，鼓篋升講筵者，幾至萬人，儒學之興，古昔未有也。」

〔三〕永淳已後乃廢：舊書卷八八韋嗣立傳：「嗣立上疏諫曰：『……國家自永淳已來，國學廢散，胄子衰缺。時輕儒學之官，莫存章句之選。貴門後進，競以僥倖昇班；寒族常流，復因凌替弛業。……陛下誠能下明制，發德音，廣開庠序，大敦學校，三館生徒，即令追集。王公已下子弟，不容別求仕進，皆入國學。』」

9 龍朔二年九月敕〔二〕：「學生在學，各以長幼爲序。初入學，皆行束脩之禮①：國子、太學②，各絹三匹；四門學生，各絹二匹；俊士及律、書、算學、州縣學，各絹一匹。皆有酒脯。其分束脩③，三分入博士，二分助教。又，每年國子監所管學生，國監試④；州縣學生，當州試。並藝業優長者爲試官，仍長官監試。其試者，通計一年所授之業，口問大義十條，得八已上爲上，得六已上爲中，得五已下爲下。類三下及在學九年、律生六年不任貢舉者⑤，並解退。其從縣向州者數下第，並須通計，服闋重任者不在計限，諸博士助教皆分經授⑥。每一經必令終講，未終不得改業。」開元二十一年五月敕⑦：「諸州縣學生二十五已下，八品、九品子弟若庶人，並年二十一已下，通一經已上，未及一經而精神聰悟、有文詞史學者，每年銓量舉送所司簡試，聽入四門學，充俊士。即諸州貢人省試下第⑧，情願入學者，聽。國子監所管學生，尚書省補。州縣學生，州縣長官補。州縣學生，取郭下縣人替。諸州縣學生，習本業之外，仍令兼習吉凶禮。公私有禮事，令示儀式，餘皆不得輒使。諸百姓立私學，其欲寄州縣學授業者，亦聽⑨。」會昌五年正月敕〔二〕：「公卿百寮子弟及京畿内士人寄修明經、進士業者，並宜隸名太學。外州寄學及士人，並宜隸名所在官學。仍永爲常制。」

本條述國學試業，管本析出另分條，從之。

〔校〕

① 行束脩之禮　會要卷三五學校、記考卷二此年所引下有「禮於師」三字。

② 國子太學　原本無此四字，依會要、全文卷一七、記考所引，並據上下文意補。

③ 其分束脩　會要、全文、記考卷二所引「其」下皆無「分」字。

④ 國監試　會要、全文「國」下有「子」字。

⑤ 類三下　管本、韓熙本、閣本、薈要本作「類三不」。新書卷四四選舉上云：「併三下與在學九歲、律生六歲不堪貢者罷歸。」則原本是。

⑥ 分經授　宋筠本「授」下校補「業」字。

⑦ 二十一年　管本、閣本作「二十二年」，會要同。新書卷四四選舉上作「七年」。

⑧下第 新書作「不第」。

⑨「律生六年」至「亦聽」 管本、薈要本爲正文，雅雨初印、影宋本、宋犖本、宋筠本、揆敘本、韓熙本、徐本、閣本及學津本爲小字注。

〔證〕

〔一〕龍朔二年九月敕：案此敕與會要卷三五學校所載略同，而會要時間在中宗神龍二年（七〇六）九月。其中「學生在學……仍長官監試」部分，又與全文卷一七所收中宗令入學行束脩禮敕全文相近，爲神龍二年所敕。從此條所列時間順序來看，「龍朔」當誤，應作「神龍」。

〔二〕會昌五年正月敕：或出此年加尊號後郊天赦文，見上會昌五年舉格節文門（1-3）。

西監

元和二年十二月，奏：「兩京諸館學生，總六百五十員。每館定額如後①：西京學生②，五百五十員：國子館，八十員；太學，七十四員③；四門館，三百員；廣文館，六十員；律館，二十員；書館、算館，各十員④。」又奏：「伏見天寶已前，國學生其數至多，並有員額。至永泰後，西監置五百五十員，東監近置一百員⑤〔一〕，未定每館員額。今謹具每館定額如前。伏請下禮部，准格補置。」敕旨：「依。」

本條及下條，會要卷六六東都國子監、元龜卷六〇四學校部奏議第三亦録載。

〔校〕

①定　宋筠本原誤作「官」。

②西京　會要卷六六東都國子監作「兩監」。上文云兩京總額六百五十員，會要當誤。元龜作「西監」。

③太學七十四員　總數與前「五百五十員」不合，據會要及元龜，此處當衍「四」字。

④律館二十員書館算館各十員　原本、影宋本、宋犖本、宋筠本作「律館算館各十員」。管本吴注云：一本「二十員書館」脱去。今據管本補。

⑤東監近置一百員　宋筠本校「近」字爲衍文。

〔證〕

〔一〕東監近置一百員：舊書卷一四憲宗紀上：元和二年「十二月……東都國子監增置學生一百人。」

東監

11 東監，元和二年十二月敕①：「東都國子監，量置學生一百員：國子館，十員；太學，十五員；四門，五十員；律館，十員；廣文館，十員；書館，三員②；算館，二員。」

〔校〕

① 十二月　管本原作「十一月」，吳、方皆校作「十二月」。舊書卷一四憲宗紀上亦在「十二月」。

② 書館三員　管本作「書館二員」，會要卷六六東都國子監、新書卷四四選舉上作「書館三員」。吳云：「三員方與數合。」

鄉貢

12 鄉貢里選，盛於中古乎？今之所稱，蓋本同而末異也。今之解送，則古之上計也〔一〕。漢武帝置五經博士〔二〕，博士奉常通古今，員數十人，漢置五經而已。太常選民年十八已上好學者，補弟子；郡國有好文學敬順於鄉黨者，令與計偕，受業太常，如弟子。一歲輒課，通經藝，補文學掌故①，上第爲郎。其秀異等②，太常以名聞。其下材不事學者，罷之。若等雖舉於鄉，亦由於學。兩漢之制，蓋本乎周禮者也③。

〔校〕

① 掌故　韓熙本、宋犖本「故」作「固」。影宋本、徐本後人校改「固」作「故」。漢書卷六武帝紀作「故」。

② 其秀異等　管本「秀」下有「才」字，吴校云：「一本脱『才』字。」

③ 本乎周禮　韓熙本「乎」作「于」。

〔證〕

〔一〕上計：史記卷七九范睢蔡澤列傳：「昭王召王稽，拜爲河東守，三歲不上計。」裴駰集解：「司馬彪曰：『凡郡掌治民，進賢，勸功，决訟，檢姦。常以春行所至縣，勸民農桑，振救乏絶。秋冬遣無害吏案訊問諸囚，平其罪法，論課殿最。歲盡遣吏上計。』」通典卷一三選舉一原注：「計者，上計簿使也。郡國每歲遣詣京師上之。偕者，俱也。令所徵之人與上計者俱來，而縣次給之食也。」

〔二〕漢武帝置五經博士：漢書卷六武帝紀第六：建元五年（前一三六）春置五經博士。卷八八儒林傳：「（公孫）弘爲學官，悼道之鬱滯，乃請曰：『……太常擇民年十八以上儀狀端正者，補博士弟子。郡國縣官有好文學，敬長上，肅政教，順鄉里，出入不悖所聞，令相長丞上屬所二千石。二千石謹察可者，常與計偕，詣太常，得受業如弟子。一歲皆輒課，能通一藝以上，補文學掌故缺；其高第可以爲郎中，太常籍奏。即有秀才異等，輒以名聞。其不事學若下材，及不能通一藝，輒罷之。』……制曰：『可。』自此以來，公卿大夫士吏彬彬多文學之士矣。」

有唐貞元已前①，兩監之外，亦頗重郡府學生。然其時亦由鄉里所升，直補監生而已。爾後膏粱之族，率以學校爲鄙事，若鄉貢，蓋假名就貢而已。景雲之前，鄉貢歲二、三千人，蓋用古之鄉貢也。咸亨五年，七世伯祖鸞臺鳳閣龔石泉公時任考功員外郎下覆試十一人②〔一〕，内張守貞一人鄉貢③。開耀二年〔二〕，劉思立下五十一人④，内雍思泰一人。永淳二年，劉廷奇下五十五人〔三〕，内元求仁一人。光宅元年閏七月二十四日〔四〕，劉廷奇重試下一十六人，内康庭芝一人。長安四年，崔湜下四十一人，李温玉稱蘇州鄉貢。景龍元年，李欽讓稱定州鄉貢附學。爾來鄉貢漸廣⑤，率多寄應者，故不甄別於牓中，信本同而末異也明矣。大曆中，楊綰疏請復舊章〔五〕，貴全乎實。尋亦寢於公族，垂空言而已。

〔校〕

① 貞元　雅雨初印作「貞觀」，傅增湘校改「貞元」。

② 龔石泉公　各本皆作「龍石白水公」。今予改正，詳下考。

③ 張守貞一人鄉貢　管本「貞」作「直」，閣本、薈要本、徐本作「真」。管本無「鄉貢」二字。

④劉思立下五十一人　「思立」原本作「思玄」，記考卷二作「思立」，注：「摭言作『思玄』，蓋『思立』之誤也」。通典、兩唐書、會要皆作「思立」，當是，據改，下同。「五十一人」，記考作「五十五人」。

⑤李欽讓稱定州鄉貢附學爾來鄉貢漸廣　宋筠本脱「附學爾來鄉貢」六字。

〔證〕

〔一〕襲石泉公：案：舊書卷八九王方慶傳：「王方慶，雍州咸陽人也，周少司空石泉公褒之曾孫也。……證聖元年，召拜洛州長史，尋加銀青光禄大夫，封石泉縣男。萬歲登封元年，轉并州長史，封琅邪縣男。未行，遷鸞臺侍郎、同鳳閣鸞臺平章事。……神功元年……改封石泉子。……聖曆二年……正授太子左庶子，封石泉公。」新書卷一四七李元素傳：「元素少孤，奉長姊謹悌，及没，悲鯁成疾，因辭職屏居。其妻，石泉公王方慶之孫。」同書卷一九一忠義上：「鳳閣侍郎、同鳳閣鸞臺平章事、石泉縣公王方慶。」記考卷二趙校「『白水』爲『泉』字之訛，『龍』字衍文。」「泉」訛作「白水」，當是。然「龍」字恐非衍文，蓋爲「襲」字誤奪，「龍石白水公」，當即「襲石泉公」，皆爲古書豎寫致誤，據改。

〔二〕開耀二年：案舊書卷五高宗紀下：「二月癸未，以太子誕皇孫滿月，大赦。改開耀二年爲永淳元年。」唐代放牓一般在三月，此年已改元，當爲永淳元年（六八二）。此仍作開耀二年，爲舊籍所習。

〔三〕劉廷奇：陳尚君登科記考正補考永淳二年賈大隱繼劉思立任考外，知本年貢舉，摭言有誤。

〔四〕光宅元年閏七月：管本方校「是年閏五月，此云七月未詳」。案通鑑卷二〇三：光宅元年（六八四）「五月，丙申，高宗靈駕西還。閏月，以禮部尚書武承嗣爲太常卿、同中書門下三品。」是年閏五月而非七月。

〔五〕大曆中：管本方云「新書選舉志在寶應二年」。案：新書卷四四選舉上作寶應二年（七六三），封氏聞見記卷三貢舉亦在此年，通典卷一五歷代制、舊書卷二四禮儀四作寶應二年六月，會要卷七六孝廉舉作寶應二年六月二十日。

廣文

13 天寶九年七月詔①〔一〕，於國子監別置廣文館，以舉常修進士業者，斯亦救生徒之離散也。始其春官氏擢廣文生者②〔二〕，名第無高下。貞元八年，歐陽詹居第三人③，李觀第五人〔三〕，邇來此類不乏。暨大中之末，咸通、乾符以來，率以爲末第。或曰：「鄉貢，賓也；學生，主也。主宜下於賓，故列於後也。」大順二年，孔魯公在相位〔四〕，思矯其弊，故特置吳仁璧於蔣肱之上。明年，公得罪去職，及第者復循常而已④。悲夫！

唐國史補卷下禮部置貢院有略載。

〔校〕

①　九年　黄本作「元年」。「年」當爲「載」，詳下。

②　始其　管本吴校云當作「其始」，揆敘本脱「其」。

③　居　他本皆無。

④　循常　薈要本作「尋常」。

〔證〕

〔一〕天寶九年七月詔：通典卷二七國子監：「天寶九載，置廣文館學生進士。」舊書卷九玄宗紀下：「（天寶）九載……秋七月己亥，國子監置廣文館，領生徒爲進士業者。」新書卷四四選舉志上：「天寶九載，置廣文館于國學，以領生徒爲進士者。」唐國史補卷中：「自天寶五年置廣文館，至今堂宇未起，材木堆積，主者或盜用之。」廣記卷八二鄭相如條：「鄭虔工詩嗜酒，性甚閑放。玄宗愛其曠達，欲致之郎署。又以其不事事，故特置廣文館，命虔爲博士，名籍甚著。」恐不確。

〔二〕春官氏：唐六典卷四尚書禮部下注：「光宅元年爲春官尚書，神龍元年復故。」舊書卷四二職官一：「光宅元年九月……禮部爲春官。」

〔三〕歐陽詹李觀：唐國史補卷下：「至貞元八年，李觀、歐陽詹猶以廣文生登第，自後乃群奔於京兆矣。」

〔四〕孔魯公：即孔緯。新書卷六三宰相表，緯光啓二年（八八六）三月爲相。新書卷一〇昭宗紀：「（大順）二年正月庚申，孔緯、張濬罷。」通鑑卷二五八略同。吴、蔣二人皆大順二年（八九一）牓進士，此云「明年」，似有未協。

兩都貢舉

14 永泰元年，始置兩都貢舉〔一〕，禮部侍郎官號皆以「知兩都」爲名，每歲兩地別放及第。自大曆十一年停東都貢舉，是後不置〔二〕。

〔證〕

〔一〕兩都貢舉：會要卷七六貢舉中緣舉雜録：「永泰元年七月，以京師米貴，遂分兩京集舉人。至大曆十年五月十九日敕，今年諸色舉人，悉赴上都。」舊書卷一一代宗紀：「（大曆）十年……五月乙未，田承嗣部將霍榮國以磁州歸。癸卯，劍南置昌州。罷兩都貢舉，都集上都。」元龜卷六三九貢舉部：「永泰元年，始置兩都貢舉，禮部侍郎官號皆以兩都爲名，每歲兩地別所及第。至大曆十一年，停東都貢舉。德宗貞元（本書案：原書誤作「貞觀」）十六年，又罷別頭舉人。」

〔二〕是後不置：案大曆後，東都仍舉辦貢舉。舊書卷一七上文宗紀上：「（大和元年七月）辛巳，敕今年權于東都置舉。」元龜卷六四一貢舉部條制第三：「唐文宗太和元年七月，敕：『今年權於東都置舉，其明經、進士任便東都赴集，其上都國子監舉人，合在上都試及節目未盡者，委條流聞奏。』八月禮部貢院奏：『東都置舉，條件其上都國子監、宗正寺、鴻臚寺舉人，並請待東都考試畢，卻回就上都考試。』從之。」因話録卷六羽部：「大中元年冬，（鄭薰）求解鳳翔，偶看本府鄉貢士紙之首，便是『鳳』字。至東都試緱山月聞王子晉吹笙詩，坐側諸詩，悉有『鳳』字。明年，果登第焉。」則「是後不置」疑不確。

試雜文

15 進士科與俊、秀同源異派，所試皆答策而已。兩漢之制，有射策、對策〔一〕，二義者何？射者，謂列策於几案，貢人以矢投之，隨所中而對之也〔二〕。對則明以策問授其人①，而觀其臧否也。如公孫弘、董仲舒，皆由此而進者也〔三〕。有唐自高祖至高宗，靡不率由舊章。調露二年，考功員外劉思立奏請加試帖經與雜文，文之高者放入策②〔四〕。尋以則天革命，事復因循③。後至垂拱二年，吳師道等二十七人及第後④〔五〕，敕批云：「略觀其策，並未盡善。若依令式，及第者唯祗一人。意欲廣收其材，通三者並許及第⑤。」至神龍元年⑥，方行三場試〔六〕，故常列詩賦題目於牓中矣。

廣記卷一七八貢舉一試雜文條載録，注出摭言。

〔校〕

① 對則明以策問　宋犖本無「對」。宋筠本原亦無「對」，後人補。黄本無「明」字。

② 放入策　管本方校云「策」當作「第」，疑是。

③ 「調露二年」至「事復因循」　原本在垂拱元年「通三者並許及第」句之後，案調露在垂拱之前，今移正。

④ 吴師道　廣記作「吴道古」，黄本校改同。郎官石柱題名考卷八、元和姓纂卷三作「吴道師」。

⑤ 通三者　廣記作「通滯」。

⑥ 神龍元年　廣記作「神龍二年」。

〔證〕

〔一〕射策對策：漢書卷八八儒林傳贊曰：「自武帝立五經博士，開弟子員，設科射策，勸以官禄，訖於元始，百有餘年。傳業者寖盛，支葉蕃滋，一經説至百餘萬言，大師衆至千餘人，蓋禄利之路然也。」

〔二〕射者謂列策於几案句：管本方注：「漢書蕭望之傳：『望之以射策甲科爲郎。』顔師古曰：『射策者，謂爲難問疑義書之於策，量其大小署爲甲乙之科，列而置之，不使彰顯。有欲射者，隨其所取得而釋之，以知優劣。射之，言投射也。』此云列策几案，貢人以矢投之，殊爲曲説。」

〔三〕公孫弘董仲舒：漢書卷五八公孫弘傳：「公孫弘，菑川薛人也。……元光五年，復徵賢良文學，菑川國復推上弘。……時對者百餘人，太常奏弘第居下。策奏，天子擢弘對爲第一。」卷五六董仲舒傳：「董仲舒，廣川人也。……武帝即位，舉賢良文學之士前後百數，而仲舒以賢良對策焉。」

〔四〕調露二年句：大唐新語卷一〇釐革：「調露二年，考功員外劉思立奏，二科並帖經。」通典卷一五選舉三、會要卷七六貢舉中、元龜卷六三九貢舉部、御覽卷六二九貢舉下皆在調露二年（六八〇）。新書卷四四選舉上：「永隆二年，考功員外郎劉思立建言：『明經多抄義條，進士唯誦舊策，皆亡實才，而有司以人數充第。』乃詔自今明經試帖粗十得六以上，進士試雜文二篇，通文律者然後試策。」清趙翼陔餘叢考卷二八進士云：「此進士試詩賦之始。」封氏聞見記卷三貢舉則云：「開耀元年，員外郎劉思立以進士惟試時務策，恐傷膚淺，請加試雜文兩道，並帖小經。」案：舊書卷一九〇中文苑中劉憲傳：「劉憲，宋州寧陵人也。父思立，高宗時爲侍御史。……後遷考功員外郎，始奏請明經加帖、進士試雜文，自思立始也。」

〔五〕吴師道：記考卷三引玉芝堂談薈，吴師道垂拱二年（六八六）爲狀元。英華卷四八二收吴師道賢良方正策對二道。

〔六〕神龍元年：案新書卷四四選舉上云，三場試自建中二年（七八一）始，元龜卷六四〇貢舉部條制又云在天寶十三載。

朝見

16 國朝舊式：天下貢士十一月一日赴朝見①〔一〕。長壽二年，拾遺劉承慶上疏②，請元日舉人朝見，列於方物之前〔二〕。從之。見狀，臺司接覽③，中使宣口敕慰諭。建中元年十一月，朝集使及貢士見於宣政殿。兵興已來，四方不上計，内外不會同者，二十五年矣〔三〕。今計吏至一百七十三人矣，仍令朝集使每日二人待制。

〔校〕

① 赴朝見　管本吴校云「赴」下疑脱「京」字。

② 劉承慶　原本及諸本皆作「劉承之」，今改，詳下考。

③接覽　薈要本作「按覽」。

〔證〕

〔一〕十一月一日赴朝見：唐六典卷三尚書户部：「凡天下朝集使……皆以十月二十五日至于京都，十一月一日户部引見訖，於尚書省與群官禮見，然後集于考堂，應考績之事。」舊書卷四三職官二户部郎中下同，並不云年月。會要卷二四諸侯入朝：「開元八年十月敕：諸督刺史上佐每年分蕃朝集，限一月（本書案：當爲十月）二十五日到京，十一月一日見。」則朝集使入京在十月，十一月一日爲入朝日。

〔二〕長壽二年句：通典卷一五選舉三：「長壽三年制，始令舉人獻歲元會，列於方物前，以備充庭。」原注：因左拾遺劉承慶上疏奏：「四方珍貢，列爲庭實，而舉人不廁，甚非尊賢之意。」上從之。元龜卷六三九貢舉部條制全引此疏，時間則爲長壽二年（六九三）十月，承慶官左拾遺。會要卷七六緣舉雜録、御覽卷六二九治道部貢舉亦全録。全文卷二〇三收録請貢舉人列方物前疏，撰人劉承慶。據改。

〔三〕建中元年十一月句：案舊書卷一二德宗紀上：「（建中元年）十一月辛酉朔，朝集使及貢使見於宣政殿。」通鑑卷二二六：建中元年「十一月，初令待制官外，更引朝集使二人，訪以時政得失，遠人疾苦。」元龜卷一〇七帝王部朝會第一：「德宗建中元年十一月辛酉朔，朝進士及貢士見於宣政殿。兵興以來，四方州府不上計，内外不會同者，二十有五年，至此始復舊典。」「兵興已來」，自天寶末安史亂起，至建中元年迄，凡二十有五年。

謁先師

17 開元五年九月，詔曰：「古有賓獻之禮，登于天府，揚于王庭。重學尊師，興賢進士。能美風俗，成教化，蓋先王之繇焉。朕以寡德，欽若前政，思與子大夫復臻于理，故他日訪道，有時忘飡①；乙夜觀書②，分宵不寐。悟專經之義③，篤學史之文。永懷覃思，有足尚者。不示褒崇，孰云獎勸！其諸州鄉貢、明經、進士，見訖，宜令引就國子監謁先師，學官爲之開講，質問其義。宜令所司優厚設食。兩館及監内得舉人亦准。其日，清資官五品已上及朝集使往觀禮④，即爲常式⑤。易曰〔一〕：『學以聚之，問以辯之。』詩曰〔二〕：『如切如磋，如琢如磨。』此朕所望於習才也⑥。」

全文卷二七優禮諸州鄉貢明經進士詔全録此條。元龜卷五〇帝王部崇儒術第二、會要卷七六緣舉雜録、新書選舉志並略載。

〔校〕

①殞　影宋本、宋犖本作「飡」，黄本、管本作「食」，閣本、薈要本作「餐」。

②乙夜觀書　管本「觀」作「視」。

③悟專經之義　影宋本、宋犖本、揆敘本「悟」作「晤」。

④清資官　管本「官」作「館」，方校「館」當作「官」，是。

⑤即爲常式　宋筠本無「爲」，校者補。

⑥習才　宋筠本「習」原作「賢」，改作「習」。管本方校「習」當作「賢」。

〔證〕

〔一〕易曰：出周易乾文言。

〔二〕詩曰：出詩經國風衛風淇奥。

進士歸禮部

18 俊、秀等科，比皆考功主之①〔一〕。開元二十四年，李昂員外性剛急，不容物，以舉人皆飾名求稱②，摇蕩主司，談毁失實，竊病之而將革焉。集貢士，與之約曰：「文之美惡，悉知之矣。考校取舍，存乎至公。如有請託於時，求聲於人者，當首落之。」既而，昂外舅常與進士李權鄰居相善，乃舉權於昂。昂怒，集貢人，召權庭數之。權謝曰：「人或猥知③，竊聞於左右，非敢求也。」昂因曰：「觀衆君子之文，信美矣。然古人云：『瑜不掩瑕，忠也。』〔三〕其有詞或不典，將與衆評之，若何？」皆曰：「唯公之命！」既出，權謂衆曰：「向之言，其意屬吾也，吾誠不第決矣④，又何藉焉？」乃陰求昂瑕以待之⑤。異日會論，昂果斥權章句之疵以辱之。權拱手前曰⑥：「夫禮尚往來，來而不往，非禮也。鄙文不臧，既得而聞矣。而執事昔有雅什，嘗聞于道路，愚將切磋，可乎？」昂怒而嘻笑曰：「有何不可！」權曰：「『耳臨清渭洗⑦，心向白雲閒。』豈執事之詞乎？」昂曰：「然。」權曰：「昔唐堯衰耄，厭倦天下，將禪於許由。由惡聞，故洗耳。今天子春秋鼎盛，不揖讓於足下，而洗耳何哉？」是時國家寧謐⑧，百寮畏法令，兢兢然莫敢蹉跌⑨。昂聞惶駭蹶起，不知所酬。乃訴於執政，謂權風狂不遜，遂下權吏。初，昂强愎，不受囑請，及是，有請求者，莫不允從⑩。由是庭議以省郎位輕，不足以臨多士，乃詔禮部侍郎專之矣。

此條原出大唐新語卷一〇釐革之國初因隋制，文字略異。唐國史補卷下禮部置貢院略載李昂事。廣記卷一七八進士歸禮部亦載，然文字衍脱殊多，可另參看，此不一一出校。紀事卷一七李昂條文字略同。

〔校〕

①比皆　紀事卷一七李昂條「比」作「初」，廣記作「此」。

②飾名求稱　紀事「飾」作「飭」。

③人或猥知　影宋本、宋犖本、撰敘本、韓熙本「猥」作「畏」，紀事作「相」。

④吾誠不第決矣　管本「誠」作「試」。

⑤乃陰求昂瑕以待之　宋筠本「陰」原作「因」。

⑥拱手前　影宋本、宋犖本、宋筠本、撰敘本、韓熙本、徐本、雅雨初印作「拱而前」。

⑦耳臨清渭洗　黄本「渭」原作「謂」，校「疑作渭」。

⑧國家寧謐　黄本「謐」原作「謚」，校「疑作謐」。

⑨兢兢然莫敢蹉跌　他本無「蹉」字。

⑩及是有請求者莫不允從　影宋本、宋犖本、管本「請」作「議」。黄本原作「議」，校改作「勢位」。學津本無「是」，「允從」作「先從」。管本吴校云：「紀事有『吏』字，刻本作『及是有請求者莫不允從』。廣記作『及有勢求者莫不允從』。又一本作『及是有請求者位求者莫不允從』。」案紀事作「及有吏議求者莫不允從」。

〔證〕

〔一〕俊秀等科比皆考功主之：大唐新語云：「武德則以考功郎中試貢士，貞觀則以考功員外掌之。」唐國史補卷下禮部置貢院：「開元二十四年，考功郎中李昂爲士子所輕詆，天子以郎署權輕，移職禮部，始置貢院。」通典卷一五選舉三歷代制下大唐注：「武德舊制，以考功郎中監試貢舉。貞觀以後，則考功員外郎專掌之。」同卷：「（開元）二十四年，制移貢舉於禮部，以侍郎掌之。（原注：因考功員外郎李昂詆訶進士李權文章，大爲權所陵訐，朝議以郎官地輕，故移於禮部，遂爲永制。）」又同書卷二三職官五禮部侍郎：「開元二十三年，考功員外郎李昂爲進士李權所詆，朝議以考功位輕，不足以臨多士。至二十四年，遂以禮部侍郎掌焉。」

〔二〕瑜不掩瑕忠也：語出禮記聘義。

[1]論曰：「永徽之後，以文儒亨達，不由兩監者稀矣。于時場籍，先兩監而後鄉貢，蓋以朋友之臧否，文藝之優劣，切磋琢磨，匪朝伊夕，抑揚去就，與衆共之。有如趙、邵、蕭、李，趙驊、邵軫、蕭穎士、李華。婁、郭、苑、陳，婁師德、郭元振、苑咸、陳子昂。靡不名遂功成，交全契分①。洎乎近代，厥道寖微②，玉石不分，薰蕕錯雜。長我之望殊缺，遠方之來亦乖。止謂群居，固非瓦合③。是知生而知之者，性也；學而知之者，習也〔一〕。渾金璞玉，又何追琢之勞乎？潢汙行潦，又何版築之置乎？紵衣之獻，彼跡疎而道親也；畫龍之效④，斯面交而心賊也。後之進者，定交擇友，當問道之何如⑤。

〔校〕

①契分　影宋本、宋犖本、宋筠本、韓熙本、管本、閣本、薈要本皆作「分契」。

②厥道寖微　管本「寖」作「寢」，黄本同，校「疑作寖」。

③固非瓦合　管本方校疑「固」當作「罔」。

④畫龍之效　影宋本、宋犖本、宋筠本、閣本、薈要本「效」皆作「劾」，學津本作「刻」。

⑤當問道之　管本「問」上衍「道之」二字。

〔證〕

〔一〕是知生而知之者句：語出論語季氏：「孔子曰：『生而知之者，上也。學而知之者，次也。困而學之，又其次也。』」

唐摭言校證卷二

京兆府解送

1 神州解送①，自開元、天寶之際，率以在上十人，謂之等第〔一〕。必求名實相副，以滋教化之源。小宗伯倚而選之，或至渾化②，不然，十得其七、八。苟異於是，則往往牒貢院請落由。暨咸通、乾符，則爲形勢吞嚼，臨制近同及第，得之者互相誇詫③，車服侈靡，不以爲僭。仍期集人事，貞實之士不復齒④。所以廢置不定，職此之由。其始末録之如左。

廣記卷一七八府解亦録載。玉海卷五八唐神州等第録注出摭言，實全引自廣記。

〔校〕

① 神州　廣記作「京兆府」。

② 或至渾化　廣記作「或悉中第」。

③ 互相　廣記作「首相」。

④ 貞實之士不復齒　廣記「貞實」作「真實」。

〔證〕

〔一〕等第：因話録卷三商部下：「唐尚書特，太和六年，尉渭南，爲京兆府試進士官。杜丞相悰時爲京兆尹，將託親知問等第。」原注：「時重十人，内爲等第。」案：等第之名，在貞觀間已有之，會要卷七六貢舉中進士：「（貞觀）二十二年九月，考功員外郎王師旦知舉。時進士張昌齡、王公瑾，並有俊才，聲振京邑，而師旦考其文策全下，舉朝不知所以。及奏等第，太宗怪無昌齡等名。」此等第當作次序言，等第之設，具見下文所考。

元和元年登科記京兆等第牓敍①〔一〕

2 天府之盛，神州之雄，選才以百數爲名，等列以十人爲首。起自開元、天寶之世，大曆、建中之年。得之者搏躍雲衢，階梯蘭省，即六月沖宵之漸也。今所傳者，始于元和景戌歲〔二〕，次敍名氏，目曰神州等第録〔三〕。

〔校〕

①敘　影宋本、宋犖本、宋筠本、揆敘本、韓熙本、管本、徐本、閣本作「序」。

〔證〕

〔一〕據此敘行文，蓋王定保自此年登科記中録出。

〔二〕元和景戌歲：即元和丙戌，唐避高祖李淵父李昞諱，以「景」代「丙」。元和丙戌即元和元年（八〇六）。

〔三〕神州等第録：玉海卷五八唐神州等第録録此條，缺「階梯蘭省，即六月沖宵之漸也」句。案：玉海引摭言本條，與上條合爲一。其注本書共「八十三門」，或即將原一百五門中部分條目合併而成，然内容或亦有所删節。據本節小題，此神州等第録當爲登科記之部分篇什。

廢等第

3開成二年①〔一〕，大尹崔珙判云：「選文求士，自有主司。州府送名②，豈合差第③？今年不定高下，不鎖試官。既絶猜嫌，暫息浮競。」差功曹盧宗回主試。除文書不堪送外，便以所下文狀爲先後。試雜文後，重差司録侯雲章充試官，竟不列等第。明年，崔珙出鎮徐方〔三〕，復置等第。

〔校〕

① 開成　原本作「開元」，據影宋本、宋犖本、宋筠本、揆敘本、韓熙本、管本改。

② 州府送名　學津本「府」作「司」。雅雨初印亦作「司」，傳校改「府」。

③ 豈合差第　影宋本、宋犖本、宋筠本、揆敘本、韓熙本、管本、閣本、薈要本「差第」作「差等」。

〔證〕

〔二〕開成二年：舊書卷一七下文宗紀下，崔珙於開成二年（八三七）六月庚戌以右金吾衛大將軍遷京兆尹。舊書卷一七七崔珙傳亦載：「開成二年，（珙兄琯）真拜左丞。時弟珙爲京兆尹，兄弟並居顯列。」

〔三〕出鎮徐方：崔珙出鎮徐方時間，舊書卷一七七、新書卷一八二崔珙傳及通鑑皆在大和七年（八三三）正月，珙以廣州刺史、嶺南節度使爲徐州刺史、武寧軍節度，在入爲京兆尹之前，與「明年」不合。舊傳：珙「（開成）三年，檢校户部尚書，判東都尚書省事、東都留守、東畿汝都防禦等使。」出鎮徐方或爲留守東都之誤。唐方鎮年表卷三：開成二年至四年任武寧軍節度使（徐州刺史）者爲薛元賞。

4 大中七年，韋澳爲京兆尹〔一〕，牓曰：「朝廷將裨教化，廣設科場。當開元、天寶之間，始專明經、進士①。及貞元、元和之際，又益以薦送相高。當時唯務切磋，不分黨甲，絶僥倖請託之路，有推賢讓能之風。等列標名，僅同科第，既爲盛事，固可公行。近日已來，前規頓改，互争强弱，多務奔馳。定高卑於下第之初，決可否於差肩之日。曾非考覈，盡繫經營。奥學雄文，例舍于貞方寒素②，增年矯貌，盡取於朋比群强。雖中選者曾不足云，而争名者益熾其事。澳叨居畿甸，合貢英髦，非無藻鑑之心，懼有愛憎之謗。且李膺以不察孝廉去任，胡廣以輕舉茂才免官，況其管窺，實難裁處。況禮部格文，本無等第，府解不合區分③。其今年所合送省進士、明經等，並以納策試前後爲定，不在更分等第之限。」

此條或取自裴庭裕東觀奏記中卷所録韋澳牓文，文字稍異，可參看。全文卷七五九亦載。

〔校〕

①專　管本方校云「專」下當脱「以」字。

②貞方　藕香零拾本東觀奏記作「真才」。

③府解不合區分　東觀奏記作「府廷解送不當區分」。

〔證〕

〔一〕大中七年：案舊書卷一八下宣宗紀：「（大中八年五月）以中書舍人、翰林學士韋澳爲京兆尹。」通鑑卷二四九：「（大中十年）上以京兆久不理，夏五月丁卯，以翰林學士、工部侍郎韋澳爲京兆尹。」通鑑考異卷二二：「十年五月，韋澳爲京兆尹。」考云：「貞陵遺事、東觀奏記皆曰帝以崔罕、崔郢並敗官，面除澳京兆尹。案大中制集，澳代罕，郢代澳，云罕、郢並敗官，誤也。今從實録、新紀、舊紀、新傳耳。」案：東觀奏記中卷蕭寘以論詩拂宣宗意：「上聽政之暇，多賦詩，令翰林學士屬和。一日，賦詩賜寓直學士蕭寘、曹確，令繼和。寘手狀謝曰：『陛下此時（本書案：當作「詩」），雖「湘水日千里，因之平生懷」，亦無以加也。』明日，召學士韋澳問此兩句。澳奏曰：『齊太子家令沈約詩，寘以睿藻清新，取方沈約爾。』上不悦，曰：『將人臣比我，得否？』恩遇漸薄，執政乘之，出爲浙西觀察使。」宋洪遵編翰苑群書卷六丁居晦重修承旨學士壁記蕭寘「（大中）十年八月四日授檢校工部尚書、浙西觀察使」。學士壁記韋澳於十年（八五六）五月二十五日授京兆尹，與通鑑合，當是。則「七年」當爲「十年」之誤。

置等第

乾符四年，崔涓爲京兆尹①〔一〕，復置等第。差萬年縣尉公乘億爲試官，試火中寒暑退賦、殘月如新月詩。

李時②文公孫〔二〕　韋硎　沈駕　羅隱　劉纂③〔三〕　倪曙　唐駢〔四〕　周繁池人，善賦④。

吴廷隱　賈涉其年所試八韻，涉擅場，而屈其等第。

〔校〕

①崔涓　原本「涓」作「湇」。影宋本、韓熙本、揆敘本、閣本、薈要本皆作「涓」。管本吴校「湇」作「涓」。據改，詳下考。

②李時　影宋本、宋犖本、管本、揆敘本皆作「李特」。

③劉纂　學津本作「劉綦」，影宋本、宋犖本、管本、閣本、薈要本皆作「劉纂」。詳下考。

④賦　管本作「書」。

〔證〕

〔一〕崔涓：崔涓仕歷，杜牧樊川文集卷一九有石賀除義武軍書記崔涓除東川推官等制。金華子雜編卷上云：「崔涓在杭州，其俗端午習競渡於錢塘湖。」新書卷一八二崔珙傳：「（珙）子涓，性開敏。爲杭州刺史，受署，未盡識卒史，乃以紙各署姓名傅襟上，過前一閲，後數百人呼指無誤。終御史大夫。」舊書卷一七七崔珙傳：「（珙）子涓，大中四年進士擢第。」又舊書卷一六四王蕘傳：「乾符初，崔瑾廉察湖南，崔涓鎮江陵，皆辟（蕘）爲從事」。崔涓爲京兆尹及年份，他書皆無載，此或可補史闕。金華子雜編又云：「崔涓，大夫嶼之子，小宗伯澹之兄。」然據兩唐書之崔珙傳，皆載涓爲珙之子。

〔二〕文公：即李翺。

〔三〕劉纂：本書卷九誤掇惡名：「劉纂者，高州劉舍人蛻之子也，嗣爲文亦不惡」，爲同一人。瑣言卷三劉蛻舍人不祭先祖：「唐劉舍人蛻，桐廬人。……蜀禮部尚書纂即其息也，嘗與同列言之。」紀事卷五五黄頗條亦作「劉纂」。

〔四〕唐駢：四庫全書總目劇談録以爲摭言作唐駢當爲康駢傳寫之誤。新書卷五九藝文三作康軿，記考卷二三云：「永樂大典引池州府志：『康軿，乾符五年登進士第。』」「唐駢」當爲摭言傳鈔訛誤。

府元落

6 郭求元和元年　楊正舉六年　唐炎八年　高釴九年　平曾長慶二年貶〔一〕　崔仲寶曆二年罷
韋鋋大和二年　鄭從讜開成二年　韋象①〔二〕乾寧二年

〔校〕

①韋象　原本、學津本、閣本、薈要本作「韋琢」，影宋本、宋犖本、韓熙本、管本皆作「韋象」，據改。詳下考。

〔證〕

〔一〕長慶二年貶：瑣言卷六杜荀鶴入翰林（平曾賈島附）：「制貶平曾、賈島，以其僻澀之才，無所採用。」鑑誡録卷八賈忤旨：「賈又吟病蟬之句以刺公卿，公卿惡之，與禮闈議之，奏島與平曾等風狂，撓擾貢院。是時逐出關外，號爲『十惡』。」紀事卷六五平曾：「唐以府元被絀者九人，曾其一也。曾長慶二年同賈閬仙輩貶，謂之『舉場十惡』。」李嘉言長江集新校附賈島年譜考賈島貶於長慶二年（八二二），平曾亦同年貶。

〔二〕韋象：本書卷五切磋門5-3條有韋象，當即一人。韋象，記考卷二四乾寧四年（八九七）禮部侍郎薛昭緯下進士及第。舊書卷二〇下哀帝紀：天祐二年（九〇五）四月辛丑，「侍御史李光庭、郗殷象……右拾遺韋象、路德延，並宜賜緋魚袋。」全文卷一〇一以壽春公主選駙馬賜錢繆敕：「敕給事中韋象等到鎮選尚，今陳讓恩命事具悉」云云，或即此人。韋琢無考。

等第末爲狀元

7 李固言〔一〕元和七年

〔證〕

〔一〕李固言：雲仙雜記卷一柳神九烈君引三峰集：「李固言未第前，行古柳下，聞有彈指聲，固言問之，應曰：『吾柳神九烈君，已用柳汁染子衣矣，科第無疑。果得藍袍，當以棗糕祠我。』固言許之。未幾，狀元及第。」

等第罷舉

8 劉鷺〔一〕　田㘣並元和七年　張傒　韋元佐並元和八年　孟夷十二年　韋璟十四年　辛諒

崔慤①　薛渾並長慶元年　韋澌　李餘並二年　郭崖三年　李景方　盧鎰並寶曆元年　韋敖二年

元道　韋衍並大和二年　殷恪　劉筠並八年　崔濆開成二年　胡澳　樊京並□年②　温岐四年

蘇俊□年③　韓寧會昌二年　李蕃　韓肱並三年④　魏鐐　孫璵並四年⑤　韋硎　沈駕　羅隱　周繁並乾符三年⑥〔二〕

〔校〕

①　崔慤　影宋本、宋犖本、宋筠本、閣本、薈要本作「崔殼」。管本吴校「一本誤作『殼』」。

②　並□年　管本原注「並□年卒」。影宋本、宋犖本、宋筠本、揆敘本、韓熙本、徐本皆作「並卒」。閣本作「並三年」。案：「卒」或因字形與「年」相近而誤。胡、樊二人上崔潰爲「二年」，下温岐爲四年，閣本或是。

③　□年　管本作「卒□年」。閣本作「五年」。

④　三年　管本吴校引曝書亭本作「二年」。

⑤　並四年　影宋本、宋犖本、宋筠本、揆敘本、韓熙本、徐本「年」下有「卒」。管本吴校「刻本無『卒』，疑衍文。」

⑥　乾符三年　閣本作「乾符四年」。

〔證〕

〔一〕劉騭：記考卷一八引摭言：「元和七年，劉騭、田圕等第罷舉。」廣記卷三五五引稽神録有「洪州高安人劉鷺」條，未著年代。

〔二〕並乾符三年：案：本卷上置等第門2-5條列韋硎等四人等第在乾符四年（八七七），未詳孰是。

爲等第後久方及第

9 韋力仁　趙蕃①　黄頗並十三年②　劉纂後二十一年〔一〕

〔校〕

①趙蕃　雅雨初印、管本下有小注「並三年」，宋犖本、宋筠本、揆敘本小注作「並三爲」，韓熙本小注作「並三」。

②並十三年　雅雨初印、學津本、韓熙本無此四字注。閣本、薈要本作「並十三年」。影宋本、宋犖本作「後十三年」。案：下文之論云：「黄頗以洪奥文章，蹉跎者一十三載。」

〔證〕

〔一〕劉纂：纂爲等第並及第事跡，另參本書誤黜惡名門劉纂條（9-5）。

［2］論曰：孟軻言：「遇不遇，命也［一］。」或曰：「性能，則命通［二］。」以此循彼，匪命從於性耶？若乃大者科級①，小者等列。當其角逐文場，星馳解試，品第潛方於十哲，春闈斷在於一鳴，奈何取舍之源，殆不踵此。或解元永黜，或高等尋休。黄頗以洪奥文章，蹉跎者一十三載；劉纂以平漫子弟，汩没者二十一年；温岐濫竄於白衣，羅隱負冤於丹桂。由斯言之，可謂命通性能，豈曰性能命通者歟？苟佛於是，何姦宄亂常不有之矣！京兆府解試，比同禮部三場試。巢寇之後，並只就一場耳。

〔校〕

①大者科級 宋筠本「級」原作「及」，校作「級」。

〔證〕

〔一〕遇不遇命也：語實出漢書卷八七上揚雄傳。

〔二〕性能則命通：黄帝陰符經注序：「所謂命者，性也。性能命通，故聖人尊之，以天命愚其人而智其聖。」

海述解送

10 荊南解比號「天荒」〔一〕。大中四年，劉蛻舍人以是府解及第。時崔魏公作鎮〔二〕，以破天荒錢七十萬資蛻。蛻謝書略曰：「五十年來，自是人廢；一千里外，豈曰天荒！」

〔證〕

〔一〕天荒：瑣言卷四破天荒解：「唐荊州衣冠藪澤，每歲解送舉人，多不成名，號曰『天荒解』。劉蛻舍人以荊解及第，號爲『破天荒』。」海録碎事卷一九天荒解亦源出本書。

〔二〕崔魏公：即崔鉉。唐方鎮年表卷五繫崔鉉鎮荊南在咸通六年（八六五）至九年，本書卷一二設奇沽譽門12–23條：「咸通中，鄭愚自禮部侍郎鎮南海；時崔魏公在荊南。」唐方鎮年表卷七，鄭愚咸通九年始鎮嶺南東道，當即此年。崔鉉於開成三年至會昌三年間佐荊南李石幕爲賓佐，見本書卷一五雜記第15–19條。記考卷二二：劉蛻於大中四年禮部侍郎裴休下進士及第，則不合復退至咸通間取解，則云鎮荊南者崔魏公誤，當爲他人。

争解元 叩貢院門求試後到附

11 同、華解最推利市，與京兆無異，若首送，無不捷者。元和中，令狐文公鎮三峰〔一〕，時及秋賦，牓云：「特加置五場。」蓋詩、歌、文、賦、帖經，爲五場。常年以清要書題求薦者，率不減十數人。其年莫有至者，雖不遠千里而來，聞是皆寢去①。唯盧弘正尚書獨詣華請試，公命供帳酒饌，侈靡於往時。華之寄客，畢縱觀於側。弘正自謂獨步文場，公命日試一場，務精不務敏也。弘正已試兩場，而馬植下解②。植，將家子弟，從事輩皆竊笑。公曰：「此未可知。」既而試登山采珠賦，略曰：「文豹且異於驪龍，採斯疎矣；白石又殊於老蚌，剖莫得之③。」公大伏其精當④，遂奪弘正解元。後弘正自丞郎將判鹺，俄而爲植所據。弘正以手札戲植曰：「昔日華元，已遭毒手；今來鹺務，又中老拳〔二〕。」復日，試破竹賦〔三〕。

此條與卷五以其人不稱才試而後驚門 5–13 條互見。廣記卷一七八諸州解亦載，文字略異。

〔校〕

①寢　閣本、薈要本作「寑」。雅雨初印作「寖」。管本作「寖」。

②下解　廣記作「下解狀」。

③剖　廣記作「割」。

④公大伏其精當　閣本、薈要本「伏」作「服」。

〔證〕

〔一〕令狐文公鎮三峰：三峰即華州，華州境内華山有落雁、朝陽、蓮花三峰，故名。舊書卷一七二令狐楚傳：「元和十三年四月，出爲華州刺史。其年十月，皇甫鎛作相，其月以楚爲河陽懷節度使。」則盧弘正從華州取解當在元和十三年十月或稍前。

〔二〕昔日華元句：案：典出石勒事，晉書卷一〇五載記五石勒傳：「初，（石）勒與李陽鄰居，歲常争麻池，迭相毆擊。至是，謂父老曰：『李陽，壯士也，何以不來？漚麻是布衣之恨，孤方崇信于天下，寧讎匹夫乎！』乃使召陽。既至，勒與酣謔，引陽臂笑曰：『孤往日厭卿老拳，卿亦飽孤毒手。』」劉賓客嘉話録爲詩用僻字：「常訝杜員外『巨顙拆老拳』，疑『老拳』無據，及覽石勒傳：『卿既遭孤老拳，孤亦飽卿毒手。』豈虚言哉！」亦引此證。

〔三〕復日試破竹賦：廣記無此六字。據前文，五場試，詩、賦等各試一場，不必連試兩場賦，疑六字上有闕文。管本方校云：「殊費解，必有脱誤。」

12 咸通末，永樂崔侍中廉問江西〔一〕，取羅鄴爲督郵，鄴因主解試。時尹璞自遠來求計偕①，璞有文而使氣，鄴挾私黜之。璞大恚怒，疏鄴云：「羅鄴諱則，則可知也。」鄴父則，爲餘杭鹽鐵小吏。

本條羅鄴事，本書卷一〇羅鄴條（10–52）所述本末稍詳，可互參看。

〔校〕

① 求計偕　管本作「求解計偕」。

〔證〕

〔一〕永樂崔侍中廉問江西：案崔侍中即崔安潛。新書卷一一四崔融傳附崔安潛傳：「安潛，字進之，進士擢第。咸通中，歷江西觀察、忠武節度使。」唐方鎮年表卷五：崔安潛自咸通十三年至乾符二年爲江西觀察使。唐才子傳卷八羅鄴：「鄴，餘杭人也。家資鉅萬，父則爲鹽鐵吏，子二人，俱以文學干進。……崔安潛侍郎廉問江西，鄴適飄蓬湘浦間」。本書10–52條亦云「咸通中，崔安潛侍郎廉問江西。」

13 白樂天典杭州〔二〕，江東進士多奔杭取解。時張祜自負詩名①，以首冠爲己任。既而，徐凝後至。會郡中有宴，樂天諷二子矛楯。祜曰：「僕爲解元，宜矣。」凝曰：「君有何嘉句？」祜曰：「甘露寺詩有『日月光先到，山河勢盡來』。又金山寺詩有『樹影中流見，鐘聲兩岸聞』。」凝曰：「善則善矣，奈無野人句云『千古長如白練飛，一條界破青山色』。」祜愕然不對。於是一座盡傾，凝奪之矣。〔三〕

此條當出雲谿友議卷中錢塘論，有删節。

〔校〕

①張祜　雅雨初印、學津本、管本、閣本作「張祐」，誤。本事詩嘲戲第七、劇談録卷上孟才人善歌、瑣言卷六唐李群玉校書、紀事卷五二諸書皆作「張祜」，是。

〔證〕

〔二〕白樂天典杭州：舊書卷一六穆宗紀：長慶二年七月，白居易自中書舍人出爲杭州刺史。

〔三〕白薦凝而屈祜事時間，唐五代文學編年史據本條作長慶三年秋。雲谿友議卷中錢塘論：「致仕尚書白舍人初到錢塘，令訪牡丹花，獨開元寺僧惠澄，近於京師得此花栽，始植於庭，欄圈甚密，他處未之有也。時春景方深，惠澄設油幕以覆其上，牡丹自此東越分而種之也。會徐凝自富春來，未識白公。……遂試長劍倚天外賦、餘霞散成綺詩。試訖解送，以凝爲元，祜其次耳。」顧學頡點校白居易集附年譜簡編，樂天本年十月一日到杭。按唐制，取解人須於十月二十五日前入京，時已不及，況友議又云「初到錢塘」、「時春景方深」，疑上事當在長慶三年春夏之際。

14 大中中，紇干峻與魏鐐争府元，而紇干屈居其下。翌日，鐐暴卒。時峻父方鎮南海〔一〕，由是爲無名子所謗，曰：「離南海之日，應得數斤；當北闕之前，未消一捻。」因此峻兄弟皆罷舉。

〔證〕

〔一〕時峻父方鎮南海：唐方鎮年表卷七：嶺南東道大中五年至八年有紇干臮，即紇干峻之父。紇干臮，兩唐書無傳。記考卷一八：臮元和十年崔群下及第。因話録卷三商部下：「開成三年，余忝列第。考官刑部員外郎紇干公，崔相國群門生也。」又注：「公後自中書舍人觀察江西，又歷工部侍郎，節制南海，累贈封雁門公。」

15 張又新①〔一〕，時號「張三頭」。進士狀頭，宏詞敕頭，京兆解頭。

廣記卷一七八貢舉一諸州解、紀事卷四〇張又新亦載。

〔校〕

①張又新　廣記作「皆斯」，殊難解。

〔證〕

〔一〕張又新：工部侍郎張薦子。唐才子傳卷六：「又新，字孔昭，深州人也。初應宏辭第一，又爲京兆解頭。元和九年禮部侍郎韋貫之下狀元及第，時號爲張三頭。」記考卷一八據廣卓異記引登科記：又新於元和九年韋貫之下狀元及第，元和十二年李程下登博學宏詞科。然京兆解頭繫何年則不詳。

16 國朝自廣明庚子之亂〔一〕，甲辰天下大荒〔二〕，車駕再幸岐梁〔三〕。道殣相望，郡國率不以貢士爲意。江西鍾傳令公起於義聚〔四〕，奄有疆土，充庭述職，爲諸侯表式，而乃孜孜以薦賢爲急務。雖州里白丁，片文隻字來貢於有司者①，莫不盡禮接之。至於考試之辰，設會供帳，甲於治平。行鄉飲之禮②，常率賓佐臨視，拳拳然有喜色。復大會以餞之，筐篚之外，率皆資以桂玉：解元三十萬，解副二十萬，海送皆不減十萬。垂三十載，此志未嘗稍息。時舉子有以公卿關節，不遠千里而求首薦者，歲嘗不下數輩。

廣記卷一八四貢舉七鍾傳亦録載。

〔校〕

① 來 廣記作「求」。

② 鄉飲 閣本、薈要本下有「酒」。

〔證〕

〔一〕廣明庚子之亂：廣明庚子即僖宗廣明元年（八八〇）。通鑑卷二五四：廣明元年十二月甲申黄巢入長安，僖宗出奔。

〔二〕甲辰：僖宗中和四年（八八四）。

〔三〕車駕再幸岐梁：舊書卷一九下僖宗紀：廣明元年十二月巢陷京師。辛卯，僖宗次鳳翔。二年正月庚戌朔，僖宗在興元。七月，至西蜀，改廣明二年爲中和元年。此後至中和四年，僖宗皆駐蹕成都，並非在岐梁。中和五年二月，僖宗還次鳳翔，三月至京師，改元光啓。

〔四〕鍾傳：新書卷一九〇鍾傳傳：洪州高安人。中和二年，鍾傳逐江西觀察使高茂卿，遂據洪州。僖宗擢傳江西團練使，俄拜鎮南節度使、檢校太保、中書令，爵潁川郡王，又徙南平。通鑑卷二五五：「先是，王仙芝寇掠江西，高安人鍾傳聚蠻獠，依山爲堡，衆至萬人。仙芝陷撫州而不能守，傳入據之，詔即以爲刺史。……至是（中和二年五月），又逐江西觀察使高茂卿，據洪州」，「秋，七月己巳，以鍾傳爲江西觀察使，從高駢之請也。」唐方鎮年表卷五：鍾傳自中和二年據江西，至天祐三年四月卒，在鎮凡二十五年。

17 合肥李郎中群，始與楊衡、符載等同隱廬山，號「山中四友」〔一〕。內一人不記姓名。先是，封川李相遷閣長〔二〕，會有名郎出牧九江郡者，執辭之際，屢以文柄迎賀於公。公曰：「誠如所言，廬山處士四人，儻能計偕，當以到京先後爲齒①。」既而②，公果主文，於是擁旌旗，造柴關，激之而笑③。時三賢皆膠固，唯合肥公年十八，矍然曰：「及其成功，一也。」遂束書就貢。比及京師，已鎖貢院，乃槌貢院門請引見④。公問其所止，答云：「到京後時，未遑就館。」合肥神質瓌秀，主司爲之動容⑤，因曰：「不爲作狀頭，便可延於吾廬矣。」楊衡後因中表盜衡文章及第，詣闕尋其人，遂舉，亦及第。或曰：見衡業古調詩⑥，其自負者，有「一一鶴聲飛上天」之句。初遇其人，頗憤怒。既而問曰：「某『一一鶴聲飛上天』在否？」前人曰⑦：「此句知兄最惜，不敢輒偷。」衡笑曰：「猶可恕矣。」符載後佐李鷟，爲江西副使。失意，去從劉闢。已上李群與楊衡、符載等事一節，事意、年代前後不相接，差互尤甚〔三〕。

紀事卷五一楊衡條亦略載。

〔校〕

①到京先後　宋犖本、雅雨初印、薈要本「京」作「京兆」。

②既而　原本脱「而」，據影宋本、宋犖本、管本補。

③激之而笑　管本吴校疑當作「見之而笑」。

④乃槌貢院門請引見　「貢院門」，宋筠本校删「貢」。

⑤主司爲之動容　學津本「司」作「副」。

⑥見衡業古調詩　管本吴校云「見」當作「先」。

⑦前人　管本吴校云當作「其人」。

〔證〕

〔一〕山中四友：符載，岑仲勉跋唐摭言考當作苻載。案：管本方考據苻載荆州與楊衡説舊因送游南越序有「李元象者，即群之字」，「中師者，即楊衡之字」，遂斷其四人爲李群、楊衡、苻載、王簡言。跋唐摭言據游南越序及苻載祭處士李君文，考李元象僅卒於處士，終身未仕，並非李群。唐史餘瀋之再説苻載，又援宋高僧傳卷二九玄晏傳等，疑此李元象即長洲尉李拯之子李象。又，唐才子傳卷五楊衡：「衡，字中師，霅人。天寶間避地西來，與苻載、崔群、李渤同隱廬山，結草堂於五老峰下，號『山中四友』。」李渤，舊書卷一七一李渤傳言其「不從科舉，隱於嵩山」，新書卷一一八李渤傳：「不肯仕，刻志於學，與仲兄涉偕隱廬山。」唐才子傳校箋以爲辛文房臆補。

〔二〕封川李相還閤長：李相當即李宗閔。李群於長慶四年中書舍人李宗閔下狀元及第，其時苻載已六十餘歲，故本條後注云：「李群與楊衡、符載等事一節，事意、年代前後不相接，差互尤甚。」

〔三〕案：此注文當爲後人所增，管本吴校云：「此注以矛刺盾，必非王公手筆，想抄録者所繫也。」方校云：「案房氏傳，劉闢發兵書，牒首曰闢，副曰式，參謀曰符載。而載後爲江陵趙宗儒記室。柳宗元有賀宗儒啓，爲載辯之甚力，文載柳集。知人生斯世，横被謗議，昭雪必資良士也。載後歷官至協律郎、監察御史而卒。」跋唐摭言認爲係張海鵬所揭，恐亦未詳其實。

18 高貞公郢就府解後①〔一〕，時試官别出題目曰沙洲獨鳥賦。郢援筆而成②，曰：「歘有飛鳥，在河之洲。一飲一啄，載沈載浮。賞心利涉之地，浴質至清之流。」其年首送。

〔校〕

①高貞公郢　影宋本、韓熙本「郢」爲小字注。

②郢 閣本、薈要本作「即」。

〔證〕

〔一〕高貞公郢：郢，寶應二年（七六三）禮部侍郎蕭昕下及第。雲仙雜記卷四石鱉銜賦題引湘潭記云：「高郢夜課于豐亭，忽見一鱉在案上，視之石也。郢異其事，取千題散置楮中，禱祝，令石鱉銜之，以卜來事。既而石鱉舉頭，乃是沙洲獨鳥賦。題出果然，其年首選。」其事怪誕，不足徵信，以涉高郢同題課試，附録於此。

得失以道

19 李翱與弟正辭書〔一〕，貞元末，正辭取京兆解，掾不送①，翱故以書勉之。其書曰：「知汝京兆府取解，不得如其所懷，念勿在意。凡人之窮達所遇，猶各有時爾，何獨至於賢丈夫而反無其時哉②？此非吾人之所憂也。吾所憂者何？畏吾之道未到於天人之際耳。其心既自以爲到且無謬，則吾何往而不得所樂？何必與夫時俗之人，同得失憂喜而動於心乎③？借如用汝之所知，分爲十焉。用其九④，學聖人之道而和其心，使其餘者以與時進退俯仰⑤。如可求也，則不啻富且貴也⑥。如非吾力也，雖盡其十⑦，祇益動其心爾，安能有所得乎⑧？如汝勿信人號文章爲一藝。夫所謂一藝者，乃時俗所好之文，或有盛名於近代者是也。其能到古人者，則仁義之辭也，惡得一藝而名之哉？仲尼、孟軻，没千餘歲矣，吾不及見其人⑨，能知其聖且賢者，以吾讀其辭而得之者也。後來者不可期⑩，安知其讀吾辭者⑪，而不知吾心之所存乎？亦未可誣也。夫性於仁義者，未見其無文也。有文而能到者，則吾未見其不力於仁義也⑫。由仁義而後文者，性也⑬。由文而後仁義者，習也。猶誠明之必相依爾⑭。貴與富，在乎外者也，吾未能知其有無也⑮，非吾求而能至者也，吾何愛而屑屑於其間哉！仁義與文章，生乎内者也，吾知其有也。吾能求而充之者也，奈何懼而不爲哉⑯？汝雖天性過於人⑰，然而未能浩浩於其心，吾故書其所懷以張汝，且以樂言吾道云爾。」

〔校〕

① 掾不送　影宋本、宋犖本作「蒙不送」。

② 何獨至於賢丈夫　宋犖本作「何獨異豈丈夫」。影宋本「至於」作「於至」。

③ 動於心乎　影宋本、宋犖本、宋筠本、揆敘本、徐本作「動乎心」。管本、韓熙本作「動心乎」。

④ 用其九　影宋本「用」作「如」。

⑤使其餘者　管本無「其」字。

⑥則不啻　影宋本「則」作「時」。

⑦盡其十　閣本、薈要本「盡」下有「用」。

⑧所得　影宋本作「所云云」。

⑨吾不及見其人　影宋本無「及」字。

⑩後來者不可期　影宋本、管本、揆敘本、閣本、薈要本「期」作「欺」。

⑪者　影宋本、管本、揆敘本、閣本、薈要本作「也」。

⑫則吾未見　管本、閣本、薈要本無「則」。

⑬性也　影宋本、揆敘本作「天性也」。

⑭猶　影宋本、揆敘本、閣本、薈要本作「由」。

⑮吾未能知其有無也　影宋本、宋犖本、宋筠本、韓熙本、揆敘本、徐本「其」下無「有」。

⑯奈何　影宋本、宋犖本、宋筠本、揆敘本、韓熙本、徐本「奈」作「吾」。

⑰天性過於人　管本無「天」字，雅雨初印同，傳校補「天」。

〔證〕

〔一〕李翱：貞元十四年（七九八）尚書左丞顧少連下進士及第。全詩卷三一九録一名李正辭者詩一首，小傳云：「李正辭，貞元八年進士第。憲宗時自拾遺轉補闕。詩一首。」陶敏全唐詩作者小傳補正卷三一九李正辭考「貞元八年進士第」無據。此蓋即舊書卷一四八裴垍傳「垍在中書，有獨孤郁、李正辭、嚴休復自拾遺轉補闕」之李正辭。新書卷六二宰相表中：垍爲相在元和三年九月至五年十一月。全文卷六三六載録此書，題寄從弟正辭書。

恚恨

20 太和初，李相回任京兆府參軍①〔一〕，主試，不送魏相公，謩深銜之②。會昌中，回爲刑部侍郎，謩爲御史中丞〔二〕，嘗與次對官三數人候對於閣門。謩曰：「某頃歲府解，蒙明公不送，何幸今日同集於此？」回應聲答曰：「經上呼，如今也不送。」謩爲之色變，益懷憤恚。後回謫牧建州，謩大拜。回有啓狀，謩悉不納。既而回怒一衙官，決杖勒停。建州衙官能庇徭役，求隸籍者，所費不下數十萬，其人切恨停廢。後因亡命至京師，接時相訴冤③，諸相皆不問。會停午，憩於槐陰，顔色憔悴。傍人察其有私，詰之。其人具述本意，於是誨之曰：「建陽相公素與中書相公有隙，子盍詣之④！」言訖，魏公導騎自中書而下。其人常懷文狀，即如所誨，望塵而拜。導從問，對曰：「建州百姓訴冤。」公聞之，倒持麈尾，敲檐子門⑤，令止。及覽狀所論事二十餘件，第一件取同姓子女入宅，於是爲魏相極力鍛成大獄。時李相已量移鄧州刺史，行次九江，遇御史鞫，卻迴建陽。竟坐貶撫州司馬，終於貶所〔三〕。

本條與雲谿友議卷下龜長證後半所載略同，可參看。廣記卷四九八李回條亦録載。

〔校〕

①李相回　影宋本、宋犖本、揆敘本、徐本、韓熙本「回」爲小字注。

②魏相公謩　影宋本「謩」爲小字注。

③接　管本吴校云「接」當作「投」。廣記亦作「投」，疑是。

④詣之　管本作「請之」。

⑤簷子門　廣記作「鞍子」。

〔證〕

〔一〕李相回任京兆府參軍：舊書卷一七三李回傳：回本名躔，以避武宗廟諱改。長慶初，進士擢第，又登賢良方正制科。釋褐滑台從事，揚州掌書記，得監察御史。入爲京兆府户曹，轉司録參軍。

〔二〕回爲刑部侍郎謩爲御史中丞：舊傳：李回開成前以刑部員外郎知臺雜，開成初，以庫部郎中知制誥，拜中書舍人。武宗即位，拜工部侍郎，轉户部侍郎，判本司事。會昌三年，兼御史中丞。會昌五年三月，以御史中丞兼兵部侍郎，以本官同平章事，知李回會昌中並非官刑侍。雲谿友議卷下龜長證：「李公既爲丞郎，永興魏相公謩爲給事。」

〔三〕舊傳：李回自武宗崩後，兩出爲成都尹、劍南西川節度使。大中元年冬，坐與李德裕親善，改潭州刺史、湖南觀察使，再貶撫州刺史。新書卷一三一李回傳：「貶湖南觀察使。俄以太子賓客分司東都。給事中還制，謂責回薄，遂貶賀州刺史。徙撫州刺史，卒。大中九年，詔復湖南觀察使，贈刑部尚書。」謫建州，量移鄧州事，兩唐書皆無載。廣記卷三一五、稽神録卷六梨山廟：「建州梨山廟，土人云：『故相李回之廟。』回貶爲建州刺史，後卒於臨川。」

21 盧吉州肇①〔一〕，開成中，就江西解試，爲試官末送②。肇有啓謝曰：「巨鼇屓贔，首冠蓬山。」試官謂之曰：「昨某限以人數擠排③，雖獲申展，深慚名第奉浼，焉得翻有『首冠蓬山』之謂？」肇曰：「必知明公垂問，大凡頑石處上④，巨鼇戴之，豈非『首冠』耶？」一座聞之大笑。

紺珠集卷四鼇戴頑石、類説卷三四巨鼇首冠蓬山、紀事卷五五盧肇亦録，皆有删削。廣記卷二五一詼諧七盧肇將本條與本書卷一二自負門盧肇初舉條（12–11）合併，注出摭言。説郛卷四四下録羅誘撰宜春傳信録所記，與廣記略同，僅二事互置。

〔校〕

①盧吉州肇　影宋本、韓熙本「肇」爲小字注。

②爲試官未送　案肇會昌三年狀元及第，「未送」或爲「末送」之訛，揆敘本、宋犖本作「未送」，宋筠本校「未」作「末」。

③昨某限以人數擠排　影宋本、韓熙本、管本、閣本、薈要本、廣記「昨某」作「某昨」。

④處上　雅雨初印作「處士」，傅校「士」作「上」。徐本、韓熙本作「處士」。

〔證〕

〔一〕盧吉州肇：肇，會昌三年吏部尚書王起下狀元及第，見本書卷三慈恩寺題名遊賞賦詠雜紀門盧肇條（3-35），該條又作「袁州宜春人」。舊書卷四〇地理三：吉州，武德五年（六二二）置，州治廬陵，領太和、安福、新淦、永新四縣。玉泉子：「惟進士盧肇，宜春人，有奇才。」

22 華良夫嘗爲京兆解〔一〕，不送。良夫以書讓試官曰：「聖唐有天下，垂二百年，登進士科者，三千餘人。良夫之族，未有登是科者，以此慨歎憤惋。從十歲讀書，學爲文章，手寫之文，過於千卷①。」

〔校〕

①「以書讓試官」至「過於千卷」　管本方校：「此書語意未了，當有脱文。」

〔證〕

〔一〕華良夫嘗爲京兆解：華良夫，生平仕歷不詳，據下文「聖唐有天下，垂二百年」，約爲元和、長慶時人。全唐文補遺千唐誌齋新藏專輯新收華良夫唐故殿中侍御史李公（舉）墓誌銘一通，末署「義成軍節度掌書記、將仕郎、監察御史裏行華良夫撰。」銘云李舉元和九年卒，撰銘當在其後未久。

23 王泠然與御史高昌宇書〔一〕，曰：「僕之怪君甚久矣，不憶往日任宋城縣尉乎？僕稍善文章，每蒙提獎，勤勤見遇，又以齊甿，叨承恩顧，銘心在骨。復聞升進，不出臺省，當爲風波可望①，故舊不遺。近者伏承皇皇者華，出使江外，路次於宋，依然舊游。門生故人，動有十輩，蒙問及者衆矣，未嘗言泠然。明公縱欲高心不垂半面，豈不畏天下窺公侯之淺深？與著緑袍，乘驄馬，蹌蹌正色，誰敢直言？僕所以數日伺君，望塵而拜，有不平事，欲圖於君，莫厭多言而彰公短也。先天年中，僕雖幼小，未閑聲律，輒參舉選。公既明試，量擬點額，僕之枉落，豈肯緘口？是則公之激僕，僕豈不知？公之辱僕，僕終不忘其故。亦上一紙書，蒙數徧讀，重相摩獎，道有性靈，云某年來掌試②，仰取一名。於是逡巡受命，匍匐而歸，一年在長安，一年在洛下，一年在家園③，去年冬十月得送，今年春三月及第。往者雖蒙公不送，今日亦自致青雲。天下進士有數，自河以北，唯僕而已，光華藉甚，不是不知。君須稍垂後恩，雪僕前恥。若不然，僕之方寸，別有所施。何者？故舊相逢，今日之謂也。僕之困窮，如君之往昔，君之未遇，似僕之今朝，因斯而言，相去何遠！君是御史，僕是詞人，雖貴賤之間，與君隔闊④，而文章之道，亦謂同聲，而不可以富貴驕人，亦不可以禮義見隔。且僕家貧親老，常少供養，兄弟未有官資，嗷嗷環堵，菜色相看，貧而賣漿。值天涼⑤，今冬又屬停選試，遣僕爲御史，君在貧途⑥，見天下文章，精神、氣調得如王子者哉？實能憂其危，拯其弊，今公之富貴⑦，亦不可多得意者。望御史今年爲僕索一婦，明年爲留心一官⑧，幸有餘力，何惜些些？此僕之宿憾，口中不言，君之此恩，頂上相戴。儻也貴人多忘，國士難期，使僕一朝出其不意，與君並肩臺閣，側眼相視，公始悔而謝僕，僕安能有色於君乎？僕生長草野，語誠觸忤，並詩若干首，別來三日，莫作舊眼相看。山東布衣，不識忌諱。泠然頓首。」

全文卷二九四收録此書，題作與御史高昌宇書。

〔校〕

①當爲風波可望　管本吳校云「爲」宜作「謂」。

②某年來掌試　影宋本、管本、撰敘本、韓熙本、閣本、薈要本「年來」作「來年」。

③一年在家園　影宋本、宋犖本、韓熙本、管本、閣本、薈要本「在」作「坐」。

④與君隔闊　管本吳校：「闊」鮑本作「間」。

⑤天涼　閣本、薈要本作「天冷」。

⑥貧途　管本作「顯途」，依文意，管本似非。

⑦今公之富貴　影宋本、管本「今」作「令」，管本方校「令」下當有「如」字。

⑧留心一官　影宋本、管本「心」作「與」。

〔證〕

〔一〕王泠然：本書卷六公薦門（6-4）另録載泠然上張燕公書一通，可參看。泠然，記考卷五：開元五年（七一七）及第，八年吏部典選王邱下及第，見本書6-4條注。據下文書中「去年冬十月得送，今年春三月及第」，則此書當作於及第之開元五年。

〔3〕論曰：子曰：「不怨天，不尤人，下學而上達〔一〕。」又曰：「求己，不責於人。」君

子振跡發身，咸覬善地。反之於己，何得喪之不常；望之於人，則愛憎之競作。王泠然之負氣，推命何疏；魏丞相之復讐，尤人太過。陵鑠險詖，二子得之，有若李文公誨弟之書，華良夫干時之啓①，所謂君子之儒也。徐凝、馬植，豈非得之？且武當垂名於不朽矣，尹璞所謂雖文何益。後之學者，得不以爲炯戒哉！

〔校〕

①干時之啓　雅雨初印「干」作「千」，學津本作「于」，蓋皆傳刻之訛。「啓」，閣本、薈要本作「氣」，亦非。

〔證〕

〔一〕不怨天句：語出論語第十四憲問。

唐摭言校證卷三

散序

1 定保生於咸通庚寅歲〔一〕，時屬南蠻騷動，諸道徵兵〔二〕，自是聯翩，寇亂中土。雖舊第太平里〔三〕，而跡未嘗達京師，故治平盛事，罕得博聞。然以樂聞科第之美，嘗諮訪於前達間，如丞相吴郡公扆、翰林侍郎濮陽公融、恩門右省李常侍渥、顔夕拜蕘、從翁丞相溥、從叔南海記室涣，其次同年盧十三延讓、楊五十一贊圖、崔二十七籍若等十許人〔四〕，時蒙言及京華故事，靡不録之於心，退則編之於簡策。

〔證〕

〔一〕咸通庚寅歲：即咸通十一年（八七〇）。

〔二〕南蠻騷動：通鑑卷二五一：咸通十年十月「南詔驃信酋龍傾國入寇，引數萬衆擊董舂烏部，破之。十一月，蠻進寇巂州。」咸通十一年，「節度使盧耽召彭州刺史吴行魯使攝參謀，與前瀘州刺史楊慶復共脩守備，選將校，分職事，立戰棚，具礮檑，造器備，嚴警邏。先是，西川將士多虛職名，亦無稟給。至是，揭牓募驍勇之士，補以實職，厚給糧賜，應募者雲集。」

〔三〕太平里：即太平坊。宋敏求長安志卷九唐京城三：「朱雀街西第二街，北當皇城，南面之含光門，街西從北第一太平坊。」

〔四〕丞相吴郡公扆句：吴郡公即陸扆，舊書卷一七九、新書卷一八三皆有傳。舊傳：「光化三年四月，兼户部尚書，進封吴郡開國公。」新傳：「從天子自華州還，以兵部尚書復當國，封吴郡公。」

翰林侍郎濮陽公融即吴融，定保之岳父。融，舊書無傳，新書卷二〇三吴融傳云其曾仕至户部侍郎，爲翰林承旨。

恩門右省李常侍渥即李渥，舊書卷一七八李蔚傳附李渥傳：「渥，咸通末進士及第，釋褐太原從事，累拜中書舍人、禮部侍郎。光化三年，選貢士。」李渥光化三年（九〇〇）爲禮部侍郎知貢舉，王定保於此年進士及第，故有恩門之稱。

顔夕拜蕘，夕拜，事物紀原卷五：「漢給事中。故事，每日暮時入對，青瑣門拜，故謂之夕拜，亦爲夕郎。」即唐時即黄門侍郎一職。舊書卷一九下僖宗紀、卷一七九柳璨傳言顔蕘曾仕朝請大夫、虞部郎中、知制誥、上柱國、中書舍人，判史館。新書卷二二三下奸臣下柳璨傳僅言其判史館。未載任黄門侍郎一職。

從翁丞相溥，錢大昕十駕齋養新録王定保條云：「溥當爲搏之訛」，但「依表所列，搏爲方慶八世孫，而定保稱方慶七世伯祖，則于搏不當有從翁之稱，是亦可疑也。」劉毓崧唐摭言跋承錢説。管本方校云：「新書王溥字德潤，昭宗反正，同平章事。宰相年表溥於大復（本書案當爲天復）元年二月以中書侍郎拜。舊書本紀三年二月乙未。又案唐宰相世系表，搏系瑯琊，溥、涣系太原。而王氏惟瑯琊京兆俱姬姓之裔，太原則出自離次子威。……至錢竹汀宫詹養新録謂『溥』應作『搏』，與涣判然兩宗，又有不可通者。」岑仲勉跋唐摭言詳辯錢、劉之説，稱當存疑。

從叔南海記室涣，劉毓崧唐摭言跋考唐代名王涣者四人：摭言卷三之南海記室王涣是其從叔，王方慶曾孫名涣者，非南海記室之瑯琊王涣。岑仲勉跋唐摭言引郎官石柱題名考卷一〇，據摭言所補王涣有兩人：一、太原王愔子王涣，字群吉；二、瑯琊倉曹參軍王綺子王涣（原注：時代不合）。紀事卷六六王涣小傳將王愔子字群吉之王涣與本處南海記室王涣誤作一人。岑仲勉據此大膽假設南海記室王涣與考功員外王涣爲同一人。並據一九五四年廣州發現盧光濟撰唐故清海軍節度掌書記太原王府君墓誌銘（王涣墓誌銘）而撰從王涣墓誌解決了晚唐史一兩個問題予以確定。

盧十三延讓，光化三年與定保同年及第。

楊五十一贊圖，黄滔黄御史集卷三寄楊贊圖學士題注：「學士與元昆俱以龍腦登選。」廣卓異記卷一九舉選兄弟二人狀元及第引登科記：「楊贊禹，大順元年狀元及第。弟贊圖，乾寧四年狀元及第。」記考注云：「或是别科同年。」

始以進士宴游之盛。案李肇舍人國史補云：曲江大會，此爲下第舉人①，其筵席簡率，器皿皆隔山抛之屬，比之席地幕天，殆不相遠②。爾來漸加侈靡，皆爲上列所據，向之下第舉人，不復預矣。所以長安游手之民，自相鳩集，目之爲「進士團」。初則至寡，洎大中、咸通已來，人數頗衆。其有何士參者爲之酋帥③，尤善主張筵宴④。凡今年纔過關宴，士參已備來年游宴之費⑤。繇是四海之内，水陸之珍，靡不畢備，時號「長安三絶」〔一〕。南院主事鄭容，中書門官張良佐⑥，並士參爲「三絶」。團司所由百餘輩，各有所主。大凡謝後，便往期集院。團司先於主司宅側税一大第，與新人期集。院内供帳宴饌，甲於輦轂⑦。其日，狀元與同年相見後，便請一人爲録事。舊例率以狀元爲録事。其餘主宴、主酒、主樂、探花、主茶之類，咸以其日辟之。主樂兩人，一人主飲妓。放牓後，大科頭兩人，第一部。小科頭一人，第二部⑧。常詰旦至期集院。常宴則小科頭主張，大宴則大科頭。縱無宴席，科頭亦逐日請給茶錢。平時不以數，後每人日五百文。第一部樂官科地，每日一千。第二部五百，見燭皆倍，科頭皆重分。

逼曲江大會，則先牒教坊請奏，上御紫雲樓，垂簾觀焉。時或擬作樂，則爲之移日。故曹松詩云：「追游若遇三清樂⑨，行從應妨一日春。」敕下後，人置被袋⑩，例以圖障、酒器、錢絹實其中⑪，逢花即飲。故張籍詩云：「無人不借花園宿，到處皆攜酒器行。」其被袋，狀元、録事同點檢⑫，闕一則罰金。曲江之宴，行市羅列，長安幾於半空⑬。公卿家率以其日揀選東牀⑭，車馬闐塞，莫可殫述。洎巢寇之亂，不復舊態矣。

定保所引李肇唐國史補「曲江大會」云云，不見於學津本唐國史補。紀事卷六五曹松下摘引唐國史補，當是轉引自摭言本條。

〔校〕

① 此爲　影宋本、宋犖本、宋筠本、撰敘本、韓熙本、徐本、雅雨初印皆無「爲」。

② 殆不相遠　影宋本、管本「遠」作「逮」。

③ 其有何士參者爲之酋帥　管本方校「其」下當有「時」字。

④ 主張筵宴　雅雨初印、薈要本「宴」作「席」。

⑤ 游宴　閣本作「宴游」。

⑥ 中書門官　雅雨初印「官」作「下」，誤。

⑦甲於輦轂　「甲」，宋犖本、宋筠本、撰敘本作「畢」，學津本作「卑」。

⑧小科頭一人第二部　閣本、薈要本有，而他本皆無。

⑨追游　管本作「追隨」。

⑩被袋　紀事作「皮袋」，下同。

⑪圖障　紀事作「圖章」。

⑫點檢　雅雨初印、學津本作「檢點」。案下有「點檢文書」節，原本當是。

⑬長安幾於半空　影宋本「幾」作「僅」，紀事同。

⑭以其日　管本「以」作「於」。

〔證〕

〔一〕長安三絶：案南部新書卷乙：「進士春關，宴曲江亭，在五六月間。一春宴會，有何士參者，都主其事，多有欠（本書案：原作「次」，據粵雅堂本改）其宴罰錢者，須待納足，始肯置宴。蓋未過此宴，不得出京，人戲謂『何士參索債宴』。士參卒，其子漢儒繼其父業。南院驅使官鄭鎔者，知名天下，後亦官至宣州判司。故宛陵王公凝判鹺，充職，得朝散階。如鄭鎔與何士參及堂門官張良佐，皆應三數百年在于人口。」

謝恩

2 狀元已下，到主司宅門，下馬綴行而立，斂名紙通呈。入門①，並敘立於階下，北上東向。主司列席褥，東面西向。主事揖狀元已下，與主司對拜。拜訖，狀元出行致詞，又退著行，各拜，主司答拜。拜訖，主事云：「請諸郎君敘中外。」狀元已下，各各齒敘，便謝恩。餘人如狀元禮。禮訖，主事云：「請狀元曲謝名第，第幾人謝衣鉢。」「衣鉢」謂得主司名第，其或與主司先人同名第，即謝衣鉢②。如踐世科，即感泣而謝。謝訖，即登階，狀元與主司對坐。于時公卿來看，皆南行敘坐。飲酒數巡，便起，赴期集院。或云：此禮亦不常③，即有，於都省致謝，公卿來看，或不坐而去。三日後，又曲謝。其日，主司方一一言及薦導之處，俾其各謝挈維之力。苟特達而取，亦要言之。

廣記卷一七八貢舉一謝恩亦録載。刊誤卷上座主當門生拜禮亦載進士謝恩本末，可互參看。

〔校〕

① 入門 廣記作「門人」。

②謝衣鉢　廣記作「謝大衣鉢」。

③不常　宋犖本無「常」，宋筠本作「無常」。廣記「常」作「恒」。

期集

3 謝恩後，方詣期集院。大凡敕下已前①，每日期集，兩度詣主司之門。然三日後，主司堅請已，即止。同年初到集所，團司所由輩參狀元後，便參衆郎君②。拜訖，俄有一吏當中庭唱曰：「諸郎君就坐，雙東雙西③。」其日醵罰不少。又出抽名紙錢，每人十千文。其斂名紙，見狀元。俄於衆中驀抽三五箇，便出此錢鋪底④。一自狀元已下⑤，每人三十千文。

廣記卷一七八貢舉一期集亦録載。

〔校〕

①大凡敕下已前　廣記「凡」下有「未」字。

②便　廣記作「更」。

③ 隻東雙西　廣記作「雙東隻西」。

④ 「每人十千文」至「便出此錢」　廣記爲小注。廣記「千」作「貫」，「驀」作「騫」。

⑤ 一自狀元　廣記「一」作「錢」。

點檢文書

4 狀元、録事具啓事〔一〕，取人數。主司於其間點請三五人，工於八韻五言者，或文字乖訛，便在點竄矣。大約避廟諱、御名、宰相諱。然三十所製〔二〕，分爲兩卷，以金銅軸頭青縹首進上。

〔證〕

〔一〕録事：唐諸省、部多有録事一職，然據唐六典、會要及兩唐書職官志，尚書禮部無此職。此録事疑爲與上文之主事相類之雜辦人員，非官無階。

〔二〕三十所製：案此「三十」所指不詳，疑即前文「進士依舊格送三十人」之數。

過堂

其日①，團司先於光範門裏東廊供帳，備酒食，同年於此候宰相上堂後參見②。于時，主司亦召知聞三兩人，會於他處，此筵罰錢不少。宰相既集，堂吏來請名紙，生徒隨座主過中書。宰相橫行，在都堂門裏敘立。堂吏通云：「禮部某姓侍郎領新及第進士見相公。」俄有一吏，抗聲，屈③。主司乃登階④，長揖而退，立於門側，東向。然後狀元已下敘立於階上。狀元出行致詞云⑤：「今月日，禮部放牓，某等幸忝成名，獲在相公陶鑄之下，不任感懼。」在左右下，即云慶懼⑥。言訖退揖⑦。乃自狀元已下，一一自稱姓名。稱訖，堂吏云：「無客⑧。」主司復長揖，領生徒退，詣舍人院⑨。主司襴簡⑩，舍人公服鞾鞋，延接主司。然舍人禮貌謹敬有加。隨事敘杯酒，列於階前鋪席褥⑪，請舍人登席。諸生皆拜，舍人答拜。狀元出行致詞，又拜，答拜如初⑫，便出。於廊下候主司出，一揖而已。當時詣宅謝恩⑬，便致飲席。

廣記卷一七八貢舉一過堂亦録載。

〔校〕

①其日　廣記上有「敕下後新及第進士過堂」。

②參見　廣記無此二字。

③屈　閣本作「出」。

④乃　廣記作「及」。

⑤出行　廣記作「出行行」，若此，則此句當點作「狀元出行行，致詞云」，上「行」讀如杭。

⑥在左右下即云慶懼　廣記作「狀元在左右即云夢瞿」。

⑦言訖退揖　廣記作「言揖退位」。

⑧無客　廣記作「典客」。

⑨詣　管本、韓熙本作「請」。

⑩欄簡　廣記作「欄入」。管本「欄」亦作「欄」。

⑪列　宋犖本、宋筠本、影宋本、廣記作「然」，閣本、薈要本作「後」。

⑫又拜答拜　廣記作「答拜又拜」。

⑬詣宅　管本作「諸宅」。

關試

6吏部員外〔一〕，其日於南省試判兩節〔二〕。諸生謝恩。其日稱門生，謂之「一日門生」，自此方屬吏部矣。

廣記卷一七八貢舉一關試亦録載。

〔證〕

〔一〕吏部員外：案吏部每年銓試，試判由吏部尚書或侍郎主之，新書卷四五選舉下：開元十八年（七三〇）「由是門下過官、三銓注官之制皆廢，侍郎主試判而已。」唐六典卷二尚書吏部：「每試判之日，皆平明集於試場，識官親送，侍郎出問目，試判兩道。」本條所指爲關試，非同銓試，故以員外郎主之。

〔二〕南省：即尚書省別稱。通典卷二一中書省：「開元元年，改爲紫微省，五年復舊。」注：「時謂尚書省爲南省，門下中書爲北省，亦謂門下省爲左省，中書爲右省，或通謂之兩省。」

讌名

7 大相識主司在具慶①〔一〕。次相識主司在偏侍〔二〕。小相識主司有兄弟。聞喜敕士宴②。櫻桃　月燈　打毬　牡丹　看佛牙每人二千以上③。佛牙樓，寶壽、定水、莊嚴皆有之④。寶壽量成佛牙⑤，用水精函子盛⑥，銀菩薩捧之，然得一僧跪捧菩薩，多是僧録或首座方得捧之矣。關讌此最大宴，亦謂之「離筵」，備述於前矣。

紺珠集卷四讌名有九、類説卷三四宴名、説郛卷三五上亦録載。

〔校〕

① 在具慶　説郛作「有具慶」。

② 敕士　管本方校云當作「敕下」。類説、説郛皆作「敕下」，當是。

③ 以　影宋本、宋犖本作「又」。

④ 寶壽　閣本下有「亭」字。

⑤ 量成　紺珠集作「最盛」。

⑥ 水精函子 管本「精」作「晶」。

〔證〕

〔一〕具慶：詩小雅楚茨：「爾殽既將，莫怨具慶。」鄭玄箋：「同姓之臣，無有怨者，而皆慶君，是其歡也。」具慶本指君臣同歡，本條據下文當指主司父母俱在世。

〔二〕偏侍：指主司父母僅一方在世。

今年及第明年登科

8 郭代公十八擢第①〔一〕。其年冬，制入高等。

〔校〕

① 郭代公 原本作「郭代云」，誤。閣本、管本作「郭代公」。雅雨初印傳校改「云」作「公」，宋筠本亦改作「公」。據改。

〔證〕

〔一〕郭代公：郭元振，名震，以字顯。舊書卷九七、新書卷一二二皆有傳。元振於高宗咸亨四年

（六七三）杜易簡下進士及第，同年以拔萃科制入高等。張説兵部尚書代國公贈少保郭公行狀：「公名震，字元振，本太原陽曲人也，……十八擢進士第，其年判入高等。」

9 何扶〔一〕，大和九年及第。明年〔二〕，捷三篇。因以一絶寄舊同年曰：「金牓題名墨尚新①，今年依舊去年春。花間每被紅粧問②，何事重來只一人？」

紀事卷四九何扶條亦録載。

〔校〕①墨尚新　「尚」，原本作「上」，管本、宋犖本、宋筠本、揆敘本、閣本、薈要本、紀事作「尚」，據改。

②花間　總龜卷一七紀實門上引古今詩話作「花開」。

〔證〕〔一〕何扶：生平不詳。全詩收扶詩二首，一題送閬州妓人歸老，次即本條此詩，題寄舊同年。

〔二〕明年：即開成元年（八三六）。

慈恩寺題名遊賞賦詠雜紀

10進士題名，自神龍之後，過關宴後，率皆期集於慈恩塔下題名〔一〕。故貞元中，劉太真侍郎試慈恩寺望杏園花發詩〔二〕。會昌三年，贊皇公爲上相〔三〕，其年十一月十九日，敕諫議大夫陳商守本官，權知貢舉。後因奏對不稱旨，十二月十七日，宰臣遂奏依前命左僕射兼太常卿王起主文〔四〕。二十二日，中書覆奏①：「奉宣旨，『不欲令及第進士呼有司爲座主，趨附其門，兼題名局席等條疏進來』者。伏以國家設文學之科，求貞正之士，所宜行敦風俗②，義本君親。然後申於朝廷，必爲國器。豈可懷賞拔之私惠，忘教化之根源，自謂門生，遂成膠固。所以時風寖薄，臣節何施？樹黨背公，靡不由此。臣等商量，今日已後，進士及第，任一度參見有司，向後不得聚集參謁，及於有司宅置宴。其曲江大會，朝官及題名局席，並望勒停。緣初獲美名，實皆少雋。既遇春節，難阻良游。三五人自爲宴樂，並無所禁。唯不得聚集同年進士，廣爲宴會，仍委御史臺察訪聞奏。謹具如前。」奉敕：「宜依。」於是向之題名，各盡削去。蓋贊皇公不由科第，故設法以排之〔五〕。洎公失意〔六〕，悉復舊態。

紀事卷五五王起條亦録載。

〔校〕

① 覆　閣本、薈要本作「復」。

② 敦　紀事作「崇」。

〔證〕

〔一〕慈恩塔下題名：玉泉子：「慈恩寺連接曲江，京輦勝景，每歲新得第者，畢列姓名於此。」鑑誡録卷七四公會：「長安慈恩寺浮圖起開元，至大和之歲，舉子前名登游題紀者衆矣。」兩京新記卷三京城：「貞觀二十年，高宗在春宮，爲文德皇后所立，故以慈恩爲名。」

〔二〕劉太真：貞元四年（七八八）、五年以禮部侍郎兩知貢舉。慈恩寺望杏園花發，唐詩品彙卷八一、全詩卷四六六、記考卷一二皆題作曲江亭望慈恩寺杏園花發。唐詩品彙、全詩所録作者尚有李君何、周弘亮、陳翥等，記考皆於四年下及第，則此貞元中或在貞元四年。

〔三〕贊皇公爲上相：贊皇公即李德裕，武宗即位拜相。下文中書所奏之文，全文卷七〇一收録，題停進士宴會題名疏。

〔四〕王起主文：王起此年放牓及與諸生唱和，詳見本卷周墀任華州刺史條(3-24)。

〔五〕贊皇公不由科第故設法以排之：此評李德裕不由科第而抵排之，蓋本之玉泉子：「李德裕以己非由科第，恒嫉進士舉者，……志在排斥」云云。然同書又言：「李相德裕，抑退浮薄，奬拔孤寒，於時朝貴朋黨，德裕破之。由是結怨而絶於附會，門無賓客。」並提掖盧肇、丁棱、姚鵠之屬，云德裕排擯科第恐爲朋黨設詞以誣之。舊書卷一八上武宗紀，會昌四年(八四四)德裕答武宗問時云：「臣無名第，不合言進士之非。然臣祖天寶末以仕進無他伎，勉强隨計，一舉登第。自後不於私家置文選，蓋惡其祖尚浮華，不根藝實。」以辯之，當爲中肯之論。蓋德裕所惡乃進士之「祖尚浮華，不根藝實」者，非科第之本身也。本書卷七好放孤寒門7-8條云：「李太尉德裕頗爲寒進開路，及謫官南去，或有詩曰：『八百孤寒齊下淚，一時南望李崖州。』」李翺卓異記：「吉甫以忠明博達事憲宗，德裕以清直無黨事武宗。」亦可爲證。

〔六〕洎公失意：案舊書卷一八下宣宗紀：德裕於大中元年(八四七)秋七月爲人所訟，貶潮州司馬員外置同正員。二年九月，再貶崖州司户，其年十二月，死於崖州。

11 曲江游賞〔一〕，雖云自神龍以來，然盛於開元之末。何以知之？案實録〔二〕，天寶元年，敕以太子太師蕭嵩私廟逼近曲江〔三〕，因上表請移他處，敕令將士爲嵩營造。嵩上表謝，仍讓令將士創造①。敕批云：「卿立廟之時，此地閑僻。今傍江修築，舉國勝游。與卿思之，深避喧雜，事資改作，遂命官司②。承已拆除，終須結構。已有處分，無假致辭。」

〔校〕

①讓　韓熙本、薈要本作「議」。

②遂　管本作「還」。

〔證〕

〔一〕曲江游賞：劇談録卷下曲江：「曲江池，本秦世隑洲，開元中疏鑿，遂爲勝境。」

〔二〕實録：或即明皇實録。

〔三〕蕭嵩：案舊書卷八玄宗紀上：尚書右丞相蕭嵩爲太子太師，在開元二十四年十一月。

12 蕭穎士開元二十三年及第〔一〕，恃才傲物，夐無與比①。常自攜一壺，逐勝郊野。偶憩於逆旅，獨酌獨吟。會風雨暴至，有紫衣老父②，領一小僮避雨於此。穎士見其散冗③，頗肆陵侮。逡巡，風定雨霽，車馬卒至。老父上馬，呵殿而去。穎士狼忙覘之④，左右曰：「吏部王尚書丘⑤〔二〕。」穎士常造門，未之面，極所驚愕⑥。明日⑦，具長牋造門謝。尚書命引至廡下，坐而責之，且曰：「所恨與子非親屬，當庭訓之耳！」復曰：「子負文學之名，踞忽如此⑧，止於一第乎？」後穎士終于揚州功曹⑨。

此條出唐鄭處誨明皇雜録卷上蕭穎士恃才傲物。雲谿友議卷中李右座亦略載。廣記卷一七九貢舉二蕭穎士録載，注出明皇雜録，文字同。紀事卷一四王邱略同，語意稍簡。

〔校〕

①复　明皇雜録作「曼」。

②會風雨暴至有紫衣老父　明皇雜録「會」下有「有」字。明皇雜録「父」作「人」，下同。

③見其散冗　廣記「其」作「之」。

④狼　韓熙本作「蒼」。宋犖本、撲敘本脱此字。宋筠本原亦脱，校補「狼」。

⑤丘　閣本、薈要本作「也」。管本作「某」。

⑥極所驚愕　廣記「極」下無「所」字。

⑦明日　管本無此二字。

⑧踞　明皇雜録同，學津本、管本作「倨」。

⑨後穎士　影宋本、宋犖本、宋筠本、撲敘本、管本無「後」字。

〔證〕

〔一〕蕭穎士：記考卷八：穎士開元二十三年孫逖下進士及第。朝野僉載卷六：「開元中，穎士方年十九，擢進士。」獨異志卷下亦略同：「唐蕭穎士，開元中，年十九歲，擢進士第。」

〔二〕王尚書丘：案：王丘，舊書卷九玄宗紀下：王丘於天寶二年（七四三）七月致仕禮部尚書卒。卷一〇〇王丘傳：開元二十一年三月韓休拜相後，薦丘代崔琳爲御史大夫，轉太子賓客，襲父爵宿預男，尋以疾拜禮部尚書，仍聽致仕。不聞官吏尚，此吏部或當爲禮部。嚴耕望唐僕尚丞郎表卷三：開元二十一年二月至二十七年四月吏部尚書爲李暠，四月至天寶十一載爲李林甫。

13 小歸尚書牓，裴起部與郃之李摶先輩舊友①〔一〕。摶以詩賀廷裕曰：「銅梁千里曙雲開，仙籙新從紫府來②。天上已張新羽翼③，世間無復舊塵埃。嘉禎果中君平卜，賀喜須斟卓氏盃。應笑戎藩刀筆吏，至今泥滓曝魚鰓。」既而復以二十八字謔之曰：「曾隨風水化凡鱗④，安上門前一字新。聞道蜀江風景好，不知何似杏園春？」裴有六韻答曰：「何勞問我成都事，亦報君知便納降。蜀柳籠堤煙矗矗，海棠當户鷰雙雙。富春不並窮師子，濯錦全勝旱曲江。高卷絳紗楊氏宅，時主文寓楊子巷，故有此句。半垂紅袖薛濤窗。浣花泛鷁詩千首，静衆尋梅酒百缸〔二〕。若説絃歌與風景，主人兼是碧油幢。」

紀事卷六一李搏亦録載，文字稍異。

〔校〕

① 李搏　影宋本、宋犖本、宋筠本、揆敘本、韓熙本、徐本、闇本、雅雨初印同。管本作「李溥」。

② 仙籙　闇本、薈要本作「仙籍」。

③ 天上已　影宋本、宋犖本、宋筠本、揆敘本、韓熙本、徐本作「天下也」。

④ 風水　闇本、薈要本作「流水」。

〔證〕

〔一〕小歸尚書牓：紀事卷六一李搏首句曰：「僖宗在成都，廷裕登第，搏以詩賀曰。」小歸尚書，管本方校注曰「名融」。記考考爲歸仁澤，陳師尚君登科記考正補考作歸仁紹。裴起部，即裴廷裕。案：裴廷裕及第年，記考卷二三在中和二年（八八二），唐僕尚丞郎表定中和二年知貢舉爲禮部侍郎歸仁紹。正補引唐僕尚丞郎表據益州名畫録定歸仁澤知舉在中和五年。據雍正十二年（一七三五）修山西通志卷六五科目：「光啓二年進士：裴廷裕，聞喜人，蜀中登第。」陳志堅裴庭裕及第之年的再審視以爲光啓當爲中和之訛，並考定廷裕於中和二年歸仁紹下成都及第，此亦與李搏「銅梁千里曙雲開，仙籙新從紫府來」詩意合。

〔三〕静衆：静衆爲成都僧寺，明曹學佺蜀中廣記卷八二高僧記有「唐成都静衆寺僧無相，新羅國人也」。

14 大和二年〔一〕，崔郾侍郎東都放牓，西都過堂。杜牧有詩曰：「東都放牓未花開，三十三人走馬迴。秦地少年多釀酒，卻將春色入關來。」

廣記卷一八二貢舉四杜牧，將此條與卷六公薦下崔郾條合爲一條。紀事卷五六杜牧條亦録載。

〔證〕

〔一〕大和二年：八二八年，杜牧此年進士及第。

15 胡証尚書質狀魁偉，膂力絶人，與裴晉公度同年①〔一〕。度嘗狎游，爲兩軍力人十許輩陵轢②，勢甚危窘。度潛遣一介求救於証，証衣皂貂金帶，突門而入，諸力士睨之失色。証飲後到酒，一舉三鍾，不啻數升，杯盤無餘瀝。逡巡，主人上燈，証起，取鐵燈臺，摘去枝葉，而合其跗，横置膝上，謂衆人曰：「鄙夫請非次改令，凡三鍾引滿一遍，三臺酒須盡，仍不得有滴瀝，犯令者一鐵躋。」自謂燈臺。証復一舉三鍾。次及一角觝者③，凡三臺三遍，酒未能盡，淋漓逮至並座。証舉躋將擊之，群惡皆起設拜，叩頭乞命，呼爲神人。証曰：「鼠輩敢爾，乞汝殘命！」叱之令去。

本條出北里志附録胡證尚書。宋犖本、宋筠本原與上條合，他本皆别出爲一條。

〔校〕

①與裴晉公度同年　影宋本「度」爲小注。

②力人　北里志作「力士」。

③角觝　管本吴校云北里志作「角觗」誤。

〔證〕

〔一〕同年：二人皆德宗貞元五年進士及第。

16 崔沆及第年〔一〕，爲主罰録事。同年盧象俯近關宴，堅請假往洛下拜慶，既而淹緩久之。及同年宴於曲江亭子，象以雕幰載妓，微服𦨭鞚，縱觀於側，遽爲團司所發①。沆判之，略曰：「深攙席帽，密映氈車。紫陌尋春，便隔同年之面；青雲得路，可知異日之心〔二〕。」

唐語林卷七補遺、廣記卷一八二貢舉五盧彖亦有載，文稍異。

〔校〕

①遽 管本作「遂」。

〔證〕

〔一〕崔沆及第年：崔沆，大中十二年李潘下進士及第。

〔二〕深攙席帽句：唐語林卷七補遺作：「低垂席帽，遥映氈車。白日在天，不識同年之面；青雲得路，可知異日之心。」

17 咸通中，進士及第過堂後，便以騾從，車服侈靡之極，稍不中式，則重加罰金。蔣泳以故相之子，少年擢第〔一〕。時家君任太常卿〔二〕，語泳曰：「爾門緒孤微，不宜從世祿所爲，可先納罰錢，慎勿以騾從也。」

〔證〕

〔一〕蔣泳：新書卷七五宰相世系表五：泳，字越之，蔣伸之子。舊書卷一八下宣宗紀：「（大中十三年）四月，以翰林學士承旨、兵部侍郎、知制誥蔣伸本官同平章事。」同書卷一九上懿宗紀：「咸通二年「九月，……蔣伸罷知政事。」記考卷二三：蔣泳，懿宗咸通七年進士及第。

〔二〕家君：定保對其父尊稱，則其父當在咸通七年時任太常卿。郁賢皓、胡可先唐九卿考卷二太常卿考咸通七年引此條，岑仲勉跋唐摭言考定保之父名中有龜字，全名失考。

18 盧文煥，光化二年狀元及第〔一〕，頗以宴醵爲急務。常俯闕宴，同年皆患貧，無以致之。一旦，紿以游齊國公亭子〔二〕，既至，皆解帶從容。文煥命團司牽驢，時柳璨告文煥以驢從非己有。文煥曰：「『藥不瞑眩，厥疾弗瘳〔三〕！』」璨甚銜之。居四年，璨登庸〔四〕，文煥憂戚日加。璨每遇之，曰：「『藥不瞑眩，厥疾弗瘳！』」

廣記卷一八四貢舉七盧文煥條亦録載。

〔證〕

〔一〕盧文煥：盧文煥與柳璨，皆光化二年禮部侍郎趙光逢下進士及第。

〔二〕齊國公：管本方考曰崔日用。據兩唐書，唐封齊國公者多人，舊書卷九九崔日用傳：玄宗平韋氏後，日用以功授銀青光禄大夫、黄門侍郎，參知機務，封齊國公，時間與光化間懸隔近二百年，方説所據不知何出。

〔三〕藥不瞑眩句：語出尚書卷一〇説命。

〔四〕居四年璨登庸：舊紀及通鑑柳璨入相皆爲天祐元年（九〇四），距光化二年前后計六年。然據「居四年」計，柳璨入相當在天復二年（九〇二），疑定保「居四年」爲誤記。

19 曲江亭子，安、史未亂前，諸司皆列於岸滸①。幸蜀之後，皆燼於兵火矣，所存者惟尚書省亭子而已。進士關宴②，常寄其間。既徹饌，則移樂泛舟，率爲常例。宴前數日，行市駢闐於江頭。其日，公卿家傾城縱觀於此，有若中東榻之選者十八九③，鈿車珠鞍④，櫛比而至。或曰乾符中薛能尚書爲大京兆，楊知至侍郎將攜家人游，致書於能假舫子。先是，舫子已爲新人所假。能答書云：「已爲三十子之鳩居矣⑤。」知至得書，怒曰：「昨日郎吏，敢此無禮！」能自吏部郎中拜京兆少尹，權知大尹〔一〕。

廣記卷一七八貢舉一讌集條亦録載。

〔校〕

① 諸司皆列於岸滸　廣記「皆」下有「有」字。

② 關宴　廣記作「開宴」。

③ 有若中東榻　管本無「若」字。廣記無「中」字。閣本、薈要本「榻」作「床」。雅雨初印傳校改「床」作「榻」。

④ 鞍　廣記作「幕」。

⑤ 三十子　廣記作「四十子」。

〔證〕

〔一〕能自吏部句：舊書卷一九上懿宗紀：咸通十一年九月丙辰，中散大夫、比部郎中、知制誥、柱國、賜紫金魚袋楊知至爲瓊州司馬。十月，以給事中薛能爲京兆尹。紀事卷六〇薛能：咸通中，攝嘉州刺史。歸朝遷主客、度支、刑部郎中。俄刺同州。京兆尹温璋貶，命權知尹事。出領感化節度，入授工部尚書。唐才子傳所敘略同。案：主客郎中屬禮部，度支郎中屬户部，諸書皆不言薛能仕吏部，此云「能自吏部郎中」恐誤。且能在拜京兆少尹前，還曾官同州刺史及給事中，可能時間皆較短，以至楊知至嗤之爲「昨日郎吏」。舊書卷一九下僖宗紀：乾符三年（八七六）九月，京兆尹楊知至爲工部侍郎，新書卷一七五楊汝士傳附楊知至傳爲户部侍郎。唐方鎮年表卷三：薛能咸通十四年自京兆尹出爲感化節度，則本條事或在咸通十一至十四年間。摭言云「或曰乾符中薛能尚書爲大京兆」〔一〕，顯與史不合。

20 開成五年，樂和李公牓〔二〕，於時上在諒闇，故新人游賞①，率常雅飲。詩人趙嘏寄贈曰〔三〕：「天上高高月桂叢，分明三十一枝風。滿懷春色向人動，遮路亂花迎馬紅。鶴馭迴飃雲雨外②，蘭亭不在管絃中③。居然自是前賢事，何必青樓倚翠空？」

廣記卷一七八貢舉一譏集、紀事卷五六趙嘏條亦録載，文字有異。

〔校〕

① 故　廣記作「乃放」。

② 迴飃　紀事作「尚飄」。雅雨初印傳校改「飈」爲「飃」。

③ 蘭亭　紀事作「蘭堂」。

〔證〕

〔二〕樂和李公：即李景讓。舊書卷一八七李景讓傳：開成四年，入爲禮部侍郎。五年，選貢士李蔚，後至宰相。新書卷一七七李景讓傳：元和後，大臣有德望者，以居里顯，景讓宅東都樂和里，世稱清德者，號樂和李公。

〔二〕趙嘏：嘏，武宗會昌四年進士及第。

21 寶曆年中，楊嗣復相公具慶下繼放兩牓〔一〕。時先僕射自東洛入覲〔二〕，嗣復率生徒迎於潼關，既而大宴於新昌里第。僕射與所執坐於正寢，公領諸生翼坐於兩序①。時元、白俱在，皆賦詩於席上，唯刑部楊汝士侍郎詩後成〔三〕，元、白覽之失色。詩曰：「隔坐應須賜御屏，盡將仙翰入高冥。文章舊價留鸞掖②，桃李新陰在鯉庭。再歲生徒陳賀宴，一時良史盡傳馨。當年疏傅雖云盛，詎有茲筵醉醁醽。」汝士其日大醉，歸謂子弟曰：「我今日壓倒元、白。」

廣記卷一七八貢舉一讌集條亦録載。

〔校〕

① 翼坐　廣記「翼」作「翊」。

② 鸞　廣記作「鴛」。

〔證〕

〔一〕楊嗣復相公：案楊嗣復敬宗寶曆元年（八二四）第一牓，二年第二牓。舊書卷一七六楊嗣復傳：「嗣復與牛僧孺、李宗閔皆權德輿貢舉門生，情義相得，進退取捨，多與之同。四年，僧孺作相，欲薦拔大用，又以於陵爲東都留守，未歷相位，乃令嗣復權知禮部侍郎。寶曆元年二月，選貢士六十八人，後多至達官。」嗣復此時官爲中書舍人。

〔二〕先僕射：即楊於陵，嗣復之父。舊書卷一七上文宗紀：於陵大和元年（八二七）四月「癸巳，以太子少傅楊於陵守右僕射致仕。」新書卷一六三楊於陵傳作左僕射。

〔三〕刑部楊汝士侍郎：舊書卷一七六楊虞卿附楊汝士傳：「長慶元年爲右補闕。坐弟殷士貢舉覆落，貶開江令。入爲户部員外，再遷職方郎中。大和三年七月，以本官知制誥。」新書卷一七五楊虞卿附楊汝士傳：「開成初，繇兵部侍郎爲東川節度使。時嗣復鎮西川，乃族昆弟，對擁旄節，世榮其門。終刑部尚書。」不言其寶曆間仕刑部侍郎。紀事録此本事，末云「時爲刑侍」，當爲轉抄自本條。唐僕尚丞郎表卷一九：「其時汝士位尚極低，乃書終官耳，『侍郎』爲『尚書』之誤。」

22 大順中，王渙自左史拜考功員外〔一〕，同年李德鄰自右史拜小戎，趙光胤自補衮拜小儀，王拯自小版拜小勛①〔二〕。渙首唱長句，感恩上裴公曰：「青衿七十牓三年，建禮含香次第遷②。珠彩乍連星錯落，桂花曾到月嬋娟③。玉經磨琢多成器，劍拔沈埋便倚天④。應念銜恩最深者，春來爲壽拜尊前。」裴公答曰：「謬持文柄得時賢，粉署清華次第遷。昔歲策名皆健筆，今朝稱職並同年。各懷器業寧推讓，俱上青霄豈後先⑤。何事老來猶賦詠⑥，欲將酬和永留傳。」

紀事卷六六王渙條亦録載。

〔校〕

①小勛　原本作「少勛」，據影宋本改。

②禮　原本作「里」，他本皆作「禮」，據改。

③曾到　影宋本、宋犖本、紀事作「曾對」。宋筠本原作「到」，校作「對」。

④便　紀事作「更」。

⑤豈　紀事作「肯」。

⑥老來　紀事作「老夫」。

〔證〕

〔一〕王渙自左史拜考功員外：記考卷二四：昭宗大順二年（八九一）知貢舉裴贄下及第。唐才子傳校箋卷一〇王渙條，考裴贄第三牓在光化元年，不在大順中，岑仲勉考在乾寧四年（八九七），王渙拜考功員外應在光化元年，唐摭言誤渙舉進士之年爲遷員外郎之年，可參岑著金石論叢從王涣墓誌解決了晚唐史一兩個問題。又左史，唐六典卷八門下省下起居郎注：「龍朔二年改爲左史，咸亨元年復故。天授元年又改爲左史，神龍元年復故。」

〔三〕右史拜小戎句：唐六典卷九起居舍人下注：「龍朔二年改爲右史，咸亨元年復故。天授元年又改爲右史，神龍元年復故。」又小戎等，俱爲官職别稱。小戎、小儀、小版、小勛，爲兵部、禮部、户部、司勛員外郎；補衮，即補闕。

23 王起於會昌中放第二牓〔一〕，内道場詩僧廣宣以詩寄賀曰：「從辭鳳閣掌絲綸，便向青雲領貢賓。再闢文場無枉路①，兩開金牓絶冤人。眼看龍化門前水，手放鶯飛谷口春。明日定歸台席去②，鶺鴒原上共陶鈞。」起答曰：「延英面奉入青闈③，亦選功夫亦選奇。在冶只求金不耗，用心空學稱無私④。龍門變化人皆望，鶯谷飛鳴自有時。獨喜向公誰是證，彌天上士與新詩。」

紀事卷七二僧廣宣條亦録載。

〔校〕

① 文場　紀事作「文章」。

②明日　紀事作「明白」，當誤。

③青闈　紀事作「春闈」。

④稱　影宋本、韓熙本、徐本、管本、紀事作「秤」。

〔證〕

〔一〕會昌中放第二牓：案記考，王起第一牓在穆宗長慶二年（八二二），第二牓在長慶三年，第三牓在武宗會昌三年，第四牓在會昌四年。摭言此云王起第二牓在會昌中，似誤。紀事卷七二僧廣宣下紀此事，另元稹與劉禹錫皆有賀詩。案卞孝萱元稹年譜，稹已於大和五年七月暴卒，禹錫亦於會昌二年七月卒，二人皆不可能再於會昌三年和此詩。此事實當在長慶中。

24 周墀任華州刺史，武宗會昌三年，王起僕射再主文柄〔一〕，墀以詩寄賀，並序曰：「僕射十一叔以文學德行，當代推高。在長慶之間，春闈主貢，采摭孤進，至今稱之。近者，朝廷以文柄重難，將抑浮華，詳明典實，繇是復委前務，三領貢籍①，迄今二十二年于兹，亦搢紳儒林罕有如此之盛況。新牓既至，衆口稱公。墀忝沐深恩，喜陪諸彥，因成七言四韻詩一首，輒敢寄獻，用導下情，兼呈新及第進士：『文場三化魯儒生②，二十餘年振重名。曾忝木雞誇羽翼，又陪金馬入蓬瀛。墀初年木雞賦及第，常陪僕射守職內庭。雖欣月桂居先折，更羨春蘭最後榮。欲到龍門看風水③，關防不許暫離營。』」時諸進士皆賀④。起答曰：「貢院離來二十霜，誰知更忝主文場。楊葉縱能穿舊的，桂枝何必愛新香。九重每憶同仙禁，六義初吟得夜光。莫道相知不相見，蓮峰之下欲徵黄。」

紀事卷五五亦略載，諸門生與王起所唱和之詩，分别臚列於諸人條下。

〔校〕

①三領貢籍　學津本「領」作「傾」。

②三化　管本作「主化」。

③風水　紀事作「風雨」。

④皆賀　管本作「皆和」。

〔證〕

〔一〕王起僕射：會昌三年起主文，參本卷第10條。又，總龜卷一四警句門下引廣卓異記云：「長慶二年，錢起自中書舍人知舉，放進士周墀及第，後同在翰林。會昌三年，起自僕射再放牓，時周墀任華州，因寄詩賀」云云，亦誤。據舊書卷一六八錢徽傳，長慶二年知舉者原爲錢徽，因徽受朝臣請託，舉人爲濫，詔王起與白居易覆試，周墀於王起下進士及第。錢起，錢徽父。

王起門生一牓二十二人和周墀詩：

嵩高降德爲時生，洪筆三題造化名。鳳詔佇歸專北極，驪珠搜得盡東瀛。褒衣已换金章貴，禁掖曾隨玉樹榮①。明日定知同相印，青衿新列柳間營。盧肇，字子發。

公心獨立副天心，三轄春闈冠古今。蘭署門生皆入室，蓮峰太守别知音②。同升翰苑時名重，遍歷朝端主意深。新有受恩江海客，坐聽朝夕繼爲霖。丁棱，字子威③。

三年竭力向春闈，塞斷浮華衆路岐④。盛選棟梁稱昔日，平均雨露及明時。登龍舊美無斜徑，折桂新榮盡直枝。莫道只陪金馬貴，相期更在鳳凰池。姚鵠，字居雲。

昔年桃李已滋榮，今日蘭蓀又發生。葑菲采時皆有道，權衡分處且無情。叨陪鴛鷺朝天客，共作門闌出谷鶯。何事感恩偏覺重？忽聞金牓扣柴荆。退之自顧微劣，始不敢以叨竊之望，策試之後，遂歸盩厔山居。不期一日進士團遣人賫牓，扣關相報，方知忝幸矣⑤。高退之，字遵聖。

當年門下化龍成，今日餘波進後生。仙籍共知推麗則，禁垣同得薦嘉名。桃溪早茂誇新萼⑥，菊圃初開耀晚英。誰料羽毛方出谷，許教齊和九皋鳴。孟球，字廷玉。

孔門頻建鑄顔功，紫綬青衿感激同。一簣勤勞成太華，三年恩德重維嵩。楊隨前輩穿皆中，桂許平人折欲空。慚和周郎應見顧，感知大造意無窮。劉耕，字遵益。

常將公道選群生，猶被春闈屈重名。文柄久持殊歲紀，恩門三啓動寰瀛。雲霄幸接鴛鸞盛，變化欣同草木榮。乍得陽和如細柳，參差長近亞夫營。裴翻，字雲章。

滿朝簪紱半門生，又見新書甲乙名。孤進自今開道路，至公依舊振寰瀛。雲飛太華清詞著，花發長安白屋榮。忝受恩光同上客，唯將報德是經營。樊驤，字彥龍⑦〔一〕。

滿朝朱紫半門生，新牓勞人又得名。國器舊知收片玉，朝宗轉覺集登瀛。同升翰苑三年美，繼入花源九族榮。共仰蓮峰聽雪唱，欲賡僊曲意征營⑧。崔軒，字鳴岡⑨。

一振聲華入紫微，三開秦鏡照春闈。龍門舊列金章貴，鶯谷新遷碧落飛。恩感風雷皆變化，詩裁錦繡借光輝。誰知散質多榮忝，鴛鷺清塵接布衣。蒯希逸，字大隱⑩。

龍門一變荷生成，況是三傳不朽名。美譽早聞喧北闕，頹波今見走東瀛。鴛行既接參差影，雞樹仍同次第榮。從此青衿與朱紫，升堂侍宴更何營？林滋，字後象。

恩光忽逐曉春生，金牓前頭忝姓名。三感至公裨造化，重揚文德振寰瀛。佇爲霖雨增相賀⑪，半在雲霄覺更榮。何處新詩添照灼？碧蓮峰下柳間營。李仙古，字垂後⑫。

二十二年文教主，三千上士滿皇州。獨陪宣父蓬瀛奏，方接顔生魯衛游。多羨龍門齊變化，屢看雞樹第名流。升堂何處最榮美？朱紫環尊幾獻酬⑬。黄頗，字無頗。

三開文鏡繼芳聲，暗指雲霄接去程。曾壓洪波先得路，早升清禁共垂名。蓮峰對處朱輪貴，金牓傳時玉韻成。更許下才聽白雪，一枝今過郄詵榮〔二〕。張道符，字夢錫。

常將公道選諸生，不是鴛鴻不得名。天上宴迴聯步武，禁中麻出滿寰瀛。簪裾盡過前賢貴，門館仍叨後學榮。看著鳳池相繼入，都堂那肯滯關營？丘上卿，字陪之。

重德由來爲國生，五朝清顯冠公卿。風波久佇濟川檝，羽翼三遷出谷鶯。絳帳青衿同日貴，春蘭秋菊異時榮。孔門弟子皆賢哲，誰料窮儒忝一名！石貫，字總之〔三〕。

文學宗師心稱平，無私三用佐貞明。恩波舊是仙舟客，德宇新添月桂名。蘭署崇資金印重，蓮峰高唱玉音清。羽毛方荷生成力，難繼鸞凰上漢聲。李潛⑭，字德隱〔四〕。

科文又主守初時，光顯門生濟會期。美擅東堂登甲乙，榮同內署待恩私。群鶯共喜新遷木，雙鳳皆當即入池。別有倍深知感士，曾經兩度得芳枝。孟寧，字處中〔五〕。

儒雅皆傳德教行，幾敦浮俗贊文明。龍門昔上波濤遠，禁署同登渥澤榮。虛散謬當陪杞梓，後先寧異感生成？時方側席徵賢急，況說歌謠近帝京！唐思言，字子文。

聖朝文德最推賢，自古儒生少比肩。再啓龍門將二紀，兩司鶯谷已三年。蓬山皆羨齊榮貴⑮，金牓誰知忝後先。正是感恩流涕日，但思旌旆碧峰前。左牢，字悳膠〔六〕。

春闈帝念主生成，長慶公聞兩歲名。有詔赤心司雨露⑯，無私和氣浹寰瀛。龍門乍出難勝幸，鴛侶先行是最榮。遥仰高峰看白雪，多慚屬和意屏營。王甚夷，字無黨。

長慶曾收間世英，早居臺閣冠公卿。天書再受恩波遠，金牓三開日月明。已見差肩趨翰苑，更期聯步掌台衡。小儒謬跡雲霄路，心仰蓮峰望太清。金厚載，字化光。

〔校〕

①禁掖　管本作「榮掖」。

②蓮峰　原本作「蓬峰」，影宋本、管本、宋犖本、宋筠本、揆敘本、韓熙本皆作「蓮峰」，據改。

③丁棱字子威　紀事「棱」作「稜」。管本「子威」作「丁戚」。

④岐　管本作「歧」。

⑤「退之」至「忝幸矣」　韓熙本「退之」誤作「追之」。管本方校一本「之望」作「是望」，「進士」下有「及第」，無「團」字，「方知」下有「之」字，無「忝幸」二字。

⑥桃溪　紀事作「桃蹊」。

⑦彦龍　紀事作「元龍」。

⑧「共仰」至「征營」　學津本「雪唱」作「雲唱」，「征營」作「怔營」。

⑨鳴岡　影宋本、韓熙本「岡」作「崗」。紀事作「鳴嵐」。

⑩大隱　管本吴校云雪齋抄本作「天隱」。

⑪增　管本、紀事作「曾」。

⑫李仙古字垂後　影宋本、紀事「仙」作「宣」。管本「垂」作「乘」。

⑬朱紫還尊幾獻酬　影宋本、管本「尊」作「罇」，紀事作「樽」。紀事「獻」作「處」。

⑭李潛　影宋本「潛」作「濳」，恐非是。

⑮蓬山皆羨齊榮貴　影宋本、管本「羨」作「美」。紀事「齊」作「成」。

⑯司　閣本、薈要本作「同」，他本皆作「分」。

〔證〕

〔一〕樊驤字彦龍：河南（今屬河南）人。武宗會昌初在揚州求解，爲淮南節度使李紳所賞，得獲首薦，於會昌三年登進士第。因外戚鄭氏欲薦居内職，乃逃名隱迹。議息調選，授華州參軍。改河南府參軍。後累佐名藩，皆著殊績。至懿宗咸通間，任倉部員外郎。轉郎中。十一年卒，年六十。詩一首。事跡另見紀事五五、河洛墓刻拾零收庚崇有唐朝散大夫尚書倉部郎中柱國賜緋魚袋樊公墓誌銘、唐代墓誌彙編咸通〇九七樊驤墓誌。

〔二〕郄詵：即卻詵，晉書卷五二卻詵傳：「卻詵，字廣基，濟陰單父人。」「累遷雍州刺史。武帝於東堂會送，問詵曰：『卿自以爲何如？』詵對曰：『臣舉賢良對策，爲天下第一，猶桂林之一枝，崑山之片玉』。」

〔三〕石貫字總之：廣記卷三五一王坤條引宣室志：「太原王坤，大中四年春爲國子博士。……坤素與太學博士石貫善，又同里居。」事跡另見元龜卷一四〇、紀事卷五五。參中華文史論叢一九八四年第四期曹汛石貫詩事。

〔四〕李潛字德隱：洛陽流散唐代墓誌彙編收有唐故西川觀察推官監察御史裏行江夏李君墓誌銘：「生吾唐爲李氏第二子，諱潛，字德隱。父諱正卿，綿州牧。」「故君果在會昌癸亥（三年）選中。君嘗著師門盛事述，爲文人所稱。」新書卷七二上宰相世系表：「潛字德隱。」係江夏李氏。

〔五〕孟寧字處中：南部新書卷己有孟寧條，載其生平大略：「孟寧，長慶三年王起放及第。至中書，爲時相所退。其年，太和公主和戎。至會昌三年，起至左揆，再知貢，寧以龍鍾就試而成名。」紀事卷五五作「孟守」，案：吴在慶唐五代文史叢考認爲其詩「科文又主守初時」，守即自稱其名。說似可從，守與處中語義對應。

〔六〕左牢字悳膠：明王志慶古儷府卷一二有「唐左牢蟬蜕賦：『吟遠樹于荒郊，思盈秋野；噪寒花于別浦，韻遶晴江。』」唐詩品彙卷九唐詩拾遺亦收左牢奉和風不鳴條詩一首。

25 曹汾尚書鎮許下，其子希幹及第〔一〕，用錢二十萬①。牓至鎮，開賀宴日，張之於側。

時進士胡錡有啓賀〔二〕，略曰：「桂枝折處，著萊子之采衣；楊葉穿時，用魯連之舊箭。」汾之名第同故也②。又曰：「一千里外，觀上國之風光；十萬軍前，展長安之春色。」

紀事卷五二曹汾條亦録載。

〔校〕

① 用錢二十萬　管本無此五字，當爲脱文。

② 汾之名第同故也　原本無「同」，據管本、閣本、薈要本補。紀事作「汾先登第故也」，恐誤。

〔證〕

〔一〕曹汾尚書：舊書卷一七七曹確傳：「弟汾，亦進士登第，累官尚書郎、知制誥，正拜中書舍人。出爲河南尹，遷檢校工部尚書、許州刺史、忠武軍節度觀察等使。入爲户部侍郎，判度支。弟兄並列將相之任，人士榮之。」唐方鎮年表卷二：曹汾鎮許州在咸通十年至乾符元年。記考卷二三：希幹及第在咸通十四年，則此年汾在許州任。

〔二〕胡錡：岑仲勉登科記考訂補考胡錡與曹希幹同年，皆咸通十四年進士及第。

26 楊汝士尚書鎮東川〔一〕，其子知温及第〔二〕。汝士開家宴相賀，營妓咸集。汝士命人與紅綾一匹。詩曰：「郎君得意及青春，蜀國將軍又不貧。一曲高歌綾一匹①，兩頭娘子謝夫人②。」

此條出北里志附録楊汝士尚書。紀事卷四六楊汝士亦録。類説卷三四、説郛卷三五上、北里志、總龜卷三引古今詩話亦載録。

〔校〕

① 綾　影宋本、管本、閣本、薈要本、北里志、紀事皆作「紅」。

② 謝　類説、説郛、總龜卷三皆作「拜」。

〔證〕

〔一〕鎮東川：舊書卷一七下文宗紀：楊汝士鎮東川在開成元年十二月至四年九月。

〔二〕知温及第：記考卷二二考楊知温武宗會昌四年及第，與本條不符。本書卷八別頭及第門8-31條，會昌四年知温覆考落第，卷一一已得復失條（11-8）同，記考當誤。岑仲勉登科記考訂補亦據本條云知温應爲開成間進士，詳唐史餘瀋楊知温及第條。又，本書第8-31條，會昌四年，楊汝士時官刑部尚書，知温及第時間當以本條爲是。

27 華州牓，薛侍郎示諸門生詩曰①〔一〕：「時君過聽委平衡，粉署華燈到曉明。開卷固難窺浩汗，執心空欲慕公平②。機雲筆舌臨文健，沈宋篇章發韻清③。自笑觀光渾昨日，披心争不愧群生〔二〕！」

紀事卷六七薛昭緯條亦録載。

〔校〕

① 薛侍郎示諸門生　管本有「示」字，他本皆無。管本吴校云雪齋抄本「示」作「寄」。

② 執心　紀事作「執公」。

③ 韻　紀事作「詠」。

〔證〕

〔一〕薛侍郎：案：薛昭緯，昭宗乾寧四年知貢舉，時帝駐蹕華州，於華州放牓。舊書卷二〇上昭宗紀云：乾寧四年正月，車駕在華州行宫。次年八月自華還京師，改元光化。

〔二〕時君過聽委平衡下八句：昭緯此詩，紀事及全詩自「光渾」以下皆闕，後者當録自紀事，唯本書所存最爲完整。

28盧相國鈞初及第〔一〕，頗窘於牽費①。俄有一僕，願爲月傭，服飾鮮潔②，謹幹不與常等。覩鈞褊乏，往往有所資。時俯及關宴，鈞未辦醵率，撓形於色。僕輒請罪，鈞具以實告。對曰：「極細事耳。郎君可以處分③，最先後勾當何事④。」鈞初疑其妄，既而將覘之，紿謂之曰：「爾若有伎⑤，吾當主宴，第一要一大第，爲備宴之所，次則徐圖。」其僕唯而去，頃刻乃迴，白鈞曰：「已稅得宅矣，請幾郎檢校。」翌日，鈞强往看之，既而朱門甲第，擬於宫禁。鈞不覺欣然，復謂曰⑥：「宴處即大如法，此尤不易張陳。」對曰：「但請選日啓聞，侍郎張陳⑦，某請專掌。」鈞始慮其非，反覆詰問，但微笑不對。或意其非常人，亦不固於猜疑⑧。既宴除之日，鈞止於是。俄覩幕帟茵毯，華焕無比，此外松竹、花卉皆稱是，鈞之醵率畢至。由是公卿間靡不誇詫。詰朝，其僕請假給還諸色假借什物，因之一去不返。逮旬日，鈞異其事，馳往舊游訪之，則向之花竹，一無所有，但見頹垣壞棟而已。議者以鈞之仁感通神明，故爲曲贊一春之盛，而成此終身之美⑨。

廣記卷八四異人四盧鈞條亦録載。

〔校〕

①卒費　影宋本、宋犖本、宋筠本、撰敘本、韓熙本、徐本、雅雨初印作「牽費」，廣記同，注「明鈔本『牽』作『臼』」。

②絜　管本、閣本、薈要本、廣記作「潔」。

③郎君　廣記作「幾郎」。

④先後　影宋本、宋犖本、廣記作「先合」。

⑤伎　廣記作「技」。

⑥復謂　管本「謂」作「請」。

⑦侍郎　「侍郎」不知何指，疑當作前文之「幾郎」。

⑧固於　管本方校：當作「過於」。

⑨成此終身之美　閣本、薈要本有「此」，他本皆無。

〔證〕

〔一〕盧相國鈞初及第：盧鈞，憲宗元和四年（八〇九）户部侍郎張弘靖下進士及第。

29 盧肅，鈞之孫，貞簡有祖風〔一〕。光化初，華州行在及第〔二〕。洎大寇犯闕二十年①〔三〕，搢紳靡不徧乏。肅始登第，俄有李鴻者造之②，願傭力。鴻以錐刀，暇日往往反資於肅，此外未嘗以所須爲意。肅有舊業在南陽，常令鴻徵租，皆如期而至，往來千里③，而未嘗侵費一金。既及第，鴻奔走如初。及一春事畢，鴻即辭去。

廣記卷二七五童僕奴婢附李鵠條亦録載。

〔校〕

①洎大寇犯闕　廣記「洎」作「自」，「闕」下有「途」字。

②李鴻　廣記「鴻」作「鵠」，下同。

③千里　廣記誤作「十里」。

〔證〕

〔一〕盧肅：新書卷七三宰相世系表三，盧鈞，字子和，太子太師。子盧鄴，字漳臣，秘書省校書郎。孫盧肅，字子莊。記考卷一七：盧鈞元和四年及第，盧鄴大中四年及第，盧肅與盧鈞登第年相距九十年。然東觀奏記卷下：「大中十一年正月一日，上御含元殿受朝，太子太師盧鈞年八十矣。」則盧肅乾寧五年及第時，盧鈞已約一百二十歲，祖孫年齡相差如此之鉅，亦殊不可解。

〔二〕光化初華州行在及第：記考卷二四云乾寧五年禮部尚書裴贄下進士及第。舊書卷二〇上昭宗紀：乾寧五年「八月，……車駕自華還京師。」

〔三〕洎大寇犯闕二十年：案舊書卷一九下僖宗紀：廣明元年（八八〇）十一月己巳，黄巢陷都。十二月甲申，僖宗與諸王、妃、后數百騎，自子城由含光殿金光門出幸山南。是日晡晚，黄巢入京城。自廣明迄光化初近二十年。

30 新進士尤重櫻桃宴。乾符四年，永寧劉公第二子覃及第①〔一〕，時公以故相鎮淮南，敕邸吏日以銀一鋌資覃醵罰②，而覃所費往往數倍。邸吏以聞，公命取足而已。會時及薦新，狀元方議醵率，覃潛遣人厚以金帛，預購數十石矣③。於是獨置是宴，大會公卿。時京國櫻桃初出，雖貴達未過口，而覃山積鋪席，復和以糖酪者。人享蠻榼一小盎④，亦不啻數升。以至參御輩，靡不霑足。

廣記卷四一一草木六櫻桃條亦録載。

〔校〕

① 第二子　廣記作「第三子」。

② 資覃醵罰　廣記作「資醵罰」。

③石　閣本、薈要本同，他本皆作「碩」。管本吴校「碩」古通「石」，廣記作「樹」，當誤。

④人享鑾榼一小盎　廣記作「享人鑾獻一小盤」。影宋本、宋犖本、宋筠本、揆敘本、徐本「榼」作「盡」，雅雨初印、韓熙本作「畫」。

〔證〕

〔一〕永寧劉公第二子覃及第：劉公即劉鄴，廣記逕作「劉鄴」。案：北里志天水僊哥：「劉覃登第，年十六七，永寧相國鄴之愛子。自廣陵入舉，輜重數十車，名馬數十駟。」舊書卷一九下僖宗紀：乾符元年十月，僖宗初即位，以左僕射、門下侍郎、平章事劉鄴檢校左僕射、同平章事，兼揚州大都督府長史，充淮南節度觀察副大使、知節度事。廣明元年十二月爲黄巢所害。唐方鎮年表卷五：劉鄴鎮淮南自乾符元年十月始，六年罷。劉覃事另見本卷下3-39條。「第二子」，新書卷七一宰相世系表一丹楊劉氏：劉鄴二子，長劉希，字至顔；次劉覃，字致君，校書郎。

31　羅玠，貞元五年及第。開宴曲江泛舟①，舟沈，玠以溺死〔一〕。後有關宴前卒者②，謂之「報羅」〔二〕。

類説卷三四、説郛卷三五上録載。

〔校〕

①開宴　類説、説郛同，他本皆作「闕宴」。

②闕宴　影宋本、宋犖本、宋筠本、撥敘本、韓熙本、徐本、管本、閣本作「闕試」。

〔證〕

〔一〕玢以溺死：羅玢，貞元五年禮部侍郎劉太真下及第，生平不詳。記考卷一二引劉禹錫送周魯儒赴舉詩，言玢衡山人，升俊造，官至御史，「則摭言之説不確」。案：此詩見劉賓客外集卷八，禹錫原文：「裴御史遇生於坐，抵掌曰：『人固有貌類而族殊者，周生疑羅玢也。』」此亦僅猜度而已，恐難論定。

〔二〕報羅：宋王楙野客叢書卷二六報羅二説：「一雜説，謂進士放牓，須有一人謝世，名曰『報羅使』，言報大羅天也。」又一説即本條。海録碎事卷一九科舉門報羅使條同前説。

32宣慈寺門子，不記姓氏，酌其人，義俠之徒也。咸通十四年，韋昭範先輩登第〔一〕。昭範乃度支侍郎楊嚴懿親①〔二〕。宴席間，帟幕、器皿之類，皆假于計司，楊公復遣以使庫供借。其年三月中，宴於曲江亭，供帳之盛，罕有倫擬。時飲興方酣，俄覩一少年跨驢而至，驕悖之狀，旁若無人。於是俯逼筵席，長耳引頸及肩②，復以巨箠振築佐酒，謔浪之詞，所不忍聆。諸君子駭愕之際，忽有於衆中批其頰者，隨手而墜。於是連加毆擊③，復奪所執箠箠之百餘，衆皆致怒，瓦礫亂下，殆將斃矣。當此之際，紫雲閣門軋開④，有紫衣從人數輩馳告曰：「莫打！莫打！」傳呼之聲相續。又一中貴驅殿甚盛，馳馬來救。門子乃操箠迎擊，中者無不面仆於地，敕使亦爲所箠。既而奔馬而返，左右從而俱入，門亦隨閉而已。座内甚欣愧，然不測其來，仍慮事連宫禁，禍不旋踵。乃以緡錢、束素，召行毆者訊之曰：「爾何人？與諸郎君誰素，而能相爲如此？」對曰：「某是宣慈寺門子，亦與諸郎君無素，第不平其下人無禮耳。」衆皆嘉歎，悉以錢帛遺之。復相謂曰：「此人必須亡去，不則，當爲擒矣。」後旬朔，座中賓客多有假途宣慈寺門者，門子皆能識之，靡不加敬，竟不聞有追問之者。

廣記卷一九六豪俠四宣慈寺門子條亦録載。

〔校〕

① 度支侍郎　廣記作「度支使」。

② 長耳　學津本、廣記作「張目」。

③ 毆　學津本作「歐」，宋犖本、宋筠本、撲敘本作「毆」，下同。

④閣　閣本、薈要本同，他本皆作「樓」。

〔證〕

〔一〕咸通十四年韋昭範先輩登第：廣記作「乾符二年，韋昭範登宏辭科」。記考卷二三注：「當由一事兩載也。」

〔二〕度支侍郎楊嚴：舊書卷一七七楊收傳附楊嚴傳：「嚴，會昌四年進士擢第，『嚴釋褐諸侯府。咸通中，累遷吏部員外，轉郎中，拜給事中、工部侍郎，尋以本官充翰林學士。兄收作相，封章請外職，拜越州刺史、御史中丞、浙東團練觀察使。收罷相貶官，嚴坐貶邵州刺史。收得雪，嚴量移吉王傅。乾符四年，累遷兵部侍郎。五年，判度支。其年病卒。」舊書卷一九上懿宗紀：楊收拜相在咸通四年三月。六年，以給事中楊嚴爲工部侍郎，尋召爲翰林學士。收八年三月罷相，九年十月，收自浙西觀察貶爲端州司馬同正，弟嚴亦貶爲韶州刺史。十年正月，收長流驩州，與嚴譔並賜死。新書卷一八四楊收傳：「後三年，詔追雪其辜。」楊嚴量移吉王傅當在咸通十三年。然十四年爲「度支侍郎」，史載闕如。唐僕尚丞郎表卷三：咸通十四年户部侍郎爲劉承雍、韋保乂及曹汾，判度支者爲蕭倣及曹汾；乾符二年户侍爲崔蕘、孔緯，判度支者爲崔彦昭。此云楊嚴度支侍郎，蓋即以兵部侍郎判度支，然亦至乾符五年後，與本條載有異，或以後官稱之矣。

33 裴思謙狀元及第後〔一〕，作紅箋名紙十數，詣平康里，因宿於里中。詰旦，賦詩曰：「銀釭斜背解鳴璫，小語偷聲賀玉郎。從此不知蘭麝貴，夜來新惹桂枝香。」

本條出北里志之裴思謙狀元條。類説卷三四、説郛卷三五上亦録載。

〔證〕

〔一〕裴思謙狀元及第：思謙，開成三年禮部侍郎高鍇下狀元及第。案：此賦詩者明確是裴思謙，但詩意則借妓人賀玉郎來表達。名媛詩歸卷一五增寫爲「詰旦，一妓取紅箋賦詩云」，以平康妓立目。全詩卷八〇二沿之。

34 鄭合敬先輩及第後①〔一〕，宿平康里，詩曰：「春來無處不閒行，楚閏相看別有情②。好是五更殘酒醒，時時聞喚狀頭聲③。」楚娘、閏娘，妓之尤者〔二〕。

本條出北里志附録鄭合敬先輩條。總龜前集卷三狂放門、韻語陽秋卷一八、賓退録卷二唐僖宗乾符二年條亦引。紺珠集卷四聞喚狀元聲、類説卷三四楚閏有情、説郛卷三五上亦録載，文字稍異。

〔校〕

①鄭合敬先輩　韻語陽秋作「鄭穀」，賓退録卷二以爲誤。説郛、類説無「先輩」二字。

②閏　紺珠集、北里志、韻語陽秋作「潤」，下同。

③時時聞喚狀頭聲　總龜、韻語陽秋「時時」作「耳邊」。紺珠集、北里志、總龜、韻語陽秋「狀頭」皆作「狀元」。

〔證〕

〔一〕鄭合敬：僖宗乾符二年狀元及第。

〔二〕楚娘句：此當爲定保自注。北里志之楚兒：「楚兒字潤娘，素爲三曲之尤，而辯慧，往往有詩句可稱。」管本吴校疑楚娘、潤娘爲同一人。

35 盧肇，袁州宜春人，與同郡黄頗齊名。頗富於産，肇幼貧乏。與頗赴舉，同日遵路，郡牧於離亭餞頗而已。時樂作酒酣，肇策蹇郵亭側而過，出郭十餘里，駐程俟頗爲侶。明年，肇狀元及第而歸，刺史已下接之，大慚恚。會延肇看競渡，於席上賦詩曰〔一〕：「向道是龍剛不信①，果然銜得錦標歸②。」錦標，船頭所得。

錦繡萬花谷前集卷二一科舉之錦標引古今詩話、記纂淵海卷三七科舉部之狀元及第引詩話亦收録。紀事卷五五盧肇、黄頗亦略載，黄頗數事皆出自本書。

〔校〕

① 向道是龍剛不信　萬花谷、記纂「向道」作「報導」，「剛不信」作「君不信」。

② 銜得　紀事、全詩作「奪得」。

〔證〕

〔一〕席上賦詩：本條宋人多有録載，然頗簡略。肇所作詩，紀事卷五五録二條，其一題競渡詩：「石溪久住思端午，館驛樓前看發機。鼙鼓動時雷隱隱，獸頭凌處雪微微。衝波突出人齊噉，躍浪争先鳥退飛。向道是龍剛不信，果然奪得錦標歸。」見載於全詩卷五五一。又一則較略，僅録肇詩末二句，與宋尤袤全唐詩話略同。佩文齋詠物詩選卷四二題作及第後江陵觀競渡寄袁州刺史成應元，全詩綴合二書，題作競渡詩。萬花谷、記纂引詩皆如本條僅末二句。江西通志卷三九覽勝亭引本條，肇詩有末四句「扁舟鼓浪去如飛，鱗鬣峥嶸各鬭機。向道是龍剛不信，果然奪得錦標歸。」下注：「唐人詩題乃及第後江寧觀競渡寄袁州刺史成應，原係七律，唯後二句同。」亦與諸書有異。同書卷一五九雜記引明郭子章撰豫章書，肇詩亦僅末二句。疑摭言在明以後因傳抄而部分脱誤，此本亦然。而於盧、黄行徑，摭言所述最詳。

36 薛監晚年厄於宦途①〔一〕，嘗策羸赴朝，值新進士牓下，綴行而出。時進士團司所由輩數十人②，見逢行李蕭條③，前導曰：「迴避新郎君！」逢囅然④，即遣一介語之曰：「報導莫貧相。阿婆三五少年時，也曾東塗西抹來。」

紺珠集卷四阿婆三五少年時亦載録，文字略異。

〔校〕

① 宦途　管本作「官途」。

② 進士團司　他本皆無「司」字。

③ 行李蕭條　「行李」，雅雨初印作「竹李」，傅增湘校改「行李」。「蕭條」，管本作「蕭然」。

④ 囅　管本同，他本皆作「囅」。

〔證〕

〔一〕 薛監：即薛逢。舊書卷一九〇下文苑下薛逢傳：逢字陶臣，河東人，會昌初進士擢第。以恃才褊忿，人士鄙之。遷秘書監，卒。

37 許畫者，睢陽人也〔一〕，薄攻五字詩。天復四年，大駕東幸〔二〕，駐蹕甘棠。畫於此際及第〔三〕。梁太祖長子號大卿郎君者，常與晝屬和。晝以卿爲奧主，隨駕至洛下，攜同年數人，醉於梁祖私第，因折牡丹十許朵。主吏前白云：「凡此花開落，皆籍其數申令公，秀才奈何恣意攀折？」晝慢罵久之①。主吏銜之，潛遣一介馳報梁祖。梁祖聞之，頗睚眦，獨命械晝而獻。于時大卿竊知，間道先遣使至。晝遂亡命河北，莫知所止②。

〔校〕

① 慢罵　管本作「謾罵」。

② 止　閣本、薈要本作「之」。

〔證〕

〔一〕許晝：本書卷一一惡分疏門宋人許晝條（11-12）有黃遘謗許晝事，謂晝宋人。案舊書卷三八地理一：宋州，隋之梁郡。武德四年（六二一），平王世充，置宋州，領宋城、寧陵、柘城、穀熟、下邑、碭山、虞城七縣。天寶元年（七四二），改宋州爲睢陽郡。後復爲宋州。則許晝爲宋人或睢陽人皆是。全詩卷七一五收許晝詩江南行、中秋月二首。

〔二〕天復四年：管本方校云：「天復止三年，四字誤。據之大駕東幸，則當是天祐元年甲子，帝發長安至洛陽之年也。」案舊書卷二〇上昭宗紀：天祐元年閏四月乙未朔，「丁酉，車駕發陝州。……甲辰，車駕由徽安門入。……乙巳，上御光政門，大赦，制曰：『……可大赦天下，改天復四年爲天祐元年。』」則云天復四年亦不誤。

〔三〕書於此際及第：許書於此年尚書左丞知貢舉楊涉下及第。見本書卷一四主司稱意門14-6條：「天祐元年，楊涉行在陝州放牓，後大拜。」

38 鄭光業新及第年〔一〕，宴次，有子女卒患心痛而死，同年皆惶駭。光業撤筵中器物，悉授其母，別徵酒器，盡歡而散①。

本條出北里志之鄭光業補袞條。

〔校〕

① 散　閣本、薈要本作「罷」。

〔證〕

〔一〕鄭光業：名昌圖，咸通十三年狀元及第，事又見本書卷一二、一五。

39 乾符四年，諸先輩月燈閣打毬之會，時同年悉集。無何，爲兩軍打毬，軍將數輩，私較於是。新人排比既盛，勉强遲留，用抑其鋭。劉覃謂同年曰：「僕能爲群公小挫彼驕，必令解去，如何？」狀元已下應聲請之。覃因跨馬執杖，躍而揖之曰：「新進士劉覃擬陪奉，可乎？」諸輩皆喜。覃馳驟擊拂，風驅雷逝，彼皆愕眙。俄策得毬子①，向空礫之②，莫知所在。數輩慙沮，僶俛而去。時閤下數千人，因之大呼笑，久而方止。

〔校〕

①策得　管本作「掣得」。

②礫　管本方校云當作「擲」。

40 咸通十三年三月，新進士集於月燈閣，爲蹙鞠之會〔一〕。擊拂既罷，痛飲於佛閣之上，四面看棚櫛比①，悉皆褰去帷箔而縱觀焉。先是飲席未合，同年相與循檻肆覽。鄒希回者，年七十餘，牓末及第。時同年將欲即席，希回堅請更一巡歷，衆皆笑，或謔之曰：「彼亦何敢望回！」

類説卷三四蹙鞠會、説郛卷三五上有略載。

〔校〕

①櫛比　宋犖本、宋筠本、撲敘本作「櫛皆」，當誤。

〔證〕

〔一〕蹙鞠：管本作「蹴踘」，方校云「蹙鞠」誤。案：唐李匡文資暇集卷中蹙融：「今有弈局，取一道人行五棊，謂之蹙融，融宜作戎。此戲生於黄帝蹙鞠，意在軍戎也，殊非圓融之義。」是蹙鞠亦無誤。

41 大中十年，鄭顥都尉放牓〔一〕，請假往東洛覲省，生徒餞於長樂驛〔二〕。俄有紀於屋壁曰〔三〕：「三十驊騮一烘塵①，來時不鎖杏園春。楊花滿地如飛雪，應有偷游曲水人。」

紀事卷五四鄭顥條亦録載。

〔校〕

①烘　管本作「哄」。

〔證〕

〔一〕鄭顥：本書載録鄭顥事者三，另見卷八通牓門8-4條、卷一五雜記門15-6條。

〔二〕長樂驛：宋敏求長安志卷一一萬年縣：「長樂驛在縣東十五里長樂坡下。」兩京道里記曰：『聖曆元年敕：滋水驛去都亭驛路遠，馬多死損，中間置長樂驛。』」

〔三〕有紀於屋壁：案此詩，萬首唐人絶句卷三六署李郢作，題春晚與諸同舍出城迎座主侍郎。李郢本年鄭顥牓下進士及第。全詩卷五九〇收録，注云「一作鄭顥詩」，當不確。又同書卷七八六重出，署「無名氏」，題題長樂驛壁，注引摭言本條。

42 乾符丁酉歲關宴甲於常年。有温定者，久困場屋①，坦率自恣，尤憤時之浮薄，設奇以侮之。至其日，蒙衣肩輿，金翠之飾，夐出於衆，侍婢皆稱是，徘徊於柳陰之下。俄頃，諸公自露棚移樂登鷁首，既而謂是豪貴，其中姝麗②，因遣促舟而進，莫不注視於此，或肆調謔不已③。群興方酣，定乃於簾間垂足，定膝脛偉而毳衆④。忽覩之，皆掩袂，亟命迴舟避之。或曰：「此必温定矣。」

廣記卷二六五輕薄一温定條亦録載。

〔校〕

① 場屋 廣記作「場籍」。

② 姝麗　廣記下有「必矣」二字。

③ 調謔　管本作「調笑」。

④ 定滕脛偉而毳衆　廣記「脛」下有「極」，「毳」上有「長」字。

43 乾寧末，駕幸三峰〔一〕，太子太師盧知猷於西溪亭子赴進士關宴〔二〕，因謂前達曰：「老夫似這關宴，至今相繼赴三十箇矣！」

〔證〕

〔一〕駕幸三峰：舊書卷二〇上昭宗紀：乾寧三年秋七月壬辰，岐軍逼京師，諸王率禁兵奉車駕將幸太原。癸巳，次渭北，華州韓建遣子充奉表起居，請駐蹕華州。乙未，次下邽。丙申，駐蹕華州。乾寧五年八月己未，車駕自華還京師。昭宗駐蹕華州計兩年有餘。

〔二〕盧知猷：舊書卷一六三盧簡辭傳附盧知猷傳：「昭宗在華下，加檢校右僕射，守太子少師。進位太子太師，檢校司空，卒於華下。」則知猷卒年在乾寧五年。新書卷一七七盧簡辭傳附盧知猷傳：「僖宗還京，召拜（知猷）工部侍郎、史館修撰。歷太常卿、户部尚書，至太子太師。昭宗爲劉季述所幽，感憤卒，贈太尉。」舊書卷二〇上昭宗紀：「光化三年……十一月乙酉朔。庚寅，左右軍中尉劉季述、王仲先廢昭宗，幽於東内問安宫，請皇太子裕監國。」則盧知猷卒於光化三年或稍後。容齋續筆卷一四盧知猷引司空圖太子太師盧知猷神道碑：「知猷從昭宗播遷，自華幸洛，天祐二年九月乃終，享年八十有六。」又云「表聖乃盧幕客，當時作誌，必不誤矣」。又援昭宗實録：「光化四年三月，華州奏太子太師盧知猷卒。以劉季述之變，感憤成疾，卒年七十五。正與新唐傳同。」則盧知猷卒年在光化四年，然卒在華州，舊書有誤。

44 李嶢及第①，在偏侍下②。俯逼起居宴，霖雨不止，遣賃油幕以張去之③。嶢先人舊廬升平里，凡用錢七百緡，自所居連亘通衢，殆足一里餘④，參馭輩不啻千餘人⑤。鞹馬車輿，闐咽門巷，來往無有霑濡者⑥。而金碧照耀，頗有嘉致。嶢時爲丞相韋都尉所委〔一〕，干預政事，號爲李八郎。其妻又南海韋宙女〔二〕。宙常資之，金帛不可勝紀。

廣記卷一八三貢舉六李堯條亦録載。

〔校〕

① 李嶢　廣記作「李堯」，管本、韓熙本作「李嶠」，宋犖本作「李曉」。

② 下　學津本作「上」。

③遺　閣本作「設」。

④殆足　廣記作「迨之」。影宋本、管本、閣本作「殆及」。

⑤參馭　閣本、薈要本、廣記作「參御」。

⑥來往無有霑濡者　廣記「來往」作「往來」。管本、薈要本「濡」作「濕」。

〔證〕

〔一〕丞相韋都尉：即韋保衡，廣記逕作「韋保衡」。新書卷九懿宗紀：咸通十一年四月，翰林學士承旨、兵部侍郎韋保衡同中書門下平章事。咸通十四年九月，貶保衡爲賀州刺史。

〔二〕南海韋宙：唐方鎮年表卷七：韋宙，咸通二年由江西觀察使遷嶺南（南海）節度使，九年卒。通鑑卷二五〇：咸通八年冬，十二月，加嶺南東道節度使韋宙同平章事。新書卷一九七韋丹傳：宙遷嶺南節度使。南詔陷交趾，撫兵積備，以干聞。加檢校尚書左僕射、同中書門下平章事。咸通中卒。

45 神龍已來，杏園宴後〔一〕，皆於慈恩寺塔下題名，同年中推一善書者紀之。他時有將相①，則朱書之。及第後知聞，或遇未及第時題名處，則爲添「前」字。或詩曰②：「曾題名處添前字，送出城人乞舊衣③〔二〕。」

廣記卷一七八貢舉一題名録載。古今事文類聚前集卷二七注出唐國史補，明陳耀文天中記卷三八雁塔題名收録此條，注出摭言、唐國史補，然今本唐國史補無此條，當爲後世誤引。紀事卷八〇不知名録本條後半。

〔校〕

①他時　廣記作「已時他」。

②或詩曰　宋筠本校改「詩」作「書」。

③乞舊衣　原本、紀事作「乞舊詩」。廣記作「乞舊衣」，是，據改。

〔證〕

〔一〕杏園宴：本卷譏名門未録此宴，本卷3–10條下有「進士題名，自神龍之後，過關宴後，率皆期集於慈恩塔下題名」，則杏園宴似當爲關宴。然説郛卷七四録秦中歲時記云：「進士杏園初宴，謂之『探花宴』。差少俊二人爲探花使，遍游名園。若他人先折花，二使皆被罰。」大典卷七三二八十八陽下探花郎引戴埴鼠璞：「摭言載：『唐進士賜燕曲江，置團司。年最少爲探花郎。』本朝胡旦榜，馮拯爲探花。太宗賜詩曰：『二三千客裏成事，七十四人中少年。』蔡寬夫詩話亦言期集擇少年爲探花。是杏園賞花之會，使少年者探之，本非貴重之稱。今以稱鼎魁，不知何義。東軒筆録卷六謂：『期集，選年少三人爲探花，使賦詩。熙寧余中爲狀元，乞罷宴席探花，以厚風俗，從之。』恐因此訛爲第三人。」案：摭言並無「年最少爲探花郎」之類語，恐鼠璞擇自他書。宋趙彥衛雲麓漫鈔卷七引此條，内容較多，疑爲原歲時記佚文：「秦中歲時記云：『期集謝恩了，從此使著披袋篋子騾從等，仍於曲江點檢，從物無得有闕，闕即罰錢。便於亭子小宴，召小科頭同樂，至暮而散。次即杏園初宴，謂之探花宴，便差定先輩二人少俊者，爲兩街探花使。若他人折得花卉，先開牡丹、芍藥來者，即各有罰。』」則杏園宴乃小科頭後之宴（名「探花宴」），似又並非「進士各有所之」前之關宴。

〔二〕乞舊衣：案紀事載此條下録姚合及第詩二聯：「姚合及第後，詩云：『新銜添一字，舊友讓前途。』」全詩卷七九六亦收此二聯，注「無名氏」。案：明胡震亨唐音癸籤卷一八詁箋三引本條作乞舊衣，評云：「亦見張籍詩。當時下第舉子丐利市，猥習可憫笑者。」張籍張司業詩集詩中無「乞舊衣」文字，卷二送人任濟陰有「黄綬在陰下，知君非旅行。將書報舊里，留褐與諸生」句，卷四送李餘及第後歸蜀亦有「十年人好誦詩章，今日成名出舉場。歸去唯將新誥牒，後來争取舊衣裳」句。宋程大昌演繁露卷一二引張籍此詩云：「又知新進士衣物，人取之以爲吉兆，唐俗亦既有之。」蓋唐人（尤指舉子或落第士人）以争取及第進士舊衣（所釋之褐）爲進舉之吉物。

46 苗台符六歲能屬文〔一〕，聰悟無比，十餘歲博覽群籍，著皇心三十卷，年十六及第。張讀亦幼擅詞賦，年十八及第〔二〕。同年進士，同佐鄭薰少師宣州幕〔三〕。二人嘗列題於西明寺之東廡①〔四〕，或竊注之曰：「一雙前進士，兩箇阿孩兒。」台符十七不禄，讀位至正卿〔五〕。

廣記卷一八二頁舉五苗台符、張讀條亦録載。

〔校〕

① 東廡　廣記作「東廊」。

〔證〕

〔二〕苗台符：與張讀同於宣宗大中六年禮部侍郎崔璵下及第。新書卷五八藝文二著録苗台符古今通要四卷，署「宣、懿時人」。清康熙山西通志卷六五科目云：「苗台符，壺關人，十六歲及第。」東觀奏記下卷：「吏部侍郎，兼判尚書銓事裴諗左授國子祭酒，吏部郎中周敬復罰二月俸，監察御史馮顓左授秘書省著作佐郎；考院所送博學宏詞科趙秬等十人，並宜覆落，不在施行之限。初，裴諗兼上銓，主試宏、拔兩科。其年，爭名者衆，應宏詞選，前進士苗台符、楊巖、薛訢、李詢古、敬翊已下一十五人就試。」舊書卷一八下宣宗紀、元龜卷一五三帝王部明罰第二、卷六五一頁舉部謬濫具載此事，時在大中九年三月。則苗台符十九歲時仍在世，則下文

「台符十七不禄」疑誤。

〔二〕年十八及第：闕史卷上許道敏同年：「至柘國小兵部知舉年，（道敏）方擢於上科。時有同年張侍郎讀，一舉成事，年纔十九。」

〔三〕鄭薰：新書卷一七七鄭薰傳述其早期仕歷云：「歷考功郎中、翰林學士。出爲宣歙觀察使。」宋洪遵翰苑群書卷六：「鄭薰，大中三年九月十八日自考功郎中充，閏十一月二十七日特恩加知制誥。四年十月七日拜中書舍人，並依前充，十三日守本官出院。」全文卷七九〇鄭薰祭梓華府君神文：「薰以丙子歲自河南尹蒙恩擢受宣歙觀察使。」丙子爲大中十年。是年，薰始鎮宣歙。新書卷八宣宗紀：大中十二年「八月，宣歙將康全泰逐其觀察使鄭薰。」

〔四〕西明寺：案長安志卷一〇延康坊：西明寺位延康坊之西南隅。注：「顯慶元年，高宗爲孝敬太子病愈所立，大中六年改爲福壽寺。」

〔五〕讀位至正卿：案新書卷一六一張薦傳附張讀傳：薦孫讀，字聖用，幼穎解。大中時第進士，鄭薰辟署宣州幕府。累遷禮部侍郎。中和初爲吏部，選牒精允。調官丐留二年，詔可，牓其事曹門。後兼弘文館學士，判院事，卒。新書卷四八百官三太常寺：「龍朔二年，改太常寺曰奉常寺，九寺卿皆曰正卿，少卿曰大夫。」舊書卷四二職官志一亦有云正卿者，皆爲九寺之正職，讀官在禮、吏部，爲省官，不當以卿稱，此或代指郎官正職。

47 李湯題名於昭應縣樓①〔一〕，韋蟾覩之〔二〕，走筆留謔曰：「渭水秦川拂眼明，希仁何事寡詩情②？只應學得虞姬壻③，書字纔能記姓名。」

本條與卷一三敏捷門韋蟾左丞至長樂驛亭條（13-13條）重複，文字稍異。廣記卷二五六嘲誚四韋蟾條、紺珠集卷四虞姬壻、類説卷三四韋蟾題詩、説郛卷三五上亦録載。

〔校〕

①李湯　廣記作「李瑒」。紺珠、説郛皆作「李煬」。類説本作「李陽」，當誤。詳下考。

②希仁　管本作「希人」，按希仁爲李湯之字，底本不誤。

③應　廣記作「因」。

〔證〕

〔一〕李湯：案舊書卷一七六李宗閔傳：宗閔弟宗冉，宗冉次子湯，「官至給事中，咸通中踐更臺閣，知名於時」。新書卷七〇下宗室世系表下小鄭王房有李宗冉次子湯：「給事中湯，字希仁。」元龜卷四六九封駁：「李湯，爲給事中。咸通中懿宗除后母楚國夫人聟爲夏州刺史，湯封還制書。」本書13-13條云「李湯給事」，當即此人。雍正十三年修陝西通志卷二一一京兆尹亦有李湯者，注「廣明初」，疑或同一人。

〔二〕韋蟾：宣宗大中七年進士及第。舊書卷一九上懿宗紀在咸通十四年任御史中丞，舊書卷一八九下韋表微傳附韋蟾傳：「咸通末，爲尚書左丞。」

48 裴晉公赴敵淮西〔一〕，題名華岳之闕門①。大順中，户部侍郎司空圖以一絶紀之曰〔二〕：「岳前大隊赴淮西，從此中原息戰鞞②。石闕莫教苔蘚上，分明認取晉公題。」

廣記卷一九九文章二司空圖、紀事卷三三裴度、卷六三司空圖條亦録載。

〔校〕

① 華岳　廣記、紀事下有「廟」字。

② 戰鞞　管本吴校司空圖本集「戰」作「鼓」，廣記作「鼙」。紀事「鞞」作「髀」。

〔證〕

〔一〕裴晉公赴敵淮西：裴晉公即裴度，元和十二年八月奉詔討淮西吴元濟，十月平淮西。

〔二〕户部侍郎司空圖：案舊書卷一九〇下文苑下司空圖傳：龍紀初，復召拜舍人，未幾又以疾辭。河北亂，乃寓居華陰。景福中，又以諫議大夫徵。時朝廷微弱，紀綱大壞，圖自深惟出不如處，移疾不起。乾寧中，又以户部侍郎徵，一至闕廷致謝，數日乞還山，許之。新書卷一九四司空圖傳：「龍紀初，復拜舊官，以疾解。景福中，拜諫議大夫，不赴。後再以户部侍郎召，身謝闕下，數日即引去。」昭宗徵拜圖户部侍郎皆在景福之後，且數日而解。宋王禹偁五代史闕文有司空圖傳，亦云：「昭宗反正，以户部侍郎徵至京師，不久復歸中條。」皆不言其大順時官歷。

49 白樂天一舉及第，詩曰：「慈恩塔下題名處，十七人中最少年。」樂天時年二十七〔一〕，省試性習相近遠賦，玉水記方流詩。攜之謁李涼公逢吉①。公時爲校書郎〔二〕，于時將他適。白遽造之，逢吉行攜行看，初不以爲意，及覽賦頭曰：「噫！下自人，上達君②。咸德以慎立③，而性由習分。」逢吉大奇之，遂寫二十餘本，其日十七本都出。

類説卷三四一舉及第、説郛卷三五上亦録載。

〔校〕

① 李涼公逢吉　影宋本、宋犖本、宋筠本、韓熙本「逢吉」皆爲小字注。

② 上達君　學津本「達」下有「由」字。

③ 咸德以慎立　學津本「咸」作「成」。白氏長慶集卷二一「德」上無「咸」字。

〔證〕

〔一〕時年二十七：元稹白氏長慶集序云：「五六歲識聲韻，十五志詩賦，二十七舉進士。」定保所云二十七歲或從此説。案：樂天有詩花前有感兼呈崔相公劉郎中有句云：「何事同生壬子歲，老于崔相及劉郎。」壬子歲即大曆七年（七七二），而樂天進士及第在德宗貞元十六年，故樂天此年當爲二十九歲。顧學頡白居易集附年譜簡編亦爲二十九歲。記考卷一四定白居易及第在貞元十六年二十九歲，是。摭言所云二十七歲，及紀事卷三九所云二十八歲皆誤。

〔二〕時爲校書郎：舊書卷一六七、新書卷一七四李逢吉傳，皆未言其曾官校書郎，或亦可補史闕。

［4］論曰：科第之設，沿革多矣。文皇帝撥亂反正，特盛科名，志在牢籠英彦。邇來林棲谷隱，櫛比鱗差①。美給華資，非第勿處；雄藩劇郡，非第勿居。斯乃名實相符，亨達自任，得以惟聖作則。爲官擇人，有其才者，靡捐於甕牖繩樞；無其才者，詎繫於王孫公子。莫不理推畫一，時契大同。垂三百年，擢士衆矣。然此科近代所美，知其美之所美者，在乎端己直躬，守而勿失；昧其美之所美者，在乎貪名巧宧，得之爲榮。噫！大聖設科，以廣其教，奈何昧道由徑，未旋踵而身名俱泯，又何科第之庇乎？矧諸尋芳逐勝，結友定交，競車服之鮮華，騁杯盤之意氣。沽激價譽②，比周行藏，始膠漆於群强，終短長於逐

末。乃知得失之道，坦然明白。丘明所謂「求名而亡，欲蓋而彰」。苟有其實，又何科第之闕歟！

〔校〕

①差　管本作「次」。

②價　管本作「賈」。

唐摭言校證　卷四

節操

1 裴晉公質狀眇小，相不入貴。既屢屈名場，頗亦自惑。會有相者在洛中，大爲搢紳所神。公時造之問命①，相者曰：「郎君形神稍異於人，不入相書②。若不至貴，即當餓死。然今則殊未見貴處，可別日垂訪，勿以蔬糲相鄙。候旬日，爲郎君細看。」公然之，凡數往矣。無何，阻朝客在彼，因退游香山佛寺，徘徊廊廡之下。忽有一素衣婦人，致一緹緡於僧伽和尚欄楯之上③，祈祝良久，復取筊擲之④，叩頭瞻拜而去。少頃，度方見其所遺忘，念致彼既不可追⑤，然料其必再至⑥，因爲收取。躊躇至暮，婦人竟不至。度不得已，攜之歸所止。詰旦，復攜至彼。時寺門始闢，俄覩向者素衣疾趨而至，逡巡撫膺惋歎，若有非横。度從而訊之，婦人曰：「新婦阿父無罪被繫，昨告人，假得玉帶二、犀帶一，直千餘緡⑦，以遺津要⑧，不幸遺失於此。今老父不測之禍，無所逃矣。」度憮然，復細詰其物色，因而授之。婦人拜泣，請留其一，度不顧而去。尋詣相者，相者審度，聲色頓異⑨，大言曰：「此必有陰德及物。此後前塗萬里，非某所知也。」再三詰之，度偶以此言之。相者曰：「祇此便是陰功矣，他日無相忘。勉旃⑩，勉旃！」度果位極人臣。

廣記卷一一七裴度條亦録載，然文字多異。類説卷三四晉公陰德條亦録載。本條之裴度事，與或爲中晚唐人撰芝田録詣葫蘆生問命文字殊異，然事相近，可參看。

〔校〕

① 時　影宋本、宋犖本、宋筠本、揆敘本、廣記作「特」。管本方校云當作「特」。

② 相書　廣記無「書」字。

③ 緹緡　廣記作「緹褶」。

④ 筊　黄本、揆敘本、韓熙本、閣本作「茭」。

⑤ 其所遺忘念致彼既不可追　廣記作「緹褶在舊處知其遺忘也」。影宋本、管本、學津本、閣本、薈要本「遺忘念致彼」皆作「致意彼遺忘」。

⑥ 然料其必再至　影宋本、管本作「必料其再至」。

⑦ 緡　影宋本作「繩」，非。

⑧ 遺 管本作「貽」，廣記作「賂」。
⑨ 聲色 閣本、薈要本作「顔色」。
⑩ 旃 影宋本作「旜」，下同。

2 盧大郎補闕〔一〕盧名上字與僕家諱同，下字曰暉。 升平鄭公之甥也〔二〕。暉少孤，長於外氏，愚常誨之舉進士。咸通十一年初舉。廣明庚子歲，遇大寇犯闕，竄身南服。時外兄鄭續鎮南海〔三〕，暉向與續同庠序。續仕州縣官，暉自號「白衣卿相」，然二表俱爲愚鍾愛。爾來未十稔，續爲節行將，暉乃窮儒，復脱身虎口，挈一囊而至。續待之甚厚。時大駕幸蜀〔四〕，天下沸騰，續勉之出處，且曰：「人生幾何！苟富貴可圖，何須一第耳①！」暉不答。復請賓佐誘激者數四，復虚右席以待暉。暉因曰：「大朝設文學之科以待英俊，如暉能否②，焉敢期於饕餮！然聞昔舅氏所勗，常以一第見勉。今舊館寂寥，奈何違宿昔之約③！苟白衣没世④，亦其命也。若見利改圖⑤，有死不可！」續聞之，加敬。自是龍鍾場屋復十許歲。大順中，方爲弘農公所擢〔五〕，卒於右衮。

〔校〕

①耳 宋犖本、宋筠本作「耶」，管本吴校云當作「耶」。

②如暉能否 管本吴校一本「暉」下有「者」字，閣本、薈要本下有「之」字。

③宿昔 閣本、薈要本作「夙昔」。

④没世 影宋本、宋犖本、宋筠本、撰敘本、管本、徐本作「殁世」。

⑤改圖 影宋本、徐本、管本作「改途」。宋筠本原作「圖」，校改「途」。

〔證〕

〔一〕盧大郎補闕：記考卷二四景福二年下逕作「盧大郎補闕玄暉」。管本方校亦以爲玄暉。岑仲勉跋唐摭言質疑記考著録玄暉之來歷，從唐摭言獨此處避「元」而它處一律不避，及後人據新表逕填「元」字，認爲此處「苟據新表『玄暉』者，上一字殊未可信據也。」陳師尚君登科記考正補以爲「岑仲勉先生跋唐摭言考證上一字非『玄』字，但爲孰字尚難確定。唐人行第録僅以『盧大乂暉』著録。新書卷七三宰相世系表三盧氏有『玄暉，字子餘』，案時代推之約在中唐。」未予輕易確認。

〔二〕升平鄭公：即下文鄭愚。瑣言卷三鄭愚尚書錦半臂：「唐鄭愚尚書，廣州人。」舊書卷一九上懿宗紀：咸通三年（八六二）五月以邕管經略使鄭愚爲廣州刺史，充嶺南東道節度、觀察處置等使。玉泉子：「皮日休，南海鄭愚門生。」記考卷二三：咸通八年以禮部侍郎知貢舉。然唐語林卷八補遺之隋置明經進士科條又云其以中書舍人知貢舉。而雲谿友議卷下巢燕詞、瑣言皆爲禮部侍郎，則語林誤。瑣言卷九楊收相報楊玄價又云：「唐楊相國收，貶死嶺外，于時鄭愚尚書鎮南海。」紀事卷六六：「咸通中，愚自禮部侍郎除鎮南海。」通鑑卷二五〇：咸通三年八月，以桂管觀察使鄭愚爲嶺南西道節度使。紀事又云愚「唐末爲相」，然兩唐書皆無入相記載。升平，疑鄭愚第在長安升平里。

〔三〕外兄鄭續鎮南海：唐方鎮年表卷七：乾符六年（八七九）至光啓二年（八八六），鄭續爲嶺南東道節度使。

〔四〕大駕幸蜀：僖宗中和元年（八八一）幸綿州，據成都爲行在。

〔五〕弘農公：或即楊涉。涉爲弘農縣伯。新書卷一八四楊收傳附楊涉傳：「昭宗時，仕至吏部侍郎。」

3 孫泰〔一〕，山陽人，少師皇甫穎，操守頗有古賢之風①，泰妻即姨女也②。先是，姨老矣，以二子爲託③，曰：「其長損一目④，汝可娶其女弟。」姨卒，泰娶其姊。或詰之，泰曰：「其人有廢疾，非泰不可適⑤。」衆皆伏泰之義⑥。嘗於都市遇鐵燈臺，市之，而命洗刷，即銀也，泰亟往還之。中和中，將家于義興，置一別墅，用緡錢二百千，既半授之矣。泰游吴興郡，約回日當詣所止。居兩月，泰迴，停舟途步⑦，復以餘資授之，俾其人他徙。于時，覯一老嫗長慟數聲，泰驚悸，召詰之。嫗曰：「老婦常逮事翁姑于此⑧，子孫不肖，爲他人所有，故悲耳！」泰憮然久之，因紿曰：「吾適得京書，已别除官，固不可駐此也，所居且命爾子掌之。」言訖，解維而逝，不復返矣。子展，進士及第，入梁爲省郎。

廣記卷一一七報應十六孫泰條亦録載。能改齋漫録卷一四娶盲女亦引論本條事。

〔校〕

①操守　影宋本、管本、閣本、薈要本皆作「守操」。

②女　原本作「妹」，宋犖本、揆敘本、廣記、能改齋漫録作「女」，據下文，孫泰所娶當爲其姨之長女，據改。

③子　廣記作「女」。

④長　廣記下有「者」字，能改齋漫録下有「幼」字。

⑤不可　廣記作「何」。

⑥伏　管本、能改齋漫録作「服」。

⑦ 停舟途步　影宋本「停」作「倚」。學津本「途」作「徒」。

⑧ 常逮事翁姑　影宋本「逮」作「迨」。「翁姑」，管本作「君姑」，廣記作「舅姑」。

〔證〕

〔一〕孫泰：東觀奏記序：「以吏部侍郎柳玭、右補闕裴庭裕、左拾遺孫泰、駕部員外郎李胤、太常博士鄭光庭專修宣宗實録。」疑即此官左拾遺者。元龜卷五五四國史部選任録此詔在大順中。東觀奏記序稱事在「聖文睿德光武弘孝皇帝自壽邸即位，二年」。案：昭宗即位，改龍紀、大順年號皆在當年正月，故即位二年亦爲大順元年（八九〇）。

〔5〕論曰：范宣之三立〔一〕，德居其首；夫子之四科，行在其先。矧乃五常者，總之於仁；百慮者，試之於利。禍福不能迴至德，貧富不能窺至仁。夫炯戒之倫，而窮達不侔者，其惟命與？苟届諸道，又何窮達之異致矣？

〔證〕

〔一〕三立：語出左傳襄公二十四年，原爲穆叔語。

與恩地舊交

4 劉虛白與太平裴公早同硯席〔一〕。及公主文，虛白猶是舉子。試雜文日，簾前獻一絶句曰：「二十年前此夜中〔二〕，一般燈燭一般風。不知歲月能多少①，猶著麻衣待至公②。」

廣記卷一八二貢舉五劉虛白條亦録載。

〔校〕

① 歲月能多少　唐語林卷五作「人世能多許」。

② 待　廣記作「侍」。

〔證〕

〔一〕劉虛白：宣宗大中十四年（八六〇）中書舍人裴坦下及第。「太平裴公」，即裴坦。舊書卷一八下宣宗紀：大中十一年四月，以職方郎中、知制誥裴坦爲中書舍人。卷一九懿宗紀：大中十三年十月，以中書舍人裴坦權知禮部貢舉。紀事卷六〇劉虛白：「虛白與盧坦交友，坦主文，虛白於簾前獻一絶。」唐語林卷五補遺：「劉虛白與太平裴坦相知。坦知舉，虛白就試。」

〔三〕二十年前：唐語林作「三十年前」。裴坦及第在大和八年（八三四），與盧白及第相距二十六年。

5 孟棨年長於小魏公①〔一〕。放牓日，棨出行曲謝，沆泣曰：「先輩，吾師也。」沆泣，棨亦泣。棨出入場籍三十餘年②。

廣記卷一八二貢舉五劉虛白條亦録載。

〔校〕

① 小魏公　廣記無「小」字。

② 三十餘年　廣記無「餘」字。

〔證〕

〔一〕孟棨年長於小魏公：案陳師尚君本事詩作者孟啟家世生平考及胡可先、童曉剛本事詩新考，皆考孟棨誤，當作孟啟，其人於僖宗乾符二年中書舍人崔沆下進士及第。小魏公即崔沆。

6 長孫籍與張公舊交①，公兄呼籍。公嘗諷其改圖，籍曰：「朝聞道，夕死可矣！」

廣記卷一八二貢舉五劉虚白條亦録載。

〔校〕

①長孫籍　廣記「籍」作「藉」，下同。

師友

7 李華以文學名重於天寶末〔一〕。至德中，自前司封員外，起爲相國李梁公峴從事〔二〕，檢校吏部員外。時陳少游鎮淮陽①〔三〕，尤仰公之名。一旦，城門吏報華入府，少游大喜，簪笏待之。少頃，復曰云②：「已訪蕭公功曹矣。」即穎士也。

廣記卷二〇一才名李華亦録載。

〔校〕

①淮陽　廣記作「淮揚」，當是。

②復曰云　影宋本、管本、揆敘本、徐本、廣記「曰」作「白」，當是。

〔證〕

〔一〕李華：新書卷二〇三文藝下李華傳：上元中，以左補闕、司封員外郎召之。華喟然曰：「烏有隳節危親，欲荷天子寵乎？」稱疾不拜。李峴領選江南，表置幕府，擢檢校吏部員外郎。舊書卷一六八獨孤郁傳：「郁，河南人。父及，天寶末與李華、蕭穎士等齊名。」

〔二〕李梁公峴：新書卷一三一李峴傳：「至德初，肅宗召之，拜扶風太守，兼御史大夫。明年，擢京兆尹，封梁國公。乾元二年，以中書侍郎同中書門下平章事。」

〔三〕時陳少游鎮淮陽：舊書卷一一代宗紀：大曆八年（七七三）冬十月，以浙東觀察使、越州刺史陳少游爲揚州大都督府長史，充淮南節度使。卷一二德宗紀上：興元元年（七八四）十二月乙亥，卒於任。案：以上時間差互錯亂，舊紀：李峴乾元二年（七五九）三月自京兆尹爲吏部尚書。然同年五月辛巳，峴即罷相而貶蜀州刺史。廣德元年（七六三）再入相，次年爲太子詹事，並罷知政事。廣德二年九月辛酉，以太子詹事爲吏部尚書、兼御史大夫，知江南東、西及福建道選。永泰元年（七六五）六月癸亥，吏部尚書李峴南選回，至江陵，貶衢州刺史。新書卷二〇三李華傳：李峴領選江南，表置幕府，擢檢校吏部員外郎。則李華檢校吏部當在廣德二年九月至永泰元年六月間。永泰二年秋七月，峴以檢校兵部尚書、衢州刺史卒，然此時距陳少游入淮尚早九年，本條所載有誤。據唐方鎮年表卷五，李華檢校吏部其間，鎮淮揚者爲崔圓。

8 盧江何長師，趙郡李華，范陽盧東美，少與韓衢爲友，江、淮間號曰「四夔」〔一〕。

〔證〕

〔一〕四夔：韓愈考功員外盧君（東美）墓銘：「愈之宗兄故起居舍人君，以道德文學伏一世。其友四人，其一范陽盧君東美。少未出仕，皆在江、淮間，天下大夫士謂之『四夔』，其義以爲道可與古之夔、皋者侔，故云爾；或曰夔嘗爲相，世謂相夔，四人者雖處而未仕，天下許以爲相，故云。」愈之宗兄即韓會，不言韓衢。唐國史補卷下：「開元日，通不以姓而可稱者，……有四夔、四凶。」劉賓客嘉話録：「崔丞相造布衣時，江左士人號曰『白衣夔』。時有四人，是盧東美，其二遺忘。」廣記卷二〇四引唐國史補：「韓會善歌絶妙，名輩號爲『四夔』，會爲夔頭。」雖未全列四夔之姓名，然韓衢當爲韓會無疑。又，舊書卷一三〇崔造傳：「造，字玄宰，博陵安平人。少涉學，永泰中，與韓會、盧東美、張正則爲友，皆僑居上元，好談經濟之略，嘗以王佐自許，時人號爲『四夔』。」南部新書卷丙、元龜卷八八二總録部交友第二、通鑑總類卷七上宰相門崔造奏罷諸使令宰相分判六曹、玉海卷一三四官制人物唐四夔、姑蘇志卷四一宦迹五所載皆同。小學紺珠卷六四夔：崔造、韓會、盧東美、張正則（原注：自謂王佐才，號「四夔」）；何長師、李華、盧東美、韓衢（原注：摭言「四夔」）。

9 裴佶字弘正，宰相耀卿之孫，吏部郎中綜之子，卒于工部尚書〔一〕。鄭餘慶請先行朋友服，私謚曰「貞」①〔二〕，子曰泰章〔三〕。

〔校〕

① 私謚曰貞　宋犖本、宋筠本、管本「私」作「佶」，管本吳校「『私』疑誤」。

〔證〕

〔一〕裴佶：代宗大曆五年進士及第。舊書卷九八裴耀卿傳附裴佶傳：「時重佶之有守，就拜吏部侍郎。以疾除國子祭酒，尋遷工部尚書致仕。元和八年卒，年六十二，贈吏部尚書。佶清勁溫敏，凡所定交，時稱爲第一流。與鄭餘慶特相友善，佶歿後，餘慶行朋友之服，搢紳美之。」

〔二〕私謚曰貞：案新書卷一二七裴耀卿傳附裴佶傳：「卒，贈吏部尚書，謚曰貞。」當爲官謚。因話録卷二商部上：「工部名佶，有清德，武之長兄也。兄弟皆爲八座，自丞相耀卿至工部子泰章，四世入南北省，群從居顯列者，不可勝書。」

〔三〕泰章：新書卷七一上宰相世系表：泰章爲裴佶長子，「字敦藻，給事中」。

10 喬潭，天寶十三年及第，任陸渾尉①。時元魯山客死是邑，潭減俸禮葬之〔一〕，復恤其孤。李華三賢論云②：「潭，昂之孫，有古人風〔二〕。」

大典卷一二〇一七二十有下友之義友亦録載。

〔校〕

① 任　大典作「補」。

② 李華　大典無此二字。

〔證〕

〔一〕潭減俸禮葬之：案李華元魯山墓碣銘：「維唐天寶十二載九月二十七日，魯山令河南元公終于陸渾草堂，春秋五十九。……名高之士陸渾尉梁國喬潭賻以清白之俸，遂其喪葬。」新書卷一九四元德秀傳：「（德秀）天寶十三載卒，家惟枕履簞瓢而已。潭時爲陸渾尉，庀其葬。」

〔二〕潭昂之孫有古人風：案：本書定保所引句與李華三賢論原文不合處甚夥，文意亦殊不可解，疑爲後人抄撮時有竄奪，或定保所述原即有誤，或爲定保所據書有別，詳本書卷七知己門李華撰三賢論條（7–17）。

11 李華稱元德秀、張友略〔一〕：「志如道德，行如經術〔二〕。」

〔證〕

〔一〕張友略：案新書卷二〇二文藝中蕭穎士傳及全文卷三一七、英華卷四四所録載李華三賢論皆作「張有略」。三賢論論有略曰：「南陽張有略維之，履道体仁。」

〔二〕志如道德行如經術：此八字亦非三賢論原文，原文爲：「遐叔曰：『元之志行，當以道紀天下；劉之志行，當以六經諧人心；蕭之志行，當以中古易今世。』」

12 貞元十三年①〔一〕，李摯以大宏詞振名②，與李行敏同姓③，同年，同登第，又同甲子，及第時俱二十五歲〔二〕。又同門。摯嘗答行敏詩曰：「因緣三紀異，契分四般同。」

大典卷二二〇一六二十有下友之交友全引本條。類説卷三四四般契分、説郛卷三五上、紀事卷五〇李摯有録載，文字稍異。

〔校〕

① 十三年　影宋本、宋犖本、宋筠本、管本及紀事皆作「十二年」。

② 李摯　閣本、薈要本作「李贄」。

③ 李行敏　雅雨初印作「李敏」。大典引本條亦作「李敏」。案下句有「摯嘗答行敏詩」，則底本

不誤。

〔證〕

〔一〕貞元十三年：案記考卷一四考行敏登博學宏詞科，在德宗貞元十二年（七九六）。

〔二〕二十五歲：管本方案：「詩有『三紀』字，當作三十五歲。」案：此云「三紀」，非唯李摯於二十五歲所作答，云「三紀」似亦不誤。

13 隴西李舟與齊相國映友善〔一〕，映爲將相，舟爲布衣，而舟致書於映，以交不以貴也。時映左遷於夔〔二〕，舟書曰：「三十三官足下，近年已來，宰臣當國，多與故人禮絕。僕以禮處足下①，則足下長者，僕心未忍；欲以故人處足下，則慮悠悠之人，以僕爲詭②。幾欲修書③，逡巡至今。忽承足下出守夔國，於蒼生之望④，則爲不幸⑤，爲足下謀之⑥，則名遂身退，斯又爲佳⑦。僕昧時者⑧，謹以爲賀。但鄱陽、雲安，道阻且長，音塵寂蔑，永以三歎⑨。僕所疾沈痼⑩，方率子弟力農，爲世疏矣⑪，足下亦焉能不疏僕耶？足下素□，僕所知之⑫，其於得喪，固恬如也⑬。然朝臣如足下寡矣，明主豈當不察之耶⑭？惟强飯自愛，珍重！珍重！」

廣記卷二三五交友李舟條、大典卷一二〇一六二十有下友之交友亦録載。

〔校〕

①「近年」至「足下」　宋犖本脱此二十字。

②詭　廣記作「諂」。

③幾　原本脱此字。影宋本、宋犖本、宋筠本、雅雨初印、學津本皆作「我」。廣記、大典作「幾」。管本方校云「幾」字是，據補。

④於　廣記作「爲」。

⑤則　廣記作「不」。

⑥謀之　廣記作「之謀」。

⑦斯又爲佳　「斯」，原本作「期」，據管本改。「佳」，大典作「准」，與文意不合，管本作「佳」，廣記作「難」。

⑧昧　廣記作「知」。

⑨永以三歎　影宋本「三」後有「增」字。閣本、薈要本「三」作「增」。廣記、大典作「永望增嘆」。

⑩疾　廣記作「病」。

⑪爲　廣記、大典作「與」。

⑫足下素□僕所知之　影宋本、大典不闕，文意似亦通。廣記作「足下素僕所知」。

⑬怡　廣記作「恬」。

⑭ 明主　原本、宋犖本、閣本、薈要本作「明王」，管本方校云「王」當作「主」，據改。

〔證〕

〔一〕齊相國映：案：廣記作齊暎。舊書卷一二德宗紀：貞元二年正月「壬寅，以散騎常侍劉滋、給事中崔造、中書舍人齊映並守本官，同中書門下平章事。」李舟，生平事跡見全文卷五二一梁肅處州刺史李公墓誌銘。全文卷四四三李舟小傳：「舟字公受，水部員外郎岑之子。以尚書郎奉使，出爲虔州刺史，封隴西縣男。」或誤「處」作「虔」。

〔二〕映左遷於夔：舊書卷一二德宗紀：貞元三年正月壬子，「中書舍人、平章事齊映貶夔州刺史。」

14 李華祭蕭穎士文：「維乾元三年二月十日〔一〕，孤子趙郡李華以清酌之奠，敬祭于亡友故揚府功曹蘭陵蕭公之靈〔二〕：嗚呼茂挺①！平生相知，情體如一。歲月之别，俄成古今。天乎喪予，此痛何極！華釁罰深重②，艱難所鍾③。殊方永慕，觸目號裂。途窮易感④，況哭故人。以足下才惟挺生，名蓋天下，道孤命屈，淪阨終身。避亂全絜⑤，忠也；冒危還祔，孝也。有王佐之才，先師之訓，而歿於道路，何負於天乎⑥？痛哉！華疇昔之歲，幸忝周旋。足下不棄愚劣，一言契合。古稱管、鮑，今則蕭、李。有過必規，無文不講。知名當世，實類無人⑦。循環往復，何日忘此？存、實等泣血千里⑧〔三〕，羈旅相依。聞其一哀⑨，心骨皆斷。夫痛之至者，言不能宣，雖欲寄詞⑩，祇益填塞。茂挺，君其降靈，尚享！」

李遐叔文集卷四、文粹卷三三收録，題祭亡友揚州功曹蕭公文。全文卷三二一遐作祭蕭穎士文。

〔校〕

①「以清酌」至「嗚呼」 文粹四部叢刊本脱此二十三字，光緒杭州許氏刊本不脱。

② 亹 文粹、閣本、薈要本作「釁」。

③ 難 文粹作「棘」。

④ 途 文粹作「孤」。

⑤ 絜 宋犖本、撲敘本、管本作「潔」。

⑥ 天 文粹作「天天」。

⑦ 實類無人 文粹作「實賴吾人」。

⑧ 存實等 文粹作「而況」，管本方校云：「存實之字亦所未聞，況一人獨祭，何得下等字。」以爲當從文粹。英華作「華等」，注：「一作而況」。

⑨ 聞其 文粹作「聞此」。

⑩ 雖　文粹作「是」。

〔證〕

〔一〕維乾元三年二月十日：管本方校云：「乾元僅二年，言三年誤。」案舊書卷一〇肅宗紀：乾元改元上元在乾元三年閏四月己卯，華文在二月，尚未改元時，則李華云三年不誤。

〔二〕揚府功曹：案：蕭穎士終官，舊書卷一〇二蕭穎士傳云：「乾元初，終於揚府功曹。」，新書卷二〇二蕭穎士傳云：「崔圓聞之，即授揚州功曹參軍。至官，信宿去。後客死汝南逆旅，年五十二。」本書卷三亦云：「穎士終於揚州功曹。」以新傳爲最確。

〔三〕存實等：案：此當指穎士後人名存、實者二人。因話録卷三商部下則云：「先生一子存，字伯誠，爲金部員外郎，諒直有功曹之風。」紀事卷二一亦同。新傳云穎士有一子存，字伯誠，亮直有父風。當出自因話録。名實者尚不可考。李遐叔文集卷一有楊州功曹蕭穎士文集序云：「君有一子曰存，爲蘇州常熟縣主簿。雅有家風，知名于世。」全文卷六九一苻載尚書比部郎中蕭府君墓誌銘云：「君諱存，字成性。」又云：「載後學小子，日游於藩，故遺芳盛烈，備得詳悉。」於蕭存仕歷交游，所述甚詳，其字成性或有所本。又韓愈游西林寺題蕭二兄郎中舊堂，以蕭二稱呼蕭存。宋方崧卿韓集舉正注曰：「蕭二，存也。」全詩卷二七四有戴叔倫送蕭二，卷三〇五陳翃送別蕭二，岑仲勉唐人行第録云：「戴、陳二人時代與蕭相及，此蕭二均有爲存之可能。」如此，若蕭二爲存，則實或爲其兄，新書等誤。實，字伯誠。存，字成性。

15 韓文公瘞硯文：「隴西李元賓始從進士〔一〕，貢在京師，或貽之硯。四年①，悲歡否泰②，未嘗廢用③。凡與之試藝春官，實二年，登上第。行於褒谷間④，役者誤墜之地⑤，毀焉。乃匣歸，埋於京師里中。昌黎韓愈，其友人也，贊而識之⑥：『上乎成質⑦，陶乎成器。復其質，非生死類。全斯用，毀不忍棄。埋而識，之仁之義。硯乎硯乎，與瓦礫異。』」

〔校〕

① 四年　韓集卷二四李元賓墓誌銘上有「既」。

② 否泰　韓集作「窮泰」。

③ 廢用　韓集作「廢」下有「其」字。

④ 褒谷間　韓集無「間」字。

⑤ 役者　韓集下有「劉胤」二字。

⑥ 贊而識之　韓集作「贊且識云」。

⑦ 上乎成質　韓集無。

〔證〕

〔一〕李元賓：即李觀，韓愈與李觀皆於貞元八年登進士第。

16杜工部交鄭廣文，嘗以詩贈虔曰〔一〕：「諸公袞袞登臺省，廣文先生官獨冷。甲第紛紛厭粱肉，廣文先生飯不足。先生有義出羲皇①，先生所孤或屈宋②。德尊一代常坎壈③，名垂萬古知何用。杜陵野老人更嗤④，短褐身窄鬢如絲。日糴太倉五升米，時赴鄭老同襟期。得錢則相覓，沽酒不復疑。忘形到爾汝，痛飲真我師。清夜沈沈動春酌，燈前細雨簷花落⑤。但覺高歌有鬼神，焉知餓死填溝壑！相如逸才親滌器，子雲識字終投閣。先生早賦歸去來，石田茅屋荒蒼苔。儒術於我何有哉？孔丘盜跖俱塵埃。不須聞此意慘澹，生前相遇且銜杯。」又曰：「廣文到官舍〔二〕，繫馬堂階下。醉則騎馬歸，頻遭官長罵。垂名三十年⑥，坐客寒無氈。賴得蘇司業〔三〕，時時與酒錢⑦。」及虔即世〔四〕，甫賦八哀詩，其一章誄虔也。

大典卷一二〇一七二十有下友之師友亦録載。

〔校〕

① 義　管本、閣本、杜詩詳注及全詩作「道」。宋筠本校改「義」作「道」。

② 所孤或　管本、閣本作「有才過」。

③ 坎壈　影宋本、宋犖本、宋筠本、揆敘本、徐本、閣本、薈要本作「壈坎」，杜詩詳注作「坎坷」。

④野老　杜詩詳注及全詩作「野客」。

⑤簷花　影宋本、徐本作「簷前」。

⑥垂名三十年　管本「名」作「才」。雲谿友議卷中葬書生、新書卷二〇二鄭虔傳皆謂「四十年」。

⑦與　杜詩詳注作「乞」。

〔證〕

〔一〕以詩贈虔：下詩杜詩詳注卷三題醉時歌，仇注當作於天寶十三載（七五四）春。全詩卷二一六收録。

〔二〕廣文到官舍詩：杜詩詳注卷三題戲簡鄭廣文兼呈蘇司業，全詩卷二一六收録。

〔三〕蘇司業：即蘇源明。封氏聞見記卷一〇贊成：「及（虔）爲廣文博士，詢于國子監司業蘇元明。」雲谿友議卷中葬書生：「有鄭廣文虔者，明皇時爲文館，故以廣文號焉。編集之外，唯日嗜酒。覩嬪妃之貴，必致邦家之禍乎？」原注蘇司業名瓌。案：舊書卷七中宗紀：景雲元年（七一〇）十一月，庚午，太子少傅蘇瓌薨。知別是一人，云蘇司業爲蘇瓌顯誤。新書卷二〇二鄭虔傳，虔天寶初爲協律郎，爲人誣私撰國史，坐謫十年。還京師，玄宗以爲廣文博士，則虔爲廣文博士當在天寶末。前定録鄭虔條：「開元二十五年，鄭虔爲廣文博士。」本書1–13條廣文館置於天寶九載，此云開元有誤。

〔四〕虔即世：前定録又云：「肅宗即位靈武，其年東京平令三司，以按受逆命者罪。虔以心不附賊，貶台州司户而卒。」新傳：「貶台州司户參軍事，維止下遷。後數年卒。」

17 崔群，字敦詩，貞元八年陸贄下及第，與韓愈爲友〔一〕。群佐宣州幕〔二〕，時愈與群書論交，略云：「考之百行而無瑕①，尤窺之閫奥而不見畛域，明白淳粹②，輝光日新者，惟吾崔君一人。僕愚陋無所知曉，然聖人之書無所不讀③，其精麄巨細，出入晦明④，雖不盡識⑤，抑不可謂不涉其源者也⑥。以此而推之，而度之⑦，誠足下出群拔萃⑧，無謂僕從何而得也⑨。」

大典卷一二〇一六二十有下友之交友亦録載。韓愈此書，韓集卷一七題與崔群。

〔校〕

① 百行　韓集作「言行」。

② 淳粹　管本作「醇粹」。

③ 所知曉然聖人之書無所不讀　影宋本、宋犖本、宋筠本、揆敘本、徐本「知曉然」作「知然曉」。影宋本無「無」字，疑脱。閣本、薈要本「圣人」作「圣賢」。

④ 晦明　管本、韓集作「明晦」。

⑤雖不盡識　大典「雖」作「唯」，恐抄誤。

⑥源　管本、韓集作「流」。

⑦而度之　影宋本、宋犖本、宋筠本、揆敘本、徐本「度」作「廣」。

⑧誠　閣本、薈要、韓集本作「誠知」。

⑨從何而得也　韓集作「何從而得之也」。

〔證〕

〔一〕與韓愈爲友：崔群與韓愈同年及第。劉賓客嘉話録：「韓十八愈直是太輕薄，謂二李十六程（本書案：當作李二十六程）曰：『某與丞相崔大群同年往還，直是聰明過人。』」

〔二〕群佐宣州幕：韓集送楊儀之序云：「當今藩翰之賓客，惟宣州多賢。與之游者二人焉，隴西李博，清河崔群。」案：貞元十二年八月以崔衍爲宣歙觀察使，群與李博俱在幕府。韓愈時在徐州幕。此書當於此時前後作。

18 劉駕與曹鄴爲友，倶攻古風詩①〔一〕。鄴既擢第〔二〕，而不即出京，俟駕成名同去〔三〕，果諧所志。

紀事卷六三劉駕、大典卷一二〇一六二十有下友之交友亦録載。

〔校〕

①攻　紀事作「工」。

〔證〕

〔一〕攻古風：案紀事：「駕與曹鄴友善，工古風。鄴大中時擢第，不出京，候駕登科同去。」

〔二〕鄴既擢第：記考卷二二：鄴及第在大中四年，駕在大中六年。

〔三〕成名同去：唐才子傳卷七劉駕：「初與曹鄴爲友，深相結。鄴既擢第，不忍先歸，待長安中駕成名，迺同歸彭蠡故山。時國家復河、湟故地，有歸馬放牛之象。駕獻樂府十章，上深悅，累歷達官。」

19 毛傑與盧藏用書〔一〕：「月日，雲夢子毛傑謹致書於盧公足下：傑聞君所貴者①，道也；所好者，才也。故才高則披襟而論翰墨，道狎則言事而致談笑。何必雞鳴狗盜，始資僥倖之能；簞食瓢飲，不顧清虚之用？自公立名休代，博物多能，帝曰爾諧，擢爲近侍。所以從容禁省，出入瑣闈②，忠弼在躬，優柔薦及。傑時在草莽，運厄窮愁，思折俎而無因，嗟掃門而不逮。豈知群邪遘逆，聯聲嗷嗷，紫奪我朱，遠詣惡土。賴公神色自若，心行不逾③，餌芝朮以養閑，坐煙篁而收思。傑梁鴻遠旅，閔仲未歸；留戀德音，徘徊失路。互鄉童子，當願接於宣尼④；蘇門先生，竟未言於阮籍。公於傑者如彼，僕於公者若此。百年朝夕，何事惜於交游？四海弟兄⑤，何必輕於行路？賈生不云乎：『達人大觀，物無不可，小智自私，賤彼貴我。』況公拂衣高尚，習静閑局，世事都捐，尤精道意，豈有自私而已無大觀者哉？儻能憐雲壑，將無知，憗張良小子，説鴻濛之偈，遺黄石之書。虚往實歸，霑霧露之微潤；裒多益寡，落丘山之一毫。則知足下之眷深焉，小人之慶畢矣。」

大典卷一二〇一六二十有下友之交友亦録載。

〔校〕

① 君　閣本、薈要本作「君子」，當是。

② 瑣闈　閣本、薈要本作「鎖闈」。

③ 逾　管本方校云當作「渝」，閣本即作「渝」，疑是。

④ 當願　管本作「常願」。

⑤ 弟兄　閣本、薈要本作「兄弟」。

〔證〕

〔一〕盧藏用：案舊書卷九玄宗紀：因太平公主作亂，先天二年（七一三）七月丁卯，崔湜、盧藏用除名，長流嶺表。新書卷一二三盧藏用傳：「開元初，起爲黔州都督府長史，兼判都督事，未行而卒，年五十餘。」案下文盧答毛書有云：「僕在壯年，常慕其上，先貞後黷，卒罹憂患，負家爲孽，置身于此，何顏復講道德哉！」此書蓋作於開元初起爲黔州都督府長史之前。

盧答毛書①：「毛子足下：勤身訪道，不毒氛瘴，裹糧鬼門，放蕩雲海，有足多矣。一昨不遺，猥辱書札②，期我遐意，詢予道真③，使人慙愧也，僕知之矣。士之生代，則有冥志深蔽，滅木穹室④，鍊九還以咽氣⑤，味三秀以詠言⑥。固將養，蒙全理，不以能鳴天性⑦，則其上也。義感當途，説動時主，懷全德以自達，裂山河以取貴，又其次也。至於誠信不申，忠孝胥缺，獨禦魑魅，永投豺虎，無面目以可數，椎心膺以問天⑧，斯最下也。僕在壯年，常慕其上，先貞後黷，卒罹憂患，負家爲孽⑨。置身于此，何顏復講道德哉！雖然，少好立言，亟聞長者之説；老而彌篤，猶憐薄暮之晷。加我數年，庶無大過。覽荘生鵾鵬之喻，則乾坤龍馬之旨可好矣；培風運海，則六九之源無差矣；隮之正氣⑩，則洗心藏密有由矣。開卷獨得，恬然會真，不知寰宇之廖廓，不知生之與謝，斯亦曖昧所守，何必爲是。儻吾人起予指掌⑪，而説今之隱几，不亦樂乎！道在稊稗，理無相阻⑫，曷爲區區過勞按劍也？頃風眩成疾⑬，下淚復厲筆⑭，力此還答，無所銓次，淹遲□期，庶不我責⑮。盧藏用頓首。」

〔校〕

①毛書　影宋本、宋犖本、宋筠本、撲敘本作「毛公」。

②書札　影宋本、徐本作「書禮」。

③詢予道真　學津本「予」作「于」，管本吴校「于」當作「予」。閣本、薈要本作「子」，宋筠本亦校「予」作「子」，恐誤。

④冥志深蔽滅木穹窒：此八字殊不可解，管本方校云必有誤。

⑤九還　管本作「丸丹」。

⑥三秀　管本作「芝秀」。

⑦天性　影宋本、管本、閣本、薈要本皆作「夭性」。

⑧椎心　管本作「推心」。

⑨爲孽　閣本作「爲業」。

⑩廞之正氣　閣本作「廞聰黜明」。

⑪吾人　閣本作「足下」。

⑫理無相阻　原本無「理」字。管本方校云「此句當脱一字」，全文「理」字處注「闕一字」。閣本「無」前有「理」字，據補。

⑬疾　影宋本、管本、閣本作「瘵」。

⑭ 下淚復厲筆　閣本作「不復屬筆」。管本校「厲」當作「屬」。全文無「筆」。

⑮ 淹遲□期庶不我責　闕字處學津本作「日」，閣本作「之」，薈要本作「逾」。影宋本、宋筠本、管本作「淹速庶期不在我」，疑有倒脱。

20 方干師徐凝〔一〕。干常刺凝曰：「把得新詩草裏論。」反語曰「村裏老」。李頻師方干，後頻及第〔二〕，詩僧清越贈干詩云：「弟子已得桂，先生猶灌園〔三〕。」

此條復見卷一〇韋莊奏請追贈不及第人近代者門方干條（10–53）前半。

〔證〕

〔一〕方干師徐凝：唐才子傳卷七方干：「徐凝初有詩名，一見干器之，遂相師友，因授格律。」本書卷一〇：「方干，桐廬人也。幼而清才，爲徐凝所器，誨之格律。」

〔二〕後頻及第：李頻於宣宗大中八年禮部侍郎鄭薰下及第。然方干終生未第。

〔三〕弟子已得桂先生猶灌園：全詩卷六五三方干下録此殘句，注：「寄李頻及第，見鑑誡録。」案鑑誡録卷八屈名儒：「李頻上第後，干寄詩曰：『弟子已攀桂，先生猶卧雲。』此恨之深矣。干爲詩煉句，字字無失。」唐釋貫休禪月集卷八贈方干：「盛名與高隱，合近謝敷村。弟子已得桂，先生猶灌園。垂綸侵海分，拾句歷雲根。白日昇天路，知君別有門。」全詩卷八二九亦全録貫休此詩，原本云詩僧清越所作，或誤。全詩卷六五三、鑑誡録謂此詩方干作，亦誤。詩人主客圖有方干寄李頻：「山木又摇落，望君還不還。軒車何處去，雨雪滿前山。思苦寒星動，鄉遥釣渚閒。明年見名字，惟我獨何顔。」此當爲李頻及第後方干贈頻之詩。

21 韓文公名播天下，李翺、張籍皆升朝，籍北面師之〔一〕，故愈答崔立之書曰〔二〕：「近有李翺、張籍者，從予學文。」翺與陸傪員外書亦曰〔三〕：「韓退之之文，非兹世之文也，古之文也；其人，非兹世之人，古之人也。」後愈自潮州量移宜春郡〔四〕，郡人黄頗師愈爲文，亦振大名。頗嘗覩盧肇爲碑版，則唾之而去。案實録〔五〕：愈與人交，其有淪謝，皆能卹其孤，復爲畢婚嫁，如孟東野、張籍之類是也〔六〕。

大典卷一二〇一七二十有下友之師友亦録載。

〔證〕

〔一〕韓文公名播天下：唐國史補卷中：「韓愈引致後進，爲求科第，多有投書請益者，時人謂之『韓門弟子』。」因話録卷三商部下：「元和中，後進師匠韓公，文體大變。」韓愈與馮宿論文書：

「有張籍者，年長於翺，而亦學於僕，其文與翺相上下，一二年業之，庶幾乎至也。」送孟東野序：「從吾游者，李翺、張籍其尤也。」新書卷一七六韓愈傳：「然惟愈爲之，沛然若有餘，至其徒李翺、李漢、皇甫湜從而效之，遽不及遠甚。從愈游者，若孟郊、張籍，亦皆自名于時。」

〔二〕崔立之：容齋續筆卷一二崔斯立：「崔立之，字斯立。在唐不登顯仕，它亦無傳，而韓文公推奬之備至。……又登科記：立之以貞元三年第進士，七年中宏詞科。」説郛卷二一收宋楊伯嵒臆乘之行第：「崔立之爲崔二十六。」

〔三〕陸傪：李翺此書全文見本書卷五切磋門，翺李文公集卷七作與陸傪書。傪事跡亦見本書卷八通牓門權德輿主文條(8-1)。其生平事跡，可參韓愈與祠部陸員外書、李文公集卷一三陸歙州述、宋羅願新安志卷九敘牧守。

〔四〕愈自潮州量移宜春郡：舊書卷一五憲宗紀下：元和十四年(八一九)冬十月丙寅，以潮州刺史韓愈爲袁州刺史。新書卷四一地理五：袁州宜春郡，唐上州。

〔五〕實録：蓋憲宗實録。

〔六〕皆能卹其孤：舊書卷一六〇韓愈傳：「凡嫁内外及友朋孤女僅十人。」然韓愈卒於穆宗長慶四年(八二四)，籍卒於文宗大和間，愈先於張籍離世六七年，此云「其有淪謝，皆能卹其孤」，亦殊不可解。韓愈卹孟東野，事見愈貞曜先生墓誌銘及與鄭相公書。舊書卷一六〇孟郊傳：「(鄭)餘慶給錢數萬葬送，贍給其妻子者累年。」而新傳不載。

22 李義山師令狐文公〔一〕，呼小趙公爲「郎君」〔二〕，于文公處稱「門生」。

大典卷一二〇一七二十有下友之師友亦録載。

〔證〕

〔一〕令狐文公：即令狐楚。舊書卷一七二令狐楚傳：楚開成二年（八三七）十一月卒，年七十二，册贈司空，謚曰文。

〔二〕小趙公：即令狐綯。舊書卷一七二令狐楚傳附令狐綯傳：咸通十三年，以本官爲鳳翔尹、鳳翔隴節度使，進封趙國公。瑣言卷二宰相怙權：「李商隱，綯父楚之故吏也，殊不展分。商隱憾之，因題廳閣，落句云：『郎君官重施行馬，東閣無因許再窺。』」又，全文卷七七八李商隱上兵部相公啓：「仰夫子之文章，曾無具體；辱郎君之謙下，尚遺濡翰。」舊書卷一七二令狐綯傳：綯於大中四年由户侍改兵侍，同中書門下平章事。

氣義

23 郭代公年十六入太學〔一〕，與薛稷、趙彦昭爲友①。時有家信至②，寄錢四十萬以爲學糧③。忽有一衰服者叩門云④：「五代未葬，各在一方⑤，今欲同時舉大事⑥，乏於資財⑦。聞公家信至，頗能相濟否？」公即命以車一時載去，略無留者，亦不問姓氏，深爲趙、薛所誚。元振怡然曰：「濟彼大事，亦何誚焉！」其年爲糧食斷絶，竟不成舉〔二〕。

本條出張説張燕公集卷二五兵部尚書代國公贈少保郭公行狀，全文卷二三三亦收録，文字多異，然文意不殊。廣記卷一六六氣義一郭元振亦録載。

〔校〕

① 爲友　行狀作「同業」。

② 家信　行狀作「家僕」。

③ 四十萬以爲學糧　行狀作「四百千」。廣記「學糧」作「舉糧」。

④ 衰服者叩門　「衰」管本、行狀、廣記皆作「縗」。影宋本、管本、閣本、薈要本「叩」作「扣」。

⑤ 各在一方　行狀上有「棺柩」。

⑥ 舉大事　廣記作「遷窆」。

⑦ 乏於資財　行狀作「苦乏資用」。

〔證〕

〔一〕郭代公：郭元振，十六歲時爲咸亨二年（六七一）。元振於咸亨四年知貢舉杜易簡下舉進士，年十八。

〔三〕其年爲糧食斷絶竟不成舉：此十一字行狀所無。行狀下有「十八擢進士第，其年判入高等，時輩皆以校書正字爲榮」云云。

24 熊執易赴舉〔一〕，行次潼關，秋霖月餘，滯於逆旅。俄聞鄰居有一士吁嗟數四，執易潛伺之，曰：「前堯山令樊澤舉制科至此，馬斃囊空，莫能自進。」執易造焉，遽輟所乘馬，倒囊濟之。執易其年罷舉，澤明年登科〔二〕。

本條出唐國史補卷上熊執易義風。

〔證〕

〔一〕熊執易：德宗建中四年（七八三）進士及第，唐國史補卷下：「熊執易通于易理，會建中四年試易知險阻論，執易端坐剖析，傾動場中，乃一舉而捷。」

〔二〕執易其年罷舉澤明年登科：此十一字唐國史補所無。樊澤，建中元年舉賢良方正能直言極諫科制科及第，則執易資助樊澤或在代宗大曆十四年。

25代公爲通泉縣尉〔一〕，掠賣千餘人以供過客。天后異之，召見，大愜意旨①。並口占古劍一篇以進。后奇之②，命繕寫，賜當直學士③。

本條當改寫自張説兵部尚書代國公贈少保郭公行狀，全文卷二三三收録。

〔校〕

①意旨　管本、閣本、薈要本同，他本皆作「聖旨」。

②后奇之　他本皆作「上奇之」。

③命繕寫賜當直學士　原本無「賜」。管本方校云「『寫』下脱一字」。行狀有「賜」字，姑據補。

〔證〕

〔一〕代公爲通泉縣尉：隋唐嘉話卷下：「郭尚書元振，始爲梓州射洪令，徵求無厭，至掠部人賣爲奴婢者甚衆。武后聞之，使籍其家，唯有書數百卷。后令問資財所在，知皆以濟人，於是奇而免之。」舊書卷九七郭元振傳略同。

26 楊虞卿及第後，舉三篇①〔一〕，爲校書郎〔二〕。來淮南就李鄘親情②〔三〕，遇前進士陳商啓護窮窘〔四〕。公未相識，問之③，倒囊以濟。

廣記卷一八〇貢舉三楊虞卿條亦録載。

〔校〕

① 舉三篇　管本方校「篇」當作「第」，恐誤。廣記「三篇」作「宏詞」。

② 李鄘親情　原本「李鄘」作「李鄘」，影宋本作「李翺」，廣記作「李鄘」，據改，詳下考。「親情」，廣記作「婚姻」。

③ 問之　管本作「聞之」。

〔證〕

〔一〕舉三篇：舊書卷一七六楊虞卿傳：「虞卿，元和五年進士擢第，又應博學宏辭科。」

〔二〕校書郎：新書卷一七五楊虞卿傳：「虞卿第進士、博學宏辭，爲校書郎。抵淮南，委婚幣焉。會陳商葬其先，貧不振。虞卿未嘗與游，悉所賫助之。」

〔三〕李鄘：案：兩唐書無李鄘其人。舊書卷一七六李宗閔傳：宗閔之父名李翺，「宗正卿，出爲華州刺史、鎮國軍潼關防禦等使。」並無鎮淮南事。元和五年至十二年鎮淮南者爲李鄘，舊書卷一四憲宗紀：元和五年十二月癸酉，諸道鹽鐵轉運使、刑部尚書李鄘檢校吏部尚書，兼揚府長史，充淮南節度使。元和十二年冬十月，李鄘爲門下侍郎、同中書門下平章事。在任七年，與本條楊虞卿事相合。唐方鎮年表卷五亦依舊紀。則李鄽或李翶皆不確，當爲李鄘。

〔四〕前進士陳商：陳商進士及第在憲宗元和九年。

27 李北海年十七〔一〕，攜三百縑就納國色，偶遇人啓護，傾囊救之①。

〔校〕

① 傾　管本、閣本、薈要本作「倒」。

〔證〕

〔一〕李北海：即李邕。舊書卷一九〇李邕傳：「天寶初，爲汲郡、北海二太守。」天寶六載，爲李林甫杖殺任上。李邕生於高宗儀鳳三年（六七八），十七歲時爲武周延載元年（六九四）。

28 許棠久困名場〔一〕，咸通末，馬戴佐大同軍幕〔二〕，棠往謁之，一見如舊相識①。留連數月，但詩酒而已，未嘗問所欲。一旦②，大會賓客③，命使者以棠家書授之。棠驚愕，莫知其來。啓緘，即知戴潛遣一介卹其家矣④。

廣記卷二三五交友許棠、紀事卷五四、唐才子傳卷七馬戴（案：原錯簡在孟遲下。）並載録。唐才子傳所引無「咸通末」三字。

〔校〕

① 相識　廣記無「相」。

② 一旦　管本「旦」作「日」。

③ 賓客　影宋本、宋犖本、宋筠本、揆敘本、管本、徐本「客」作「友」。

④ 一介　廣記作「一价」，恐誤。

〔證〕

〔一〕許棠：咸通十二年中書舍人高湜下進士及第。

〔二〕馬戴佐大同軍幕：戴會昌四年（八四四）左僕射王起下進士及第。案：唐才子傳校箋卷七馬戴傳、卷九許棠傳皆考摭言作「咸通末」誤，且馬戴佐大同軍幕亦可疑，事在何年未能考實，可參看。

［6］贊曰：孰以顯廉？臨財不苟。孰以定交？弘道則久。窮乃益堅，達以胡有①。無得無喪，天長地久②。君子行之，小人則否。

〔校〕

①　達以胡有　管本方云疑「以」當作「亦」。

②　「弘道則久」至「天長地久」　管本方校：「贊上五韻不應犯複，此『久』字斷不可易，恐上『久』字或當作『友』也。」

唐摭言校證　卷五

切磋

1 大居守李相讀春秋〔一〕，誤呼叔孫婼敕略爲婼敕晷，日讀一卷，有小吏侍側，常有不懌之色。公怪，問之①：「爾常讀此書耶？」曰：「然。」「胡爲聞我讀至此而數色沮耶？」吏再拜，言曰：「緣某師授②，誤呼文字。今聞相公呼婼敕略爲婼敕晷，方悟耳。」公曰：「不然，吾未之師也。自檢釋文而讀，必誤在我，非在爾也。」因以釋文示之。蓋書「略」字，以「田」加「各」首，久而成③。「日」配「咎」爲「晷」。小吏因委曲言之。公大慙媿，命小吏受北面之禮，號爲「一字師」。

紺珠集卷四、類説卷三四、説郛卷三五上、宋孫奕示兒編卷二二集字二亦録載。大典卷九二二二支下師有一字師引唐摭言，有節略。

〔校〕

①問之　雅雨初印作「問曰」。

②某　管本作「習」。

③以田加各首久而成　影宋本、宋犖本、宋筠本、撰敘本、徐本「加各首」作「加首」，影宋本、宋犖本、撰敘本「成」下又有「日」字，徐本「成」下有「略」字。

〔證〕

〔一〕大居守李相：李程，本卷末定保有論曰：「方之繆公以小吏一言，北面而師之者。」案：舊書卷一六七李程傳：「李程卒，有司謚曰繆。」繆公即李程。「大居守」即東都留守，新書卷一三一李程傳：「程爲人辯給多智，然簡侻無儀檢，雖在華密，而無重望。最爲帝所遇，嘗曰：『高飛之翮，長者在前。卿朝廷羽翮也。』武宗立，爲東都留守。」本事或在此時。新書卷八穆宗紀：長慶四年（八二四）「五月乙卯，吏部侍郎李程、户部侍郎判度支竇易直同中書門下平章事。」程於寶曆二年（八二五）九月罷相。

2 韓文公著毛穎傳〔一〕，好博簺之戲①。張水部以書勸之〔二〕，凡三書〔三〕。其一曰：「比見執事多尚駁雜無實之説，使人陳之於前以爲歡，此有累於令德②。又高論之際③，或不容人之短，如任私尚勝者，亦有所累也。先王存六藝，自有常矣，有德者不爲，猶不爲損，況爲博簺之戲，與人競財乎？君子固不爲也。今執事爲之，以廢棄時日，籍實不識其然④。」文公答曰：「吾子譏吾與人言爲無實駁雜之説⑤，此吾所以爲戲耳⑥，比之酒色，不有間乎⑦？吾子譏之，似同浴而譏裸體也⑧。若高論不能下氣，或似有之，當更思而誨之耳。博簺之譏，敢不承教！其他俟相見。」

〔校〕

① 簺　管本作「塞」，下同。

② 有累　張司業集「有」下有「以」字。

③ 高論　張司業集作「商論」，下文文公答語，韓集亦同。

④ 籍實　張司業集作「籍竊實」。

⑤ 人言　韓集作「人人」。

⑥ 爲戲耳　管本無此三字，疑抄脱。

⑦ 間　影宋本、管本作「闕」，韓集作「間」。

⑧ 吾子譏之似同浴而譏裸體也　管本無「吾子」二字，疑抄脱。「裸體」，韓集作「裸裎」。

〔證〕

〔一〕韓文公著毛穎傳：柳河東集卷二一讀韓愈所著毛穎傳後題：「自吾居夷，不與中州人通書。有來南者，時言韓愈爲毛穎傳，不能舉其辭，而獨大笑以爲怪，而吾久不克見。」宗元所讀毛穎傳得之於其岳父楊憑子誨之，卷三三與楊誨之再説車敦勉用和書云：「足下所持韓生毛穎傳來，僕甚奇其書，恐世人非之，今作數百言，知前聖不必罪俳也。」舊書卷一四憲宗紀：永貞元年（八〇五）九月己卯，禮部員外郎柳宗元貶邵州刺史。十月，又爲永州司馬。與楊誨之書又云：「今日有北人來，示將籍田敕。是舉數十年之墜典，必有大恩澤。」憲宗紀：元和五年（八一〇）十月，詔以來年正月十六日東郊籍田。則毛穎傳當作於永貞元年至元和五年十月之間。

〔二〕張水部：張籍，白居易長慶元年至二年任中書舍人時曾有張籍可水部員外郎制，則張籍仕水部當在長慶初。據唐才子傳校箋卷五張籍傳，籍貞元十五年中書舍人高郢下進士及第後，於元和元年任太祝。白居易集卷一五重到城七絶句之三張十八言：「獨有詠詩張太祝，十年不改舊官銜。」新書卷一七六張籍傳略云：「第進士，爲太常寺太祝。久次，遷秘書郎。」則元和初韓愈作毛穎傳時，張籍官太常寺太祝。

〔三〕凡三書：今本張司業集僅二書。全文卷六八四亦收二書，本篇爲第一書。韓愈答書，全文卷五五一題答張籍書、重答張籍書。

3 羊紹素夏課有畫狗馬難爲功賦〔一〕，其實取「畫狗馬難於畫鬼神」之意也，投表兄吳子華。子華覽之，謂紹素曰：「吾子此賦未嘉，賦題無鬼神，而賦中言鬼神。子盍爲畫狗馬難於畫鬼神賦，即善矣。」紹素未及改易，子華一夕成於腹笥。有進士韋彖，池州九華人，始以賦卷謁子華。子華聞之①，甚喜。彖居數日，貢一篇於子華，其破題曰：「有丹青二人，一則矜能於狗馬，一則誇妙於鬼神。」子華大奇之，遂焚所著，而紹素竟不能以己下之。其年，子華爲彖取府解②〔二〕。

〔校〕

① 聞之　管本方校云「聞」當作「閲」。

② 府解　閣本、薈要本同，他本皆作「府元」。宋筠本校「元」作「解」。

〔證〕

〔一〕羊紹素：昭宗乾寧五年（八九八）禮部尚書裴贄下狀元及第。吳越備史卷一武肅王：明州刺史黃晟，「頗尚禮士，辟前進士陳鼎、羊紹素以爲門賓。」十國春秋卷八五黃晟傳載略同。

〔二〕其年子華爲彖取府解：彖乾寧四年禮部侍郎薛昭緯下進士及第，子華爲彖取解或在其年。本書卷二府元落2-6條又云韋彖乾寧二年府元落下，或於四年再取解。

4 陳嶠謁安陸鄭郎中諴①〔一〕，三年方一見②。諴從容謂嶠曰③：「識閔廷言否〔二〕？」嶠曰：「偶未知聞。」諴曰：「不妨與之還往④，其人文似西漢。」

廣記卷一八三貢舉六陳嶠條亦録載。

〔校〕

① 諴　影宋本、宋筠本、閣本爲小注。

② 見　廣記作「相面」。

③ 諴從容謂嶠　影宋本、宋犖本、宋筠本、管本、廣記「諴」在「從容」下。

④ 還往　管本作「來往」。廣記作「往還」。

〔證〕

〔一〕陳嶠：嶠，僖宗光啓四年（八八八）鄭延昌下及第。鄭諴，舊書卷一九下僖宗紀：「（乾符三年七月）主客郎中鄭諴爲金部郎中。九月，……户部郎中鄭諴爲刑部郎中。」新書卷六〇藝文四：「鄭諴集，卷亡。字申虞，福州閩縣人。大中國子司業，郢、安二州刺史，江西節度副使。」鄭諴此時任何郎中不明。新書卷二〇三孟浩然傳：「初，王維過郢州，畫浩然像于刺史亭，因曰浩然亭。咸通中，刺史鄭諴謂賢者名不可斥，更署曰孟亭。」此段疑出自皮日休皮子文藪卷七雜著之郢州孟亭記：「（咸通）四年，滎陽鄭公誠刺是州。」此「誠」當作「諴」。

〔三〕閔廷言：參見本書卷一〇海敍不遇門閔廷言條（10-34）。唐釋貫休禪月集卷一七有聞閔廷言周璉下第：「前牓年年見，高名日日聞。常因不平事，便欲見吾君。兄弟居清島，園林生白雲。相思空悵望，庭葉赤紛紛。」

5 吳融〔一〕，廣明、中和之際，久負屈聲，雖未擢科第，同人多贄謁之，如先達。有王圖，工詞賦，投卷凡旬月。融既見之，殊不言圖之臧否，但問圖曰：「更曾得盧休信否①〔二〕？何堅卧不起，惜哉！融所得，不如也！」休，圖之中表，長於八韻，向與子華同硯席，晚年拋廢，歸鏡中別墅。

廣記卷一八三頁舉六吳融條亦録載。

〔校〕

① 更曾得　廣記「更」作「吏」，汪校：明鈔本作「向」。

〔證〕

〔一〕吳融：融龍紀元年（八八九）禮部侍郎趙崇下進士及第。

〔二〕更曾得盧休信：盧休，詩人主客圖入室十人録有名盧休者寒月聯句一聯及殘句五句。紀事卷六四盧休條録以上詩句後言「休不第」。全詩卷六五八有羅隱七言寄進士盧休一首：「半年池口恨萍蓬，今日思量已夢中。游子馬蹄難重到，故人尊酒與誰同。山横翠後千重緑，蠟想歌時一燼紅。從此客程君不見，麥秋梅雨遍江東。」此盧休疑即本條所及之盧休。詩中並無盧休及第意，言進士當爲對盧之敬稱。餘尚俟考。

6　李翺與陸傪書〔一〕：「李觀之文章如此，官止于太子校書①，年止於二十九〔二〕，雖有名於時俗，其卒深知其至者②，果誰哉？信乎天地鬼神之無情于善人，而不罰罪也甚矣！爲善者將安所歸乎？翺書其人，贈于兄。贈于兄，蓋思君子之知我也。與李觀平生不得往來③，及其死也，則見其文④，嘗歎使李觀若永年⑤，則不遠於揚子雲矣！書己之文次，忽然若觀之文⑥，亦見於君也⑦，故書苦雨賦綴於前。當下筆時，復得詠其文，則觀也雖不永年，亦不甚遠於揚子雲矣。書苦雨之辭，既又思：我友韓愈，非茲世之文，古之文也；非茲世之人，古之人也。其詞奥⑧，其意適，則孟軻既没，亦不見有過於斯者。當下筆時，如他人疾書之寫誦文⑨，不是過也，其詞乃能如此。嘗書其一章曰獲麟解⑩，其他亦可以類知也。窮愁不能無述⑪，適有書寄弟正辭，及其終，亦自覺不甚下尋常之所爲者，亦以贈焉。亦唯讀觀、愈之詞，冀一詳焉。翺再拜。」

〔校〕

①校書　管本作「校書郎」，李集同。

②卒　影宋本、宋犖本、宋筠本、揆敘本、徐本、管本作「率」。

③與李觀平生不得往來　閣本、薈要本「與李觀」作「予與觀」。

④見其文　影宋本、宋犖本、宋筠本、揆敘本、徐本無「其」字。

⑤嘗歎使　影宋本、宋犖本、宋筠本、揆敘本、徐本作「嘗與」，恐非。

⑥忽然若　管本無「然」字。

⑦見於君　李集「見」下有「知」字。「君」，管本吴校「一本作今」，閣本、薈要本作「今」。

⑧奥　李集、影宋本、宋犖本、宋筠本、揆敘本、徐本作「與」。

⑨疾書之寫誦文　管本、閣本、薈要本「文」作「之」。李集作「疾書寫之誦其文」。

⑩嘗書其　影宋本、宋犖本、宋筠本、揆敘本、徐本無「其」字。

⑪無述　李集作「無所述」。

〔證〕

〔一〕陸傪：傪事跡，見前卷四師友門韓文公名播天下條（4–21）及卷八通牓門權德輿主文條（8–1）

注。此書見翱李文公集卷七。

〔三〕年止於二十九：韓集卷二四李元賓墓銘：「李觀字元賓，其先隴西人也。始來自江之東，年二十四舉進士，三年登上第，又舉博學宏詞，得太子校書。又一年，年二十九，客死于京師。」案：李觀貞元八年（七九二）進士及第，以此推之，則當卒於貞元十年。李文公集卷一三陸歙州述云：「（修）出刺歙州，卒於道，貞元十八年四月二十八日也。」則李翱此書當作於貞元十一年與十八年之間。又下文「適有書寄弟正辭」，當即本書卷二2-19條之與弟正辭書，原注：「貞元末，正辭取京兆解，掾不送，翱故以書勉之。」貞元總二十一年，十一年尚不足言末，則此書作時或距貞元十八年未遠。

7 李元賓與弟書曰：「年不甚幼，近學何書？擬應明經①，爲復有文？明經世傳②，不可墜也③。文貴天成，强不高也④。二事並良，苟事立⑤，汝擇處焉⑥。」

此條或引自李觀集，新書卷六〇藝文四録有晚唐人陸希聲編李觀集三卷。清秦恩復亦編李元賓文集六卷，粵雅堂叢書及畿輔叢書皆收録，題作報弟兄書。本書卷一五賢僕夫門15-33條亦録李元賓此書部分文字。

〔校〕

①應　李集作「舉」。

②世　李集作「未」。

③墜　李集作「墮」。

④强不高也　李集作「不可彊高也」。

⑤苟事立　李集作「苟可立」。

⑥汝擇處焉　撰叙本「擇」作「擢」。宋犖本、宋筠本、撰叙本、徐本「焉」作「高」。

8 景福中，江西節度使鍾傳遣僧從約進法華經一千部〔一〕，上待之恩渥有加，宣從約入内賜齋，面錫紫衣一副。將行，太常博士戴司顔以詩贈行〔二〕，略曰：「遠來朝鳳闕，歸去戀元侯。」時吴子華任中諫〔三〕，司顔仰公之名，志在屬和，以爲從約之資。融覽之，拊掌大笑曰①：「遮阿師更不要見②，便把拽出得。」其承奉如此矣。

紀事卷六六、五代詩話卷二亦載，皆題作戴司顔。

〔校〕

①拊掌　閣本、薈要本作「撫掌」。

②遮　紀事作「這」。

〔證〕

〔一〕鍾傳：自僖宗中和二年（八八二）至天祐三年（九〇六）卒時，爲江西節度使。僧從約，事跡無考。景德傳燈録卷一一懷讓禪師第四世上八十九人中有「白鹿從約禪師」，是否同一人俟考。

〔二〕太常博士戴司顔：才調集、紀事諸書皆作戴司顔，唐才子傳作戴思顔，唐才子傳後出，當以前書爲是。紀事：「司顔，登大順進士第。」唐才子傳亦云：「思顔，大順元年楊贊禹牓進士及第，與王駕同袍。」唐才子傳校箋卷九戴思顔下考司顔於及第二、三年間即任太常博士，遷轉過速，恐不確，然仕何職亦無可考。

〔三〕吴子華任中諫：中諫即左補闕。唐才子傳校箋卷九吴融下考景福中當爲侍御史，時吴融入韋昭度幕爲掌書記。任補闕當在乾寧三年。

9 皇甫湜答李生二書〔一〕。第一書：「辱書，適曛黑，使者立復，不果一一。承來意之厚，傳曰：『言及而不言，失人。』麄書其愚，爲足下答，幸察。來書所謂今之工文，或先於奇怪者，顧其文工與否耳。夫意新則異於常，異於常則怪矣；詞高則出衆，出衆則奇矣①。虎豹之文，不得不炳於犬羊；鸞鳳之音，不得不鏘於烏鵲；金玉之光，不得不炫於瓦石。非有意先之也，迺自然也。必崔巍然後爲岳②，必滔天然後爲海。明堂之棟，必撓雲霓；驪龍之珠，必錮深泉③。足下少年氣盛④，固當以出拔爲意。學文之初，且未自盡其才，何遽稱力不能哉？圖王不成，其弊猶可以霸，其僅自見也，將不勝弊矣。孔子譏其身不能者，幸勉而思進之也。來書所謂浮艷聲病之文，恥不爲者，雖誠可恥，但慮足下方今不爾，且不能自信其言也。向者足下舉進士⑤，舉進士者，有司高張科格，每歲聚者試之，其所取迺足下所不爲者也。工欲善其事，必先利其器，足下方伐柯而舍其斧⑥，可乎哉？恥之，不當求也。求而恥之，惑也。今吾子求之矣，是徒涉而恥濡足也，寧能自信其言哉？來書所謂急急於立法寧人者，迺在位之事⑦，聖人得勢所施爲也⑧，非詩賦之任也。功既成，澤既流，詠歌記述，光揚之作作焉。聖人不得勢，方以文詞行於後。今吾子始學未仕而急其事，亦太早計矣。凡來書所謂數者，似言之未稱，思之或過，其餘則皆善矣。既承嘉惠，敢自固昧⑨！聊復所爲，俟見方盡。湜再拜。」

四部叢刊初編本皇甫持正文集卷四收有答李生書三通，本條與下條爲其一、二篇。宋祝穆古今事文類聚別集卷五文章部節録此書。

〔校〕

①詞高出衆出衆則奇矣　管本、閣本、薈要本作「詞高則出於衆出於衆則奇矣」。
②崔巍　皇集作「崔嵬」。
③錮　皇集、影宋本、管本、閣本、薈要本皆作「固」。
④少年　皇集上有「以」。
⑤向者　皇集作「何者」。
⑥舍其斧　皇集「斧」下有「斤」。
⑦在位之事　皇集「位」下有「者」。
⑧得勢所施爲也　皇集無「勢」字。
⑨固昧　皇集作「踈怠」。

〔證〕

〔一〕皇甫湜：憲宗元和元年進士及第。李生姓名不可考，案：文中有「足下以少年氣盛，固當以出拔爲意」，當爲年輩較輕而干謁求薦者。另，皇甫湜答李生第三書中引韓退之覆張籍書「頑然不入者，親以言諭之，不入，則其觀吾書，固將無所得矣」云云，韓集卷一四答張籍書題下云：

「公佐戎汴州，籍來謁，公善之。籍責公排佛老，不著書，公答書二首。」馬其昶注曰：「公與籍相識於汴，……即尚爲佐於汴州，時貞元十一年也。」案宋洪興祖韓子年譜，愈貞元十二年丙子秋爲汴州觀察推官，是此書當作於其後。

10 皇甫湜與李生第二書：「湜白：生之書辭甚多，志氣甚橫流，論説文章，不可謂無意。若僕愚且困，迺生詞競於此，固非宜。雖然，惡言無從，不可不卒，勿怪！夫謂之奇，則非正矣，然亦無傷於正也。謂之奇，即非常矣。非常者，謂不如常，迺出常也①。無傷於正，而出於常，雖尚之亦可也。此統論奇之體耳，未以言文之，失也。夫文者非他②，言之華者也，其用在通理而已，固不務奇，然亦無傷於奇也。使文奇而理正，是尤難也。生意便其易者乎！夫言亦可以通理矣。而以文爲貴者，非他，文則遠，無文即不遠也。以非常之文，通至正之理，是所以不朽也。生何嫉之深耶？夫『繪事後素』，既謂之文，豈苟簡而已哉！聖人之文，其難及也，作春秋，游、夏之徒不能措一詞，吾何敢擬議之哉？秦、漢以來至今，文學之盛，莫如屈原、宋玉、李斯、司馬遷、相如、揚雄之徒。其文皆奇，其傳皆遠。生書文亦善矣，比之數子，似猶未勝，何必心之高乎？傳曰：『其言之不出③，恥躬之不逮也。』生自視何如哉？書之文不奇，易之文可爲奇矣④，豈礙理傷聖乎？如『龍戰于野，其血玄黄』，『見豕負塗，載鬼一車』，『突如其來，如焚如死如棄』，如此何等語也？生輕宋玉⑤，而稱仲尼、班、馬、相如爲文學。案：司馬遷傳屈原曰：『雖與日月争光，可矣。』生當見之乎⑥？若相如之徒，即祖習不暇者也。豈生稱誤耶？將識分有所至極耶？將彼之所立卓爾，非强爲所庶幾，遂讎嫉之耶，其何傷於日月乎？生笑『紫貝闕兮珠宫』，此與詩之『金玉其相』何異？天下人有金玉爲之質者乎？『被薜荔兮帶女蘿』，此與『贈之以芍藥』何異？文章不當如此説也⑦。豈謂怒三四而喜四三，識出之白，而性入之黑乎⑧？生云『虎豹之文非奇』，夫長本非長，短形之則長矣，虎豹之形於犬羊，故不得不奇也。他皆做此。生云『自然者非性』，不知天下何物非自然乎？生又云『物與文學不相侔』，此喻也，凡喻必以非類，豈可以彈喻彈乎⑨？是不根者也。生稱以『知難而退爲謙』，夫無難而退，謙也；知難而退，宜也，非謙也。豈可見黄門而稱貞哉？生以一詩一賦爲非文章⑩，抑不知一之少便非文章耶，直詩賦不是文章耶？如詩賦非文章，三百篇可燒矣。如少非文章，湯之盤銘是何物也？孔子曰：『先行其言。』既爲甲賦矣，不得稱不作聲病文也。孔子云：『必也正名乎？』生既不以一第爲事，不當以進士冠姓名也。夫焕乎郁郁乎之文，謂制度，非止文詞也。前者捧卷軸而來，又以浮艷聲病爲説，似商量文詞，當與制度之文異日言也。近風偷薄⑪，進士尤甚，迺至有『一謙三十年』之説，争爲虚張，以相高自謾。詩未有劉長卿一句，已呼阮籍爲老兵矣；筆語未有駱賓王一字，已罵宋玉爲罪人矣；書字未識偏旁，高談稷、契；讀書未知句度，下視服、鄭。此時之大病，所當嫉者。生美才，勿似之也。傳曰：『唯善人能受善言⑫。』孔子曰：『君子無所争，必也射乎？』問於湜者多矣，以生之有心也，聊有復，不能盡，不宣。湜再拜。」

〔校〕

① 非常者謂不如常迺出常也　皇集作「非常者謂不如常者謂不如常乃出常也」。「謂不如常者」似爲衍文。

② 未以言文之失也夫文者非他　「未以言文之」，皇集作「未以文言之」。管本方校云「失」字疑衍，恐非。皇集、影宋本、管本、文粹「非他」作「非也」，恐亦非。

③ 其言之不出　皇集無「其」字。

④ 易之文可爲奇矣　宋犖本、宋筠本「爲」作「謂」。

⑤ 生輕宋玉　管本方校云「宋玉」上疑脱「屈原」二字。

⑥ 生當見之乎　管本方校云「當」疑作「嘗」，皇集作「當」。

⑦ 文章不當如此説也　管本「文章」作「文意」。

⑧ 而性人之黑乎　管本「性」作「怪」。吴案：「怪」刻本作「信」，一本作「性」。方校云當作「怪」。案：此與前句「識出」相對，當仍作「性」爲是。

⑨ 豈可以彈喻彈乎　影宋本、宋筠本、管本後「彈」作「單」。案：以「單」釋「彈」無可解，當以「彈」爲是。

⑩ 一詩一賦爲非文章　管本吴校云刻本無「爲」字，閣本、薈要本有，皇集亦同。

⑪ 近風偷薄　皇集「風」下有「教」字。

⑫ 善言　閣本作「盡言」，皇集同。案：國語周語下：「唯善人能受盡言，齊有之乎？」單襄公語。

以其人不稱才試而後驚

11 韓文公、皇甫補闕見李長吉，時年七歲。二公不之信，因面試高軒過一篇〔一〕。

本條與卷一〇韋莊奏請追贈不及第人近代者下李賀條（10-43）重複，而後條尤詳。有關韓愈、皇甫湜交結事，亦見幽閒鼓吹李賀以歌詩謁韓吏部、劇談録卷下元相國謁李賀條，詳下考。

〔證〕

〔一〕高軒過：今本王琦注李賀詩歌集注卷四收賀高軒過詩，題下有序：「韓員外愈、皇甫侍郎見過，因命而作。」案：王琦注云：「元和三年，皇甫湜以陸渾尉應賢良方正直言極諫舉，指陳時政之失，爲宰相李吉甫所惡，久之不調，其爲侍御必在此年之後。韓爲都官員外郎在元和四年，約其時長吉已弱冠矣。恐摭言七歲之説爲誤。」杜牧李長吉歌詩敘云賀二十七而卒，敘作於「賀死後凡十有五年」。牧敘作於大和五年（八三一），則賀卒年在元和十一年，賀七歲時爲貞元十三年，然其時距元和三年皇甫湜制科及第尚有年，言賀七歲顯誤。朱自清李賀年譜亦以爲七歲不確。高軒過有「東京才子文章公」句，當即云愈。洪興祖韓子年譜考元和四年六月，愈由國子博士分司東都改都官員外郎，賀作此詩當在此年前後，此時賀已二十歲矣。皇甫湜元和三年制科及第後，即釋褐陸渾尉，賀有赴陸渾訪湜詩官不來題皇甫湜先輩廳，又有洛陽城外别皇甫湜，當此前有過從，蓋即韓、皇甫二公訪賀爲始。另，兩唐書並諸史料並無湜任補闕仕歷。又，劇談録卷下元相國謁李賀：「元和中，進士李賀善爲歌篇。韓文公深所知，重於縉紳之間。每加延譽，由此聲華藉甚。時元相國稹年老，以明經擢第，亦攻篇什，常願交結賀。一日執贄造門，賀覽剌不容，遽令僕者謂曰：『明經擢第，何事來看李賀？』相國無復致情，慙憤而退。」此段殊不經。記考卷一三，元稹貞元九年明經擢第。卞孝萱元稹年譜此年稹十五歲，則劇談録「年老」或爲「年少」之誤。然據上考，李賀此年僅四歲，若爲此年事，殆絶無可能。劇談録又云：「其後左拾遺制策登科，日當要路。及爲禮部郎中，因議賀祖禰諱晉，不合應進士舉，亦以輕薄，時輩所排，遂成轗軻。」案：元稹元和元年制舉及第，授左拾遺，出爲河南尉，僅元和二年授監察御史，五年出爲江陵尉，其後至李賀殁，皆爲外官。穆宗長慶元年方爲知制誥，得重入朝官。況稹亦無禮部郎中職歷。

12 蔣凝〔一〕，咸通中詞賦絶倫，隨計塗次漢南，謁相國徐公〔二〕。公見其人么麼，不信有其才，因試峴山懷古一篇。凝於客位賦成，公大奇之。

此條與卷七知己下蔣凝條（7–23）近。

〔證〕

〔一〕蔣凝：本書卷七知己云蔣凝江東人。瑣言卷五沈蔣人物：「蔣凝侍郎亦有人物，每到朝士家，人以爲祥瑞，號『水月觀音』。」凝爲侍郎，嚴耕望唐僕尚丞郎表未著録。

〔二〕相國徐公：即徐商。舊書卷一九上懿宗紀：咸通六年（八六五）二月，制以御史中丞徐商爲兵部侍郎、同平章事。十年春正月，以門下侍郎、兼刑部尚書、同平章事徐商檢校兵部尚書、江陵尹、荆南節度使。同年十二月，敕荆南節度使杜悰云云，則徐商爲荆南節度使兼江陵尹僅咸通十年一年，蔣凝謁徐商疑即在此時。

13 令狐文公鎮三峰〔一〕，時及秋賦，特置五場試〔二〕：第一場，雜文；第二場，詩歌篇①；第三場，表檄。先是，盧弘正一人就試，來者皆慄縮而退。馬植以將家子來求薦，文公與從事皆鄙之，專令人伺其詞句。既而試登山采珠賦，曰：「文豹且異於驪龍，采斯疎矣；白石又殊於老蚌，剖莫得之。」衆皆大驚，遂奪弘正解元矣。

此條與卷二争解元門同華解最推利市條（2–11）互見，見前注。

〔校〕

① 詩歌篇　原本作「詩歌□」。薈要本作「詩歌篇」，他本皆作「試歌篇」。據薈要本補。

〔證〕

〔一〕令狐文公鎮三峰：舊書卷一七二令狐楚傳：「元和十三年四月，出爲華州刺史。」

〔二〕五場試：本書卷二云五場試：「蓋詩、歌、文、賦、帖經，爲五場」，與此處僅及三場試有異。

14 黎逢氣貌山野，及第年〔一〕，初場後至，便於簾前設席。主司異之，誚其生疎，必謂文詞稱是①，專令人伺之，句句來報。初聞云：「行人徘徊②〔二〕。」曰：「亦是常言。」既而將及數聯，莫不驚歎，遂擢爲狀元③。

紀事卷三六黎逢條亦録載。

〔校〕

① 必謂　管本方校云疑作「謂必」。

② 行人　原本、閣本、薈要本及紀事作「何人」，據英華卷五〇改。

③ 遂擢爲狀元　紀事作「遂擢第」。

〔證〕

〔一〕黎逢：代宗大曆十二年（七七七）禮部侍郎常衮下狀元及第。此年試題通天臺賦。會要卷七六貢舉中制科舉：黎逢於建中元年（七八〇）經學優深科及第。

〔二〕行人徘徊：英華卷五〇録黎逢此賦全文，首數句云：「行人徘徊，登秦原而游目，見漢右之荒臺。清風穆其尚在，翠華歸而不迴。」據此改。

15 王勃著滕王閣序，時年十四〔一〕。都督閻公不之信〔二〕，勃雖在座，而閻公意屬子壻孟學士者爲之，已宿構矣。及以紙筆延讓賓客①，勃不辭讓。公大怒，拂衣而起，專令人伺其下筆。第一報云：「南昌故郡，洪都新府。」公曰：「亦是老生常談！」又報云：「星分翼軫，地接衡、廬。」公聞之，沈吟不言。又云：「落霞與孤鶩齊飛，秋水共長天一色。」公矍然而起，曰：「此真天才，當垂不朽矣！」遂亟請宴所，極歡而罷。

廣記卷一七五幼敏之王勃條亦録載。新書卷二〇一王勃傳簡述此本事，當本自此條。廣記注出摭言，然情節也自鋪衍，與本條頗異。類説卷三四則有滕王閣記，古今事文類聚前集卷一一天時部有作滕王閣記一則，末注出摭言，將摭言本事與類説所載拼合爲一，已非本條原貌。

〔校〕

① 延讓 宋犖本、宋筠本、搜敘本、徐本作「巡讓」。

〔證〕

〔一〕時年十四：據今人張志烈初唐四傑年譜，王勃永徽元年（六五〇）生，十四歲在龍朔三年（六六三）。案：廣記在「年十三省其父至江西」時。清人蔣清翊王子安集注以爲十四歲省父六合時作，清人姚太榮書王勃秋日登洪府滕王閣餞别序以爲勃省父交趾經洪府作。張譜附姚譜，定上元二年（六七五）九月勃二十六歲時作，具考可參張譜，此不贅述。

〔二〕都督閻公：方成珪以爲閻伯璵，誤。以爲閻伯璵者，蓋本自清編江西通志卷三八古跡一南昌府引滕王閣名勝志：「在章江、廣潤二門之間。唐顯慶四年滕王元嬰都督洪州，營建此閣，迨落成，而滕王之封適至，因以名之。後閻伯璵來督，其婿吴子章能文，令宿構閣序。因九日宴僚屬，欲出誇之。先是，龍門王勃往交趾省親，舟次馬當山，去南昌七百餘里，神見夢焉，且許助風，及明而至，遂得預宴。閻遍請諸賓客爲序，皆辭謝，至勃不辭而賦，一座驚服，有序並詩其後。」新傳有中書舍人閻伯璵，然其人爲天寶時人，距龍朔間五十餘年。閻公或已無考。

〔7〕論曰：書云：「人無常師，主善爲師〔一〕。」於戲！近世浮薄，率皆貴彼生知，恥乎下學。質疑問禮者，先懷愧色；探微賾奥者，翻汩沈流。風教頹圮，莫甚於此！由是李華自曰：「師於茂挺。」李翱亦曰：「請益退之。」于時，名遂功成，才高位顯，務乎矯俗，以遏崩波，盛則盛矣。方之繆公以小吏一言，北面而師之者，可謂曠古一人而已！有若考覈詞藝之臧否，振舉後生之行藏，非唯立賢，所謂報國。噫！今之論者，信僥倖之賊歟！

〔證〕

〔一〕人無常師主善爲師：尚書咸有一德：「德無常師，主善爲師。」孔安國傳：「德非一方，以善爲主，乃可師。」

唐摭言校證 卷六

公薦門生薦坐主師友相薦附

1 崔郾侍郎既拜命，於東都試舉人①〔一〕，三署公卿〔二〕，皆祖於長樂傳舍，冠蓋之盛，罕有加也。時吴武陵任太學博士，策蹇而至。郾聞其來，微訝之，乃離席與言。武陵曰：「侍郎以峻德偉望，爲明天子選才俊，武陵敢不薄施塵露？向者偶見太學生十數輩，揚眉抵掌讀一卷文書，就而觀之，乃進士杜牧阿房宫賦。若其人，真王佐才也。侍郎官重，必恐未暇披覽。」於是搢笏，朗宣一遍。郾大奇之。武陵曰：「請侍郎與狀頭②。」郾曰：「已有人。」武陵曰：「不然，則第三人。」郾曰：「亦有人。」武陵曰③：「不得已，即第五人。」郾未遑對。武陵曰：「不爾，即請此賦④。」郾應聲曰：「敬依所教。」既即席，白諸公曰⑤：「適吴太學以第五人見惠⑥〔三〕。」或曰：「爲誰？」曰：「杜牧。」衆中有以牧不拘細行間之者⑦。郾曰：「已許吴君矣。牧雖屠沽，不能易也。」

廣記卷一八一貢舉四杜牧將此條與本書卷三大和二年崔郾侍郎東都放牓（3–14）條合爲一條。紺珠集卷四阿房宮賦、唐才子傳卷六杜牧略載此事。

〔校〕

①東郡　廣記作「東郡」。

②武陵曰請侍郎與狀頭　廣記「請」在「陵」下。

③「武陵曰不然」至「亦有人武陵」　摭言各本皆脱此十六字，此據廣記補。

④即請此賦　明本「即」誤作「郎」。宋筠本、閣本、薈要本、管本「請」下有「還」。

⑤白諸公　明本「諸」作「請」。

⑥吴太學　明本作「吴太博」。

⑦問之　廣記作「問之」。

〔證〕

〔一〕東都試舉人：崔郾，肅宗時吏部侍郎崔邠弟，舊書卷一五五崔郾傳：「其年（寶曆二年）轉禮部侍郎，東都試舉人。凡兩歲掌貢士，平心閲試，賞拔藝能，所擢者無非名士，至大中、咸通之代，爲輔相名卿者十數人。」崔郾於大和元年（八二七）、二年兩知貢舉，杜牧於二年及第。新書卷二〇三吴武陵傳具載此事，蓋即出自本書。崔郾放牓，杜牧賦詩，見本書卷三慈恩寺題名遊賞賦詠雜紀門（3–14）。

〔二〕三署公卿：舊五代史卷一四九職官志：「北省（即門下、中書）爲陛下侍從之臣，南宫（即尚書省）掌陛下經綸之務，憲臺（即御史臺）執陛下紀綱之司，首冠群僚，總爲三署，當職尤重，責望非輕。」舊書卷一七九陸扆傳：「其年（乾寧三年）七月，改户部侍郎、同平章事。故事，三署除拜，有光署錢，以宴舊僚。」又，唐亦以尚書六部郎官爲「三署」。史記卷二七天官書第五張守節注：「周之元士，漢之光禄、中散、諫議，此三署郎中，是今之尚書郎。」唐音癸籤卷一七三署禮闈：「唐人贈省郎詩多用三署及禮闈，官之有郎自秦始，秦置三署，諸郎隸焉。」

〔三〕吴太學：吴武陵任太學博士，新傳：「久之，入爲太學博士。大和初，禮部侍郎崔郾試進士東都。」或本於此條。

2 韓文公、皇甫湜①，貞元中名價籍甚，亦一代之龍門也。奇章公始來自江、黄間②〔一〕，置書囊於國東門，攜所業先詣二公卜進退。偶屬二公③，從容皆謁之，各袖一軸面贄。其首篇説樂。韓始見題而掩卷④，問之曰：「且以拍板爲什麽？」僧孺曰：「樂句。」二公因大稱賞之。問所止，僧孺曰：「某始出山隨計，進退唯公命，故未敢入國門。」答曰：「吾子之文，不止一第，當垂名耳。」因命於客户坊僦一室而居。俟其他適，二公訪之，因大署其門曰：「韓愈、皇甫湜同訪幾官先輩不遇⑤。」翌日，自遺闕而下⑥，觀者如堵，咸投刺先謁之。由是僧孺之名，大振天下〔二〕。

本條與卷七升沈後進（7-13）所載略同。紀事卷三九牛僧孺、廣記卷一八〇貢舉三牛僧孺皆引載本書卷七條。

〔校〕

① 皇甫湜　明本作「梁補闕」，與諸書異，不知何出。
② 江黄間　本書卷七作「灞滻間」。
③ 偶屬二公　明本「二公」作「韓梁」。
④ 韓始見題而掩卷　宋筠本「韓」下校添「公」字。
⑤ 先輩　明本作「必先」。
⑥ 遺闕　薈要本作「過闕」。

〔證〕

〔二〕奇章公：即牛僧孺。僧孺，德宗貞元二十一年（八〇五）及第。舊書卷一七二牛僧孺傳：隋僕射奇章公弘之後，敬宗時封奇章子。新書卷一七四牛僧孺傳：敬宗立，進封奇章郡公。案：全文卷七二〇李珏故丞相太子少師贈太尉牛公神道碑銘：「年十五，知先奇章公城南有隋室賜田數頃，書千卷。乃辭親肄習，孜孜矻矻，不捨晝夜。洎四五年，業成舉進士，軒然有聲。時韋崖州作相，網羅賢儁。知公名，願與交。公袖文往謁，一見如舊。由是公卿籍甚，名動京師。得上第，聯以賢良方正舉，又冠甲科。」又樊川文集卷七有杜牧唐故太子少師奇章郡開國公贈太尉牛公墓誌銘：「太保生公，孤始七歲。長安南下杜樊鄉東，文安有隋氏賜田數頃，書千卷尚存。公年十五，依以爲學，不出一室，數年業就，名聲入都中。故丞相韋公執誼，以聰明氣勢，急於褒拔，如柳宗元、劉禹錫輩，以文學秀少，皆在門下。韋公亟命柳、劉於樊鄉訪公，曰願一得相見。公乘驢至門，韋公曰：『是矣。東京李元禮爲後進師，隋奇章公仁德禄位，二者包而有之。』」以上二文皆謂僧孺進士前肄業於城南舊田，是僧孺自江、黄或灞、滻間入長安似皆非。

〔三〕僧孺之名大振天下：記考卷一六録皇甫湜於元和元年（八〇六）禮部侍郎崔邠下進士及第。較僧孺及第尚遲二年，然此述僧孺得湜薦引而大振名於天下，殊不可解。又洪興祖韓子年譜：韓愈貞元十九年冬貶陽山令，二十一年二月順宗大赦，改江陵法曹參軍，元和元年二月方自江陵召爲國子博士。僧孺於二十一年前謁愈、湜二人皆無可能。岑仲勉跋唐摭言考本事「弗足深信」，是。

3 盧延讓，光化三年登第〔一〕。先是，延讓師薛許下爲詩〔二〕，詞意入僻①，時人多笑之。

吴翰林融爲侍御史②〔三〕，出官峽中，延讓時薄游荆渚，貧無卷軸，未遑贄謁。會融表弟滕籍者，偶得延讓百篇，融覽③，大奇之，曰：「此無他，貴不尋常耳④。」於是稱之于府主成汭〔四〕。時故相張公職大租於是邦〔五〕，常以延讓爲笑端，及融言之，咸爲改觀⑤，由是大獲舉糧，延讓深所感激。然猶因循，竟未相面。後值融赴急徵，入内庭⑥〔六〕，孜孜於公卿間，稱譽不已。光化戊午歲，來自襄南⑦。融一見如舊相識，延讓嗚咽流涕，於是攘臂成之矣⑧。

廣記卷一八四貢舉七盧延讓亦録載。

〔校〕

① 癖　管本吴校云當作「僻」。

② 爲侍御史　廣記「爲」上有「向」字。

③ 融覽　廣記「覽」上有「既」字。

④ 貴　廣記下有「語」字。

⑤ 咸爲改觀　明本、管本、閣本、薈要本「爲」作「所」。

⑥ 後值融赴急徵入内庭　明本無「後」字，「值」下有「祖」字，似不確。明本、廣記「入」字上有「尋」字。

⑦ 襄南 明本、廣記作「襄之南」。

⑧ 成之 明本作「成交」。

〔證〕

〔一〕盧延讓：延讓與吴融往還事，另見本書卷一二自負門盧延讓業癖澀詩條（12-7）。

〔二〕薛許下：即薛能。唐方鎮年表卷二：薛能乾符五年（八七八）代崔安潛爲忠武軍節度使（治許州）。新書卷九僖宗紀：廣明元年（八八〇）九月，忠武軍將周岌殺其節度使薛能。

〔三〕吴翰林融爲侍御史：新書卷二〇三吴融傳：「龍紀初及進士第。韋昭度討蜀，表掌書記，遷累侍御史。坐累去官，流浪荆南，依成汭。」新書卷一〇昭宗紀：文德元年（八八八）六月（昭宗已即位，尚未改元），閬州防禦使王建陷漢州，執刺史張頊，遂寇成都。韋昭度罷爲劍南西川節度副大使，兼兩川招撫制置使。通鑑卷二五八載大順二年（八九一）四月，王建將唐友通等擒昭度親吏駱保於行府門，臠食之。昭度大懼，遽稱疾，以印節授建，牒建知三使留後兼行營招討使，即日東還。則吴融入昭度幕當在文德元年六月至大順二年間，離川亦當在大順二年前後。新書卷二〇三吴融傳：「韋昭度討蜀，表掌書記，遷累侍御史。坐累去官。」蓋吴融離川後或即回京任侍御史。唐才子傳校箋卷九吴融傳以爲新傳出於摭言本條，「此侍御史或即任職幕府時所帶之憲銜」，恐不確。吴融當在韋昭度回京後不久亦或同時赴京，並官侍御史。校箋據融禪月集序及貫休送吴融員外赴闕詩考其貶江陵依成汭在乾寧二年（八九五）夏，則融任侍御史或在景福至乾寧初。

〔四〕府主成汭：新書卷一〇昭宗紀：「文德元年四月，成汭陷江陵，自稱留後。」通鑑卷二五七文德元年：「四月，歸州刺史郭禹擊荆南，逐王建肇，建肇奔黔州。詔以禹爲荆南留後。久之，朝廷以禹爲荆南節度使，建肇爲武泰節度使。禹奏復姓名爲成汭。」唐方鎮年表成汭爲荆南節度使自文德元年至天復三年（九〇三）。

〔五〕故相張公職大租於是邦：通鑑卷二五八大順二年：「正月庚申，「制以太保、門下侍郎、同平章事孔緯爲荆南節度使，中書侍郎、同平章事張濬爲鄂岳觀察使。」不久，「詔再貶孔緯均州刺史，張濬連州刺史。」同年二月，「再貶張濬繡州司户。」因張濬歸附朱全忠，乾寧二年六月，「以前均州刺史孔緯、繡州司户張濬並爲太子賓客」。壬辰，「以張濬爲兵部尚書、諸道租庸使。」以乾寧二年張濬所官，與「時故相張公職大租於是邦」合。再以乾寧三年朱全忠欲復張濬相位，「李克用表請發兵擊全忠，且言『濬朝爲相，臣則夕至闕庭！』京師震懼，上下詔和解之。」其品行也相近，故此處「故相張公」疑即張濬。瑣言卷七盧詩三遇：「唐盧延讓業詩，二十五舉，方登一第。卷中有句云：『狐衝官道過，狗觸店門開。』租庸張濬親見此事，每稱賞之。又有『餓貓臨鼠穴，饞犬舐魚砧』之句，爲成中令汭見賞。」

〔六〕後值融赴急徵入内庭：新書卷二〇三吴融傳：「依成汭。久之，召爲左補闕，以禮部郎中爲翰林學士，拜中書舍人。」紀事卷六八：「融，字子華，越州人。昭宗時爲翰林學士，卒官。」不著年月。案：融禪月集序云：「丙辰歲，余蒙恩召歸。」則融急徵内庭在乾寧三年（丙辰）。又案：以融回京後之任職情況，補闕尚爲外官，而翰林及舍人則爲内官，有「尋」字似是。

4 將仕郎守太子校書郎王泠然謹再拜上書相國燕公閣下①〔一〕：孔子曰〔二〕：「居是邦也，事其大夫之賢者。」則僕所以有意上書於公，爲日久矣。所恨公初爲相〔三〕，而僕始總角，公再爲相〔四〕，僕方志學。及僕預鄉舉，公左官于巴丘〔五〕。及僕參常調，而公統軍于沙、朔〔六〕。今公復爲相〔七〕，隨駕在秦②〔八〕，僕適效官，分司在洛，竟未識賈誼之面，把相如之手，則堯、舜、禹、湯之正道，稷、契、夔、龍之要務③，焉得與相公論之乎？昔者，公之有文章時，豈不欲文章者見之乎？公未富貴時，豈不欲富貴者用之乎？今公貴稱當朝，文稱命代，見天下未富貴有文章之士，不知公何以用之？公一登甲科，三至宰相，是因文章之得用，於今亦三十年〔九〕。後進之士，公勿謂無其人。何者？長安令裴耀卿於開元五年掌天下舉④，擢僕高第，以才相知。今尚書右丞王丘於開元九年掌天下選〔一〇〕，授僕清資，以智見許⑤。然二君者，若無明鑒，寧處要津？是僕亦有文章，思公見也。亦未富貴，思公用也。此非自媒自衒，恐不道不知。

紀事卷一四張説、卷二〇王泠然條有摘引。此書頗長，爲便閲讀，兹析分數段校證。

〔校〕

①將仕郎　明本「將仕郎」上有「月日」二字。

②隨駕在秦　宋筠本原作「泰」，校改作「秦」。詳下考。

③契　原本作「薛」，他本皆作「契」，據改。

④長安令　原作「今長安」，他本皆作「長安令」，據改。

⑤以智見許　明本作「以知己見許」，亦通。

〔證〕

〔一〕王泠然：王泠然，開元五年（七一七）裴耀卿下進士及第，又於開元九年員嘉静下拔萃科制舉登第。「相國燕公」即張説。

〔二〕孔子曰：下語出論語第十五衛靈公。

〔三〕公初爲相：舊書卷七中宗睿宗紀：景雲二年（七一一）正月，以太僕卿郭元振、中書侍郎張説並同中書門下平章事，十月罷。

〔四〕公再爲相：舊書卷八玄宗紀：開元九年九月癸亥，右羽林將軍、權檢校并州大都督府長史、燕國公張説爲兵部尚書、同中書門下三品。

〔五〕左官于巴丘：巴丘，舊書卷四〇地理志三：在巴陵縣，屬岳州。舊書卷九七張説傳：俄而爲姚崇所構，出爲相州刺史，仍充河北道按察使。開元三年，坐事左轉岳州刺史。

〔六〕統軍于沙朔：元龜卷三三三宰輔部總兵機略總兵：「張説，開元八年爲兵部尚書、同中書門下三品。明年，敕説爲朔方節度大使，往巡五城，處置兵馬。」通鑑卷二一二：開元十年四月己亥，以張説兼知朔方軍節度使。舊書卷八玄宗紀：開元十年閏五月壬申，兵部尚書張説往朔方軍巡邊。

〔七〕公復爲相：開元十一年，中書令張説爲尚書右丞相兼中書令。

〔八〕隨駕在秦：案通鑑卷二一二，開元十年二月，玄宗至東都。四月，以張説兼知朔方軍節度使，巡邊朔方。九月，張説平康待賓餘黨康願子。十二月，玄宗幸晉陽，擬還長安。時張説諫修汾陰后土祠，應已隨玄宗車駕。十一年正月癸亥，説兼中書令。三月庚午，車駕至京師長安。

〔九〕於今亦三十年：新書卷一二五張説傳：「永昌中，武后策賢良方正，詔吏部尚書李景諶糊名較覆，説所對第一，后署乙等。」唐才子傳卷一：「垂拱四年，舉學綜古今科，中第三等。」記考從才子傳列爲垂拱四年（六八八）。唐才子傳校箋考爲天授元年（載初元年，六九〇）。

〔一〇〕今尚書右丞王丘：兩唐書「尚書右丞」皆作「尚書左丞」。會要卷七五選部下藻鑑：「開元八年七月，王丘爲吏部侍郎，拔擢山陰尉孫逖、桃林尉張鏡微、湖城尉張普明、進士王泠然、李昂等。」泠然云九年，會要或誤。唐僕尚丞郎表卷三著録王丘於開元十年冬稍前轉右丞。舊書卷一〇〇王丘傳："十一年，拜黄門侍郎。"則泠然致張説此書或在開元十年冬至十一年王丘拜黄門侍郎之前。

有唐以來，無數才子，至於崔融、李嶠、宋之問、沈佺期、富嘉謨、徐彦伯、杜審言、陳子昂者①，與公連飛並驅，更唱迭和②。此數公者，真可謂五百年後挺生矣。天喪斯文，凋零向盡，唯相公日新厥德，長守富貴，甚善，甚善。是知天贊明主而福相公③。當此之時，亦宜應天之休，報主之寵，彌縫其闕，匡救其災。若尸禄備員，則焉用彼相矣！僕聞位稱燮理者，則道合陰陽，四時不愆，則百姓無怨。豈有冬初不雪，春盡不雨，麥苗纔日而青死，桑葉未秋而黄落，蠢蠢迷愚，嗷嗷愁怨，而相公温眠甲第，飽食廟堂。僕則天地之一生人，亦同人而怨相公也。京房易傳曰："欲德不用兹謂張④。"言人君欲賢者而不用，徒張此意。厥災荒，云大旱也，陰陽不雨。"復曰："師出過時兹謂曠，其旱不生。"夫天道遠，人道邇，僕多言者也，安知天道？請以人事言之，主上開張翰林，引納才子，公以傲物而富貴驕人，爲相以來，竟不能進一賢，拔一善。漢高祖云："當今之賢士，豈獨異於古人乎？"有而不知，是彰相公之暗；知而不用，是彰相公之短。故自十月不雨，至于五月，雲纔積而便散，雨垂落而復收，此欲德不用之罰也。仍聞六胡爲孽，日寇邊陲，邦家連兵，來往塞下，巴西諸將，必不出師，過時之咎也。四郊之多壘，卿大夫之辱也。不知廟堂肉食者何以謀之？相公在外十餘年而復相國，險阻艱難，備嘗之矣，民之情僞，盡知之矣。今人室如懸罄⑤，野無青草，何恃而不恐〔一〕？天則不雨，公將若之何？昨五月有恩，百官受賜，相公官既大，物亦多，有金銀器及錦衣等，聞公受之，面有喜色。今歲大旱，黎民阻饑，公何不固辭金銀，請賑倉廩？懷寶衣錦，於相公安乎？百姓餓欲死，公何不舉賢自代，讓位請歸？公三爲相，而天下之人皆以公爲亢極矣。夫物極則反，人盛必衰，日中則昃，月滿則虧。老子曰〔二〕：「功成、名遂、身退，天之道也。」今公富貴功成，文章名遂，唯身未退耳。

〔校〕

① 富嘉謨　明本、宋犖本、宋筠本、揆敘本、徐本、管本「謨」作「謀」。

② 更唱迭和　明本「唱」作「嗚」。

③ 「凋零」至「福相公」　明本脱「凋零向盡」至「是知天」二十二字。管本「福」作「禄」。

④ 欲德不用兹謂張　明本、管本「德」作「得」。案：漢書卷二七五行志引京房易傳作「德」。

⑤ 罄　明本、宋犖本、宋筠本、揆敘本、管本皆作「磬」。

〔證〕

〔一〕室如懸罄句：語出春秋左傳注疏卷一六僖公二十六年。

〔二〕老子曰：下語出老子第九章。

相公昔在南中，自爲岳陽集，有送別詩云：「誰念三千里，江潭一老翁。」則知虞卿非窮愁不能著書以自見①，賈誼非流竄不能作賦以自安。公當此時，思欲生入京華，老歸田里，脱身瘴癘，其可得乎？今則不然，忘往日之栖遲②，貪暮年之富貴。僕恐前途更失，後悔難追。主上以相公爲賢，使輔佐社稷，若棄德不讓，是廢明君之舉，豈曰能賢？僕見相公事方急，不可默諸桃李③。公聞人之言或中，猶可收以桑榆。詩曰：「投我以木瓜，報之以瓊琚。」此言雖小，可以喻大。相公五君詠曰：「凄涼丞相府，餘慶在玄成。」蘇公一聞此詩〔一〕，移相公于荆府，積漸至相，由蘇得也。今蘇屈居益部〔二〕，公坐廟堂，投木報瓊，義將安在？亦可舉蘇以自代，然後爲方朔之行〔三〕。

〔校〕

①見　明本、宋犖本、宋筠本、撰敘本、徐本、管本皆作「寬」。

②往日　管本作「昔日」。

③默諸桃李　管本方校云「默」當作「如」。

〔證〕

〔一〕蘇公：即蘇頲。舊書卷八玄宗紀：頲，開元四年十二月入相。新書卷一二五張説傳：説「素與姚元崇不平，罷爲相州刺史、河北道按察使。坐累徙岳州，停實封。説既失執政意，内自懼。雅與蘇瓌善，時瓌子頲爲相，因作五君詠獻頲，其一紀瓌也，候瓌忌日致之。頲覽詩嗚咽，未幾，見帝陳説忠謇有勛，不宜棄外，遂遷荆州長史。」張説遷荆州由蘇頲而得，然拜相則非。繼頲而爲相者張嘉貞，舊書卷九九張嘉貞傳：「八年春，宋璟、蘇頲罷知政事，擢嘉貞爲中書侍郎、同中書門下平章事。」

〔二〕今蘇屈居益部：新書卷一二五蘇頲傳：開元八年，「罷爲禮部尚書。俄檢校益州大都督長史，按察節度劍南諸州。」

〔三〕方朔：即任朔方節度使，見前注。

抑又聞：「屋漏在上，知之在下〔一〕。」報國之重，莫若進賢。去年赦書云〔二〕：「草澤卑位之間，恐遺賢俊，宜令兵部即作牒目，徵召奏聞。」而吏部起請云：「試日等第全下者，舉主量加貶削。」條目一行。僕知天下父不舉子，兄不舉弟。向者①，百司諸州長官皆無才能之輩，並是全軀保妻子之徒。一入朝廷，則恐出；暫居州郡，即思改，豈有輕爲進舉以取貶削？今聞天下向有四百人應舉②，相公豈與四百人盡及第乎？既有等差③，由此百司諸州長官懼貶削而不舉者多矣。僕竊謂今之得舉者，不以親，則以勢；不以賄，則以交。未必能鳴鼓四科，而裹糧三道。其不得舉者，無媒無黨。有行有才，處卑位之間，仄陋之下，吞聲飲氣，何足算哉！何乃天子令有司舉之，而相公令有司拒之。則所謂「欲德不用」，「徒張此意」，事與京房易傳同，故天以大旱相試也〔三〕。

〔校〕

① 向者 諸本皆同，案下文意在解釋父不舉子之因爲百司無能，疑「向」爲「何」之誤。

② 向有 管本作「尚有」。

③ 等差 管本作「第差」。

〔證〕

〔一〕屋漏在上知之在下：語出王充論衡卷二八書解：「知屋漏者在宇下，知政失者在草野，知經誤者在諸子。」南史卷六四江子一傳：「武帝甚善之，詔曰：『屋漏在上，知之在下，其令尚書詳擇，施於時政。』」

〔二〕去年赦書：疑即開元九年十一月二十七日冬至大赦文。舊書卷八玄宗紀、元龜卷六四五載而無全文。

〔三〕天以大旱相試：兩唐紀皆載開元九年十二月冬無雪，疑即指此。

去年所舉縣令，吏部一例與官。舉若得人，天何不雨？賢俊之舉，楚既失之；縣令之舉，齊亦未得。夫有賢明宰相，尚不能燮理陰陽，而令庸下宰君①，豈即能緝熙風化？相公必欲選良宰，莫若舉前倉部員外郎吳太玄爲洛陽令；必欲舉御史中丞，莫若舉襄州刺史靳恒②〔一〕。清輦轂之路，非太玄不可；生臺閣之風，非恒不可。僕非吳、靳親友，但以知其賢明。相公有而不知，知而不用，亦其過深矣。

〔校〕

① 庸下　閣本、薈要本作「庸才」。

② 靳恒　原本作「靳蕲」。雅雨初印、學津本「靳」下缺一字。張九齡故襄州刺史靳公遺愛碑銘作「靳恒」。岑仲勉唐集質疑及跋唐摭言考作「靳恒」，據改。下亦同。

〔證〕

〔一〕靳恒：案：張九齡撰曲江集卷一九有故襄州刺史靳公遺愛碑銘曰：「公名恒，字子濟」，「開元十二年，以理跡尤異，廉使上達，天子嘉之，稍遷陝州刺史。」岑仲勉又據金石補正卷五二，以爲「石刻實作開元十一年。恒既以十一年遷陝州，而（王泠然）書仍稱襄州，當非十二年作」。疑其即代裴觀爲襄州刺史者。

抑又聞之，昔閔子騫爲政，曰〔一〕：「仍舊貫，如之何？何必改作？」凡校書、正字，一政不得入畿①。相公曾爲此職，見貞觀已來故事。今吏部侍郎楊滔〔二〕，眼不識字，心不好賢，蕪穢我清司，改張我舊貫，去年冬奏：「請自今已後，官無内外，一例不得入畿。」即知正字、校書，不如十鄉縣尉②；明經、進士，不如三衛出身。相公復此改張，甄別安在？古人有坐釣登相〔三〕，立籌封侯〔四〕。今僕無尚父之謀，薛公之策，徒以仕於書苑，生於學門，小道逢時，大言祈相，僕也幸甚，幸甚！去冬有詩贈公愛子協律〔五〕，其詩有句云：「官微思倚玉，交淺怯投珠③。」呂氏春秋云：「嘗一臠之肉④，知一鼎之味。」請公且看此十字⑤，則知僕曾吟五言，則亦更有舊文⑥，願呈作者。如公之用人，蓋已多矣；僕之思用，其來久矣。拾遺補闕，寧有種乎？僕雖不佞，亦相公一株桃李也〔六〕。此書上論不雨，陰陽乖度，中願相公進賢爲務，下論僕身求用之路。事繁而言不典，理切而語多忤。其善也，必爲執事所哂；其惡也，必爲執事所怒。儻哂既罷，怒方解⑦，則僕當持舊文章而再拜來也。

〔校〕

①一政　管本、閣本、薈要本作「概」。

②十鄉　雅雨初印作「一卿」，校改「一」作「十」。宋犖本、揆敘本、徐本作「十卿」。宋筠本原作「十卿」，校改「十鄉」。

③交淺　明本、宋犖本、揆敘本、徐本、管本、閣本、薈要本「交」作「文」。

④嘗一臠之肉　學津本「肉」作「味」。

⑤請公　管本「請」作「諸」。

⑥則亦更有舊文　紀事無「則」字，管本方校「則亦」一本作「僕亦」。

⑦哂既罷怒方解　明本、宋犖本、管本「罷怒」作「怒罷」，恐非。宋筠本原亦作「怒罷」，後人乙爲「罷怒」。

〔證〕

〔一〕閔子騫爲政曰：下語出論語第十一先進：「魯人爲長府。閔子騫曰：『仍舊貫，如之何？何必改作？』子曰：『夫人不言，言必有中。』」

〔二〕吏部侍郎楊滔：舊書卷五〇刑法志：開元六年，玄宗又敕吏部侍郎兼侍中宋璟、户部侍郎楊滔等九人，删定律、令、格、式，七年三月奏上開元後格。新書卷一二七源乾曜傳附源光裕傳：「（光裕）爲中書舍人，與楊滔、劉令植同删著開元新格。」唐僕尚丞郎表卷三：開元六至七年楊滔户侍，開元十年至十一年五月轉吏侍。

〔三〕坐釣登相：即文王用太公望呂尚而得天下事，典出呂氏春秋卷一三有始覽：「太公釣於滋泉，遭紂之世也，故文王得之而王。」史記卷三二齊太公世家：「呂尚蓋嘗窮困，年老矣，以漁釣奸（本書案：同「干」）周西伯。」

〔四〕立籌封侯：典出史記卷九一黥布列傳：漢高祖問計於楚令尹薛公，薛公獻上中下三計，高祖封千户。索隱：「劉氏云：『薛公得封千户，蓋關内侯也。』」

〔五〕公愛子協律：案：「協律」，即協律郎。唐六典卷一四太常寺：「協律郎二人，正八品上。」「掌和六律、六呂，以辨四時之氣，八風五音之節。」張説二子均、垍，皆無官協律郎者。

〔六〕「拾遺」至「桃李也」：此二十字，能改齋漫録卷六桑榆桃李引談藪：「王泠然上裴耀卿書曰：『拾遺補闕，寧有種乎？僕不佞，亦相公一株桃李也。』」宋葉大慶考古質疑卷四、紺珠集卷三一株桃李、海録碎事卷九上、淵鑑類函卷三一〇人部六九干謁三皆云出自王泠然上裴耀卿書，且泠然與張説並無座主門生關係，言「一株桃李」，與上下文意及二人關係亦不合，當係竄入。

上裴耀卿書原文已佚。

5 韓偓，天復初入翰林〔一〕。其年冬，車駕出幸鳳翔府〔二〕，偓有扈從之功。返正初〔三〕，上面許偓爲相。奏云：「陛下運契中興，當復用重德，鎮風俗。臣坐主右僕射趙崇可以副陛下是選①〔四〕，乞迴臣之命授崇，天下幸甚。」上嘉歎。翌日，制用崇暨兵部侍郎王贊爲相。時梁太祖在京，素聞崇之輕佻，贊復有嫌釁，馳入請見，於上前具言二公長短。上曰：「趙崇是偓薦。」時偓在側，梁主叱之②。偓奏曰：「臣不敢與大臣争。」上曰：「韓偓出。」尋謫官入閩〔五〕。故偓有詩曰：「手風慵展八行書，眼暗休看九局圖③。窗裏日光飛野馬④，桉前筠管長蒲盧。謀身拙爲安蛇足，報國危曾捋虎鬚。滿世可能無默識⑤，未知誰擬試齊竽⑥。」

紀事卷六五韓偓、廣記卷五〇〇雜録八、總龜卷四二引詩史亦録載，文字稍異。通鑑卷二六四天復三年下亦引述。

〔校〕

① 坐主　廣記、紀事作「座主」。

② 梁主　廣記、紀事作「梁王」，當誤。

③ 九局圖　廣記「圖」作「基」。

④ 窗裏　紀事作「窗外」。

⑤ 滿世　閣本、薈要本作「舉世」。

⑥ 齊竽　原本及學津本作「秦竽」。明本、宋犖本、宋筠本、揆敘本、徐本及紀事、廣記、總龜引此詩，皆作「齊竽」，據改。

〔證〕

〔一〕韓偓天復初入翰林：韓偓，新書卷一八三、唐才子傳卷九、十國春秋卷九五各有傳。唐才子傳校箋卷九據岑仲勉補僖昭哀三朝翰林學士記考偓入翰林當在光化間，而非天復間，可參閱。

〔二〕車駕出幸鳳翔府：舊書卷二〇上昭宗紀：天復元年十月，朱全忠引四鎮之師七萬赴河中，京師聞之大恐。十一月，中尉韓全誨與鳳翔護駕都將李繼誨奉車駕出幸鳳翔。

〔三〕返正初：舊紀：天復四年閏四月甲辰，昭宗於鳳翔返正。改天復四年爲天祐元年（九〇四）。

〔四〕坐主右僕射趙崇：韓偓，龍紀元年（八八九）禮部侍郎（通鑑卷二六四作御史大夫）趙崇下進士及第。舊紀：天祐元年六月丁未，制銀青光禄大夫、太子少師、天水男、食邑三百户趙崇可檢校右僕射。

〔五〕尋謫官入閩：新傳、通鑑云貶偓濮州司馬。新傳：「全忠乃止，貶濮州司馬。帝執其手流涕曰：『我左右無人矣。』再貶滎懿尉，徙鄧州司馬。天祐二年，復召爲學士，還故官。偓不敢入朝，挈其族南依王審知而卒。」

6 崔顥薦樊衡書[一]：「夫相州者，先王之舊都①，西山雄崇，足是秀異。竊見縣人樊衡，年三十，神爽清悟②，才能絶倫。雖白面書生，有雄膽大略，深識可以軌時俗，長策可以安塞裔。藏用守道，實有歲年。今國家封山勒崇③[二]，希代罕遇，含育之類，莫不踴躍。況詔徵隱逸，州貢茂異，衡之際會，千載一時。君侯復躬自執圭④[三]，陪鑾日觀，此州名藩，必有所舉。當是舉者，非衡而誰？伏願不棄賢才，賜以甄奬，得奔大禮，升聞天朝。衡因此時策名樹績，報國榮家，令當代之士知出君侯之門矣。顥不勝區區，敢聞左右，俯伏階屏⑤，用增戰汗！」

〔校〕

① 先王　原本及學津本、閣本、薈要本作「九王」，明本、宋筠本、管本及文粹皆作「先王」，據改。玄宗父李旦曾封相王，故云。

② 神爽清悟　宋筠本原作「神爽清晤」，校改「神氣清爽」。宋犖本、揆敘本、雅雨初印「悟」作

「晤」。徐本校改「晤」作「悟」。

③ 崇　明本作「岳」。

④ 執圭　管本、文粹作「執玉」。

⑤ 屏　文粹作「墀」。

〔證〕

〔一〕崔顥：開元十一年進士及第。樊衡，開元十五年武足安邊科制科及第。元和姓纂卷四：「樊衡，相州安陽人。」

〔二〕今國家封山勒崇：新書：開元十三年十一月庚寅，封於泰山。舊書卷八玄宗紀：同年「冬十月辛酉，東封泰山，發自東都。」「十一月……庚寅，祀昊天上帝於上壇，有司祀五帝百神於下壇。」開元間未有他年封禪事，疑顥此書即作於此後不久。據前「年三十」語，則樊衡出生於武后萬歲通天元年（六九六）。

〔三〕君侯：當指顥書薦者，名不詳，唐才子傳校箋卷一作張説。據本卷上條考，張説此時復爲相，並於此年陪駕封泰山，或是。

7 顥薦齊秀才書〔一〕：「某官至，辱垂下問，令公舉一人，可管記之任者①〔二〕。愚以爲軍中之書記，節度使之喉舌②，指事立言而上達，思中天心，發號出令以下行，期悅人意，諒非容易，而可專據。竊見前進士高陽齊孝若考叔③，年二十四，學必專授④，文皆雅正，詞賦甚精，章表殊健。疏眉目，美風姿，外若坦蕩，中實畏慎⑤。執事儻引在幕下，列於賓佐，使其馳一檄，飛一書⑥，必能應馬上之急求，言腹中之所欲。夫掇芳刈楚，不棄幽遠。況孝若相門子弟，射策甲科，家居君侯之宇下⑦，且數年矣。不勞重幣，而獲至寶，甚善甚善。雄都大府，多士如林，最所知者，斯人也⑧。請爲閣下記其若此，惟用與捨，高明裁之。謹再拜⑨。」

〔校〕

① 管記　管本、文粹作「管書記」。

② 節度使之喉舌　明本、文粹無「使」字。

③ 考叔　文粹上有「字」。

④ 學必專授　原本「學」作「擧」，文粹作「學」，據改。

⑤ 中實畏慎　「實」，閣本、薈要本同，他本皆作「甚」。

⑥ 馳一檄飛一書　原本「飛」後無「一」字，據文粹補。

⑦ 宇下　文粹作「化下」。

⑧ 斯人　文粹上有「實」字。

⑨ 謹再拜　文粹無此三字。

〔證〕

〔一〕題薦齊秀才書：文粹卷八六署令狐楚作，題薦齊孝若書。蔣光煦校勘記亦如是。岑仲勉跋唐摭言亦考作者爲令狐楚，崔顥當誤。元和姓纂卷三河間有宰相齊映之子齊孝若，大理正，即本書云「孝若相門子弟」。洪興祖韓子年譜引科名記孝若與韓愈貞元八年同牓進士。舊書卷一九〇下崔顥傳、唐才子傳皆云崔顥天寶十三載（七五四）卒，則此書決非顥所作。岑仲勉以爲記考卷一三所云令狐楚與崔顥皆作薦齊秀才書，實即一書，其作者僅爲令狐楚。

〔二〕管記：即「管書記」，唐人多以「管記」稱之，如舊書卷六六房玄齡傳：「玄齡在秦府十餘年，常典管記，每軍書表奏，駐馬立成。」卷八二許敬宗傳：「敬宗流轉投於李密，密以爲元帥府記室，與魏徵同爲管記。」全文卷二三五席豫唐故朝請大夫吏部郎中上柱國高都公楊府君碑銘：「劍南節度使益府長史韋抗奏公爲管記，飛書之急，倚馬立成。」

8 李翺薦所知於徐州張僕射書〔二〕：翺載拜①。齊桓公不疑於其臣，管夷吾信而伯天下②，攘戎狄，匡周室③，亡國存，荆楚服，諸侯無不至焉。豎刁、易牙信而齊國亂④，身死不葬⑤，五公子争立，兄弟相及者數世⑥。桓公之信於其臣，一道也。所信者得其人⑦，則德格於天地⑧，功及於後世⑨；不得其人，則不得其死⑩。知人不易也，豈唯霸者爲然⑪？雖聖人亦不免焉。帝堯之時，賢不肖皆立於朝，堯能知舜，於是乎放驩兜，流共工，殛鯀，竄三苗，舉禹、稷、皋陶二十有二人⑫，加諸上位。故堯崩三載，四海之内⑬，遏密八音，後世之人皆謂之帝堯焉。向使堯不能知舜，而遂尊驩兜、共工之徒於朝，禹、稷、皋陶之下二十有二人不能用，則堯將不能得無爲爾⑭，豈復得曰「大哉，堯之爲君也！唯天爲大，唯堯則之。蕩蕩乎，民無能名焉」者哉！春秋曰：「夏滅項。」孰滅之？蓋齊滅之。曷爲不言齊滅之？爲桓公諱也。春秋爲賢者諱，此滅人之國，何賢爾？君子之惡惡也嫉始，善善也樂終。桓公嘗有繼絶存亡之功，故君子爲之諱也。繼絶存亡⑮，賢者之事也。管夷吾用，所以能繼絶存亡用賢焉耳⑯；豎刁、易牙用，則不能也。向使桓公始不用管夷吾，末有豎刁、易牙，争權不葬，而亂齊國，則幽、厲之諸侯也。始用賢而終身諱其惡，君子之樂用賢也如此。始不用賢，以及其終，而幸後世之掩其過也，則微矣。然則居上位，流德澤於百姓者，何所勞乎？勞於擇賢。得其人，措諸上，使天下皆化之焉而已矣。

李文公集卷八、文粹卷八六皆録載此書，然文字異處甚夥。英華卷六八九薦舉上收録，管本方、吴二人皆以李集並文粹對校，亦極繁瑣。此僅以諸本及以上諸書差異明顯處對校，以省篇幅。本條文字較長，茲分數段。

〔校〕

①載　明本、李集、文粹、英華作「再」。
②伯　李集、文粹作「霸」。
③匡　李集作「足」。
④齊國亂　雅雨初印原作「國亂」，校增「齊」字。
⑤不葬　明本、宋筠本、管本、閣本、薈要本「不」作「不及」。
⑥相及　明本、宋筠本、管本、閣本、薈要本作「相反」，當誤。
⑦得其人　三字李集、文粹作「賢」。
⑧德格於天地　原本無「德」字，此句與下文爲對句，據李集補。
⑨功及於　原本無「於」字，據英華及李集補。
⑩不得其死　明本、宋犖本、宋筠本、揆敘本、徐本作「不能死其身」。雅雨初印、閣本作「不能免其身」。薈要本作「不能免其死」。李集作「不免其身」。
⑪爲然　明本、宋犖本、宋筠本、揆敘本、徐本、雅雨初印作「焉」。

⑫ 皋陶　李集作「咎繇」。

⑬ 四海之内　管本、文粹、李集無「之内」二字。

⑭ 不能得無爲爾　文粹、李集作「不得爲齊桓公矣」，疑誤。

⑮ 之功故君子爲之諱也繼絶存亡　此十三字，文粹脱。

⑯ 繼絶存亡用賢焉耳　管本、李集「絶」下有「世」，「用賢」作「國」。明本、徐本「用」作「國」。「焉耳」，薈要本、管本同，他本皆作「耳矣」。

〔證〕

〔一〕張僕射：即張建封。舊書卷一四〇張建封傳：「貞元四年，以建封爲徐州刺史，兼御史大夫、徐泗濠節度、支度營田觀察使」，「七年，進位檢校禮部尚書。十二年，加檢校右僕射。十三年冬，入覲京師，德宗禮遇加等。」新書卷一五八張建封傳：「貞元四年，拜御史大夫、徐泗濠節度使。……十三年，來朝，帝不待日召見延英殿。」李翱此書當作於其間。

茲天子之大臣有土千里者，孰有如閣下之好賢不倦者乎①？蓋得其人亦多矣。其所求而得而不取者②，則有人焉。隴西李觀，奇士也，伏聞閣下知其賢，將用之未及，而觀病死〔二〕。昌黎韓愈得古人之遺風③，明於理亂根本之所由，伏聞閣下復知其賢，將用之未及，而愈爲宣武軍節度使之所用④〔二〕。觀、愈皆豪傑之士也，如此人，不時出。觀自古天下亦有數百年無如其人者焉，閣下皆得而知之⑤，皆不得而用之，翺實爲閣下惜焉，豈惟翺一人而已。後之讀前載者，亦必多爲閣下惜之矣。

〔校〕

① 閣下　李集、文粹、英華作「執事」，下同。

② 所求而得而不取者　文粹作「所可求而不可取者」，李集作「所可求而不取者」。

③ 古人　文粹、李集作「古文」。

④ 所用　文粹作「所留」。

⑤ 聞　文粹、李集無此字。

〔證〕

〔一〕而觀病死：見前李翺與陸傪書條（5-6）注引韓愈李元賓墓銘，李觀卒於貞元十一年。

〔二〕愈爲宣武軍節度使之所用：韓愈入宣武軍節度使幕，韓昌黎集卷三七董公行狀云在貞元十二年七月。十五年五月節度使董晉卒，愈去。

茲有平昌孟郊〔一〕，貞士也①，伏聞閣下舊知之。郊爲五言詩，自前漢李都尉、蘇屬國及建安諸子、南朝二謝，郊能兼其體而有之。李觀薦郊於梁肅補闕書曰：『郊之五言，其有高處，在古無上②；其有平處，下顧二謝。』韓愈送郊詩曰：『作詩三百首，杳默咸池音。』彼二子皆知言者，豈欺天下之人哉！郊窮餓，不得安養其親，周天下無所遇，作詩曰：『食薺腸亦苦，强歌聲無歡。出門即有礙，誰謂天地寬？』其窮也甚矣！又有張籍、李景儉者，皆奇才也，未聞閣下知之③。凡賢士奇人，皆有所負④，不苟合於世，是以雖見之，難得而知也；見而不能知，如勿見而已矣；知其賢而不能用，如勿知其賢而已矣；用而不能盡其才，如勿用而已矣；能盡其才而容讒人之所間者，如勿盡其才而已矣。故見賢而能知，知而能用，用而能盡其才，而不容讒人之所間者，天下一人而已矣。茲有二人焉皆來⑤：其一，賢士也，其一，常常之人也。待之禮貌不加隆焉⑥，則賢者往⑦，而常常之人日來矣。况其待常常之人加厚⑧，則善人何求而來哉？

〔校〕

① 貞士　明本、宋鈔本、管本、閣本、薈要本作「賢士」。

② 在古無上　各本皆無「古」字，當爲脱字。宋鈔本校補「古」。今據文粹補。

③又有張籍李景儉者皆奇才也未聞閤下知之　文粹無此十八字。

④皆有所負　文粹作「皆自以有所負」。李集作「皆自有所負」。

⑤皆來　閣本、薈要本、文粹作「偕來」。

⑥隆　文粹作「崇」。

⑦往　李集、文粹作「行」。

⑧加厚　文粹上有「禮貌」二字。

〔證〕

〔一〕平昌孟郊：貞元十二年禮部侍郎吕渭下進士及第。案：郊及第後即東歸湖州省親，臨行有贈座主吕渭詩擢第後東歸書懷獻座主吕侍郎。是年秋，郊歸省途經和州，與張籍歡會，籍有贈别孟郊詩：「才名振京國，歸省東南行。停車楚城下，顧我不念程。」而李翺亦於此年自徐游汴，李文公集卷一六祭吏部韓侍郎文：「貞元十二，兄佐汴州，我游自徐，始得兄交。」考孟郊此前並未與李翺交結，然據韓子年譜，郊與韓定交早於貞元七年已始，則翺薦郊必在游汴期間，亦即貞元十二年底至十三年十二月徐建封歸朝之前。管本方校云在十三年丁亥。

孔子曰〔二〕：「吾未見好德如好色者。」聖人①，不好色而好德者；雖好色而不如好德者，次也；色與德均好者，復其次也；雖好德而不如好色者，下也；最甚不好德而好色者②，窮矣。人有告曰：「某所有女，國色也。」天下之人必將竭其財而求之③，而無愛矣。有人告曰：「某所有人，國士也。」天下之人則不能一往而見焉④。是豈非不好德而好色者乎？賢者則宜有別於天下之人矣。孔子述易，定禮、樂，删詩、書⑤，作春秋，聖人也；奮乎萬世之上⑥，其所化之者非其道，則夷狄人也。而孔子之廟存焉，雖賢者亦不能日往而拜之，以其益於人者寡矣。故無益於人，雖孔聖之廟，猶不能朝夕而事焉，有待於人⑦，而不能禮善士、良士⑧，則不如無待也。

嗚呼！人之降年，不可與期。郊將爲他人所得，而大有立於世，與短命而死，皆不可知也。二者卒然有一於郊之體⑨，其爲惜之⑩，不可既矣。閣下終不得而用之矣，雖恨之，亦無可奈何矣。翺，窮賤人也，直詞無讓，非所宜至於此者也，爲道之存焉耳；不直則不足以伸道也，非好多言者也。翺再拜。

〔校〕

① 聖人 明本、宋犖本、宋筠本、揆敘本、徐本、薈要本作「賢者」。閣本作「賢人」。

② 最甚 管本、閣本、薈要本同，他本皆無此二字。

③竭其財　文粹、李集作「極其力」。
④見　文粹、李集作「先」。
⑤書　文粹、李集上有「敘」。
⑥萬世　閣本、薈要本、文粹、李集作「百世」。
⑦有待於人　文粹、李集上有「況天下之人乎」一句。
⑧禮善士良士　管本、閣本、薈要本、文粹同，他本皆作「得善人良士」。
⑨體　文粹、李集作「身」。
⑩其爲惜之　文粹、李集作「他日爲執事惜之」。

〔證〕

〔一〕孔子曰：下語出論語第九子罕。

［8］贊曰：舉孤棄讎，聖人所美。下展蔽善，匹夫所鄙。懿彼數公，時行時止。守道克勤，薦賢不倚。泠然所尚，鴻儒不爲矣。

唐摭言校證 卷七

起自寒苦不第即貴附

1 武德五年，李義琛與弟義琰、從弟上德①，三人同舉進士。義琛等隴西人，世居鄴城〔一〕。國初草創未定，家素貧乏，與上德同居，事從姑，定省如親焉。隨計至潼關，遇大雪，逆旅不容。有咸陽商人見而憐之，延與同寢處。居數日，雪霽而去②。琛等議鬻驢，以一醉酬之。商人竊知，不辭而去③。義琛後宰咸陽〔二〕，召商人，與之抗禮④。琛位至刑部侍郎、雍州長史；義琰，相高宗皇帝〔三〕；上德，司門郎中。

廣記卷一七九貢舉二李義琛條注出摭言、卷四九三雜録一引雲谿友議之李義琛條，事同而文異。

〔校〕

① 從弟上德　廣記「從弟」上有「三」字。

②雪霽而去　管本方校疑「而去」爲衍文，據下文，説當是。

③不辭而去　廣記卷一七九下有「復先贈以稻糧」六字。

④抗禮　廣記下有「親厚」。

〔證〕

〔一〕世居鄴城：舊書卷八一李義琰傳：「李義琰，魏州昌樂人，常州刺史玄道族孫也。其先自隴西徙山東，世爲著姓。」舊書卷三九地理二河北道：「鄴，漢縣，屬魏郡。後魏於此置相州。……煬帝初，於鄴故都大慈寺置鄴縣。貞觀八年，始築今治所小城。」「昌樂，晉置，屬陽平郡。後魏置昌州，今縣西古城是也。隋廢昌樂縣入繁水。武德五年復置，隸魏州。」唐國史補卷上李稹稱族望：「李稹，酒泉公義琰姪孫，門户第一，而有清名。常以爵位不如族望，官至司封郎中、懷州刺史，與人書札，惟稱『隴西李稹』而不銜。」全文卷五二〇梁肅明州刺史李公（長）墓誌銘：「公諱長，字某，隴西狄道人。其先自涼武昭王元盛七葉至皇朝工部侍郎岐州刺史義琛。」則隴西爲義琛家族郡望，家居昌樂爲武德五年（六二二）復置，此云魏州鄴縣，是仍用舊名。會要卷七〇河北道：開元四年昌樂升望縣，後世蓋多以此名爲主也。

又，舊傳：「義琰從祖弟義琛，永淳初，爲雍州長史。」廣記卷四九三雜録一李義琛條引雲谿友議：「李義琛，隴西人，居於魏。自咸陽主簿拜監察。少孤貧，唐初草創，無復生業。與再從弟義琰、三從弟上德同居，事從姑，定省如親焉。」今本雲谿友議無此條，當可補入。然行次皆與此不合。又，三人舉進士，記考據本書作武德五年。記考補正據樂史廣卓異記卷一九引登科記：「李義琛、弟義琰、從弟上德，三人武德六年進士及第。」另，舊傳云義琰「父玄德，瘦陶令」，其從弟名上德者則爲犯諱，恐非是。舊傳尚有弟官司功參軍義璡者。

〔二〕義琛後宰咸陽：案：兩唐書義琛傳皆未載其於咸陽爲官，新書卷一五〇李義琰傳附李義琛傳所載稍詳：琛及第後歷官監察御史、遷刑部侍郎。爲雍州長史，又左遷黎州都督，終岐州刺史。蓋宰咸陽恐爲刺岐州，時已在貞觀間。

〔三〕義琰相高宗皇帝：舊書卷五高宗紀下：上元三年（七六二）「夏四月戊申，至自東都。甲寅，中書侍郎李義琰同中書門下三品。」新書卷三高宗紀：弘道元年（六八三）三月「庚子，李義琰罷。」

2 王播少孤貧〔一〕，嘗客揚州惠昭寺木蘭院①〔二〕，隨僧齋餐②。諸僧厭怠，乃齋罷而後擊鐘③。播至，已飯矣。後二紀，播自重位出鎮是邦〔三〕，因訪舊游，向之題已皆碧紗幕其上④。播繼以二絕句，曰：「三十年前此院游⑤〔四〕，木蘭花發院新修。而今再到經行處，樹老無花僧白頭⑥。」「上堂已了各西東，慚愧闍黎飯後鐘⑦。三十年來塵撲面，如今始得碧紗籠。」

紀事卷四五王播、廣記卷一九九文章二王播、紺珠集卷四飯後鐘、漁隱叢話後集卷一六唐人雜紀上亦録載，注出古今詩話。

〔校〕

①惠昭寺　管本、廣記、紀事皆作「惠照寺」，當是，詳下考。

②餐　明本、廣記作「食」。管本、紀事作「飧」。

③乃齋罷而後擊鐘　原本無此句，文意不通，疑爲脱文，據紀事及廣記補。

④向之題已皆碧紗幕其上　廣記作「向之題名皆以碧紗罩其詩」。宋筠本「之」下校增「所」，「上」下校增「矣」。

⑤三十年　原本、明本、宋筠本、管本、閣本、薈要本作「二十年」，紀事、廣記作「三十年」，據改，下同。詳下考。

⑥樹老無花　漁隱叢話後集作「樹老花白」。

⑦黎　紀事作「梨」。

〔證〕

〔一〕王播少孤貧：案：瑣言卷三段相踏金蓮載本條前半爲段文昌事。唐語林卷六補遺所載略同，原注：「或曰此詩是王相播事。」唐語林校證下注：「本條不知原出何書。」總龜卷一六留題門下、説郛卷四六皆録作段文昌。案：王播，德宗貞元十年進士及第。通鑑卷二四二：長慶元年（八二一）「十月丙寅，以鹽鐵轉運使、刑部尚書王播爲中書侍郎、同平章事。」二年三月「戊午，制留度輔政，以中書侍郎、同平章事王播同平章事，代度鎮淮南，仍兼諸道鹽鐵轉運使。」播二詩當作於此時，前後相距二十九年，與「三十年」合。文昌，舊書卷一七上敬宗紀：大和元年六月「以御史大夫段文昌代播爲淮南節度使。」文昌始仕，由韋皋薦起，舊書卷一六七段文昌傳：「韋皋在蜀，表授校書郎。」通鑑卷二三一：韋皋貞元元年自金吾大將軍爲西川節度使，至永貞元年（八〇五）薨於任。定命録云：「文昌少好蜀文，長自渚宮，困於塵土。客游成都，謁韋南康皋，皋與奏釋褐。道不甚行，每以事業自負，與游皆高名之士。遂去南康之府。」諸史料並無仕校書郎前客游淮南記載，則本條作段文昌者當誤。

〔二〕惠昭寺：當作惠照寺，王勤金、李久海揚州發現的惠照寺殘碑有大唐惠照寺新修佛殿誌石碑一方，中有「惠照寺在揚外城内當揚之理所」、「宣帝乾元二年改爲惠照寺」等語。江南通志卷四六輿地志寺觀揚州府惠照寺：「甘泉寺在府西甘泉山，唐開成間移慧照，舊額於此，一名慧照寺。惠照寺在府北三里大儀鄉，唐景龍間建。」

〔三〕播自重位出鎮是邦：舊書卷一六穆宗紀：長慶二年三月，以中書侍郎同平章事王播檢校右僕射，兼揚州大都督府長史，充淮南節度使。

〔四〕三十年：案：王播自貞元十年進士及第，至長慶二年鎮淮南，計二十九年，此處以三十年近是，故依廣記等改。

3 鄭朗相公初舉〔一〕，遇一僧，善氣色①，謂公曰：「郎君貴極人臣，然無進士及第之分。若及第，即一生厄塞②。」既而狀元及第，賀客盈門，唯此僧不至。及重試退黜③，唁者甚衆，而此僧獨賀曰：「富貴在裏。」既而竟如其所卜④〔二〕。

廣記卷二二四相四鄭朗、類説卷三四富貴在裏條亦録載，文字有異。

〔校〕

① 善氣色　廣記無「氣」字。

② 即　廣記作「則」。

③ 黜　明本作「斥」。

④ 如其所卜　明本、宋犖本、宋筠本、韓熙本、管本、廣記皆無「其」。

〔證〕

〔一〕鄭朗相公初舉：鄭朗，覃之弟。舊書卷一六穆宗紀：長慶元年三月錢徽知貢舉，取進士及第鄭朗等一十四人。後敕令中書舍人王起、主客郎中知制誥白居易等重試，孔温業、趙存約、竇洵直所試粗通，與及第，鄭朗、盧公亮等十一人落下。

〔二〕竟如其所卜：舊書卷一八下宣宗紀：大中七年（八五三）四月，以御史大夫鄭朗爲中書侍郎、同平章事。然新書卷八宣宗紀：鄭朗拜相在大中十年正月，十一年十月罷。通鑑年月同新紀，而以爲工部尚書、同平章事。全文卷七九有除鄭朗工部尚書同平章事制，則當依通鑑。

4 李絳，趙郡贊皇人。曾祖貞簡，祖岡①，官終襄帥〔一〕。絳爲名相〔二〕。絳子璋，宣州觀察〔三〕。楊相公造白檀香亭子初成〔四〕，會親賓落之②。先是，璋潛遣人度其廣狹③，織一地毯，其日獻之。及收敗〔五〕，璋從坐。璋子德璘名過其實，入梁，終夕拜〔六〕。

廣記卷二三七奢侈二李璋略載，注出杜陽（雜）編。

〔校〕

①岡　宋犖本作「罔」。舊書卷一六四李絳傳作「剛」，新書卷七二上宰相世系表二作「崗」。

② 落之　明本、宋犖本、宋筠本皆作「樂之」。廣記作「觀之」。

③ 廣狹　廣記作「廣袤」。

〔證〕

〔一〕李絳：舊書卷一六四李絳傳：「李絳字深之，趙郡贊皇人也。曾祖貞簡。祖剛，官終宰邑。」新書卷一五二李絳傳未著世系。新書卷七二上宰相世系表二上：絳曾祖名貞簡，司農卿。祖崗，成武令。絳三子璆、頊、璋。璋，宣歙觀察使。劉賓客嘉話録：「李丞相絳，先人爲襄州督郵。方赴舉，求鄉薦。時樊司徒澤爲節度使，張常侍正甫爲判官，主鄉薦。張公知丞相有前途，啓司徒曰：『舉人悉不知李某秀才，請只送一人，請衆人之資以奉之。』欣然允諾。」樊澤前後二爲襄州刺史，舊書卷一二德宗紀上：建中五年（七八四）正月改元興元，以山南東道行軍司馬樊澤爲襄州刺史、山南東道節度使。貞元八年再鎮襄。李絳貞元八年及第，則其父於樊澤求鄉薦必在興元元年（七八四）。李絳父未有及第記載，據嘉話録樊、張之言以推，疑樊澤後辟元善爲襄州督郵，與世系表合。世系表臚列李絳祖父輩名姓，多有名岑、崿、岧、嶷者，按唐人習俗，則李絳祖父名崗可能較大。則絳之世系，以新表最確，當從之。

〔二〕絳爲名相：舊書卷一四憲宗紀：元和六年十二月，己丑，制以朝義郎、守尚書户部侍郎、驍騎尉、賜紫金魚袋李絳爲朝議大夫、守中書侍郎、同中書門下平章事。九年二月辭相，守禮部尚書。

〔三〕絳子璋宣州觀察：通鑑咸通十三年（八七二）「秋，七月，乙未，以璋爲宣歙觀察使」。

〔四〕楊相公造白檀香亭子初成：廣記卷二三七引杜陽（雜）編：「李絳子璋爲宣州觀察使。楊收造白檀香亭子初成，會親賓觀之。先是璋潛遣人度其廣袤，織成地毯，其日獻之。及收敗，璋亦從坐。」今本杜陽雜編無此條，或爲逸文。杜陽雜編成於乾符三年（八七六），王定保或能採擇此書。案舊書卷一九上懿宗紀：咸通四年三月，以兵部侍郎、判度支楊收本官同平章事。通鑑咸通七年十月，甲申，以門下侍郎、同平章事楊收爲宣歙觀察使。八年八月貶端州司馬。五代會要卷一三中書省天成元年（九二六）十二月二十三日中書奏：「伏準故事，應諸道節度使凡帶平章事，宜於中書都堂上事，禮絶百寮，等威無異，刊石紀壁，以列姓名，事係殊恩，慶垂後裔。……伏自近來，全隳往例。……臣等商量，今請諸道藩鎮帶平章事處，各納禮錢五百千，中書建立石亭子一所，鐫紀宰臣使相爵位姓名、授上年月。」依中書所奏，諸道節度使凡帶平章事建亭則爲唐末餘緒，則楊收建亭似在咸通七年十月稍後。

〔五〕及收敗：即咸通八年八月貶端州司馬事，舊書卷一九上懿宗紀爲九年十月自浙西觀察使貶爲端州司馬同正。

〔六〕璋子德璘名過其實入梁終夕拜：德璘，舊書卷一六四李絳傳作「德林」。新書卷七二宰相世系表二作「德鄰，字朋言」。本書卷三3-22條有「大順中，王涣自左史拜考功員外；同年李德鄰自右史拜小戎」，疑即此人，其名或當作「德鄰」，則世系表所載爲確。德鄰，新舊五代史皆不載。紀事卷六六王涣條：「（王）涣，字群吉，大順二年侍郎裴贄下登第，德鄰、拯、光胤皆同年也。」夕拜，即給事中，德鄰任此官時間無考。

5 徐商相公常于中條山萬固寺入院讀書①〔一〕，家廟碑云：「隨僧洗鉢。」

類説卷三四隨僧洗鉢、説郛卷三五上略載。紀事卷四八徐商亦録載。

〔校〕

① 萬固寺　原本、明本、宋筠本、宋犖本、撲敘本、徐本、管本、閣本、薈要本下有「泉」字，紀事無，當爲衍文，據删。

〔證〕

〔一〕徐商相公：徐商登第年，舊書卷一七九徐彦若傳：「商字義聲，大中十三年及第。」全文卷七二四李騭徐襄州碑：「始舉進士，文宗五年春，考登上第，陞朝爲御史。會昌二年，以文學選入禁署。」記考卷二一據此考爲大和五年，舊傳有誤。紀事卷四八徐商下附王傳云：「傳，登大中三年進士第。初貧窶，於中條山萬固寺入院讀書。家廟碑云：隨僧洗鉢。」王仲鏞唐詩紀事校箋據摭言本條，云記考誤將徐商事訛入王傳事。

6 韋令公昭度少貧窶①〔一〕，常依左街僧録淨光大師，隨僧齋粥。淨光有人倫之鑒，常器重之②。

廣記卷一七〇知人二知人僧條亦録載。

〔校〕

① 韋令公昭度 明本、韓熙本「昭度」二字爲小字注。

② 常器重之 宋筠本校改「常」作「韋」。

〔證〕

〔一〕 韋令公昭度：昭度，懿宗咸通八年進士及第。中和元年，權知禮部貢舉。明年，以本官同平章事，兼吏部尚書。

好放孤寒

7 元和十一年，歲在丙申，李涼公下三十三人皆取寒素〔一〕。時有詩曰：「元和天子丙申年，三十三人同得仙。袍似爛銀文似錦，相將白日上青天〔二〕。」

全唐詩話卷三李德裕、類説卷三四、説郛卷三五上引摭言亦載。廣記卷一八一貢舉四李逢吉、紀事卷四八李德裕所載本條皆與下條合併，亦皆注出摭言。然兩事實分屬二人。

〔證〕

〔一〕李涼公：案紀事卷五二皇甫曙：「曙，元和十一年中書舍人李逢吉下登第。」舊書卷一六穆宗紀：長慶四年（八二四）四月宰臣李逢吉封涼國公，逢吉元和十一年（八一六）以中書舍人知貢舉，擢鄭澥、劉端、吴行、李方、周匡物、廖有方等三十三人及第。紀事卷四八逕作「李逢吉」。

〔二〕元和天子詩：記考卷一八引摭言本條下注：「案：此詩爲周匡物及第詩。」然文獻無徵。全詩卷四九〇匡物有及第謡、及第後謝座主，皆非此詩。萬首唐人絶句卷六二録此詩，題詠李逢吉取寒素，無名子作。

8 李太尉德裕頗爲寒進開路①〔一〕，及謫官南去〔二〕，或有詩曰〔三〕：「八百孤寒齊下淚②，一時南望李崖州③。」

雲谿友議卷中贊皇勛所述與本條類，文字有異。唐語林卷七補遺李衛公頗升寒素述亦頗近，唐語林校證云該條不知出處。類説卷三四引摭言、説郛卷八一録後村詩話亦録載。

〔校〕

①李太尉德裕頗爲寒進開路　明本、宋犖本、宋筠本、韓熙本「德裕」皆爲小字注。「寒進」，廣記、紀事皆作「寒素」。

②八百　唐語林作「三百」。

③一時南望李崖州　雲谿友議、廣記作「一時迴首望崖州」。紀事作「一時回望崖州詘」。

〔證〕

〔一〕李太尉德裕頗爲寒進開路：玉泉子：「李相德裕，抑退浮薄，獎拔孤寒，於時朝貴朋黨，德裕破之。由是結怨而絶於附會，門無賓客。」

〔二〕謫官南去：即指德裕貶潮州司馬，繼貶崖州司户而卒。舊書卷一七四李德裕傳：「大中初，敏中復薦鉉在中書，乃相與掎摭構致，令其黨人李咸者，訟德裕輔政時陰事。乃罷德裕留守，以太子少保分司東都，時大中元年秋。尋再貶潮州司馬。」通鑑卷二四八：大中元年十二月戊午，貶太子少保分司李德裕爲潮州司馬。大中二年九月，再貶爲崖州司户。大中三年閏十一月己未卒於崖州司户任。

〔三〕或有詩曰：唐語林云此詩爲廣文諸生爲崔龜從子殷夢爲府解元而作，所録詩云：「省司府局正綢繆，殷夢元知作解頭。三百孤寒齊下淚，一時南望李崖州。」

9 昭宗皇帝頗爲寒進開路①。崔合州牓放②〔一〕，但是子弟，無問文章厚薄，鄰之金瓦③，其間屈人不少④。孤寒中唯程晏、黄滔擅場之外，其餘以程試考之⑤，濫得亦不少矣。然如王貞白、張蠙詩⑥，趙觀文古風之作，皆臻前輩之閫閾者也。

廣記卷一八四貢舉七昭宗、紀事卷六七王貞白條亦録載。吴越備史卷三文穆王附沈崧傳、黄滔黄御史集卷八附録唐昭宗實録述較詳。

〔校〕

① 寒進　廣記作「孤進」。

② 崔合州牓放　明本「放」作「破」。廣記作「崔凝覆試」。紀事作「崔合州凝典貢舉」。

③ 鄰之金瓦　明本「金」作「全」，下脱一字。

④ 其間屈人不少　管本方云：「按上當有訛脱。」

⑤ 程試　閣本、薈要本作「程試」，他本皆作「呈試」，管本方注「舊作『呈』」。

⑥ 詩　廣記作「律詩」。閣本、薈要本作「之詩」。

〔證〕

〔一〕 崔合州牓放：崔合州即崔凝，昭宗乾寧二年（八九五）以刑部尚書知貢舉。容齋四筆卷五乾寧覆試進士有詳述，可參看。四筆云知貢舉者刑部尚書崔凝，放牓後翰林學士陸扆、秘書監馮渥覆試。舊書卷二〇哀帝紀：「乾寧二年應進士登第後，物論以爲濫，昭宗命翰林學士陸扆、秘書監馮渥覆試黜落，永不許入舉場。」則廣記云「崔凝覆試」當誤。

升沈後進

10 太和中①〔一〕，蘇景胤、張元夫爲翰林主人②〔二〕，楊汝士與弟虞卿及漢公，尤爲文林表式。故後進相謂曰：「欲入舉場，先問蘇、張；蘇、張猶可，三楊殺我。」

廣記卷一八一貢舉四蘇景（胤）張元夫條將本條與下二條合爲一條，注出盧氏雜説。宋馬永易實賓録卷三三亦載。

〔校〕

① 太和中　唐語林卷四企羨作「元和中」。山堂肆考卷二一九通天作「長慶中」。

② 蘇景胤　宋犖本、管本、實賓録作「蘇景徹」，學津本作「蘇景允」，皆避清諱。郡齋讀書後志卷一、直齋書録解題卷四、元龜卷五五六、玉海卷四八、會要卷六〇又作「蘇景裔」，爲避宋諱。

〔證〕

〔一〕太和中：案：本書卷八已落重收門8—23條有楊漢公託韋貫之重收殷堯藩、楊虞卿重收班圖源事，則本條下文「欲入舉場」十六字謡諺疑在元和至大和間或已有流傳。舊書卷一六二張正甫傳附張元夫傳：「元夫，太和初兵部郎中、知制誥，遷中書舍人。」舊書卷一七下文宗紀：大和七年（八三三）三月庚戌，出給事中楊虞卿爲常州刺史，中書舍人張元夫汝州刺史。則本條事當在大和七年之前。

〔二〕蘇景胤張元夫爲翰林主人：翰林主人，岑仲勉翰林學士壁記注補云：「蘇、張兩人當日炙手可熱，此但言登科者多經其玉成耳。」案：景胤仕歷，史載頗簡略，曾爲史官。據新書卷五八藝文志二，景胤曾與沈傳師、鄭澣等合撰憲宗實録四十卷，主撰穆宗實録二十卷，二書皆由路隨監修。舊書卷一五九路隨傳：大和二年，隨奏：「近見衛尉卿周居巢、諫議大夫王彦威、給事中李固言、史官蘇景胤等各上章疏。」元龜卷五五六國史部採撰第二、會要卷二三緣祀裁製亦載其長慶至大和中修史。張元夫，舊傳：元夫爲吏部尚書張正甫兄式之子，「元夫，大和初兵部郎中、知制誥，遷中書舍人，出爲汝州刺史。」

11　大中、咸通中，盛傳崔慎由相公嘗寓尺題於知聞〔一〕。或曰：王凝、裴瓚、舍弟安潛，朝中無呼字知聞，廳裏絶脱靴賓客。凝，終宣城〔一〕；瓚，禮部尚書〔三〕；潛，侍中〔四〕。

〔證〕

〔一〕崔慎由：大和元年禮部侍郎崔郾下進士及第，次年復在崔郾下賢良方正、能直言極諫科制舉及第。舊書卷一八下宣宗紀載大中十一年二月拜相（舊書卷一七七崔慎由傳及通鑑卷二四九皆爲十年）。十二年正月，檢校禮部尚書，梓州刺史、御史大夫、劍南東川節度副大使、知節度事。

〔三〕凝終宣城：全文卷八〇七司空圖紀恩門王公凝遺事：「（乾符）四年春，以大河南王公治狀宜陟，詔假禮部尚書按察宣、歙、池三郡。」又司空表聖文集卷七唐故宣州觀察使檢校禮部王公（凝）行狀：「乾符五年八月七日，薨於位。」

〔三〕瓚禮部尚書：舊書卷一九僖宗紀：乾符元年「七月，以禮部侍郎裴瓚爲檢校左散騎常侍、潭州刺史、御史大夫、湖南觀察使。」瓚爲禮部尚書時間，唐僕尚丞郎表卷一五云：「中和中，約三四年，蓋曾官禮尚。」

〔四〕潛侍中：通鑑卷二五八：龍紀元年（八八九）十月詔，以太子少師崔安潛兼侍中，充平盧節度使。舊書卷一七七崔慎由傳附崔安潛傳：「累加太子太傅。卒，贈太師。」

12 太平王崇、竇賢二家，率以科目爲資，足以升沈後進，故科目舉人相謂曰：「未見王、竇，徒勞漫走。」

13 奇章公始舉進士，致琴書於灞、滻間①，先以所業謁韓文公、皇甫員外。時首造退之，退之他適，第留卷而已②。無何，退之訪湜，遇奇章亦及門。二賢見刺欣然③，同契延接。詢及所止，對曰：「某方以薄技卜妍醜於崇匠④，進退惟命，一囊猶寘於國門之外。」二公披卷，卷首有説樂一章，未閱其詞，遽曰：「且以拍板爲什麼⑤？」對曰：「謂之樂句⑥。」二公相顧大喜曰：「斯高文必矣！」公因謀所居。二公沈默良久⑦，曰：「可於客户坊税一廟院。」公如所教，造門致謝。二公復誨之曰：「某日可游青龍寺，薄暮而歸。」二公其日聯鑣至彼，因大署其門曰：「韓愈、皇甫湜同謁幾官先輩不遇⑧。」翌日，輦轂名士咸往觀焉⑨。奇章之名，由是赫然矣。

此條與卷六公薦門韓文公條（6–2）重複，文字稍異。岑仲勉考之「弗足深信」，見前注。廣記卷一八〇貢舉三牛僧孺録載。

〔校〕

① 致　管本作「置」。

② 第　原本作「弟」，明本、宋犖本、宋筠本、徐本、閣本、薈要本皆作「第」，據改。

③ 見刺　明本、廣記作「覽刺」。

④ 薄技卜妍醜於崇匠　「崇匠」，管本、閣本、薈要本、廣記作「宗匠」。

⑤ 且以拍板　原本上有「斯高文」三字，當涉下文「斯高文」三字而衍。本書卷六無此三字，校刪。

⑥ 謂之　管本無此二字。

⑦ 沈默　明本作「況然」。管本、閣本、薈要本作「沈吟」。廣記作「沈然」。宋筠本原作「沈然」，校改「沈思」。

⑧ 幾官先輩　廣記無「先輩」二字。

⑨ 咸往觀焉　廣記無「往」字。

［9］論曰：馬不必騏驥，要之善走；浴不必江海，要之去垢。苟華而不實，以比周鼓譽者①，不爲君子腹誹，鮮矣！

〔校〕

① 以比周鼓譽　明本「以」作「似」，「鼓」作「毁」。

知己

14 張燕公知房太尉〔一〕，獨孤常州知梁補闕〔二〕，二君子之美，出於李翺上楊中丞書〔三〕，云：「竊以朝廷之士，文行光明，可以爲後進所依歸者，不過十人。翺亦常伏其門下，舉其五人，則本無誘勸之心，雖有卓犖奇怪之賢，固不可得而知也。其餘或雖知，欲爲薦言於人，復懼人不我信；因人之所不信①，復生疑而不信；自信猶且不固②，矧曰能人之固？是以再往見之，或不如其初；三往復，不如其再③。若張燕公之于房太尉，獨孤常州之于梁補闕者，萬不見一人焉④！」

〔校〕

① 因　明本作「固」。

② 猶且不固　明本作「亦不顧固」，殊不可解，恐誤。

③再　揆敘本、閣本、薈要本同，他本皆作「載」。

④萬　明本、宋犖本、宋筠本、韓熙本、揆敘本、徐本皆作「死」。

〔證〕

〔一〕張燕公知房太尉：舊書卷一一一房琯傳：「房琯，河南人，天后朝正議大夫、平章事融之子也。……開元十二年，玄宗將封岱岳，琯撰封禪書一篇及箋、啓以獻。中書令張説奇其才，奏授秘書省校書郎，調補同州馮翊尉。」

〔二〕獨孤常州知梁補闕：獨孤常州即獨孤及，梁補闕即梁肅。新書卷一六二獨孤及傳：「及喜鑒拔後進，如梁肅、高參、崔元翰、陳京、唐次、齊抗皆師事之。」全文卷四四三李舟獨孤常州集序：「常州愛士，而肅最爲所重，討論居多，故其爲文之意，肅能言之。」

〔三〕上楊中丞書：李文公集卷七作謝楊郎中書，楊郎中其人無考。此條爲節録之部分文字，然與李集所載字句差互甚多，茲録四部叢刊本文字如左，不再出校：「竊惟當茲之士，立行光明，可以爲後生之所依歸者，不過十人焉。其五六人，則本無勸誘人之心，雖有卓犖奇怪之賢，固不可得而知也。其餘則雖或知之，欲爲之薦言於人，又恐人之不我信，因人之所不信，復生凝（疑）而不自信，自信且猶不固，矧曰能知人之固？是以再往見之，或不如其初；三往見之，又不如其再。若張燕公之於房太尉，獨孤常州之於梁補闕者，訖不見二人焉。」

15 李翺感知己賦序：「貞元九年，翺始就州府之貢與人事①，其九月，執文章一通，謁右補闕梁君〔一〕。當此時，梁君譽塞天下，屬詞求進士②，奉文章走梁君門下者，蓋無虚日。梁君知人之故也，亦既相見，遂于翺有相知之道焉。謂翺得古人之遺風，期翺之名不朽於無窮，許翺以拂試吹嘘。翺初謂其面相進也，亦未幸甚。十一月，梁君遘疾殁。翺漸游于朋友公卿間，往往皆曰：『吾既籍子姓名于補闕梁君也③。』翺迺知其非面進也。當時意謂先進者遇人特達，皆合有此心，亦未謂知己之難得也。梁君殁於兹五年，翺學聖人經籍教訓文句之旨④，爲文將數萬言，愈昔年見梁君之文，弗啻數倍，雖不敢同德于古人，然亦幸無怍於中心⑤。每歲試於禮部，連以文章罷黜，名聲晦昧於時俗⑥，人皆謂之固宜。然後知先進者遇人特達，亦不皆有此心，迺知知己之難得也。夫見善而不能知，雖善何爲？知而不能譽，則如弗知；譽而不能深，則如勿譽；深而不能久，則如勿深；久而不能終，則如勿久。翺雖不肖，幸辱梁君所知，君爲之言於人，豈非譽歟？謂其得古人之遺風，豈非深歟？而逮及終身⑦，豈非久歟？不幸梁君短命遽殁，是以翺未能有成也，其誰將繼梁君之志而成之歟？已焉哉！天之遽喪梁君也，是使予之命久迍邅阨窮也。遂賦知己以自傷⑧。其言怨而不亂，蓋小雅、騷人之餘風也。」

此序文，與李文公集卷一感知己賦所載亦差互較多，下用四部叢刊本就出入較顯者出校。

〔校〕

①州府　原本作「州序」，據李集改。

②求進士　李集作「求進之士」。

③既　李集作「久」。

④旨　原本無「旨」字，句意不通，據李集補。

⑤幸　李集作「常」。

⑥名聲　李集作「聲光」。

⑦而逮及　李集作「譽而逮夫」。

⑧遂賦知己　李集作「遂賦感知己」。

〔證〕

〔一〕右補闕梁君：梁肅，安定（今甘肅涇川）人。舊書卷一三〇李泌傳：「貞元五年，以前東都防禦判官、殿中侍御史、内供奉韋綬爲左補闕，監察御史梁肅右補闕。」據文中云梁肅卒於貞元九年（七九三）十一月，又「梁君歿，於兹五年」，則此賦序當作於貞元十四年。

16 李元賓曰：「觀有倍年之友朱巨源。」

此條當出李元賓文集卷一故人墓誌。畿輔叢書本李元賓文集卷一、全文卷五三五亦收此文。

17 李華撰三賢論劉眘虚，蕭穎士，元德秀〔一〕：或曰：「吾讀古人之書，而求古人之賢未獲①。」遐叔謂曰：無世無賢人，其或世教不至②，淪於風波，雖賢不能自辨，況察者未之究乎？鄭、衛方奏，正聲間發。極和無味，至文無采。聽者不達，反以爲怪譎之音，太師、樂工亦朱顔而止③。曼都之姿，雜爲顩頳，被緼絮蒙蕭艾④，美醜夷倫，自以爲陋。此二者，既病不自明，復求者亦昏；將割其善惡⑤，在遷政化俗⑥，則賢不肖異貫，而後賢者自明，而察者不惑也。予兄事元魯山而友劉、蕭二功曹，此三賢者，可謂之達矣。

此文收於李遐叔文集卷二。英華卷七四四、全文卷三一七亦收録。除以各本對校外，復以全文、英華及四庫全書本李遐叔文集對校。英華異文過於繁瑣，不再備注。全文較長，兹分爲數段。

〔校〕

① 古人之賢未獲　明本「賢」作「人」。

②世教不至　李集、英華作「世教之至」。
③朱顔　明本、李集、英華、全文作「失容」。宋犖本、宋筠本、撰敍本、韓熙本作「朱容」。
④被緼絮蒙蕭艾　明本、宋犖本、宋筠本、雅雨初印無「被」字。
⑤割　李集、英華、全文作「剖」。
⑥遷政化俗　明本、宋犖本、宋筠本、撰敍本、韓熙本、徐本、管本、李集、全文、英華皆作「遷政化端風俗」。

〔證〕

〔一〕劉㫋虚蕭穎士元德秀：案李遐叔文集下注：「元魯山，蕭穎士，劉迅。」「劉㫋虚」實當作「劉迅」，諸家考辨甚詳。可參閲管本方、吴所考，兹全録如下：「方校云：按文粹三賢論題下注云元魯山、蕭穎士、劉迅。新書迅傳：『迅，字捷卿。歷京兆功曹參軍事。常寢疾，房琯聞，憂不寐，曰：「捷卿有不諱，天理欺矣！」陳郡殷寅名知人，見迅歎曰：「今黄叔度也！」劉晏每聞其論，曰：「皇王之道盡矣！」上元中，避地安康，卒。迅續詩、書、春秋、禮、樂五説。書成，語人曰：天下滔滔，知我者希。終不以示人云。與論中所述悉合，而不云舊名㫋虚，恐撫言誤也。又舊唐書亦云：『劉子玄子迅，子玄即知幾也。』」吴校云：「錢竹汀先生曰此㫋虚即劉知幾之子迅，與殷璠河岳英靈集載其詩者非是一人，説詳養新録。又案武原朱笠亭先生云劉㫋虚字挺卿，江東人，與元結、蕭穎士齊名，李華爲作三賢論，誤以元德秀爲元結，當爲削正。偶閬氏族大全，見元德秀下有曰李華兄事之，作三賢論，謂德秀、劉迅、蕭穎士也，則先生之説自有所本歟？」又案：王士禛漁洋詩話卷下劉眘虚引三賢論爲據，以爲「劉」即「劉眘虚」，然並無考述。玉海卷一三四唐三賢引文粹作劉迅。宋馬永易實賓録卷四三賢云：「唐李華兄事元德秀，而友蕭穎士、劉迅，作三賢論。」明何良俊何氏語林卷一七賞譽第九下劉捷卿條下以注代評云：「按：宋祁唐書劉知幾第五子劉迅傳中有此二事。又摭言李華三賢論，其論劉慎虚亦載此事，不應二人同時，事都不異。然三賢論又謂慎虚名儒大官之家，兄弟以學著，乃述詩、書、禮、易、春秋爲五説，條貫源流，備古今之變。今考劉昫、宋祁唐書及李肇唐國史補作五説者正劉迅也。且劉迅父知幾史才無對，官至崇文館學士，叔知柔以文章政事致位尚書右丞，兄貺、餗、彙、秩，弟迥，本傳中皆有述撰，則所謂名儒大官之家，與兄弟以學著者，非迅而何？且二唐書都不載劉慎虚事，豈摭言稱慎虚門閥風望如此，而正史顧遺之耶？則慎虚之爲迅無疑。迅本字捷卿，或慎虚其别字也，但正史不著迅有别字與其能詩，而詩家序論亦不詳其所出，乃知記事者固多踈漏也。」新書卷一四二柳渾傳：「渾母兄識，字方明，知名士也。工文章，與蕭穎士、元德秀、劉迅相上下。」將三子并列。同書卷一九四元德秀傳逕言：「李華兄事德秀，而友蕭穎士、劉迅。及卒，華謚曰文行先生。天下高其行，不名，謂之元魯山。華於是作三賢論。」則劉眘虚誤，當作劉迅已明。

或曰：「願聞三子之略。」遐叔曰：元之志行當以道紀天下①，劉之志行當以六經諧人心，蕭之志行當以中古易今世。元齊愚智，劉感一物不得其政②，蕭呼吸折節而獲重禄，不易一刻之安③。元之道，劉之深，蕭之志，及於夫子之門，則達者其流也。然各有病：元病酒，劉病賞物，蕭病貶惡太亟，獎能太重④。元奉親孝，居喪哀，撫孤仁，徇朋友之急⑤，涖職明於賞罰，終身貧，而樂天知命，以爲王者作樂崇德，殷薦上帝以配祖考，天人之極致也。而辭章不稱，是無樂也，於是作破陣樂詞。協商、周之頌，推是而論，則見元之道矣。劉名儒史官之家，兄弟以學著稱⑥，乃述詩、書、禮、易、春秋，爲古文五説⑦，條貫源流，備古今之變。推是而論，則見劉之深矣。蕭以詩書爲煩⑧，尤罪子長不編年⑨，乃爲列傳。後代因之，非典訓也。將正其失，自春秋三家之後，非訓齊生人不録，次序纘修，以迄于今，未就而殁⑩。推是而論，則見蕭之志矣。

〔校〕

① 紀　明本作「純」，管本、李集作「統」。

② 劉感一物不得其政　「政」，管本、英華、李集、全文作「正」。

③ 獲重禄不易一刻之安　明本、宋犖本、宋筠本、揆敘本、韓熙本、徐本、雅雨初印作「獲易」。

④能　管本、李集作「善」。

⑤徇朋友之急　「徇」，明本、宋犖本、宋筠本、揆敘本、韓熙本、徐本、雅雨初印無，管本、李集、全文作「狥」。

⑥著稱　明本、宋犖本、宋筠本、韓熙本、徐本、雅雨初印皆無「稱」字。

⑦古文五説　明本作「古五經説」。宋犖本、揆敘本、韓熙本、徐本、管本、雅雨初印作「古五説」。宋筠本原作「古五説」，「古」下校補「文」字。李集、英華、全文無「古文」二字。

⑧詩書爲煩　「詩書」，李集、英華、全文皆作「史書」。「煩」，明本作「煩冗」。

⑨編年　李集、英華、全文下有「陳事」二字。

⑩未就　李集、英華、全文上有「志」。明本、宋犖本、宋筠本、韓熙本、徐本、管本、雅雨初印作「志就」，非。

元據師保之席，瞻其人形容，不俟而見①。劉備卿佐之服②，居賓友之地，言理亂根源，人倫隱明，參乎元精，而後見其妙。蕭若百鍊之鋼，不可屈抑③。當廢興去就之際，一死一生之間，而後見其大節。視聽過速，欲人人如我，志與時多背，常見詬於人，取其中節之舉④，足可以爲人師矣⑤。學廣而不偏精，其貫穿甚於精者。文方復雅尚之至，嘗以律度百代爲任。古之能者往往不至焉。超絶蹈厲，不可謂不知者言也⑥。茂挺父爲莒丞得罪，清河張惟一時佐廉使，按成之〔一〕。茂挺初登科，自洛還莒，道邀使車⑦，發辭哀乞。惟一涕下，即日舍之，且曰：「蕭贇府生一賢才⑧，資天下風教，吾由是得罪無憾也⑨。」夫如是，得不謂之孝乎？或曰：「三子者各有所與游乎⑩？」遐叔曰：若太尉房公，可謂名卿矣⑪〔二〕，每見魯山，即終日歎息，謂余曰：「見紫芝眉宇，使人名利之心盡矣！」若司業蘇公〔三〕，可謂賢人矣，每謂當時名士曰：「使僕不幸生於衰俗，所不恥者，識元紫芝。」廣平程休士美〔四〕，端重寡言；河間邢宇，深明操持不苟⑫〔五〕；宇弟宙次宗〔六〕，和而不流；南陽張茂之季豐〔七〕，守道而能斷；趙郡李萼伯高⑬〔八〕，含大雅之素；萼族子丹叔南〔九〕，誠莊而文；丹族子惟岳謀道〔一〇〕，沈遠廉静；梁國喬潭德源⑭，昂昂有古風；弘農楊拯士扶⑮〔一一〕，敏而安道；清河房垂翼明，志而好古；河東柳識方明〔一二〕，遐曠而才。是皆慕元者也⑯。

〔校〕

① 瞻其人形容不俟而見　明本、宋犖本、宋筠本、揆敘本、韓熙本、徐本「其人」以下闕。管本作「其形容不俟見而見其仁」。李集、英華、全文作「其形容不俟其言而見其仁」。

②備　管本、李集、英華、全文作「被」。
③屈抑　「抑」，管本、李集、英華、全文作「折」。
④取其中節之舉　明本、宋犖本、宋筠本、揆敘本、韓熙本、徐本、雅雨初印「取其中節」作「中取其節」。
⑤足　管本、李集、英華、全文作「是」。
⑥超絶蹈厲不可謂不知者言也　明本、韓熙本脱「絶」及上「不」字。宋犖本、宋筠本「絶」作「楊」。揆敘本作「忽」，上「不」字脱。英華、全文「超絶蹈厲」作「超蹈孤厲」，脱「者」字。
⑦使車　明本、宋犖本、宋筠本、雅雨初印無「使」字。
⑧賢才　原本「才」誤作「方」，今改。
⑨無憾也　管本、李集、全文作「亦無憾」。
⑩所與游乎　明本、宋犖本、宋筠本、韓熙本、揆敘本、徐本、雅雨初印無「游乎」二字。
⑪名卿　明本、宋犖本、宋筠本、揆敘本、韓熙本、李集、英華、全文作「名公」。
⑫深明操持不苟　「操持」，李集作「持參」，英華作「持操」。「苟」原作「局」，據宋筠本、韓熙本改。
⑬李蕚　「蕚」，李集作「崿」，新書卷一九四元德秀傳作「崿」。管本方校亦作「崿」，並云「蕚」非是。

⑭梁國喬潭德源　原本「喬潭」作「喬澤」，誤，今改。

⑮弘農楊拯士扶　英華「楊拯」作「楊椽」，注「一作拯」。宋犖本、宋筠本、撰敘本、徐本即作「楊拯」。

⑯是皆慕元者也　李集、英華、全文「慕」下有「於」字。

〔證〕

〔一〕茂挺父爲莒丞：新書卷二〇二蕭穎士傳：「父旻，以莒丞抵罪，穎士往訴於府佐張惟一，惟一曰：『旻有佳兒，吾以旻獲譴不憾。』乃平宥之。」

〔二〕太尉房公：即房琯，見卷七知己門張燕公條（7–14）注。

〔三〕司業蘇公：即蘇源明，見卷四師友門杜工部交鄭廣文條（4–16）注。

〔四〕廣平程休士美：全文卷四三五收判一條，小傳云：「休字士美，廣平人。肅宗朝官左司封員外郎。」

〔五〕河間邢宇深明操持不苟：邢宇，全文卷四三六收賦、判各一，小傳云：「宇字紹宗，河間人。肅宗朝官户部員外郎。」全文卷四〇九崔祐甫廣喪朋友議：「祐甫佐江南西道連帥魏尚書，時屬幕中之參佐有加官者，聚合藥餌，卜日爲宴。宴前行人至，知團練副使考功邢郎中宇捐館於荆南，邢與魏鄉國接近，且邢郎中則諸魏之出，於尚書爲内外昆弟。」魏尚書即魏少游，大曆二年（七六七）至六年爲江西觀察使。則邢宇曾仕考功郎中，大曆初爲團練副使。卒於荆南。

〔六〕宇弟宙次宗：邢宙，全文卷四五三收判文一條，小傳云：「宙字次宗，河間人。」獨孤及毘陵集卷八唐故洪州刺史張公（鎬）遺愛碑云鎬鎮洪州：「慎選乃僚，必國之良。有若博陵崔貢、昌黎韓洄、趙郡李惟岳、北海王士華、河間邢宙、河東裴孝智、隴西李道，皆卿才也。」舊書卷一一代宗紀：鎬廣德二年（七六四）薨於洪州位，則邢宙及下文之李惟岳在張鎬洪州幕任職。

〔七〕南陽張茂之季豐：開元二十二年（七三四）孫逖下進士及第。

〔八〕趙郡李蕚伯高：李蕚（李崿），開元二十三年進士及第，與李華、蕭穎士、張南容、楊拯等同年。全詩七八八收有蕚與顏真卿、皎然、陸羽等唱和聯句多首。真卿於大曆八年正月至湖州刺史任，多與之唱游聯句，顏魯公集附唐因亮魯公行狀：「七年九月，拜湖州刺史。公以時相未忘舊怨，乃加勤於政。而以杭州富陽丞李崿爲本州防禦副使」，令狐峘顏魯公集神道碑：貞元二年十一月遷真卿墓於萬年之舊原，「故吏廬州刺史李崿乃刊石建碑，旌於不朽」云云，則李崿曾仕殿中侍御史、杭州富陽丞、湖州防禦副使、廬州刺史等職。新書元德秀傳云崿擢制科，遷南華令，歷廬州刺史。

〔九〕蕚族子丹叔南：李丹，全文卷四〇四收其判、表各一篇，小傳云：「丹字叔南，天寶朝官侍御史，出爲虔州刺史。」李遐叔文集卷二潤州鶴林寺故徑山大師碑銘云：「戒弟子……故御史中丞李丹。」唐國史補卷上李丹與妹書有「李丹爲虔州刺史，與妹書曰」云云。

〔一〇〕丹族子惟岳謀道：此爲趙郡之惟岳。李遐叔文集卷一平原公遺德頌云：「監察御史趙郡李惟岳謨道」，則惟岳曾仕監察御史。

〔二〕弘農楊拯士扶：案新書元德秀傳：「拯，字齊物，隋觀王雄後，舉進士，終右驍衛騎曹參軍。」嶧擢制科，遷南華令。」李遐叔文集卷一楊騎曹集序：「弘農楊君諱極，字齊物，隋觀德王之後，祖正冑，魯王府諮議，父珣，永平令，得進士舉，邦族高之。」

〔三〕河東柳識方明：雍正十二年（一七三四）修山西通志卷一三九人物：「柳識，字方明，解縣人，渾兄，知名士也。工文章，與蕭穎士、元德秀、劉迅相上下，而識練理創端，往往詣極，當時作者伏其簡拔。」寶刻叢編卷一五有唐玄靖先生碑，唐秘書郎柳識撰。六藝之一録卷八〇亦云：「玄靖李先生碑，柳識撰，張從申行書，李陽冰篆額，大曆七年八月秘書郎柳識撰。」景定建康志卷四五祠祀志二宮觀：「舊記云：唐天寶七年，敕于廟下立精舍度道士焚修，屯田員外郎柳識建碑。」全文卷三七七收識表、文、碑八篇，內有茅山紫陽觀玄靜先生碑，其小傳云：「識字方明，代宗朝官左拾遺。」

劉在京下①，嘗寢疾。房公時臨扶風〔一〕，聞之通夕不寐，顧謂賓從曰：「挺卿即若不起②，無復有神道！」尚書劉公每有勝理〔二〕，必詣與談，終日忘返，退而嘆曰：「聞劉公清言③，見皇王之理矣。」殷寅直清有識④〔三〕，尚恨言理少對，未與劉面，常想見其人。河東裴騰士舉〔四〕，朗邁真直⑤；弟霸士會〔五〕，峻清不雜；隴西李廙敬叔〔六〕，堅明沖粹；范陽盧虛舟幼真〔七〕，質方而清；潁川陳讜言士然〔八〕，淡而不厭⑥；吴興沈興宗季長⑦〔九〕，專静不渝；潁川陳兼不器⑧〔一〇〕，行古人之道；渤海高適達夫，落落有奇節，是皆重劉者也。

〔校〕

① 劉在京下　韓熙本、雅雨初印作「劉在京□下」，李集及英華無闕文。

② 挺卿　原本無此二字，據管本、李集、全文補。新書卷一三二劉迅傳作「捷卿」，英華作「柄卿」。

③ 尚書劉公句　明本、宋犖本、宋筠本、韓熙本、徐本、揆敘本、管本、雅雨初印脱「每有勝理」至「聞劉公」十九字。

④ 殷寅直清　原本作「殷直清」，當脱「寅」字，今補。

⑤ 朗邁真直　管本方校「真」當作「貞」。英華作「精朗邁直」。

⑥ 淡而不厭　李集及英華「淡」作「談」，明本、宋犖本、宋筠本、揆敘本、徐本、雅雨初印作「讀」。

⑦ 吴興沈興宗季長　原本作「渤海吴興宗秀長」，李集並英華、全文皆作「吴興沈興宗季長」，當是，據改。

⑧潁川陳兼不器　明本、宋犖本、宋筠本、揆敘本、韓熙本、徐本、雅雨初印「兼」作「謙」，英華作「廉」。

〔證〕

〔一〕房公時臨扶風：房公即上文之房琯。琯曾於天寶中官扶風太守。

〔二〕尚書劉公：即劉晏，新書劉迅傳：「劉晏每聞其論，曰：『皇王之道盡矣！』」

〔三〕殷寅直清：新書劉迅傳：「陳郡殷寅名知人，見迅歎曰：『今黄叔度也！』」寅，記考卷九天寶四載（七四五）進士及第。全文卷三四四顏真卿曹州司法參軍秘書省麗正殿二學士殷君（踐猷）墓碣銘：「三子：攝、寅、克齊等。……寅聰達有精識，能繼先父之業，有大名於天下。舉宏詞，太子校書、永寧尉。箠殺謾吏，貶，移澄城丞。」全詩卷二〇一有岑參崔倉曹席上送殷寅充石相判官赴淮南，「石相」當作「右相」。

〔四〕河東裴騰士舉：新書卷七一上宰相世系表：裴卓三子，長子「騰，户部郎中」。全文卷四〇三收騰判一首，全詩卷一三三有李頎送裴騰詩。

〔五〕弟霸士會：新書宰相世系表：裴卓三子，第三子「霸，吏部員外郎」。李頎送裴騰：「令弟爲縣尹，高城汾水隅。」疑即裴霸。

〔六〕隴西李廙敬叔：李廙歷官，唐國史補卷上：「李廙爲尚書左丞，有清德。其妹，劉晏妻也。」新書卷一三二劉子玄傳附孫劉滋傳：「滋，字公茂，……東都河南尹李廙奏補功曹。」卷四四選舉上寶應二年（七六三）與李栖筠同官給事中。大唐傳載：「李右丞廙，年二十九爲尚書右丞，至五十九又爲尚書右丞。」

〔七〕范陽盧虚舟幼真：全文卷三六七賈至授盧虚舟殿中侍御史等制：「大理司直盧虚舟，……可殿中侍御史。」李白亦有廬山謡寄盧侍御虚舟詩。郎官石柱題名新著録左司員外郎第五行、吏部員外郎第十行皆有盧虚舟。全文卷六二八吕温裴氏海昏集序稱「故秘書少監范陽盧公虚舟」。

〔八〕潁川陳讜言士然：讜言，元和姓纂卷三：「禮部員外郎陳讜言，京兆人。」全文卷四〇六收判文一首，小傳云：「讜言字士龍，玄宗時擢書判拔萃科。」全詩卷一四〇有王昌齡秋山寄陳讜言詩。

〔九〕吴興沈興宗季長：興宗，全文卷三六五收判、銘各一首。全詩卷一四〇有王昌齡緱氏尉沈興宗置酒南谿留贈詩。

〔一〇〕潁川陳兼不器：全文卷三七三收陳兼陳留郡文宣王廟堂碑一首：「唐天寶十一載，……客卿前封丘縣丞泗上陳兼志之。」小傳云：「兼，秘書少監京父。官右補闕、翰林學士。」元和姓纂卷三臨淮陳氏：「右補闕陳兼。」全詩有李華雲母泉詩，序：「潁川陳公，天寶中與華同爲諫官。」此陳公即陳兼。新書卷二〇三李華傳：「（華）天寶十一載，遷監察御史。……徙右補闕。」則李華與陳兼同官補闕。全文卷三八八有獨孤及送陳贄府兼應辟赴京序。

工部侍郎韋述修國史〔一〕，推蕭同事；禮部侍郎楊俊掌貢舉①〔二〕，問蕭求人，海内以爲德選；汝南邵軫緯卿〔三〕，有詞學標幹；天水趙驊雲卿〔四〕，才美行純；陳郡殷寅直清，達於名理；河南源衍秀融②，粹而復微③；會稽孔至惟微〔五〕，述而好古；河南陸據德鄰〔六〕，恢恢善於事理；河東柳芳仲敷，該博故事④；長樂賈至幼鄰⑤，名重當時；京兆韋收仲成⑥，遠慮而深；南陽張友略維之⑦〔七〕，履道體仁；友略族弟邈季遐〔八〕，温其如玉；中山劉穎士端〔九〕，疏明簡暢；潁川韓拯佐元〔一〇〕，行脩而文；樂安孫益盈孺〔一一〕，温良忠厚；京兆韋建士經〔一二〕，中明外純；潁川陳晉正卿，深於詩書；天水尹徵之誠⑧〔一三〕，貫百家之言，是皆厚於蕭者也。尚書顔公重名節，敦故舊〔一四〕，與茂挺少相知，顔與陸據、柳芳最善⑨。茂挺與趙驊、邵軫洎華最善，天下謂之「蕭、李之交」。殷寅、源衍睦於二交間。不幸元罷魯山，終于陸渾〔一五〕；劉避地，逝于安康〔一六〕；蕭歸葬先人，殁於汝南〔一七〕。今復求斯人，有之無之？是必有之，而察之未克也。三賢不登尊位，不享下壽，居易委順⑩，賢人之達也。不蒙其教，生人之病也。余知三賢也深，故言之不怍云。

一云李華復友權皋、張友略。出皋墓銘〔一八〕。

〔校〕

①禮部侍郎楊俊　明本「楊」作「陽」。管本、李集、英華、全文「楊俊」作「楊浚」。

②秀融　管本、李集、英華、全文作「季融」。

③粹而復徵　雅雨初印作「粹而俊澂」。

④該博故事　「博」，管本、李集、英華、全文作「練」。

⑤長樂賈至幼鄰　管本、李集、英華「幼鄰」作「幼幾」。

⑥韋收　原作「韋牧」，據明本、宋犖本、宋筠本、李集、英華改。

⑦友略　李集、英華、全文、新書蕭穎士傳皆作「有略」。

⑧天水尹徵之誠　李集「尹徵」作「尹徵」，英華作「尹徽」。

⑨顏與陸據柳芳最善　原本無此八字，本條末别出一條「顏真卿與陸據柳芳善」，明本爲小注，今據李集及英華、全文乙改。

⑩居易委順　明本、宋犖本、宋筠本、韓熙本、徐本、揆敘本、雅雨初印無「易」字。

〔證〕

〔一〕工部侍郎韋述：新書卷二〇二蕭穎士傳：「史官韋述薦穎士自代，召詣史館待制，穎士乘傳詣京師。而林甫方威福自擅，穎士遂不屈。」

〔二〕禮部侍郎楊俊：案舊書卷九八裴耀卿傳：「（開元）二十四年，拜尚書左丞相，罷知政事，累封趙城侯。時夷州刺史楊浚犯贓處死，詔令杖六十，配流古州。」另新書卷五九藝文志三：「楊浚聖典三卷，校書郎，開元中上。」唐才子傳卷三張繼傳：「天寶十二年，禮部侍郎楊浚下及第。」校箋云楊浚乃陽浚之誤。元龜卷一六二：「（天寶）十四年三月，給事中裴士淹、禮部侍郎楊浚、太常少卿姚子彦往河南、河北、江淮宣慰。」然金石萃編卷九八顔真卿元結墓碑有「元子天寶十二載舉進士，作文編，禮部侍郎陽浚曰」云云，本書卷一四（14-1條）：「天寶十二載，禮部侍郎陽浚四牓，共放一百五十人，後除左丞。」此當依唐籍作「陽浚」爲是。

〔三〕汝南邵軫緯卿：見本書卷一兩監門1-7條注。

〔四〕天水趙驊雲卿：見本書卷一兩監門1-7條注。千唐誌齋藏誌第八○二通李符彩墓誌有云：「□領軍衛倉曹參軍趙驊書。」舊書卷一八七趙曄傳：「趙曄，字雲卿，鄧州穰人，其先自天水徙焉。貞觀中主客員外郎德言曾孫也。父敬先，殿中侍御史。」趙曄誤，當作趙驊。

〔五〕會稽孔至惟微：新書卷五八藝文志二有孔至姓氏雜録一卷。新書卷一九九路敬淳傳云：「唐初，姓譜學唯敬淳名家。其後柳沖、韋述、蕭穎士、孔至各有撰次，然皆本之路氏。」全文卷三七二柳芳姓系論：「唐興，言譜者以路敬淳爲宗，柳沖、韋述次之。李守素亦明姓氏，時謂『肉譜』者。後有李公淹、蕭穎士、殷寅、孔至，爲世所稱。」

〔六〕河南陸據德鄰：事跡具見舊書卷一九○下蕭穎士傳、陸據傳。

〔七〕南陽張友略維之：紀事卷二八薛業下引獨孤常州送薛處士業游廬山序云：「薛侯敦於詩，困於學，敏於行，……拂纓上之塵，西游廬山，趙補闕驊、王侍御定、張評事有略各以文爲贈。」全文卷三二一李華德先生誄：「或問曰：德先生者奚氏？余曰：南陽張姓，有略其名，維之其字也。」

〔八〕有略族弟遐季遐：季遐，英華作「季選」。廣記卷二六一嗤鄙四梅權衡條注引乾𦠆子：「唐梅權衡，吴人也，入試不持書策，人皆謂奇才。及府題出青玉案賦，……權衡詩賦成，張季遐前趨，請權衡所納賦押諒字。」全文卷九五一收張餘慶青玉案賦一首，疑即同爲府試所作，然張餘慶亦不可考。玉海卷二三：「陳州西華有鄧門廢陂，神龍中，令張餘慶復開引潁水溉田。」恐非此人。新書卷七二宰相世系表河間張氏有季遐，兄張仲素，元和中書舍人。然此季遐爲名而非字，恐亦非同一人。

〔九〕中山劉潁士端：全文卷三九〇獨孤及唐故揚州慶雲寺律師一公塔銘：「與天台道士潘清、廣陵曹評、趙郡李華、潁川韓極、中山劉潁、襄陽朱放、趙郡李紓、頓丘李湯、南陽張繼、安定皇甫冉、范陽張南史、清河房從心相與爲塵外之友，講德味道，朗詠終日。」或即此人。

〔一〇〕潁川韓拯佐元：又韓拯，上引獨孤及唐故揚州慶雲寺律師一公塔銘作「韓極」，毘陵集卷九載此文又爲「韓拯」。「極」與「拯」字形酷似，極易致誤。李華德先生誄亦云：「維之鄰道昌黎韓極，亦以德聞，與維之同病。」李遐叔文集亦作「韓極」，然新書仍作「韓拯」。

〔一一〕樂安孫益盈孺：全文卷四〇三收益判文一首，小傳云：「益，天寶時擢書判萃科。」

〔一二〕京兆韋建士經：全文卷三七五收韋建者判一首，另黔州刺史薛舒神道碑。碑文作於大曆十一年七月二十日，前小傳云：「建字士經，天寶中爲河南令。」

〔一三〕天水尹徵之誠：或當以「尹徵」爲是。新書蕭穎士傳云尹徵執弟子禮事蕭穎士，蕭茂挺文集送劉太真詩序：「吾嘗謂門弟子，有尹徵之學，劉太真之文，首其選焉。」

〔一四〕尚書顏公重名節敦故舊：舊書卷一八七下忠義下趙曄傳：「曄……少時與殷寅、顏真卿、柳芳、陸據、蕭穎士、李華、邵軫同志友善，故天寶中語曰：『殷、顏、柳、陸、蕭、李、邵、趙』，以其重行義，敦交道也。」

〔一五〕元罷魯山終于陸渾：新傳：元德秀「愛陸渾佳山水，乃定居。……天寶十三載卒。」全文卷三八三有元結元魯縣墓表：「天寶十三年，元子從兄前魯縣大夫德秀卒。」全文卷三二〇李華元魯山墓碣銘述之甚詳，然記「天寶十二載九月二十九日，魯山令河南元公終於陸渾草堂，春秋五十九」。隋唐五代墓誌彙編唐故魯山令河南元府君墓誌銘，則云「春秋六十」。

〔一六〕劉避地逝于安康：新書卷一三二劉知幾傳附劉迅傳：「上元中，避地安康，卒。」清雍正三年陝西通志卷九八拾遺一亦載同，注引自隋唐嘉話，然今本嘉話無，或爲逸文，或實取自新書。

〔一七〕蕭歸葬先人歿於汝南：穎士之卒，舊書卷一九〇下文苑下蕭穎士傳：「終以誕傲褊忿，困躓而卒。」新傳：「崔圓聞之，即授揚州功曹參軍。至官，信宿去。後客死汝南逆旅，年五十二。」語焉不詳。全文卷三一五李華揚州功曹蕭穎士文集序：「君以先世寄殯嵩條，因之遷祔終事，至汝南而歿。」與此合。又，同書卷三二一華祭蕭穎士文云「維乾元三年二月十日，孤子趙郡李華，以清酌之奠，敬祭于亡友故揚州功曹蘭陵蕭公之靈」，穎士之卒當在此年。

〔一八〕李華復友權皐張友略出皐墓銘：李遐叔文集卷三有著作郎贈秘書少監權君墓表：「自開元、天寶以來，高名下位，華方疾不能備舉，然所憶者，曰河南元君德秀，元終十年而南陽張君有略，張没二年而君夭。元之志如其道德，張之行如其經術，君之才如其聲望。」

18 杜紫微覽趙渭南卷早秋詩云〔一〕：「殘星幾點雁横塞①，長笛一聲人倚樓。」吟味不已，因目嘏爲「趙倚樓」。復有贈嘏詩曰：「今代風騷將②，誰登李杜壇？灞陵鯨海動，翰苑鶴天寒③。今日訪君還有意，三條冰雪借予看④。」紫微更寄張祜〔二〕，略曰：「睫在眼前長不見⑤，道非身外更何求？誰人得似張公子，千首詩輕萬户侯。」

紀事卷五六趙嘏、卷五二張祜條亦録載。此條郡齋讀書志、郡閣雅談、唐才子傳等宋元人書多有引載，然文字頗有異，可參閲唐才子傳校箋卷六張祜下所考。

〔校〕

① 幾點　明本、宋犖本、宋筠本、揆敘本、徐本作「幾處」。

② 今代風騷將　原本「今」作「命」，據明本、管本、紀事改。管本「將」作「客」。

③鶴　韓熙本誤作「崔」。

④借予看　紀事作「獨來看」。

⑤長不見　紀事作「人不見」。

〔證〕

〔一〕早秋詩：全詩卷五四九題作長安晚秋，紀事卷五六趙嘏題長安秋望。牧贈嘏詩，據繆鉞杜牧年譜考，此詩「蓋（與趙嘏）同在長安時作」。杜牧大中二年正月在洛陽應進士舉，又於三月在長安應制舉，十月隨沈傳師赴洪州，牧應在此期間結識趙嘏，並互贈酬唱。

〔二〕寄張祜：繆鉞杜牧年譜考此詩乃牧於會昌五年（八四五）爲池州刺史時與張祜相晤而作。

19 貞元中，李元賓、韓愈、李絳、崔群同年進士〔一〕。先是，四君子定交久矣，共游梁補闕之門〔二〕。居三歲①，肅未之面，而四賢造肅多矣，靡不偕行。肅異之②，一日延接③，觀等俱以文學爲肅所稱，復獎以交游之道。然肅素有人倫之鑒。觀、愈等既去，復止絳、群，曰：「公等文行相契，他日皆振大名，然二君子位極人臣，勉旃！勉旃！」後二賢果如所卜。

廣記卷一七〇知人二梁肅條亦録載。

〔校〕

① 居三歲　廣記作「居二歲」。

② 肅異之　管本無此三字。

③ 一日　廣記作「一旦」。

〔證〕

〔一〕同年進士：李觀、韓愈、李絳、崔群等，皆在德宗貞元八年於兵部侍郎陸贄下進士及第。新書卷二〇三歐陽詹傳：「（詹）舉進士，與韓愈、李觀、李絳、崔群、王涯、馮宿、庾承宣聯第，皆天下選，時稱『龍虎牓』。」

〔二〕梁補闕：即梁肅。舊書卷一三〇李繁傳云：「泌與右補闕、翰林學士梁肅友善。」則肅似當爲右補闕。丁居晦重修承旨學士壁記：「梁肅，貞元七年自左補闕充，兼皇太子侍讀，守本官，兼史館修撰。」恐載有誤。

20 李華著含元殿賦〔一〕，蕭穎士見之，曰：「景福之上，靈光之下。」

此條出唐國史補卷上李華含元賦。

〔證〕

〔一〕此賦作年，舊書卷一九〇下文苑下李華傳：「天寶中，登朝爲監察御史。累轉侍御史，禮部、吏部二員外郎。華善屬文，與蘭陵蕭穎士友善。華進士時，著含元殿賦萬餘言，穎士見而賞之，曰：『景福之上，靈光之下。』」李華開元二十三年進士及第，含元殿賦當作於此時前後。

21 白樂天初舉，名未振，以歌詩謁顧況①〔一〕。況謔之曰：「長安百物貴②，居大不易。」及讀至賦得原上草送友人③，詩曰：「野火燒不盡，春風吹又生。」況歎之曰：「有句如此，居天下有甚難④！老夫前言戲之耳。」

廣記卷一七〇知人二顧況條亦録載，注出幽閒鼓吹，文字頗有異。廣記卷二五〇詼諧六顧況條引摭言，文字略同。

〔校〕

① 歌詩　宋筠本校改「詩」作「詞」。

② 長安百物　廣記卷二五〇「長安」上有「居易」。

③ 送友人　廣記卷二五〇無「人」字。

④ 居天下有甚難　廣記卷二五〇作「居大不難」。

〔證〕

〔一〕白居易，德宗貞元十六年於中書舍人高郢下進士及第。與本條所述相近且稍早者爲張固幽閒鼓吹所載：「白尚書應舉，初至京，以詩謁顧著作。顧覩姓名，熟視白公曰：『米價方貴，居亦弗易。』乃披卷，首篇曰：『咸陽原上草，一歲一枯榮。野火燒不盡，春風吹又生。』即嗟賞曰：『道得箇語，居即易矣。』因爲之延譽，聲名大振。」與摭言稍異。唐才子傳卷四白居易傳、紺珠集卷四有句如此居有何難條、總龜卷四、詩人玉屑卷一〇等亦録載，當皆祖自摭言。舊書卷一六六白居易傳：「居易幼聰慧絶人，襟懷宏放。年十五六時，袖文一編，投著作郎吴人顧況。」傅璇琮唐代詩人叢考顧況考以爲舊傳所謂居易十五六歲時謁顧況不足信，可另參看。

22 李太白始自西蜀至京，名未甚振①，因以所業贄謁賀知章。知章覽蜀道難一篇，揚眉謂之曰：「公非人世之人，可不是太白星精耶？」

此條或出本事詩高逸第三李太白初自蜀至京師條。廣記卷二〇一才名李白所引亦出本事詩，文字稍異。類説卷三四録摭言太白星精，説郛卷三五上亦摘録。

〔校〕

① 名　明本、宋犖本、宋筠本、韓熙本、管本皆作「道」。

23 蔣凝，江東人，工於八韻，然其形不稱名。隨計途次襄陽，謁徐相商①〔一〕。公疑其假手，因試峴山懷古一篇。凝於客次賦成，尤得意。時溫飛卿居幕下〔二〕，大加稱譽。

此條與本書卷五以其人不稱才試而後驚門蔣凝條（5–12）重複，唯增述溫庭筠事。

〔校〕

① 徐相商　管本作「徐商相公」。宋筠本原同底本，後人於「相」下校增「公」字。

〔證〕

〔一〕蔣凝謁徐商：本書卷五蔣凝條云在咸通中，據前考當在咸通十年。

〔二〕溫飛卿居幕下：張爾田與龍榆生論夏瞿禪飛卿譜書引李騭徐襄州碑：「大中十年春，今丞相東海公自蒲移鎮於襄，十四年詔徵赴闕。今天子咸通五年，公爲御史大夫，自始去襄，於茲六年矣。」考徐商大中十年移鎮襄陽。夏承燾唐宋詞人年譜溫飛卿繫年依張爾田，云溫飛卿於大中十三年貶隋縣尉，至咸通元年依徐商。金華子雜編卷上段郎中成式：「時溫博士庭筠方謫尉隨縣，廉帥徐太師商留爲從事。」舊書卷一九〇下文苑下温庭筠傳謂庭筠依商「署爲巡官」。繫年咸通元年徐商自山南東道調任，庭筠亦解職，後歸江東。然全文卷七八六有庭筠所作牓國子監云：「咸通七年十月六日，試官温庭筠牓。」則七年時，庭筠已爲京官。繫年又據全唐詩話「温飛卿任太常博士」，與金華子雜編所言合。夏氏以爲博士即庭筠最後之仕歷，咸通十年已無可考，然此云温飛卿仍居幕下，繫年或有誤。

［10］論曰：夫求知者，匪言不通；既通者，匪節不合。得之於内，失之於外，萬萬不能移也。所以越石父免於羈束，未旋踵而責以非禮，善窺其合而已矣。其有屬辭敘事，言雖訐□①，知之者不其咎歟？苟異於是，其如險詖何②！

〔校〕

① 言雖訐□　明本、宋筠本、韓熙本皆不闕。閣本作「訐直」。

② 險詖何　管本「何」作「乎」。明本三字脱。

唐宋史料筆記叢刊

唐摭言校證

下

〔五代〕王定保 撰
陶紹清 校證

中華書局

唐摭言校證　卷八

通牓

1 貞元十八年，權德輿主文，陸傪員外通牓帖〔一〕。韓文公薦十人於傪，其上四人曰侯喜①、侯雲長、劉述古、韋紓〔二〕，其次六人：沈杞②、張苰、尉遲汾③、李紳、張後餘④、李翊⑤。而權公凡三牓，共放六人。而苰、紳、後餘，不出五年内皆捷矣〔三〕。

〔校〕

① 侯喜　明本脱此二字。

② 沈杞　明本脱。

③ 尉遲汾　厲校本原作「尉遲紛」，校改爲「汾」。

④ 張後餘　原本作「浚餘」，下句又作「後餘」。明本、宋犖本、宋筠本、撰敘本皆作「俊餘」。案韓

集及英華皆作「張後餘」，據改。

⑤ 李翊　明本、宋犖本、宋筠本、韓熙本、徐本、雅雨初印脫。

〔證〕

〔一〕陸傪員外通牓帖：陸傪，見本書卷四師友門韓文公名播天下條（4–21）及卷五切磋門李翺與陸傪書條（5–6）注。朱熹校考昌黎先生集卷一九送陸歙州詩序：「貞元十八年二月十八日，祠部員外郎陸君出刺歙州。」李翺李文公集卷一三陸歙州述：「吾郡陸傪，字公佐，生於世五十有七年矣。……由侍御史入爲祠部員外郎，二年出刺歙州，卒於道，貞元十八年四月二十八日也。」則傪受德輿之邀通牓帖，當在貞元十八年（八〇二）二月十八日之前，下文韓愈薦十人亦當在此之前。

〔二〕韋紓：管本方考云：「昌黎與傪書，紓作群玉，曰：『有韋群玉者，京兆之從子。』今考貞元十七年十月吏部侍郎韋夏卿爲京兆尹，夏卿從子有名瑋、名珩、名瓘者，字皆從玉，或群玉其初名耶？至韋紓爲鄖公房丹之同姓兄弟，其諸父無爲京兆者，夏卿係龍門公房，以世系次之，與紓亦同姓兄弟，非從子。用韓集參校摭言之説，尚恐未足以爲據。」案記考卷一五貞元十八年：「據韓子年譜，是二人，紓於是年及第，群玉於二十一年及第。」柳宗元集卷三四答韋珩示韓愈相推以文墨事書注云：「韋珩，夏卿之姪，正卿之子。」柳詩亦有寄韋珩云：「回眸炫晃別群玉，獨赴異域穿蓬蒿。」注云：「珩字群玉，韋夏卿弟正卿之子曰珩、曰瑋。」新書卷七四宰相世系表四上韋氏龍門公房，夏卿二弟：周卿、正卿。夏卿有子璋。正卿有二子：珩、瓘。瓘字茂弘，則珩當字群玉，與韓集合，則此韋紓當作韋珩或韋群玉。顧炎武日知録卷一七糊名亦作「群玉」。方成珪説當誤。另，記考卷一五貞元二十一年録有韋珩，下引寄韋珩詩考云：「考異以群玉不見於登科記，謂有司以京兆從子之故，遠嫌畏譏，矯而黜之。蓋不知群玉即珩，强爲之説耳。」恐亦不甚當。綜上，韋紓與韋珩字群玉者當爲二人，前者貞元十八年及第，後者二十一年及第，韓文公所薦者當爲後者。韋紓或爲宰相世系表同卷鄖公房考功員外郎韋廉之孫。

〔三〕不出五年内皆捷：權德輿主貢舉在貞元十八年、十九年和二十一年三牓。侯雲長、沈杞、李翊、尉遲汾四人，十八年及第；侯喜，十九年及第；劉述古、韋珩，二十一年及第；李紳，元和元年（八〇六）；張苰、張後餘，元和二年及第。自貞元十八年始，歷五年，十人皆及第。「權公凡三牓，共放六人」，實當爲七人。容齋四筆卷五韓文公薦士：「案摭言云：貞元十八年，權德輿主文，陸傪員外通牓，韓文公薦十人於傪，權公凡三牓，共放六人，餘不出五年内皆捷。以登科記考之，貞元十八年，德輿以中書舍人知舉，放進士二十三人，尉遲汾、侯雲長、韋紓、沈杞、李翊登第。十九年以禮部侍郎放二十人，侯喜登第。永貞元年放二十九人，劉述古登第。通三牓共七十二人，而韓所薦者預其七。元和元年崔邠下放李紳，二年又放張後餘、張宏，皆與摭言合。」四筆亦有誤。然自貞元十八年迄元和二年，共計六年，管本方校云：「此云不出五年內，亦微誤也。」或云五牓則是。

2 陸忠州牓〔一〕，時梁補闕肅、王郎中礎佐之①〔二〕。肅薦八人俱捷，餘皆共成之。故忠州之得人，皆烜赫。事見韓文公與陸傪員外書。

〔校〕

① 礎　學津本作「傑」，厲校本原作「磔」，厲校「礎」。管本作「礎」，吳校「一本誤作傑」。韓集及英華亦皆作「礎」。

〔證〕

〔一〕陸忠州牓：韓愈與祠部陸員外書云：「往者陸相公司貢士，考文章甚詳，愈時亦幸在得中，而未知陸之得人也。其後一二年，所與及第者，皆赫然有聲，原其所以，亦由梁補闕肅、王郎中礎佐之。梁舉八人，無有失者，其餘則王皆與謀焉。陸相之考文章甚詳也，待梁與王如此不疑也，梁與王舉人如此之當也，至今以爲美談。」陸忠州即陸贄，貞元八年以兵部侍郎知貢舉，所放進士二十三人，以此牓爲天下選，號「龍虎牓」。

〔二〕王郎中礎：王礎，記考卷一〇：大曆七年（七七二）禮部侍郎張謂下進士及第，舊書卷一三德宗紀載其歷官，貞元十一年以秘書少監爲黔中經略觀察使。貞元十五年六月己卯，卒官於黔中觀察使、御史中丞。元龜卷一三九帝王部旌表第三：德宗興元元年（七八四）「十二月，以前祠部郎中王礎爲比部郎中。」則至此時之貞元八年，王礎官當爲比部郎中。

3 三牓裴公〔一〕，第一牓，拾遺盧參預之；第二、第三牓，諫議柳遜〔二〕、起居舍人于兢佐之①〔三〕，錢紫微珝亦頗通矣〔四〕。

〔校〕

① 兢 韓熙本、閣本作「競」，見下考。

〔證〕

〔一〕三牓裴公：裴公即裴贄。案本書卷一〇海敘不遇門許洞條（10-16）、卷一一以德報怨門賈泳條（11-11）、怨怒門張曙條（11-16）皆有「三牓裴公」之稱，疑爲當時人之特定稱謂。裴贄第一牓在昭宗大順元年（八九〇），第二牓在大順二年，第三牓在昭宗乾寧五年（八九八）。

〔二〕諫議柳遜：全文卷九三罷柳遜詔約略記其歷官：「遜嘗爲張濬租庸判官。又王溥監修日奏充判官，授工部侍郎；又與趙崇、裴贄爲刎頸之交。昨裴樞等得罪之時，合當連坐，尚矜暮齒，且俾懸車。可本官致仕。」舊書卷二〇下哀帝紀天祐二年（九〇五）敕有「太子賓客柳遜」云云，全文録載時未云太子賓客。又，七月「癸亥，再貶柳遜曹州司馬。」然不聞遜官諫議職。

〔三〕起居舍人于兢：案元龜卷一九三閏位部崇祀：梁太祖開平三年（九〇九）八月詔：「宜令中書侍郎同平章事于兢往東嶽祭拜。」愛日齋叢抄卷二梁震條下引大定録：「震，開平元年侍郎于兢下及第。」全詩卷八三一貫休晚春寄吴融于兢二侍郎，有句「唯有霜臺客，依依是往還」。霜臺即御史臺，則「侍郎」恐爲「侍御」之訛。新書卷七三宰相世系表二下于氏有「兢，字德源」，工部尚書于休烈之三代孫。貫休另有送于兢補闕赴京詩，則又曾官補闕。金石萃編卷一一八王審知德政碑：「銀青光禄大夫、行尚書禮部侍郎、上柱國臣于兢奉敕撰。」則愛日齋叢抄所記不誤。諸書所記不一，今仍從原本。然諸家未載兢仕中書舍人，或亦可補史之闕。

〔四〕錢紫微珝：錢珝，新書卷一七七錢徽傳附珝傳：「字瑞文，善文辭，宰相王摶薦知制誥，進中書舍人。摶得罪，珝貶撫州司馬。」紀事卷六六並載，云字端文。本條即指珝時官中書舍人職。通鑑卷二六〇：乾寧三年十月王摶復爲相，新書卷一〇昭宗紀：光化三年（九〇〇），「六月丁卯，清海軍節度使崔胤爲尚書左僕射，兼門下侍郎、同中書門下平章事。王摶罷。己巳，殺之。」則錢珝外貶撫州司馬當在光化三年，珝所通牓當在乾寧五年之裴公第三牓。

4 鄭顥都尉第一牓〔一〕，託崔雍員外爲牓〔二〕。雍甚然諾，顥從之，雍第推延。至牓除日，顥待牓不至，隕穫且至①〔三〕。會雍遣小僮壽兒者傳云：「來早陳賀。」顥問：「有何文字？」壽兒曰：「無。」然日勢既暮，壽兒且寄院中止宿。顥亦懷疑，因命搜壽兒懷袖，一無所得。顥不得已，遂躬自操觚。夜艾，壽兒以一蠟彈丸進顥，即牓也。顥得之大喜，狼忙札之，一無更易②。

〔校〕

① 且　韓熙本、徐本作「旦」，誤。

② 一無　明本作「無一」。

〔證〕

〔一〕鄭顥都尉第一牓：在宣宗大中十年（八五六）。鄭顥此年牓事，本書卷三大中十年鄭顥都尉放牓條（3-41）亦見。記考卷二二原作「黄門侍郎鄭顥」，記考補正據元龜、會要等載改作「禮部侍郎」。鄭顥共放兩牓，第二牓在大中十三年。

〔三〕崔雍員外：金華子雜編卷上：「崔起居雍，甲族之子。少高令聞，舉進士，擢第之後，藹然清名喧於時，與鄭顥同爲流品所重。舉子公車得游歷其門館者，則登第必然矣。時人相語爲『崔、鄭世界』，雖古之龍門，莫之加也。」唐語林卷四企羨亦相近，同卷又云：「崔雍自起居郎出守和州。」唐闕史卷下崔起居題上馬圖：「崔雍起居譽望清舉，尤嗜古書圖畫。」新書卷一五九崔戎傳附子雍傳亦云「字順中，由起居郎出爲和州刺史」，諸書皆不言崔雍曾官員外郎，或亦可補史。

〔三〕隕穫：唐陸德明經典釋文卷一四注作「困迫失志貌」。

主司撓悶

5 貞元十一年，吕渭第一牓〔一〕，撓悶不能定去留，因以詩寄前主司曰〔二〕：「獨坐貢闈裏，愁多芳草生。仙翁昨日事，應見此時情。」

〔證〕

〔一〕吕渭第一牓：案：吕渭於貞元十一至十三年連放三牓。

〔二〕前主司：當爲顧少連。少連貞元十年以户部侍郎知貢舉。案：吕渭此事，唐語林卷四傷逝所屬不同：「貞元四年，劉太真侍郎入貢院，寄前主司蕭聽尚書詩。」全詩卷二五二作劉太真，卷三〇七又作吕渭詩。紀事卷四七仍歸爲吕渭詩。唐語林較摭言後出，當從摭言。

陰注陽受

6楊嗣復第二牓〔一〕。盧求者〔二〕，李翺之壻。先是，翺典合淝郡①〔三〕，有一道人詣翺〔四〕，自言能使鬼神。翺謂其妖②，叱去。既而謂翺曰：「使君胡不惜骨肉？」翺愈怒，命繫於非所。其夕，内子心痛將絶，頗爲兒女所尤，亟命召至謝焉，道人唯唯而已。翺待之以酒，其人能劇飲，數斗不能亂③。翺心敬憚，以孺人之危爲乞。因請爲翺奏章④，其妻尋愈，翺叩頭致謝。復謂翺曰：「所寫章不謹，某向甚懼譴罰。」翺對以自札，固無錯誤。其人微笑，即探懷中得向所焚章，果注一字，翺益神之。後翺任楚州，或曰桂州。其人復至〔五〕。其年楊嗣復知舉，求落第。嗣復，翺之親表⑤，由是頗以求爲慊。因訪於道人，道人言曰：「此細事，亦可爲奏章一通。」几硯紙筆，復置醇酎數斗於側，其人以巨杯引滿而飲，寢少頃而覺，覺而復飲。暨罍恥，即整衣冠北望而拜，遽對案手疏二緘，遲明，授翺曰：「今秋有主司且開小卷，明年見牓開大卷。」翺如所教。尋遞中報至，嗣復依前主文，即開小卷，辭云：「裴頭、黄尾、三求、六李⑥〔六〕。」翺奇之，遂寄嗣復。嗣復已有所貯，頗疑漏泄。及放牓開大卷，乃一牓焕然，不差一字。其年裴俅爲狀元，黄價居牓末⑦，次則盧求耳，餘皆契合。後翺鎮襄陽〔七〕，其人復至，翺虔敬可知也。謂翺曰：「鄙人載來，蓋仰公之政也。」因命出諸子，熟視，皆曰不繼。翺無所得，遂遣諸女出拜之，乃曰：「尚書他日外孫三人，皆位至宰輔。」後求子攜，鄭亞子畋，杜審權子讓能爲將相〔八〕。

此條前半與唐闕史卷上李文公夜醮所載近。廣記卷一八一貢舉四盧求、紀事卷五三盧求並録載，文字殊異。

〔校〕

① 典　明本作「輿」，厲校本原同，校改爲「典」。
② 妖　韓熙本作「狂」。
③ 不能亂　管本作「不亂」。
④ 爲翺　管本方校云當作「翺爲」，是。
⑤ 親表　廣記作「妹婿」。紀事卷三五李翺條云「歸妹於楊嗣復」。
⑥ 裴頭　原本、明本、閣本、薈要本、學津本「裴」作「非」。據厲校、紀事及廣記改。
⑦ 黄價　廣記、紀事皆作「黄駕」。

〔證〕

〔一〕楊嗣復第二牓：楊嗣復於寶曆元年（八二四）、二年兩知貢舉。

〔二〕盧求：舊書卷一七八盧攜傳：求，攜之父，寶曆初登進士第，應諸府辟召，位終郡守。新書卷五八藝文二有盧求成都記五卷，注云「西川節度使白敏中從事」。案通鑑卷二四九：大中六年「四月甲辰，以邠寧節度使白敏中爲西川節度使。」十一年春正月以本官兼江陵尹，充荆南節度、管内觀察處置等使。宋高僧傳卷二二唐成都府永安傳曰：「大中八年三月中，詣成都，云造謁府帥白公敏中。請奏寺額，……判官盧求見之，謂爲小沙彌耳。」則盧求在敏中幕當在此前後。

〔三〕翺典合淝郡：舊書卷一七上敬宗紀：寶曆元年春正月：「辛卯，以前禮部郎中李翺爲廬州刺史，以求知制誥，面數宰相李逢吉過故也。」與此合。

〔四〕有一道人：唐闕史卷上李文公夜醮條作李處士。

〔五〕其人復至：據下文「其年楊嗣復知舉」，則當爲嗣復再知貢舉之寶曆二年。新書卷一七七李翺傳在官廬州刺史後，云：「入爲諫議大夫，知制誥，改中書舍人。柏耆使滄州，翺盛言其才。耆得罪，由是左遷少府少監。後歷遷桂管、湖南觀察使、山南東道節度使，卒。」舊紀卒於寶曆二年三月乙亥，又「大和五年十二月癸巳，以鄭州刺史李翺爲桂管觀察使」。則前卒之李翺當別是一人，亦或爲抄誤。又，舊傳：「五年，出爲桂州刺史、御史中丞，充桂管都防禦使。七年，改授潭州刺史、湖南觀察使。」舊紀：大和八年（八三四）十二月「以宗正卿李仍叔爲湖南觀察使，代李翺。」以上李翺之仕歷，翺任桂管、湖南觀察使皆在大和間，不可能在寶曆二年，云楚州或桂州皆不合。舊傳：「逢吉奏授廬州刺史。太和初，入朝爲諫議大夫，尋以本官知制誥。」則翺寶曆二年仍在廬州任上，次年入朝。紀事卷五三盧求云：「求登寶曆二年進士第，李翺之婿也，翺典合淝。」所載當不誤。另，下文「後翺鎮襄陽，其人復至」，其文詞句法如一，任楚州、桂州云云一十三字，當係後人誤將下「後翺鎮襄陽，其人復至」句復抄於前文，以致鍛成衍文。

〔六〕裴頭黄尾三求六李：案：此「裴」即指下文之裴俅，紀事卷五三盧求作「裴求」，舊書卷一七七裴休傳作「裴俅」，唐才子傳又作「裴球」，當從摭言。記考卷二〇有「崔球」者，引舊書卷一七七崔珙傳云：「珙弟球，字叔休，寶曆二年登進士第。」記考注：「按此，則是年有四求矣。」「六李」，記考卷二〇，此年登第有李姓者六人：李方玄、李從毅、李道裕、李景初、李助、李俅。

〔七〕後翺鎮襄陽：舊書卷一六〇李翺傳云：「（大和）九年，轉户部侍郎。七月，檢校户部尚書、襄州刺史，充山南東道節度使。會昌中，卒於鎮。」翺鎮襄陽當在其間。

〔八〕讓能：舊書卷一九僖宗紀：乾符元年（八七四）五月：「以吏部侍郎鄭畋爲兵部侍郎、同平章事，户部侍郎、知制誥、翰林學士、賜紫金魚袋盧攜本官同平章事。」杜讓能光啓二年（八八六）三月戊辰以兵部侍郎拜相。

夢

7 鍾輻，虔州南康人也〔一〕。始建山齋爲習業之所，因手植一松於庭際。俄夢朱衣吏白云：「松園三尺，子當及第。」輻惡之。爾來三十餘年，輻方策名。使人驗之，松圍果三尺矣。

紺珠集卷四松圍三尺、説郛卷三五上、類説卷三四皆録載，文字有異。

〔證〕

〔一〕鍾輻：鍾輻事跡，史載頗簡略。南部新書卷己云：「咸通末，鄭渾之爲蘇州督郵，譚銖爲鹺院官，鍾輻爲院巡，俱廣文。時湖州牧李超、趙蒙相次俱狀元。二郡境土相接，時爲語曰：湖接兩頭，蘇聯三尾。」唐語林卷四企羨、紀事卷五六譚銖亦同。若此鍾輻即本條之鍾輻，則輻爲咸通間人，自廣文生出爲蘇州鹺院巡。記考補正卷二七附考引氏族大全所載「鍾輻，五代時金陵才士也，年少氣豪，樊若水愛其才，以女妻之。後輻中甲科。樊氏早世，輻遂隱終南山，終身不仕」云云。案：五代距咸通殊遠，此樊若水婿鍾輻決無可能即本條之鍾輻，况此五代鍾輻又爲金陵才士，與定保所云之虔州南康不合，當别是一人。樊若水婿鍾輻事，又見分門古今類事卷一〇："「始燕爾，科詔遂下，時周都洛，輻入洛應詔，果中甲科。」後周建國在廣順元年（九五一），鍾輻及第年不詳，但至早也在此年，時間與氏族大全所載合。總龜前集卷三五紀夢門上有：「金陵才士鍾輻，少年氣豪，一老僧見之」云云，雖亦云夢事，仍即若水之婿鍾輻，皆與本條虔州南康鍾輻無涉。虔州南康，舊書卷四〇地理三屬豫章郡，即定保之居地。江西通志卷一五九雜記引祥符禪寺志云：「宋大中祥符間，南康士鍾福肄業於祥符禪寺，嘗手植一小松，偶夜夢朱衣元冠告曰：『松圍三尺，子當策名。』」則爲妄加拼接。

8 沈光始貢于有司〔一〕，嘗夢一海船。自夢後①，咸敗於垂成，暨登第年亦如是②。皆謂失之之夢，而時地不測③。無何，謝恩之際升階，忽爾迴飈吹一海圖，拂光之面，正當一巨舶，即夢中所覩物。

〔校〕

① 夢後　管本作「夢之後」。

② 登第年亦如是　明本「年」下有「夢」字。撲敘本「亦」作「一」。

③ 時地不測　原本「時」作「特」，據厲校本改。明本「不」下有「能」字。

〔證〕

〔一〕沈光：記考卷二三：光於懿宗咸通七年（八六六）禮部侍郎趙騭下及第，蓋本於唐才子傳卷六沈光傳。新書卷六〇藝文四録有「沈光集五卷，題曰雲夢子」。雲夢子即沈光自號。全文卷八〇二有沈光李白酒樓記文一篇，據文云，咸通辛巳歲正月壬午，吴興沈光過任城而作。辛巳歲爲咸通二年，時光尚未及第。首小傳云：「光，吴興人，第進士。韋岫在閩，辟爲從事。」瑣言卷七沈光楊敬之附：「前進士沈光有洞庭樂賦，韋八座岫謂朝賢曰：『此賦乃一片宫商也。』後辟爲閩從事。」新書卷一九七韋宙傳附韋岫傳：「（盧）攜執政，岫自泗州刺史擢福建觀察使云。」又新書卷一九下僖宗紀：盧攜拜相在乾符元年十月，五年五月丁酉罷。則沈光似於乾符間從韋岫福建幕爲從事。唐才子傳校箋卷八考在乾符三年。又雲谿友議卷下沈母議亦略載沈光事：「潞州沈尚書詢，宣宗九載主春闈，將欲放牓，其母郡君夫人曰：『吾見近日崔、李侍郎，皆與宗盟及第，似無一家之謗。汝叨此事，家門之慶也。於諸葉中，擬放誰也？』詢曰：『莫先沈光也。』其太夫人曰：『沈光早有聲價，沈擢次之。二子科名，不必在汝，自有他人與之。吾以沈儋孤單，鮮其知者，汝其不愍，孰能見哀？』詢不敢違慈母之命，遂放儋第也。光後果昇上第，擢奏芸閣，從事三湘。」

9 孫龍光偓，崔澹下狀元及第〔二〕。前一年，嘗夢積木數百，偓踐履往復。既而請一李處士圓之，處士曰：「賀喜郎君①，來年必是狀元。何者？已居衆材之上也。」

廣記卷一八三貢舉六孫龍光條亦録載。

〔校〕

①賀喜郎君　廣記作「賀郎君喜」。

〔證〕

〔一〕孫龍光偓：孫偓，字龍光。新書卷一八三孫偓傳：僖宗乾符五年中書舍人崔澹下狀元及第。崔澹，廣記卷一八三貢舉六孫龍光作「崔殷夢」。記考卷二三據玉芝堂談薈列孫龍光咸通四年下狀元，又同卷乾符五年下爲狀元，所引摭言云「崔殷夢下狀元及第」，不知所據何本。案舊書卷一九上懿宗紀：咸通八年十月，「以中書舍人劉允章權知禮部貢舉，以吏部侍郎盧匡、吏部侍郎李蔚、兵部員外郎薛崇、司勛員外郎崔殷夢考吏部宏詞選人。」玉泉子：「崔殷夢瓌，宗人瑶門生也，夷門節度使龜從之子。」然兩唐書皆云崔澹爲崔璵之子。乾符五年知貢舉者崔澹，廣記及記考咸通四年及第者「崔殷夢」疑誤。岑仲勉唐史餘瀋之崔澹崔殷夢有詳考，可參看。

10 予次匡廬，其夕遥祝九天使者①〔一〕。俄夢朱衣道人，長丈餘，特以青灰落衣襟霏霏然②，常自謂「魚透龍門」，凡三經復透矣③。私心常慮舉事中輟。既三舉矣，欲罷不能。於是四舉有司，遂僥忝矣④〔二〕。

〔校〕

① 祝　明本作「視」。

② 衣襟霏霏然　管本「衣襟」下有「間」字。

③ 三經復透　管本「經」作「徑」，方校以爲作「徑」亦費解，疑當作「往」。

④ 僥　管本吴校云「刻本作倖」。

〔證〕

〔一〕其夕遥祝九天使者：廣記卷二九神仙二九有九天使者條，原注出録異記。宋陳舜俞撰廬山記卷二敘山北有太平觀：「由雲溪二里亦至太平觀，唐號九天使者真君廟。南唐昇元元年賜名通玄府。本朝興國二年賜今名。録異記云：『唐開元十九年八月二十一日，玄宗夢神仙羽衛，千乘萬騎集于空中，有一人，朱衣金冠，乘車而下，謁帝曰：『我九天採訪，巡糾人間，欲於廬山西北置下宫，木石基址素具，但須上力耳。』帝即遣中使詣山，西北有基址宛然。信宿，巨木數千段自然而至，堂殿廊宇隨類至，木皆得足用。」下文之朱衣道人疑即此朱衣金冠者。又廣記卷三一三神二三張懷武條亦有「南平王鍾傳鎮江西，遣道士沈太虛禱廬山九天使者廟。」原注出稽神録。廬山記卷一敍山北第二云：「由雲溪二里，亦至慶平觀，唐號九天使者。」

〔二〕遂僥忝矣：王定保於光化三年禮部侍郎李渥下及第。

聽響卜〔一〕

11 畢諴相公及第年〔二〕，與一二同人聽響卜①。夜艾人稀，久無所聞。俄遇人投骨於地，群犬争趨，又一人曰②：「後來者必銜得③〔三〕。」

廣記卷一八一貢舉四畢諴條亦録載。

〔校〕

① 一二同人　廣記作「一二人同行」。

② 又一人　厲校本、韓熙本、管本皆無「人」字。

③ 後來者必銜得　宋犖本、宋筠本、撲敘本、韓熙本作「銜」，管本作「啣」。

〔證〕

〔一〕宋朱弁曲洧舊聞卷九：「王建集有鏡聽詞，謂懷鏡于通衢間，聽往來之言以卜休咎，近世人懷杓以聽，亦猶是也。又有無所懷，而直以耳聽之者，謂之響卜，蓋以有心聽無心耳，然往往而驗。」

〔二〕畢諴：諴，文宗大和六年（八三二）禮部侍郎賈餗下進士及第。

〔三〕後來者必銜得：「必銜」、「畢諴」諧音也。

12 韋甄及第年〔一〕，事勢固萬全矣，然未知名第高下，志在鼎甲，未免撓懷。俄聽於光德里南街①〔二〕，忽覩一人叩一版門甚急。良久，軋然門開，呼曰：「十三官尊體萬福。」既而，甄果是第十三人矣。

廣記卷一八四貢舉七韋甄條亦載。

〔校〕

① 聽於光德里　厲校本「光德」作「光國」，恐誤。

〔證〕

〔一〕韋甄及第年：韋甄行迹無考。廣記卷一八四録此條於昭宗下之次條，疑韋甄爲昭宗時人。舊書卷二〇下哀帝紀：天祐二年五月壬午，「敕司勛員外韋甄責授和王友。」岑仲勉郎官石柱題名新考訂未録。

〔二〕光德里南街：徐松唐兩京城坊考卷四：皇城西第一街十三坊有光德坊，東南隅有京兆府廨，宣宗時韋澳爲尹，又賜錢加葺之。

自放狀頭

13 杜黄門第一牓，尹樞爲狀頭〔一〕。先是，杜公主文，志在公選，知與無預評品者。第三場庭參之際，公謂諸生曰：「主上誤聽薄劣，俾爲社稷求棟梁。諸學士皆一時英儁①，奈無人相救！」時入策五百餘人②，相顧而已。樞年七十餘，獨趨進曰：「未諭侍郎尊旨③？」公曰：「未有牓帖。」對曰：「樞不才。」公欣然延之，從容因命卷簾，授以紙筆。樞援毫斯須而就。每札一人，則抗聲斥其姓名，自始至末，列庭聞之咨嗟，歎其公道者一口。樞然後長跪授之，唯空其元而已。公覽讀致謝訖，乃以狀元爲請，樞曰：「狀元非老夫不可。」公大奇之，因命筆親自札之。

〔校〕

①諸學士　管本無「諸」字。

②五百餘人　管本無「餘」字。

③尊旨　厲校本作「尊意」。

〔證〕

〔一〕杜黄門第一牓：杜黄門即杜黄裳。通鑑卷二三六：永貞元年（八〇五）秋七月，以太常卿杜黄裳爲門下侍郎，同平章事。尹樞狀元及第在德宗貞元七年，此年杜黄裳以刑部侍郎權知貢舉，黄裳僅於此年知貢舉，此云「第一牓」，恐不確。記考以黄裳爲禮侍知貢舉，記考補正考爲以刑侍權知貢舉，與通鑑同。此從之。另，能改齋漫録卷四林藻歐陽詹相繼登第條有云：「予家有唐趙脩撰唐登科記，嘗試考之，德宗貞元七年，是歲辛未，刑部杜黄裳知貢舉，所取三十人，尹樞爲首。」亦可爲據。管本方校云杜黄門爲杜德祥，案：德祥爲杜牧子，舊書卷二〇上昭宗紀：乾寧三年「三月壬子朔，以考功員外郎、集賢殿學士杜德祥爲工部郎中、知制誥。」距貞元七年已逾百年，顯誤。

14 鄭損舍人，光啓中隨駕在興元〔一〕，丞相陸公扆爲狀元。先是，扆與損同止逆旅，扆于時出丞相文忠公之門①〔二〕，切於了卻身事。時已六月，懇叩公，希奏置舉場。公曰：「奈時深夏，復使何人爲主司②？」扆曰：「鄭舍人其人也。」公然之，因請扆致謝於損③。扆乃躬詣損拜請，其牓貼皆扆自定。

廣記卷一八三貢舉六陸扆條亦録載，注出瑣言，文字差互尤多，所敘事近。

〔校〕

① 文忠公　管本作「文惠公」。廣記作「韋昭度」。詳下考。

② 爲主司　閣本、薈要本無「爲」字。

③ 致謝於損　廣記「謝」作「意」。宋犖本、揆敘本、厲校本「於」皆作「以」。

〔證〕

〔一〕光啓中隨駕在興元：鄭損知貢舉在僖宗光啓二年。舊書卷一九下僖宗紀：光啓二年「春正月辛巳朔，車駕在鳳翔」，「戊子，田令孜迫乘輿，請幸興元。」「三月，至興元。」鄭損，記考原引大典所載蘇州府志：「是年，中書舍人鄭損權知貢舉。」然又據宰相世系表以爲鄭損爲蓨尉，未爲中書舍人。並據陳嶠墓誌並紀事之温憲條下所載鄭延昌知舉，以爲是年知貢舉應爲鄭延昌，係訛延昌爲鄭損。陳師尚君登科記考正補據摭言本條並廣記卷一八三所引瑣言陸扆，及世系表之二鄭損，以爲當仍爲鄭損而非鄭延昌，今從之。瑣言卷四陸扆相六月及第云：「唐陸相扆舉進士，屬僖宗再幸梁、洋，隨駕至行在。」廣記所引云出瑣言，實則將摭言本條與瑣言所載牽合剪裁而成。

〔二〕文忠公：案：唐以「文忠」爲謚者總五人，顔真卿、韓休、李元紘、鄭從讜、裴度。以「文惠」爲謚者，僅武后時狄仁傑一人，穆宗曾上封號曰文惠，韋昭度議不當以此爲謚。新書卷九僖宗紀：中和元年（八八一）七月，昭度翰林學士承旨、兵部侍郎拜相，光啓三年三月又加司徒，八月加太保，文德元年（八八八）六月罷爲劍南西川節度副大使，兼兩川招撫制置使。昭宗景福二年（八九三）再入相，乾寧二年四月罷，五月甲子爲王行瑜、李茂貞所殺。及行瑜等被誅，復昭度官爵，然未載贈謚。此文忠公或即廣記之韋昭度。

遭遇

15 貞元二年，牛錫庶、謝登蕭少保下及第〔一〕。先是，昕寶應二年一牓之後〔二〕，爾來二紀矣。國之耆老，殆非俊造馳騖之所。二子久屈場籍，其年計偕來①，主文頗以耕鑿爲急。

無何並馳人事，因迴避朝客，誤入昕第。昕岸幘倚杖，謂二子來謁，命左右延接。二子初未知誰也，潛訪於閽吏，吏曰：「蕭尚書也。」因各以常行一軸面贄，大蒙稱賞。昕以久無後進及門，見之甚喜，因留連竟日。俄有一僕附耳，昕盼二子輾然②。既而上列繼至③，二子隱於屏後。或曰：「二十四年載主文柄，國朝盛事，所未曾有。」二子聞之，亦不意是昕，猶慮數刻淹留，失之善地。朝士既去，二子辭，昕面告之，復許以高第，竟如所諾。

玉泉子之牛庶錫性静退寡合條（本書案：「牛庶錫」當作「牛錫庶」）載牛錫庶與蕭昕對答，可爲本條本事補充。廣記卷一八〇引之，注出逸史。

〔校〕

①其年計偕來　學津本「年」作「得」。明本、宋犖本、韓熙本、厲校本「來」作「未」。

②盼　明本「盼」字處闕文。

③既而上列繼至　宋犖本、揆敘本「上」作「止」。

〔證〕

〔一〕蕭少保：即蕭昕，記考卷一二列入貞元三年知舉。案本書卷一四主司稱意：「貞元二年，禮部侍郎鮑防帖經，後改京兆尹、刑部侍郎」，記考引大典之嘉定鎮江志「包幼正以國子祭酒知貢舉」，即包佶繼鮑防知貢舉。舊書卷一二德宗紀：貞元三年春正月乙巳，禮部侍郎薛播卒。記考以爲播卒，昕代而爲知貢舉。容齋五筆卷七門生門下見門生：「予考登科記，樂天以貞元十六年庚辰中書舍人高郢下第四人登科，郢以寶應二年癸卯禮部侍郎蕭昕下第九人登科，迨郢拜太常時，幾四十年矣。昕自癸卯放進士之後二十四年，丁卯，又以禮部尚書再知貢舉，可謂壽俊。」癸卯即寶應二年（七六三），丁卯則貞元三年。唐語林卷八補遺「神龍元年已來，累爲主司者」下有云：「蕭昕再，寶應二年、貞元三年。」是蕭昕兩知舉當相距二十四年，與下文「二十四年載主文柄」相合。

〔二〕寶應二年一牓之後：管本方校云：「寶應止一年，是年壬寅，『二』當作『元』。」案：舊書卷一一代宗紀：寶應二年秋七月壬子，代宗御宣政殿宣制，改元曰廣德。據唐時貢舉例，每年三月放牓，此年改元前牓已放畢，則定保稱寶應二年一牓無誤。

友放

16 王相起長慶中再主文柄①〔一〕，志欲以白敏中爲狀元，病其人與賀拔惎爲交友②，惎有文而落拓。因密令親知申意，俾敏中與惎絶。前人復約敏中，爲具以待之③。敏中欣然曰：「皆如所教。」既而，湜果造門，左右紿以敏中他適，湜遲留，不言而去。俄頃，敏中躍出，連呼左右召湜，於是悉以實告。乃曰：「一第何門不可致，奈何輕負至交④！」相與歡醉，負陽而寢。前人覩之，大怒而去。懇告於起，且云不可必矣。起曰：「我比只得白敏中，今當更取賀拔湜矣。」

廣記卷一八一貢舉四賀拔湜、紀事卷五一白敏中亦録載。紀事文字多有異。

〔校〕

① 王相起　撲敘本、韓熙本「起」字爲小注。

② 交友　撲敘本作「友善」。

③ 敏中爲具以待之　廣記無此七字。

④ 一第何門不可致奈何輕負至交　他本無「可」、「何」二字。宋筠本「不」下校補「可」。

〔證〕

〔一〕王相起：王起再知貢舉在穆宗長慶二年（八二二），其年録進士二十九人，白敏中、賀拔湜、周墀、陳標、苗愔、丁居晦、浩虚舟、裴休等及第。

誤放

17 包誼者〔一〕，江東人也，有文辭。初與計偕，到京師後，時趁試不及。宗人祭酒佶憐之〔二〕，館於私第。誼多游佛寺，無何，唐突中書舍人劉太真。覩其色目①〔三〕，即舉人也，命一介致問。誼勃然曰：「進士包誼，素不相識，何勞要問？」太真甚銜之，以至專訪其人於佶。佶聞誼所爲，大怒而忌之，因詰責，遣徙他舍，誼亦無怍色。明年，太真主文，志在致其永棄，故落雜文②，俟終場明遣之。既而自悔之，曰：「此子既忤我，從而報之，是爲淺丈夫也必矣③。但能永廢其人，何必在此。」於是放入策。太真將放牓，先巡宅呈宰相。牓中有姓朱人及第，宰相以朱泚近大逆〔四〕，未欲以此姓及第，亟遣易之。太真錯愕趨出，不記他人，惟記誼爾。及誼謝恩，方悟己所惡也，因明言。乃知得喪非人力也，蓋假手而已。

廣記卷一五二定數七包誼條録載，注引自摭言，文字稍異。

〔校〕

①覩其色目　厲校本「目」作「曰」，誤。

②故落雜文　薈要本同，所見他本「落」皆作「過」。

③是爲淺丈夫也必矣　閣本、薈要本「爲淺」作「淺爲」。

〔證〕

〔一〕包誼：德宗貞元四年禮部侍郎劉太真下進士及第。

〔二〕宗人祭酒佶：包佶，字幼正，潤州延陵人，父融。據唐才子傳校箋卷三考，包佶於貞元二年正月以國子祭酒權領禮部貢舉，五、六年間由祭酒遷秘書監。

〔三〕色目：意即科舉諸科目，會要卷二六待制官云：「顯慶四年二月二十八日，引諸色目舉人謁見。」

〔四〕朱泚近大逆：舊書卷一二德宗紀上：建中三年（七八二）夏四月，「朱滔、王武俊與田悦合從而叛」，「戊寅，加泚實封五百户，賜竇氏名園、涇水上腴田及錦綵金銀器，以安其意，時滔叛故也」。四年冬十月「亂兵既剽京城，屯於白華，乃於晉昌里迎朱泚爲帥，稱太尉，居含元殿」。

18　鄭侍郎薰主文①〔一〕，誤謂顔標乃魯公之後。時徐方未寧，志在激勸忠烈，即以標爲狀元。謝恩日，從容問及廟院。標曰：「標，寒進也②，未嘗有廟院。」薰始大悟，塞默而已。尋爲無名子所嘲曰〔三〕：「主司頭腦太冬烘。錯認顏標作魯公。」

此條與本書卷一三無名子謗議條（13–29）重複。紺珠集卷四、類説卷三四、説郛卷三五上、廣記卷一八二貢舉五顏標條亦載録。

〔校〕

① 鄭侍郎薰　宋犖本、韓熙本、揆敘本、厲校本「薰」字皆爲小字注。

② 寒進　「進」，學津本作「畯」。

〔證〕

〔二〕鄭侍郎薰主文：鄭薰主文在宣宗大中八年，顏標此年狀元及第。

〔三〕無名子所嘲：管本方校云：「舊書薰傳：『薰端勁，再知禮部舉，引寒俊，士類多之。』據此則獎拔孤俊，正其美事，無名子乃妄議也。翊聖何遽憑憎者之口而以爲誤放耶？」案：方成珪所引原出新書卷一七七鄭薰傳，非舊傳。另，唐闕史卷上鄭侍郎判司勛檢條亦有云：「鄭侍郎薰介潔方廉，以端勁自許，朝右畏憚。」

憂中有喜

19 公乘億，魏人也，以辭賦著名。咸通十三年，垂三十舉矣。嘗大病，鄉人誤傳已死，其妻自河北來迎喪。會億送客至坡下，遇其妻。始，夫妻闊别積十餘歲，億時在馬上見一婦人①，麄縗跨驢②，依稀與妻類，因睨之不已，妻亦如是。乃令人詰之，果億也。億與之相持而泣，路人皆異之。後旬日，登第矣〔一〕。

廣記卷一八三貢舉六公乘億、紀事卷六八公乘億條亦録載，文字多異。

〔校〕

① 馬上　厲校本無「上」字。

② 麄縗跨驢　厲校本、廣記「縗」作「纕」。

〔證〕

〔一〕公乘億：懿宗咸通十二年中書舍人高湜下及第。案：公乘億及第年，瑣言卷二放孤寒三人及第：「咸通中，禮部侍郎高湜知舉。牓内孤貧者公乘億，賦詩三百首，人多書于屋壁。許棠有洞庭詩尤工，詩人謂之『許洞庭』。最奇者有聶夷中，河南中都人，少貧苦，精於古體。」直齋書録解題卷一六許棠集下云：「唐宛陵許棠文化撰，亦咸通十二年進士。」紀事卷六一聶夷中：「咸通十二年，高湜知舉，牓内孤貧者夷中、公乘億、許棠。」皆與摭言所云十三年異。舊書卷一九上懿宗紀：咸通十一年「十月，以給事中薛能爲京兆尹，以中書舍人高湜權知禮部貢舉。」按唐制，當年十月拜知貢舉，次年三月放牓。舊書卷一六八高釴傳附高湜傳亦云：「湜，咸通十二年爲禮部侍郎。」新書卷一七七高釴傳附高湜傳：「咸通末，（湜）爲禮部侍郎。時士多繇權要干請，湜不能裁，既而抵帽於地曰：『吾決以至公取之，得譴固吾分！』乃取公乘億、許棠、聶夷中等。」則公乘億及第年當在咸通十二年，摭言此載或有誤。

爲鄉人輕視而得者

20 許棠，宣州涇縣人，早修舉業。鄉人汪遵者〔一〕，幼爲小吏。洎棠應二十餘舉，遵猶在胥徒。然善爲絶句詩①，而深自晦密②。一旦辭役就貢，會棠送客至灞、滻間，忽遇遵於途中。棠訊之曰：「汪都都者，吏之呼也。何事至京？」遵對曰：「此來就貢。」棠怒曰：「小吏無禮！」而與棠同硯席，棠甚侮之。後遵成名五年，棠始及第。

宋犖本脱此條，後徑接下彭伉條。廣記卷一八三貢舉六汪遵、紀事卷五九汪遵、唐才子傳卷八所録皆本於此條。

〔校〕

①絶句詩　揆敘本、韓熙本作「絶詩」。

②深自晦密　管本、廣記、紀事無「自」字。

〔證〕

〔一〕鄉人汪遵：紀事卷五九：「遵，宣城人，登咸通七年進士第。許棠，其鄉人也。」唐才子傳卷八：「遵，宣州涇縣人。幼爲小吏，晝夜讀書良苦，人皆不覺。咸通七年韓衮牓進士。」本書卷一二酒失門韓衮條（12-28）：「韓衮，咸通七年趙鸞下狀元及第，性好嗜酒。」

以賢妻激勸而得者

21 彭伉、湛賁①〔一〕，俱袁州宜春人，伉妻即湛姨也。伉舉進士擢第〔二〕，湛猶爲縣吏。妻族爲置賀宴，皆官人名士。伉居客之右②，一座盡傾③。湛至，命飯於後閤，湛無難色④，其妻忿然責之曰：「男子不能自勵，窘辱如此，復何爲容！」湛感其言，孜孜學業，未數載，一舉登第〔三〕。伉常侮之，時伉方跨長耳⑤，縱游於郊郭⑥，忽有僮馳報⑦：「湛郎及第。」伉失聲而墜。故袁人謔曰：「湛郎及第，彭伉落驢。」

廣記卷一八〇貢舉三湛賁，紀事卷三五彭伉並録載，文字稍異。

〔校〕

①湛賁　宋犖本、揆敘本作「湛貴」，當誤。

②伉居客之右　宋犖本「居」作「爲」。

③一座盡傾　厲校本「座」下有「即」字。紀事「傾」作「碩」，當誤。

④湛無難色　廣記「湛」誤作「甚」。

⑤跨長耳　廣記作「跨驢」。

⑥郊郭　廣記「郭」作「郛」。

⑦忽有僮馳報　宋犖本脱「馳」字。

〔證〕

〔一〕彭伉湛賁：大典卷一九四二六袁州府志：「湛賁，宜春縣人。初爲縣吏，唐貞元十二年登第。」尹繼善修江西通志卷七二人物七袁州府：「彭伉，宜春人，貞元間進士，授石泉縣令，歷官岳州録事參軍，有政聲。」卷九五寓賢：「湛賁，宋長史茂之十二世孫，家本毘陵，後爲宜春人。」

〔二〕伉舉進士擢第：紀事：「伉，貞元七年杜黄裳下試青雲干呂詩登第。」

〔三〕一舉登第：紀事下注：「貞元十二年第。」

已落重收

22 顧非熊，況之子，滑稽好辯，陵轢氣焰子弟①，爲衆所怒〔一〕。非熊既爲所排，在舉場三十年，屈聲聒人耳。長慶中②，陳商放牓〔二〕，上怪無非熊名，詔有司追牓放及第。時天下寒進，皆知勸矣。詩人劉得仁賀詩曰：「愚爲童稚時，已解念君詩。及得高科晚，須逢聖主知。」

廣記卷一八二貢舉五顧非熊、紀事卷六三亦録載，文字稍異。

〔校〕

① 陵轢　閣本、薈要本作「凌轢」。

② 長慶中　廣記作「會昌中」，唐才子傳卷七作「會昌五年」。詳下考。

〔證〕

〔一〕爲衆所怒：管本方校云：「按舊傳：顧況者，蘇州人，能爲歌詩，性恢諧，雖王公之貴，與之交者，必戲侮之。據此則非熊乃傳其父風也。」

〔二〕長慶中陳商放牓：摭言云長慶恐非，案舊書卷一八上武宗紀：會昌五年（八四五）二月，「諫議大夫、權知禮部貢舉陳商選士三十人中第，物論以爲請託，令翰林學士白敏中覆試，落張濆、李玕、薛忱、張覿、崔凛、王諶、劉伯芻等七人。」唐才子傳：「（孟）遲，字遲之，平昌人。會昌五年易重牓進士。……情與顧非熊甚相得，且同年。」則顧非熊及第在會昌五年無疑。

23 元和九年，韋貫之牓〔一〕，殷堯藩雜文落矣。楊漢公尚書，乃貫之前牓門生〔二〕，盛言堯藩之屈，貫之爲之重收。或曰李景讓以太夫人有疾，報堂請暫省侍，路逢楊虞卿，懇稱班圖源之屈①，因而得之也〔三〕。

廣記卷一八〇貢舉三殷堯藩條録止「貫之爲之重收」。紀事卷五一殷堯藩亦同。

〔校〕

①班圖　管本「圖」下有「南」字。

【證】

〔一〕元和九年韋貫之牓：貫之於元和八年、九年放兩牓。

〔二〕貫之前牓門生：舊書卷一七六楊虞卿傳附弟楊漢公傳：「漢公，太和八年擢進士第。」新書卷一七五楊虞卿傳附楊漢公傳：「擢桂管、浙東觀察使。由户部侍郎拜荆南節度使，召爲工部尚書。」

〔三〕李景讓：舊書卷一八七下李景讓傳：「開成四年，入爲禮部侍郎。五年，選貢士李蔚。後至宰相。」景讓孝侍太夫人事，可參金華子雜編卷上李景讓尚書條。舊書卷一七六楊虞卿傳：大和九年六月，京兆尹楊虞卿因朋黨鄭注密捕小兒取心肝爲上合金丹，爲御史大夫李固言所劾下獄，翌日貶虔州司馬，再貶虔州司户，卒於貶所。景讓與虞卿不可能路逢。況此條所述李景讓事與殷堯藩事無涉，廣記、紀事諸書亦皆未收，疑爲後人忝附。班圖源者不詳。

24 貞元中，李繆公先牓落矣〔一〕。先是出試，楊員外於陵省宿歸第，遇程於省司，詢之所試。程探鞹中得賦藁示之①，其破題曰：「德動天鑒，祥開日華。」於陵覽之，謂程曰：「公今年須作狀元。」翌日雜文無名，於陵深不平。乃於故策子末繕寫而斥其名氏②，攜之以詣主文，從容紿之曰：「侍郎今者所試賦，奈何用舊題？」主文辭以非也。於陵曰：「不止題目，向有人賦次③，韻脚亦同。」主文大驚。於陵乃出程賦示之，主文歎賞不已。於陵曰：「當今場中若有此賦，侍郎何以待之？」主文曰：「無則已，有則非狀元不可也。」於陵曰：「苟如此，侍郎已遺賢矣。乃李程所作。」亟命取程所納，面對不差一字。主文因而致謝，於陵于是請擢爲狀元④，前牓不復收矣，或曰出牓重收⑤。

記考卷一四以此條與本書卷一三惜名門李繆公條（13-25）合，文字有異，實轉引自廣記卷一八〇貢舉三李程條。紀事卷四一李程條小傳略載。

〔校〕

① 探勒　管本方校云「勒，一本作靴。」廣記作「靴勒」。

② 故策子　厲校本「故」作「放」。

③ 賦次　廣記「次」作「此」，管本吴校云「當作此」。

④ 於陵于是請擢爲狀元　明本無「請」字。

⑤ 或曰出牓重收　此六字廣記爲小注。

〔證〕

〔一〕李繆公：即李程，見前卷五切磋門（5-1）條注。程，德宗貞元十二年禮部侍郎吕渭下狀元及第。

放老

25 天復元年〔一〕，杜德祥牓，放曹松、王希羽、劉象、柯崇、鄭希顔等及第〔二〕。時上新平内難①〔三〕，聞放新進士，喜甚。詔選中有孤平屈人，宜令以名聞，特敕授官。故德祥以松等塞詔，各受正②。制略曰〔四〕：「念爾登科之際，當予反正之年，宜降異恩，各膺寵命。」松，舒州人也，學賈司倉爲詩，此外無他能，時號松啓事爲送羊脚狀。希羽，歙州人也，辭藝優博。松、希羽甲子皆七十餘。象，京兆人，崇、希顔，閩中人，皆以詩卷及第，亦皆年逾耳順矣，時謂「五老牓」。

廣記卷一七八貢舉一五老牓條亦録載。

〔校〕

① 平　韓熙本誤作「年」。

② 各受正　明本作「各授正」。厲校本「正」上有「校」，廣記作「各授校正」。

〔證〕

〔一〕天復元年：即光化四年（九〇一），四月，改元天復。

〔二〕放曹松句：容齋三筆卷七引登科記又有陳光問者：「於是禮部侍郎杜德祥奏：揀到新及第進士陳光問年六十九，曹松年五十四，王希羽年七十三，劉象年七十，柯崇年六十四，鄭希顏年五十九。詔光問、松、希羽可秘書省正字；象、崇、希顏可太子校書。案登科記，是年進士二十六人，光問第四，松第八，希羽第十二，崇、象、希顏居末級。」通考卷二九載亦同。全唐詩録卷九七、顧炎武日知録卷一七恩科亦以陳光問爲第一人，如此則爲六人，與「五老」不合。明周聖楷楚寶卷一七文苑傳：「陳光問，長沙茶陵人。讀書靈巖山中，年近六十。忽有雙鶴鳴舞其友，沈彬曰：『必登雲兆也。』是歲果同曹松登第，爲『五老牓』。」

〔三〕新平内難：光化三年十一月，宦官劉季述、王仲先幽廢昭宗，立太子，天復元年正月，朱全忠、孫德昭等率兵勤王，復立昭宗事。

〔四〕制略曰：此制諸史無載，容齋三筆卷七亦引自摭言。

及第與長行拜官相次

26 楊敬之拜國子司業〔一〕，次子戴進士及第〔二〕，長子三史登科〔三〕，時號「楊三喜」。

〔證〕

〔一〕楊敬之拜國子司業：新書卷一六〇楊憑傳附楊敬之傳：敬之，京兆尹楊憑弟侍御史楊凌之子，「文宗尚儒術，以宰相鄭覃兼國子祭酒，俄以敬之代。未幾，兼太常少卿。是日，二子戎、戴登科，時號『楊家三喜』。」與摭言所述略異。

〔二〕次子戴：記考卷二一：「戴」一作「載」，開成二年（八三七）禮部侍郎高鍇下及第。記考據唐闕史卷上楊江西及第所云「祭酒楊尚書敬之任江西觀察使，載江西應科，時成均長年，天性尤切。時已秋暮，忽夢新牓四十進士，歷歷可數」，「楊公閒步塔下，仰視之，則曰弘農楊載、濮陽吴當，怳然如夢中所睹」等語，定楊戴及第在開成元年至三年之間。又據石經末所列開成二年十月有國子司業楊敬之，並新傳所云，確定戴及第在此年。

〔三〕長子三史登科：此「長子」或即新傳所載之楊戎。案：唐貢舉有三史科，見新書卷四四選舉上。

27 崔昭矩，大順中裴公下狀元及第。翌日，兄昭緯登庸〔一〕。

廣記卷一八三崔昭矩條録載。

〔證〕

〔一〕崔昭矩：新書卷一〇昭宗紀及通鑑卷二五八皆云崔昭緯於大順二年正月庚申拜相，宰相表亦同，然舊書卷二〇上昭宗紀則爲大順元年十二月入相。崔昭矩及第年，知貢舉「裴公」，記考引摭言作裴贄。嚴耕望唐僕尚丞郎表卷一六禮侍：「裴贄，大順元年春，以某官知貢舉，放牓。是年冬，又以禮侍知貢舉。二年正月十日辛酉，或八日己未，放牓。」案：據摭言本條所云「翌日，兄昭緯登庸」，昭緯拜相在庚申，則裴贄放牓當在八日己未。新紀及通鑑不誤。

28 王偶，丞相魯公摶之子①〔一〕，偶及第，翌日摶登庸〔二〕。王偶過堂別見。

本條原與上條合，韓熙本、厲校本、管本皆予析分，從之。

〔校〕

① 魯公摶　原本「摶」作「損」，據新書卷一一六改，詳下考。

〔證〕

〔一〕王偶丞相魯公摶之子：案：王姓宰相封魯國公者，新書卷一一六王綝傳附王摶傳：「摶，字昭逸。……正拜右僕射，遷司空，封魯國公。」新書卷七二宰相世系表二王偶爲「字昭逸，相昭宗」之王摶之子，「倜字垂光，鄠尉，直弘文館。」表亦有王損者，損字中禮，王蕘之子，倜之從兄弟，未入相，亦未爵魯公。則此魯公當爲王摶，據改。

〔三〕倜及第翌日摶登庸：記考卷二四景福元年録有進士闕名者，下注録徐寅詩贈垂光同年。記考補正移於乾寧元年下，補名「王倜」，所據爲張忱石續補：「倜與徐寅同時，徐寅詩稱同年垂光者，當是王倜無疑。」陳師尚君正補據新傳「乾寧初，進同中書門下平章事」，將王倜與徐寅及第年亦並列入乾寧元年。案：王摶初拜相日，新書卷一〇昭宗紀在乾寧二年三月，以户部侍郎、判户部王摶爲中書侍郎、同中書門下平章事。通鑑卷二六〇亦在同年三月。則王倜爲乾寧元年進士及第，放牓在二年三月。然王摶判户部入相，舊書卷二〇上昭宗紀又在景福二年：「十一月，制……户部侍郎、判户部事王摶本官同平章事。」元龜卷七四帝王部命相第四同。

29 歸黯親迎拜席日①〔一〕，狀元及第。牓下版巡脱白②〔二〕，朞月，無疾而卒。

〔校〕

① 歸黯　廣記作「歸黠」，誤。

② 脱白　明本「白」作「曰」，厲校本作「向」，皆誤。

〔證〕

〔一〕歸黯親迎拜席日：歸黯，昭宗景福元年蔣泳下狀元及第。廣卓異記卷一九舉選引登科記：「歸仁澤，乾符元年狀元及第。子黯，大順三年狀元及第。」案舊書卷二〇上昭宗紀：景福元年春正月丙午朔改元，大順僅二年，三年即景福元年。

〔二〕脱白：即謂脱去白衣，獲得功名。如唐才子傳卷九羅隱：「隱初貧，來赴舉，過鍾陵，見營妓雲英有才思。後一紀，下第過之，英曰：『羅秀才尚未脱白。』」

别頭及第

30 别頭及第〔一〕，始於上元二年錢令緒、鄭人政、王愷、崔志恂等四人①〔二〕，亦謂之「承優及第」。

〔校〕

① 王愷　他本皆作「王悌」。

〔證〕

〔一〕別頭及第：舊書卷一三六齊抗傳：「故事，禮部侍郎掌貢舉，其親故即試於考功，謂之『別頭舉人』。」新書卷四四選舉上：「初，禮部侍郎親故移試考功，謂之『別頭』。」

〔二〕四人：據上引兩唐書，此四人當與此年知貢舉騫味道爲親故。

31 楊嚴等，會昌四年王起奏五人①〔一〕：楊知至、刑部尚書汝士之子〔二〕。源重、故相牛僧孺之甥②。鄭樸、河東節度使崔元式女婿③〔三〕。楊嚴、監察御史發之弟〔四〕。竇緘，故相易直之子〔五〕。恩旨令送所試雜文，付翰林重考覆。續奉進止④，楊嚴一人，宜與及第，源重四人落下。時楊知至因以長句呈同年曰：「由來梁燕與冥鴻⑤，不合翩翾向碧空⑥。寒谷謾勞鄒氏律⑦，長天獨遇宋都風。此時泣玉情雖異，他日銜環事亦同。三月春光正搖蕩⑧，無因得醉杏園中。」

此條與本書卷一一已得復失條(11-8)重複，文字有異。紀事卷五九楊知至所引原出本條。記考卷二二所引摭言，文字與本條有異。

〔校〕

①會昌四年　本書卷一一作「會昌五年」，詳下考。

②甥　紀事作「孫」。
③崔元式　紀事作「崔永式」。
④止　宋犖本、揆敍本、韓熙本、管本皆作「旨」。
⑤梁燕　紀事、全詩作「梁雁」。
⑥翩翾　紀事、全詩作「翩翩」。
⑦寒谷謾勞　宋犖本「谷」作「國」。厲校本「勞」原作「寒」，校改「隨」。
⑧三月　本書卷一一與紀事、全詩皆作「二月」。

〔證〕

〔一〕會昌四年：案元龜卷六四一貢舉部條制第三：「（會昌）四年二月，權知貢舉、左僕射判太常卿王起下及第二十五人，續奏五人堪放及第。楊知至、竇緘、楊嚴、鄭樸、源重，奉敕只放楊嚴及第，餘並落下。」會要卷七六貢舉中進士所述同。舊書卷一八上武宗紀會昌四年十二月亦云：「時左僕射王起頻年知貢舉，每貢院考試訖，上牓後，更呈宰相取可否。……帝曰：『我比聞楊虞卿弟朋比貴勢，妨平人道路。昨楊知至、鄭樸之徒，並令落下，抑其太甚耳。』」舊書卷一七七楊收傳附楊嚴傳：「嚴字凜之，會昌四年進士擢第。是歲僕射王起典貢部，選士三十人，嚴與楊知至、竇緘、源重、鄭樸五人試文合格，物議以子弟非之，起覆奏。武宗敕曰：『楊嚴一人可及第，餘四人落下。』」皆在四年，則本書卷一一云「五年」不確。

〔二〕刑部尚書汝士之子：案舊書卷一七六楊虞卿傳：楊汝士爲虞卿從兄，汝士三子知温、知遠、知權皆登進士第。知至爲知温弟。

〔三〕河東節度使崔元式：案舊書卷一八上武宗紀：會昌四年二月「丁巳，制河中、晉、絳、慈、隰等州節度觀察等使、中散大夫、檢校左散騎常侍、河中尹、御史大夫、上柱國、博陵縣開國男、食邑三百户崔元式可檢校禮部尚書，兼太原尹、北都留守，充河東節度觀察等使。」然元龜卷六四四貢舉部考試第二又云：「以去年僕射王起知舉，放二十五人，（鄭）續奏江陵節度使崔元式甥鄭樸、東都留守牛僧儒女婿源重」，舊書卷三九地理二：江陵府屬荆州，武德七年（六二四）設荆州大都督，至德後，置荆南節度使。唐方鎮年表卷五：會昌三年七月，鄭涯以兵侍出鎮荆南節度使，六年四月李德裕代。元龜云江陵節度使崔元式誤。

〔四〕監察御史發之弟：舊書卷一七七楊收傳：收父楊遺直，遺直娶元氏，生發、假。繼室長孫氏，生收、嚴。舊書卷一七七楊發傳：「發字至之，……入朝爲監察，轉侍御史。」

〔五〕故相易直之子：舊書卷一六七竇易直傳，易直長慶四年五月入相，大和七年四月卒，是稱故相。

及第後隱居

32 費冠卿，元和二年及第〔一〕。以禄不及親，永懷罔極之念，遂隱于九華。長慶中〔二〕，殿中侍御史李行脩舉冠卿孝節①〔三〕，徵拜右拾遺，不起。制曰：「前進士費冠卿，嘗與計偕②，以文中第，歸不及於榮養③，恨每積於永懷，遂乃屏跡丘園，絶蹤仕進，守其至性，十有五年。峻節無雙④，清飇自遠。夫旌孝行，舉逸人，所以厚風俗而敦名教也。宜承高獎，以儆薄夫⑤。擢參近侍之榮，載佇移忠之效，可右拾遺⑥〔四〕。」

廣記卷一八〇貢舉三費冠卿、紀事卷六〇費冠卿亦載。

〔校〕

① 殿中侍御史　紀事作「殿院」。

② 嘗與計偕　紀事「與」作「預」。

③ 歸不及於榮養　紀事、廣記、全文「歸」作「禄」。

④ 無雙　紀事作「無用」。

⑤ 儆　閣本、薈要本作「警」。

⑥ 可右拾遺　廣記此句後有「冠卿竟不應徵命」，厲校本有「冠卿竟不應御命」。

〔證〕

〔一〕費冠卿元和二年及第：冠卿元和二年禮部侍郎崔邠下及第。紀事卷六〇：冠卿，字子庫，池州人。登元和二年第。太平寰宇記卷一〇五江南西道三池州人物：「唐費冠卿，池州人。及第歸，恨禄不及養，三徵拾遺不起。」

〔二〕長慶中：案元龜卷六五三奉使部稱旨：「李行修，長慶三年爲宣撫使。至楚州，舉費冠卿之至孝。」卷八八四總録部薦舉：「李行修爲殿中丞。長慶三年六月，授進士費冠卿右拾遺。冠卿及第，歸而父母殁，常恨不及榮養，遂絶迹仕進。行修薦之，除官。」

〔三〕殿中侍御史李行修：案：李行修官職，廣記與本書同。前引元龜又有宣撫使、殿中丞兩説。唐大詔令集卷一一七遣使宣撫諸道詔：「殿中侍御史李行修往江南、宣歙等道安撫。」上引元龜卷六五三：「李行修，長慶三年爲宣撫使。」又唐代詔敕目録有費冠卿右拾遺制。韓愈江南西道觀察使贈左散騎常侍太原王公(仲舒)墓誌銘，仲舒長慶三年十一月十七日薨，四年二月某日葬。此銘作于王氏歸葬時，云：「次女婿李行修，尚書刑部員外郎。」又，全文卷六九三李虞仲授李行修刑部員外郎制：「登仕郎殿中侍御史内供奉護軍李行修，沈正爲質，……近以江、淮災旱，睠切疲黎，舉爾忠實，往申慰撫。……可守刑部員外郎，散官、勛如故。」則李行修長慶三年以殿中侍御史爲宣撫使，歸朝即遷刑部員外郎。摭言所言不誤，元龜所云宣撫使亦不誤，然殿中丞則或不確。

〔四〕可右拾遺：全詩卷四九五冠卿有蒙召拜拾遺書情二首，又有不赴拾遺召詩：「君親同是先王道，何如骨肉一處老。也知臣子合佐時，自古榮華誰可保。」

33 施肩吾，元和十年及第〔一〕，以洪州之西山，乃十二真君羽化之地，靈跡具存，慕其真風，高蹈於此。嘗賦閒居遺興詩一百韻，大行於世。

廣記卷一八〇貢舉三施肩吾、紀事卷四一施肩吾條亦録載。

〔證〕

〔一〕元和十年及第：紀事卷五〇崔嘏：「施肩吾與之同年，不睦。嘏舊失一目，以珠代之。施嘲之曰：『二十九人及第，五十七眼看花。』元和十五年也。」

34 皇甫穎早以清操著稱，乾符中及第。時四郊多壘，穎以垂堂之誡①，絶意禄位，隱于鹿門別墅。尋以疾終。

皇甫穎事，亦略見本書卷四節操門孫泰條（4–3）。

〔校〕

① 以　管本上有「有」字。

入道

35 戴叔倫，貞元中罷容管都督，上表請度爲道士〔一〕。

〔證〕

〔一〕戴叔倫：唐才子傳卷五：「德宗賦中和節詩，遣使者寵賜，世以爲榮。還上表請爲道士，未幾卒。」通考、直齋書録解題皆沿其説，蓋皆本於摭言本條。唐國史補卷下詩賜戴叔倫：「貞元五年，初置中和節。御製詩，朝臣奉和，詔寫本賜戴叔倫于容州，天下榮之。」舊書卷一三德宗紀下：貞元四年秋七月乙丑，以前撫州刺史戴叔倫爲容州刺史、兼御史中丞、本管經略使。新書卷一四三戴叔倫傳：「遷容管經略使，綏徠夷落，威名流聞。其治清明仁恕，多方略，故所至稱最。德宗嘗賦中和節詩，遣使者寵賜。代還，卒于道，年五十八。」皆不言其表請入道事。另全文卷五〇二有權德輿撰墓誌銘：「維貞元五年夏四月，容州刺史經略使侍御史譙縣男戴公至部之三月，以疾受代，回車甌駱。六月甲申，次於清遠峽而薨，春秋五十八。明年正月庚申，返葬於金壇玉京原之舊封，宜敘世德，以識幽穸云。公諱叔倫，字幼公，本譙國人。」又云「容人被踰月之教，夔人聞詔而歡，承訃而哀，不及蒙其澤。」又云：「居一年，璽書褒異，就加金紫。」「璽書」當指德宗賜詩，叔倫四年七月赴容，次年六月卒於清遠峽，正一年之數。唐才子傳校箋卷五疑叔倫再有夔州之拜，當是，然未赴任而卒，請度爲道士或在其時。定保南漢時曾爲容管節度使，此説亦不無可能。御覽卷三〇時序部一五中和節：「貞元六年，上以中和節宴百寮於曲江上，賦詩以賜之，百官皆和焉。是歲，戴叔倫爲容州刺史，素有詩名，上乃令録其詩以賜之。」云貞元六年，當誤。

36 蕭俛自左僕射表請度爲道士〔一〕。

〔證〕

〔一〕蕭俛：德宗貞元七年杜黄裳下及第。文宗時以左僕射致仕。舊書卷一七二蕭俛傳：「既致仕于家，以洛都官屬賓友，避歲時請謁之煩，乃歸濟源别墅，逍遥山野，嘯詠窮年。」全文卷七二答蕭俛辭少師詔：「而卿高蹈翛然，屏絶進趣，遠遣令弟，還吾詔書。天爵自優，冥鴻方遠，不轉之志，堅然若山。」似言蕭俛入道高蹈。

37 蔣曙〔一〕，中和初自起居郎，以弟兄因亂相離①，遂屏跡丘園。因應天令節表請入道②，從之。

〔校〕

①自起居郎以弟兄因亂相離　韓熙本「自」作「日」，誤。管本「弟兄」作「兄弟」。明本、宋犖本、韓熙本、厲校本、撥敘本、管本、閣本、薈要本皆無「相」字。

②表　閣本、薈要本作「奏」。

〔證〕

〔一〕蔣曙：曙，懿宗咸通十五年禮部侍郎裴瓚下及第。曙秘書監蔣乂孫，兵部尚書蔣係之子，宰相蔣伸之侄。新書卷一三二蔣乂傳附蔣曙傳：「曙，字耀之。咸通末，由進士第署鄂岳團練判官，除虞、工二部員外，改起居郎。黄巢之難，曙闔門無噍類，以是絶意仕進，隱居沈痛。中和二年，表請爲道士，許之。」

38 顧況全家隱居茅山，竟莫知所止〔一〕。其子非熊及第歸慶〔二〕，既莫知況寧否，亦隱於舊山。或聞有所遇長生之秘術也。

〔證〕

〔一〕顧況全家隱居茅山：全文卷六八六皇甫湜唐故著作左郎顧況集序：「起屋于茅山，意飄然若將續古三仙，以壽九十卒。」唐才子傳校箋卷三考況九十四歲仍在世，其後事跡無考。瑣言卷八顧非熊再生：「唐著作郎顧況，字逋翁，好輕侮朝士。貶在江外，多與僧道交游。時居茅山，暮年有一子，即非熊前身也。一旦暴亡，況追悼哀切，所不忍言。乃吟曰：『老人喪愛子，日暮泣成血。老人年七十，不作多時別。』非熊在冥間聞之，甚悲憶。遂以情告冥官，皆憫之，遂商量卻令生於況家。三歲，能言冥間聞父苦吟，卻求再生之事歷歷然。長成應舉，擢進士第。或有朝士問，即垂泣而言之。王定保摭言云：『人傳況父子皆有所遇，不知何適。』由此而言，信有之矣。」此小說家之臆說，所引摭言語亦不確。

〔二〕其子非熊及第：非熊及第在會昌五年，見本書卷八已落重收門顧非熊條（8–22）注。全詩卷五一六厲玄、卷五五四項斯皆有送顧非熊及第歸茅山詩。

［11］論曰：士之謀身，得之者以才，失之者惟命。得失二揆①，弘道要樞，可謂勤於脩己者與。苟昧於斯②，繫彼能否，臨深履薄，歧路紛如，得之則恃己所長，失之則尤人不盡。干禄之子，能不慎諸？及知命也者③，足以引之而排觖望④，不足倚之而圖富貴。倚之則事怠，怠則智性昏。引之則感通，通則尤怨弭。故丘、軻之言命⑤，蓋阨窮而已矣。有若立身慎行，與聖哲同轍者，則得喪語默⑥，復何蔕芥乎？復何穹隆乎？然士有死而不忘者，恩與知而已矣。包子之誤放，李翱之奏章，足以資笑談，不足以彰事實。有功成身退，冥心希夷者，吾不得而齒矣。

〔校〕

① 得失二揆　「得」，管本同，他本皆作「達」。厲校本校「失」應作「夫」，明本作「夫」。揆敘本、宋犖本「揆」作「撥」。

② 苟　厲校本作「荷」，恐抄誤。

③ 及　管本作「乃」，吳校「『及』當誤」。

④ 觖 韓熙本作「觥」。

⑤ 丘軻 宋筠本「丘」校作「孟」，當誤。管本改作「孔孟」，以避聖人諱。

⑥ 則得喪語默 厲校本「則」前添「苟」字。

唐摭言校證　卷九

防慎不至

1 張峴妻，顔蕘舍人猶女〔一〕。峴有樊表兄者，來自江之南，告峴請叩蕘求宰字〔二〕。峴許之，而蕘久不應。樊謂誑己，中心銜之頗切。一旦，謂峴曰：「弟卷軸不鄙，惡札可以佐弟。」峴欣然以十餘軸授之，皆要切卷子，延引逼試，每軸頭爲札三兩紙而授之，峴鬱悒而已。

〔證〕

〔一〕顔蕘舍人：舊書卷二〇上昭宗紀：光化三年（九〇〇）八月「丁卯，以朝請大夫、虞部郎中、知制誥、上柱國、賜紫金魚袋顔蕘爲中書舍人。」

〔二〕宰字：元龜卷三五五戒勉京畿縣令敕：「諸縣令等：撫綏百姓，莫先於宰字；煦育黎人，須自於厥德。」據文意，宰字當即州縣宰民之官。

2 房珝，河南人，太尉之孫，咸通四年垂成而敗。先是名第定矣，無何寫録之際①，仰泥落②，擊翻硯瓦，污試紙。珝以中表重地，祗薦珝一人，主司不獲已③，須應之。珝既臨曙，更請叩副試④。主司不諾，遂罷。

廣記卷一八三貢舉六房珝條亦録載。

〔校〕

① 録　廣記作「試」。

② 泥落　廣記作「泥土落」。

③ 主司　明本、宋筠本、揆叙本、韓熙本、管本、廣記均作「主事」，方成珪校：「或亦當作『主司』爲是。」

④ 叩　廣記作「印」。

3 李廷璧〔一〕，乾符中試夜，於鋪内偶獲褉子半臂一對，廷璧起取衣之。同鋪賞之曰：

「此得非神授！」逡巡有一人擒捉，大呼云：「捉得偷衣賊也！」

〔證〕

〔一〕李廷璧：全詩卷六六七小傳：「李廷璧，僖宗朝登進士第。」廣記卷二七二婦人三引抒情集有李廷璧妻：「李廷璧二十年應舉，方於蜀中策名。歌篇靡麗，詩韻精能。嘗爲舒州軍倅。」另，新書卷七〇宗室世系表上大鄭王房亦有李廷璧，字冠祥。其父名李蚡，字漢山。朱玉麒登科記考補遺訂正以爲此表之李廷璧爲元和時人，當别是一人。

誤掇惡名

4 葉京①，建州人也，極有賦名。向游大梁②，嘗預公宴，因與監軍使面熟。及至京師，時已登科，與同年連鑣而行，逢其人於通衢，馬上相揖，因之謗議喧然。後頗至沈棄，終太學博士。

廣記卷一八三貢舉六葉京録載。

〔校〕

①葉京　原本作「華京」，據明本、宋犖本、宋筠本、揆敘本改。廣記卷一八三引摭言亦作「葉京」。

②向　厲校本原作「面」，校改「西」。

5 劉纂者〔一〕，高州劉舍人蜕之子也①〔二〕，嗣爲文亦不惡。乾寧中寒栖京師，偶與一醫工爲鄰，纂待之甚至，往往假貸於其人，其人即上樞吴開府門徒。嗣薛王爲大京兆〔三〕，醫工因爲知柔診脉，從容之際，言纂之窮且屈，知柔甚領覽。會試官以解送等第禀於知柔，知柔謂纂是開府門人來囑②，斯必開府之意也，非解元不可。由是以纂居首送，纂亦不知其由③。自是纂落數舉，方悟，萬計莫能雪之。

廣記卷一八四貢舉七劉纂條亦載。

〔校〕

①高州　廣記作「商州」，詳下考。

②門人　閣本、薈要本無「門」字。

③纂亦不知其由　宋犖本、韓熙本、宋筠本皆無「不」字，厲校本原無「不」字，校補。

〔證〕

〔一〕劉纂：昭宗乾寧四年（八九七）禮部侍郎薛昭緯下及第。

〔二〕高州劉舍人蛻：瑣言卷三劉蛻舍人不祭先祖：「唐劉舍人蛻，桐廬人。早以文學應進士舉。……蜀禮部尚書纂即其息也，嘗與同列言之。」四庫全書總目卷一五一文泉子集云蛻「字復愚，長沙人」。並引瑣言上條，云「所敘爵里復不同，或疑爲别一劉蛻，未之詳也。」陳寅恪劉復愚遺文中年月及其不祀祖問題下章具證劉蛻之里籍官仕，以「高州」當爲「商州」之訛，蛻爲桐廬人，可參看。劉蛻曾出典商。（瑣言同上條）陳云此爲蛻曾爲商州刺史之證。

〔三〕嗣薛王爲大京兆：嗣薛王即李知柔，舊書卷二〇上昭宗紀：乾寧二年「六月丁亥朔，以京兆尹、嗣薛王知柔兼户部尚書，判度支，兼諸道鹽鐵轉運等使。」新書卷六三宰相表：乾寧二年「十月，京兆尹孫偓爲户部侍郎、同中書門下平章事，判户部。」舊書昭宗紀載乾寧三年春正月，制以特進、户部尚書兼京兆尹嗣薛王知柔檢校司徒。劉纂爲等第，當即在知柔爲京兆時。下云「自是纂落數舉」，本書卷二爲等第後久方及第下注「二十一年」，又王定保論云「劉纂以平漫子弟，汩没者二十一年」，則劉纂及第年，當在乾寧中爲等第後又二十一年，就此推之，則當在梁貞明中。

6 裴筠婚蕭楚公女〔一〕，言定未幾①，便擢進士。羅隱以一絶刺之，略曰：「細看月輪還有意，信知青桂近嫦娥②。」

類説卷三四、説郛卷三五上、唐語林卷七補遺、廣記卷二五六嘲誚四羅隱條亦録載。

〔校〕

① 言定未幾　廣記、説郛「言定」作「問名」。管本無「未幾」二字。類説、錦繡萬花谷無此四字。

② 信知青桂近嫦娥　廣記「嫦娥」作「姮娥」。宋犖本、撏敘本「嫦」作「常」。

〔證〕

〔一〕 裴筠婚蕭楚公女：蕭楚公即蕭遘。通鑑卷二五四：遘僖宗中和元年（八八一）正月拜相。舊書卷一七九蕭遘傳：「遘在相位五年，累兼尚書右僕射，進封楚國公。」裴筠及第年，記考卷二七列入附考，時間不詳。

7 楊篆員外①〔一〕，乾符中佐永寧劉丞相淮南幕〔二〕，因游江失足墜水，待遣人歸宅取衣②，久之而不至③。公聞之，命以衣授篆。少頃衣至，甚華靡。問之，乃護戎所賜。時中貴李全華監揚州〔三〕。公聞之無言。後除起居舍人，爲同列譖，改授駕部員外郎，由是一生坎坷④。

〔校〕

① 楊篆　明本、宋犖本、宋筠本、撲敘本、韓熙本、厲校本、徐本、閣本、薈要本作「楊籙」。

② 待遣人　韓熙本作「遣侍人」。

③ 久之而不至　明本、宋筠本、韓熙本、管本、閣本、薈要本無「之」字。

④ 坎坷　韓熙本同，他本「坷」皆作「軻」。

〔證〕

〔一〕楊篆員外：案：全唐文補遺第六輯我大唐故天平軍節度副大使知節度事鄆曹濮等州觀察處置等使銀青光□□夫檢校户部尚書使持節鄆州諸軍事兼鄆州刺史御史大夫上柱國弘農郡開國公食邑二千户贈司徒楊公（漢公）夫人越國太夫人韋氏（媛）墓誌銘並序，撰者楊篆下編者注「撰此誌時署孤子篆泣血撰奉」。據此銘，楊漢公初婚於鄭氏，楊篆即鄭氏所生，墓主韋氏爲漢公之繼室。篆另有異母兄弟籌、範、思願、諲等，正與新書卷一七五、舊書卷一七六楊漢公傳及新書卷七一宰相世系表一下楊漢公子嗣相合。據上誌，篆母鄭氏早逝，「唯余零丁孤苦，殘息尚存，常忝進士擢第」，所歷官「從許昌、襄州、淮南三府事，歷監察、補闕、起居郎、駕部員外郎，賜緋魚袋。」此云員外，即駕部員外郎。

〔二〕乾符中佐永寧劉丞相淮南幕：劉丞相即劉鄴。唐方鎮年表卷五：鄴鎮淮南在乾符元年（八七四）十月至六年十月。

〔三〕時中貴李全華監揚州：中貴即中官，通典卷二九監軍：「隋末，或以御史監軍事。大唐亦然。時有其職，非常官也。開元二十年後，並以中官爲之，謂之監軍使。」

好知己惡及第

8 邵安石〔一〕，連州人也①〔二〕。高湘侍郎南遷歸闕〔三〕，途次連江，安石以所業投獻遇知，遂挈至輦下。湘主文，安石擢第。詩人章碣賦東都望幸詩刺之曰②〔四〕：「懶脩珠翠上高臺，眉月連娟恨不開③。縱使東巡也無益，君王自領美人來。」

此條所述事，亦見本書卷一〇海敘不遇門章碣條（10–32）。紀事卷六一章碣條、總龜卷三五譏誚門上録載。

〔校〕

① 連州人　閣本、薈要本作「建州人」。詳下考。

② 東都望幸詩刺之曰　學津本「詩刺之」作「刺詩」。宋犖本「曰」作「云」。

③ 眉月　總龜引古今詩話作「眉目」。

〔證〕

〔一〕邵安石：安石及第年，記考在僖宗乾符四年，知貢舉中書舍人高湘。廣東通志卷三一選舉志及卷四四人物志皆作乾符三年。案舊書卷一九下僖宗紀：乾符三年九月「以中書舍人高湘權知禮部侍郎」，又同書卷一六八高釴傳附高湘傳：「三年，遷禮部侍郎，選士得人。」廣東通志蓋本於此。唐制，貢舉在當年春季進行，上一年九月或稍後，朝廷始命中書舍人等他官權知貢舉，來年試後方真拜禮部侍郎知貢舉，故記考作乾符四年。

〔二〕連州人：全詩卷七一六曹松送邵安石及第歸連州覲省，紀事、總龜等所引述本條皆作連州，閣本、薈要本疑誤。

〔三〕高湘侍郎南遷歸闕：此指咸通間高湘被貶高州事。舊書卷一九上懿宗紀：咸通十一年（八七〇）八月己酉，同昌公主薨，懿宗殺待詔韓宗紹等醫官，並收捕其親族三百餘人。宰相劉瞻、京兆尹温璋上疏論諫行法太過，上怒，貶瞻江陵尹，充荆南節度等使。右諫議大夫高湘因與瞻友善，亦貶高州刺史。咸通十四年七月懿宗崩，高湘復爲諫議大夫。舊書卷一六八高湘傳：「咸通年，改諫議大夫。坐宰相劉瞻親厚，貶高州司馬。乾符初，復爲中書舍人。」

〔四〕詩人章碣：直齋書録解題卷一九：「章碣集一卷。」注：「唐章碣撰，亦僖宗時人。」元盛如梓庶齋老學叢談卷中上：「章孝標、章碣，杭州人。」羅隱羅昭諫集卷三有送章碣赴舉詩。元郝天挺唐詩鼓吹卷四收碣詩二首，小傳云：「碣，錢塘人，孝標之子也。進士不第，竟流落不知所終。有詩集行於世。」浙江通志卷一八二人物六文苑五嚴州府章碣下注云：「萬曆嚴州府志：孝標子，乾符三年進士，有集一卷行於世。其東都望幸詩膾炙人口，至如焚書坑一絕，就題翻意，深得風人雅致。」案：碣及第年，記考卷二七列入附考。記考補正卷二三據乾隆杭州府志及唐詩品彙列入乾符四年中書舍人高湘下進士及第。

9 鄭隱者，其先閩人〔一〕，徙居循陽，因而耕焉。少爲律賦，辭格固尋常。咸通末①，小魏公沆自闕下黜循州佐〔二〕。于時循人稀可與言者，隱贄謁之，沆一見甚慰意，自是日與之游。隱年少懶於事，因傲循官寮，由是犯衆怒，故責其逋租，繫之非所。沆聞大怒，以錢代隱輸官，復延之上席。未幾，沆以普恩還京〔三〕，命隱偕行。隱禀性趑趄，沆之門吏、家僕靡不惡之，往往呼爲「乞索兒」，沆待之如一。行次江陵，隱狎游多不館宿，左右争告，沆召隱微辨②，隱以實對。沆又資以財帛③，左右尤不測也。行至商顔④〔四〕，詔沆知貢舉〔五〕。時在京骨肉聞沆攜隱，皆以書止之。沆不能捨，遂令就策試。然與諸親約，止於此耳。暨牓除之夕，沆巡廊自呼隱者三四，矍然頓氣而言曰：「鄭隱，崔沆不與了卻，更有何人肯與之！」一舉及第。然隱遠人，素無關外名，足不跡先達之門，既及第而益孤。上過關譏，策蹇出京，槃桓淮、浙間。中和末，鄭續鎮南海〔六〕，辟爲從事，諸同舍皆以無素知聞，隱自謂有科第志，無復答。既赴辟，同舍皆不睦。續不得已，致隱於外邑。居歲餘，又不爲宰君所禮。會續欲貢士，以幕内無名人，迎隱尸之。其宰君謂隱恨且久⑤，仇之必矣，遂於餞送筵置鴆。隱大醉，吐血而卒。

〔校〕

① 咸通　原本及閣本、薈要本、學津本皆作「咸康」，誤。管本方校「唐無咸康年號，康當作通」，當是，據改。

② 微辨　閣本、薈要本「微」作「徵」，當是。

③ 又　閣本、薈要本作「乃」。

④ 行至商顏　宋犖本、管本「行至」作「沆至」。

⑤ 且　管本作「之」。

〔證〕

〔一〕鄭隱者其先閩人：淳熙三山志卷二六人物類一科名：「鄭隱字伯超，福清人。」記考卷二三：鄭隱，乾符二年中書舍人崔沆下及第，此年狀元鄭合敬。

〔二〕咸通句：小魏公即下文之崔沆。案舊書卷一九上懿宗紀：咸通十三年五月乙亥，國子司業韋殷裕於閤門進狀，論淑妃弟郭敬述陰事。懿宗怒殺殷裕，殷裕妻兄中書舍人崔沆受牽連，貶循州司户，當即此事。玉泉子：「咸通中，韋保衡、路巖作相，除不附己者十司户：崔沆循州，李瀆繡州」云云，以爲沆貶因韋保衡擠排所致。

〔三〕沆以普恩還京：舊紀咸通十四年九月，循州司户崔沆復爲中書舍人。新書卷八五崔沆傳：「僖宗立，召爲永州刺史，復拜舍人。」舊書卷一六三崔沆傳不云其曾官永州刺史。

〔四〕行至商顏：元龜卷四九六邦計部河渠注：「商山之顏者，譬人之顏額也，亦猶山領象人之頸領。」

〔五〕詔沆知貢舉：舊書卷一九下僖宗紀：乾符二年五月，中書舍人崔沆爲禮部侍郎。案崔沆咸通十四年九月已復爲中書舍人，距乾符二年五月已近兩年之久，且沆復舍人後不聞有外任記載，此述崔沆似仍於赴京途中，恐不確。

〔六〕鄭續鎮南海：見本書卷四節操門盧大郎補闕條(4-2)注。唐方鎮年表卷七：乾符六年至光啓二年(八八六)鄭續爲嶺南東道節度使。

10 崔元翰爲楊崖州炎所知①〔一〕，欲奏補闕②，懇曰：「願進士③。」由此獨步場中，然不曉呈試④，先求題目爲地⑤。崔敖知之，旭日都堂始開，盛氣白侍郎曰⑥：「白雲起封中賦⑦，敖請退⑧。」主司於簾中卒愕換之⑨，是歲二崔俱捷〔二〕。

本條原出唐國史補卷下二崔俱捷事。廣記卷一八〇貢舉三崔元翰條亦録載，注出唐國史補。

〔校〕

① 楊崖州炎　宋犖本、韓熙本「炎」字皆爲小字注。

② 欲奏補闕　唐國史補、廣記「奏」作「拜」。

③ 願進士　唐國史補「願」下有「得」字，廣記有「舉」字。

④ 然不曉呈試　唐國史補「然」下有「亦」，「試」下有「故」字，屬下讀。

⑤ 地　原作「弟」，他本及唐國史補皆作「地」，據改。

⑥ 盛氣白侍郎曰　唐國史補、廣記「盛」前有「敖」字，廣記「侍郎」作「主司」。

⑦ 白雲起封中賦　原本無「起」字，他本及唐國史補、廣記皆有，據補。

⑧ 敖請退　原本「敖」下有「教」字，他本及唐國史補、廣記皆無，當爲衍字，據删。

⑨ 主司於簾中卒愕換之　唐國史補作「侍郎爲其所中愕然換其題」。

〔證〕

〔一〕崔元翰爲楊崖州炎所知：記考卷一一：崔元翰於德宗建中二年（七八一）禮部侍郎于邵下狀元及第。案舊書卷一二德宗紀：建中二年冬十月乙酉，尚書左僕射楊炎貶崖州司馬，尋賜死。

〔二〕二崔俱捷：東觀奏記卷中韋澳釐革京兆府進士明經解送等第：「建中二年，崔元翰、崔敖、崔備三人，府元、府副、府第三人，于邵知貢舉，放及第，並以府列，蓋推崇藝實，不能易也。」

好及第惡登科

11 許孟容進士及第〔一〕，學究登科〔二〕，時號「錦襖子上着莎衣①」。蔡京與孟容同〔三〕。

廣記卷一七九貢舉二許孟容、類説卷三四録載。

〔校〕

①錦襖子上着莎衣　明本「襖」作「襖」，類説作「袯」。

〔證〕

〔一〕許孟容：孟容，代宗大曆十一年（七七六）禮部侍郎常衮下進士及第。

〔二〕學究登科：舊書卷一〇四許孟容傳：「父鳴謙，究通易象，官至撫州刺史，贈禮部尚書。孟容少以文詞知名，舉進士甲科，後究王氏易登科。」

〔三〕蔡京：文宗開成元年（八三六）中書舍人高鍇下進士及第。雲谿友議卷中買山讖：「邕州蔡大夫京者，……後以進士舉上第，乃彭陽令狐公之舉也。尋又學究登科。」

〔12〕論曰：古人舉事之所難者，大則赴湯火，次則臨深履薄。李少卿又曰〔一〕：「操空拳，冒白刃。」聞者靡不膽寒髪竪，永爲子孫之戒。噫！危矣。彼之得，因我也；失，亦因我也。殊不知三百年來科甲之設①，草澤望之起家，簪紱望之繼世。孤寒失之，其族餒矣；世禄失之，其族絶矣。愧彼爲裘之義〔二〕，醜乎析薪之喻〔三〕，方之湯火深薄，空拳冒白刃②，危在彼矣。是知瓜李之嫌，薏苡之謗〔四〕，斯不可忘。若郘、鄭二子，單進求名之志先其類③，雖順坂之勢可惜，而揠苗之戒難忘。名既靡揚，得之不求④。崔公脅制，仁者所不爲也。許、蔡二公所取者⑤，道也，非爲名也。莎錦之譬，謔浪而已。

〔校〕

① 科甲 閣本、薈要本同，明本作「科弟」，他本皆作「科第」。

②空拳冒白刃　原本無「冒」字。閣本、薈要本作「空拳冒白刃」。明本、管本、宋犖本、宋筠本、挍敘本、厲校本、徐本作「空拳冒刃」。皆有「冒」字，據補。

③先　挍敘本作「光」。

④得之不求　管本方校「求」當作「永」。

⑤二公　閣本、薈要本作「二人」。

〔證〕

〔一〕李少卿：李陵，漢書卷五四李廣傳附李陵傳：「陵字少卿，少爲侍中建章監。……轉鬭千里，矢盡道窮，士張空拳，冒白刃，北首争死敵，得人之死力，雖古名將不過也。」

〔二〕爲裘之義：語出禮記學記：「良冶之子，必學爲裘；良弓之子，必學爲箕。」

〔三〕析薪：語出左傳昭公七年：「古人有言曰：其父析薪，其子弗克負荷。施將懼不能任其先人之禄。」

〔四〕薏苡之謗：語出後漢書卷二四馬援列傳：「初，援在交阯，常餌薏苡實，用能輕身省慾，以勝瘴氣。南方薏苡實大，援欲以爲種，軍還，載之一車。時人以爲南土珍怪，權貴皆望之。援時方有寵，故莫以聞。及卒後，有上書譖之者，以爲前所載還，皆明珠文犀。」

敕賜及第

12 韋保乂〔一〕，咸通中以兄在相位〔二〕，應舉不得，特敕賜及第，擢入内庭〔三〕。

〔證〕

〔一〕韋保乂：懿宗咸通十二年中書舍人高湜下及第。此云敕賜及第，史無載，或亦可補史之闕。

〔二〕兄在相位：舊書卷一七七韋保衡傳，保乂爲保衡弟。案通鑑卷二五二：咸通十一年「夏四月丙午，以翰林學士承旨、兵部侍郎韋保衡同平章事。」十四年九月，「怨家告其陰事，貶保衡賀州刺史。」

〔三〕擢入内庭：舊書卷一七七韋保衡傳：「弟保乂，進士登第，尚書郎、知制誥，召充翰林學士，歷禮户兵三侍郎、學士承旨。坐保衡免官。」翰苑群書卷六丁居晦重修承旨學士壁記韋保乂下注：「咸通十二年二月十三日自户部員外郎入，守本官充，三月十六日特恩賜紫，五月十日加户部郎中知制誥，依前充，十四年十月貶賓州司户。」

13 永寧劉相鄴〔一〕，字漢藩，咸通中自長春宮判官召入内庭，特敕賜及第〔二〕。中外賀緘極衆，唯鄆州李尚書種一章最著〔三〕，乃福建韋尚書岫之辭也〔四〕。於時韋佐鄆幕①，略曰：「用敕代牓，由官入名。仰温樹之煙，何人折桂？泝甘泉之水②，獨我登龍。禁門而便是龍門，聖主而永爲座主。」又曰：「三十浮名，每年皆有；九重知己，曠代所無。」相國深所慊鬱，蓋指斥太中的也。

〔校〕

① 於時　原本、韓熙本、厲校本、徐本、管本、閣本、薈要本作「於是」。明本、宋犖本、宋筠本、揆敘本作「於時」，據改。

② 泝　明本、管本作「沂」。

〔證〕

〔一〕永寧劉相鄴：見本書卷三慈恩寺題名遊賞賦詠雜紀門新進士尤重櫻桃宴條（3-30）注。劉鄴，大中十四年（八六〇）中書舍人裴坦下敕賜及第。案記考卷二三在咸通十年，岑仲勉登科記考訂補移入此年。

〔二〕召入内庭特敕賜及第：舊書卷一七七劉鄴傳：「咸通初，劉瞻、高璩居要職，以故人子薦爲左拾遺，召充翰林學士，轉尚書郎中知制誥，正拜中書舍人、户部侍郎、學士承旨。」登科記考訂補據承旨學士壁記考云：「鄴入翰林在大中十四年十二月十二日，越五年而後瞻自太博入翰林，謂由瞻薦，當誤。惟璩則先鄴年餘入翰林，或由璩與他人薦耳。」新書卷一八三劉鄴傳：「咸通初，擢左拾遺，召爲翰林學士，賜進士第。歷中書舍人，遷承旨。」

〔三〕鄆州李尚書種：舊書卷一九下僖宗紀：乾符二年五月，有濮州王仙芝聚於長垣縣作亂。「鄆州節度使李種出兵擊之，爲賊所敗。」元龜卷一六九帝王部納貢獻亦云：「文宗太和元年三月，太原節度使李種進宣索馬鞍一百具。」未知是否同一人，其餘不詳。唐方鎮年表卷三天平：咸通三年至四年有李種，無注。戴偉華唐方鎮文職僚佐考同，以本條韋岫事爲注。其人及事跡俟考。

〔四〕福建韋尚書岫：唐方鎮年表卷六：韋岫鎮福建在乾符三年至五年十二月。通鑑卷二五三乾符五年：「十二月，甲戌，黄巢陷福州，觀察使韋岫棄城走。」

14 杜昇〔一〕，父宣猷，終宛陵〔二〕。昇有詞藻。廣明歲，蘇導給事刺劍州，昇爲軍倅。駕幸西蜀，例得召見，特敕賜緋，導入内①。韋中令自翰長拜主文〔三〕，昇時已拜小諫，抗表乞就試，從之。登第數日，有敕復前官並服色。議者榮之〔四〕。

廣記卷一八三貢舉六杜昇條亦録載，注出摭言。

〔校〕

①入内　廣記作「尋入内庭」。

〔證〕

〔一〕杜昇：廣明二年（八八一）敕賜及第。同時及第尚有王彦昌，見本卷9-16條。記考卷二三杜昇下趙守儼校：「新書卷七二上作『杜南昇』。」案：新書卷七二上宰相世系表二襄陽杜氏：「南昇，京兆功曹參軍。」南昇與杜牧同輩，然南昇父爲杜齊之，恐非同一人。

〔二〕父宣猷終宛陵：通鑑卷二五〇：咸通六年春正月「諸道進私白者，閩中爲多，故宦官多閩人。福建觀察使杜宣猷每寒食遣吏分祭其先壠，宦官德之，庚申，以宣猷爲宣歙觀察使，時人謂之『敕使墓户』。」新書卷二〇七宦者上吐突承璀傳載略同。玉泉子：「杜宣猷大夫自閩中除宣城，中官之力也。」

〔三〕韋中令：即韋昭度。舊書卷一七九韋昭度傳：「從僖宗幸蜀，拜户部侍郎。中和元年，權知禮部貢舉。明年，以本官同平章事，兼吏部尚書。」

〔四〕「昇時已拜小諫」至「榮之」：小諫，即唐時拾遺之别稱。諸書並載昇著緋事。唐語林卷四企羡云：「杜昇自拾遺賜緋，後應舉及第，又拜拾遺，時號『著緋進士』。」實賓録卷一著緋進士略同。

15 秦韜玉〔一〕，出入大閹田令孜之門〔二〕。車駕幸蜀，韜玉已拜丞郎，判鹺〔三〕。及小歸公主文〔四〕，韜玉准敕放及第①，仍編入其年牓中。韜玉置書謝新人②，呼同年，略曰：「三條燭下，雖阻文闈③；數仞牆邊，幸同恩地。」

廣記卷一八三貢舉六秦韜玉條亦録載。紀事卷六三秦韜玉條文字稍異。

〔校〕

① 放及第　紀事無「放」字。廣記無「及」字。

② 置書　管本、廣記「置」作「致」，紀事作「以」。

③ 文闈　紀事作「門闌」。

〔證〕

〔一〕秦韜玉：僖宗中和二年歸仁紹下敕賜及第。

〔二〕大閹田令孜：案秦韜玉依附田令孜，紀事所載較詳，可互參。

〔三〕韜玉已拜丞郎判鹺：韜玉敕賜及第前之官職，諸書略有參互。本書本卷下9–25條云：「駕幸西蜀，爲田令孜擢用。未期歲，官至丞郎，判鹽鐵，特賜及第。」郡齋讀書志卷四：「秦韜玉中明，京兆人，有詞藻，工歌吟，險而好進，爲田令孜所善。僖宗幸蜀，令孜引爲工部侍郎。中和二年賜進士第，編入春牓。」直齋書録解題卷一六：「唐神策判官郃陽秦韜玉中明撰，田令孜客，中和二年特賜及第。」宋黄休復益州名畫録卷上：「行在十軍司馬、工部侍郎判度支秦韜玉。」韜玉依田令孜之門，則益畫録之謂「十軍司馬」，當即紀事之「神策判官」。

〔四〕小歸公：即歸仁紹，見前3–13條注。

16 王彦昌〔一〕，太原人，家世簪冕，推於鼎甲。廣明歲，駕幸西蜀，恩賜及第，後爲嗣薛王知柔判官。昭宗幸石門〔二〕，時宰臣與學士不及隨駕①〔三〕，知柔以京尹判鹾，權中書〔四〕，事屬近輔，表章繼至，切於批答。知柔以彦昌名聞，遂命權知學士，居半載②，出拜京尹〔五〕，又左常侍、大理寺卿③，爲本寺人吏所累，南遷。

廣記卷一八三貢舉六王彦昌條亦録載。

〔校〕

① 學士不及　管本「不及」上有「亦」字。

②居半載　明本、宋犖本、厲校本、撰敘本、徐本、管本、廣記「載」皆作「歲」。

③又　廣記作「加」。

〔證〕

〔一〕王彦昌：記考卷二三：王彦昌，廣明二年户部侍郎韋昭度下續賜第。彦昌生平，福建通志卷四六人物四漳州府：「王彦昌，其先瑯琊人，自東晉肅侯彬遷於閩，居龍溪。後析龍溪，分置漳浦，遂爲漳浦人。唐末，彦昌官檢校司空，時當寇亂，能捍禦强暴，爲鄉邦倚重。子孫皆謹樸自守。」

〔二〕昭宗幸石門：案通鑑卷二六〇乾寧二年七月「甲子，上徙幸石門鎮，命薛王知柔與知樞密院劉光裕還京城。」新書卷一〇上昭宗紀：乾寧二年七月「嗣薛王知柔權知中書事。壬戌，李克用陷同州。甲子，次石門。」

〔三〕時宰臣與學士不及隨駕：案舊書卷一七七崔慎由傳附崔胤傳：「昭宗出幸石門，胤與同列徐彦若、王摶等從。」

〔四〕知柔以京尹判鹺權中書：舊紀：乾寧二年「六月丁亥朔，以京兆尹、嗣薛王知柔兼户部尚書、判度支，兼諸道鹽鐵轉運等使。」知柔權中書見前注。

〔五〕權知學士居半載出拜京尹：案通鑑卷二六〇云：乾寧二年七月，知柔「仍權知京兆尹、判度支，充鹽鐵運使，俟反正日赴鎮。」十二月，昭宗反正。舊紀：乾寧三年「春正月癸丑朔，制以特進、户部尚書、兼京兆尹、嗣薛王知柔檢校司徒，兼廣州刺史、御史大夫，充清海軍節度、嶺南東道觀察處置等使。」唐僕尚丞郎表又考乾寧三年七月孫偓由京兆尹入爲中書侍郎。舊書昭宗紀又記乾寧三年十一月丁丑朔，「以韓建兼領京兆尹、京城把截使」。則王彦昌領京兆尹或在乾寧三年中，時間與本條「居半載」合。雍正十三年（一七三五）劉於義修陝西通志卷二一職官二京兆尹有「王彦昌」，下注「廣明中」，當誤。

表薦及第

17 乾寧中，駕幸三峰〔一〕。殷文圭者，攜梁王表薦及第〔二〕，仍列於牓内。時楊令公行密鎮維揚〔三〕，奄有宣、浙，揚、汴榛梗久矣①。文圭家池州之青陽〔四〕，辭親間道至行在。無何，隨牓爲吏部侍郎裴樞宣諭判官。至大梁，以身事叩梁王，王乃上表薦之。文圭復擬飾非，遍投啓事於公卿間，略曰：「於菟獵食，非求尺璧之珍；鶢鶋避風，不望洪鐘之樂。」既擢第，由宋、汴馳過，俄爲多言者所發。梁王大怒，亟遣追捕，已不及矣。然是屢言措大率皆負心②，常以文圭爲證。白馬之誅，靡不由此也。

唐才子傳卷一〇、紀事卷六八殷文圭條亦録載，文字有異。

〔校〕

①榛梗久　宋犖本作「久榛梗」。

②然是屢言　管本、閣本、薈要本「然」上有「自」。紀事「然」作「自」。

〔證〕

〔一〕乾寧中駕幸三峰：通鑑卷二六〇：乾寧三年秋七月，李茂貞進逼京師。乙未，昭宗宿下邽；丙申，至華州，以府署爲行宫。

〔二〕攜梁王表薦及第：殷文圭及第年，記考卷二四在乾寧五年。唐才子傳卷一〇：「乾寧五年禮部侍郎裴贄下進士。」

〔三〕時楊令公鎮維揚：通鑑卷二五八龍紀元年（八八九）：六月，行密入宣州，詔以行密爲宣歙觀察使。大順元年（八九〇）三月，「賜宣歙軍號寧國，以楊行密爲節度使」。同書卷二五九：景福元年（八九二）八月，「以楊行密爲淮南節度使、同平章事」。楊行密鎮維揚至天祐二年（九〇五）十月薨止。

〔四〕文圭家池州之青陽：文圭之籍貫，亦有數説。唐才子傳卷一〇：「殷文圭，字表儒，池州青陽人也。」與本條同。宋馬令南唐書卷二三湯悦傳：「湯悦，其先陳州西華人，父殷文圭，唐末有才名。」十國春秋卷一一殷文圭傳即並存二説。康熙間江南通志卷一一九選舉志又云「殷文圭，秋浦人」。卷一六七人物志文苑三池州府下殷文圭傳云：「殷文圭，秋浦人，居九華山苦學，硯爲之穿。有才名，登乾寧間進士第。後歸江南，仕於吴，歷官翰林學士，有詩五集。」舊書卷四〇地理三江南西道：武德四年（六二一），置池州，領秋浦、南陵二縣。秋浦爲池州治所。陳州西華或爲文圭之郡望，池州則爲其籍貫。

18 何澤，韶陽曲江人也〔一〕。父鼎，容管經略〔二〕，有文稱。澤，乾寧中隨計至三峰行在。永樂崔公，即澤之同年丈人也①〔三〕，聞澤來舉，乃以一絶振之曰②〔四〕：「四十九年前及第〔五〕，同年唯有老夫存。今日殷勤訪我子，穩將鬐鬣上龍門。」時主文與奪未分，又會相庭有所阻，時崔相公胤恃權，即永樂猶子也〔六〕。因之敗於垂成，後漂泊關外。梁太祖受禪，澤假廣南幕職入貢，敕賜及第。

紀事卷六六崔安潛條亦載。

〔校〕

① 同年丈人　明本、宋筠本、紀事「丈」作「文」。

② 振之　紀事「振」作「報」。

〔證〕

〔一〕何澤：新五代史卷五六雜傳、十國春秋卷六二南漢五、清雍正刊廣東通志卷四四人物志皆有傳。記考卷二五據舊五代史及摭言本條，以何澤於梁貞明二年（九一六）進士及第。廣東通志卷三一列入同光元年（九二三）癸未及第，又作番禺人，官太常寺少卿。新五代史及通鑑卷二七三皆作廣州人。

〔二〕父鼎容管經略：何鼎，新五代史卷五六何澤傳：「父鼎，唐末爲容管經略使。」廣東通志卷三八名宦志羅定州：「何鼎，番禺人，少穎悟，日記萬言。大中初進士，筮仕著作郎，遷瀧州司馬。以能名，節度使李迢禮重之，累遷容管經略使。」同書卷四四廣州府：「其先曲江人，後徙番禺。……諸子守其訓，皆事莊宗。子澤最知名。」

〔三〕同年丈人：永樂崔公即崔安潛，據記考卷二二，安潛宣宗大中三年（八四九）及第，與上引何鼎傳「大中初進士」相合。

〔四〕乃以一絶振之：全詩卷五九七崔安潛有詩報何澤，疑取自紀事。

〔五〕四十九年前及第：據安潛及第之大中三年計，何澤應舉年當在乾寧四年（八九七）。

〔六〕崔相公胤恃權即永樂猶子：案新書卷七二宰相世系表二下有崔胤，慎由之子，正安潛之侄。通鑑卷二五九：景福二年九月壬辰，以「御史中丞崔胤爲户部侍郎、同平章事。胤，慎由之子也，外寬弘而内巧險，與崔昭緯深相結，故得爲相。季父安潛謂所親曰：『吾父兄刻苦以立門户，終爲緇郎所壞！』緇郎，胤小字也。」光化二年正月丁未，崔胤罷。

惡得及第

19 于棁舊名韜玉，長興相國兄子〔一〕。貴主視之如己子〔二〕，莫不委之家政，往往與於關節，由是衆議喧然。廣明初，崔厚侍郎牓〔三〕，貴主力取鼎甲。牓除之夕，爲設庭燎，仍爲宴具，以候同年展敬。選内人美少者十餘輩，執燭跨乘，列於長興西門。既而將入辨色①，有朱衣吏馳報曰：「胡子郎君未及第。」胡子，棁小字。諸炬應聲擲之于地②。巢寇難後，於川中及第〔四〕，依棲田令孜矣。或曰棁及第非令孜力，後依其門耳。

〔校〕

① 將入辨色　明本、宋犖本、宋筠本「入」作「及」，管本方校云「入」當作「及」。

② 諸炬應聲擲之于地　宋犖本、宋筠本「諸」上空三字。

〔證〕

〔一〕于棁：長興相國即于琮。新書卷七二宰相世系表二有于棁，于琮兄于球之子，字拱臣。

〔二〕貴主：于琮字禮用，咸通八年七月由兵部侍郎、諸道鹽鐵轉運使入爲同中書門下平章事。尚廣德公主，治家有禮法，爲世聞，即此所云之貴主。案新書卷九懿宗紀：琮，咸通十三年二月丁巳罷。廣明元年十二月，廣德公主、右僕射于琮死於黄巢之亂。

〔三〕崔厚侍郎牓：記考卷二三引大典本蘇州府志：「廣明元年，侍郎崔厚知舉。」

〔四〕川中及第：記考卷二三據本條列于棁於廣明二年户部侍郎韋昭度下進士及第。案舊書卷一九下僖宗紀：黄巢亂後，僖宗避地西蜀。至中和五年春正月，車駕仍在成都府。己卯，僖宗自蜀還京。二月丙申，次鳳翔。三月丁卯，至京師。此間數年進士皆於蜀中成都放牓。

20 高鍇侍郎第一牓〔一〕，裴思謙以仇中尉關節取狀頭〔二〕。鍇庭譴之，思謙迴顧，厲聲曰：「明年打脊取狀頭①〔三〕。」明年〔四〕，鍇戒門下不得受書題。思謙自懷士良一緘入貢院，既而易以紫衣，趨至階下，白鍇曰：「軍容有狀，薦裴思謙秀才。」鍇不得已，遂接之。書中與思謙求巍峨，鍇曰：「狀元已有人，此外可副軍容意旨。」思謙曰：「卑吏面奉軍容處分，裴秀才非狀元，請侍郎不放。」鍇俛首良久，曰：「然則略要見裴學士。」思謙曰：「卑吏便是。」思謙詞貌堂堂②，鍇見之改容。不得已，遂禮之矣。

廣記卷一八一貢舉四裴思謙條亦録載。

〔校〕

①脊　廣記作「春」，當誤，詳下考。

②詞貌　廣記作「人物」。

〔證〕

〔一〕高鍇侍郎第一牓：高鍇共放三牓，第一牓在開成元年（八三六），以中書舍人知貢舉。第二、三牓在開成二、三年，以禮侍知貢舉。

〔二〕仇中尉：即仇士良，廣記逕作「仇士良」。

〔三〕打脊：古時肉刑之一種，亦用作詈詞。瑣言卷七洞庭湖詩：「盧延讓哭邊將詩曰：『自是硇砂發，非干礮石傷。牒多身上職，盌大背邊瘡。』人謂此是打脊詩也。」

〔四〕明年：裴思謙狀元及第年，記考卷二一引本條作開成三年，注云：「此爲高鍇第三牓，摭言以爲第二年，誤。」廣記、通考卷二九選舉考二舉士皆引摭言作「第二年」。山西通志卷六五科目在開成二年。紀事卷四九、淳熙三山志卷二六人物類一科名皆在開成三年。案：記考卷二一開成二年狀元爲李肱。雲谿友議卷上古製興：「文宗元年秋，詔禮部高侍郎鍇，復司貢籍。……況肱宗室，德行素明，人才俱美，敢不公心，以辜聖教。乃以牓元及第。」鍇「復司貢籍」在開成二年，李肱爲狀元即在此年，則思謙狀元及第當在三年。

21 黄郁①，三衢人，早游田令孜門。擢進士第，歷正郎、金紫。李瑞②〔一〕，曲江人，亦受知於令孜，擢進士第〔二〕，又爲令孜賓佐，俱爲孔魯公所嫌〔三〕。文德中，與郁俱陷刑網。

〔校〕

① 黄郁　唐語林卷七補遺作「華郁」。

② 李瑞　原本作「李端」。明本、韓熙本、管本皆作「李瑞」，吴校云：「刻本誤作『李端』。」唐語林卷七亦作李瑞，當是，據改。

〔證〕

〔一〕李瑞：管本吴校云：「刻本誤作李端，蓋端舉大曆中進士，官杭州司馬，與僖宗時不合。」黄滔唐黄先生文集卷七與王雄書：「元次山、韓退之之風，復行於今日也。無令鄭濬、孫泰、李瑞、閔廷言、陳嶠數公，寂寞而已。」摭言多處言及閔廷言、陳嶠諸人，疑該李瑞即本條所云者。

〔二〕擢進士第：記考卷二三，李瑞、黄郁與于棁於廣明二年同年及第。

〔三〕孔魯公：即孔緯，兩唐書皆有傳。舊書卷一七九孔緯傳：「孔氏自元和後，昆仲貴盛，至正卿方鎮者六七人，未有爲宰輔者，至緯始在鼎司。」又舊書卷一九下僖宗紀：光啓四年二月戊子「改元文德。宰相韋昭度兼司空，孔緯、杜讓能加左右僕射。」

芳林十哲 今記得者八人

22 沈雲翔①，亞之弟也〔一〕。

〔校〕

① 沈雲翔 厲校本「翔」誤作「朔」。

〔證〕

〔一〕沈雲翔：舊書卷一九下僖宗紀：廣明元年十二月，黄巢入京師，「僭號大齊，稱年號金統。悉陳文物，據丹鳳門僞赦。以太常博士皮日休、進士沈雲翔爲學士。」唐才子傳卷六、郡齋讀書志卷一八俱云沈亞之元和十年（八一五）進士及第，與廣明元年達六十五年之鉅。又本書9–27條云「咸通中自雲翔輩凡十人。」元和十年距咸通中亦逾四十年，則此黄巢時沈雲翔當别是一人。

23 林縖改名絢①，閩人，光化中守太常博士。

〔校〕

①改名絢　厲校本「絢」作「約」。

24 鄭玘〔一〕　劉業　唐珣　吴商叟已上四人未知其詳①。

〔校〕

①未知其詳　宋犖本、韓熙本「詳」作「來」。管本吴校「『詳』一作『來』」。

〔證〕

〔一〕鄭玘：御覽卷八一一引嶺表録異録鄭玘傷淘者詩一首：「披沙辛苦見傷懷，往往分毫望亦乖。力盡半年深水裏，難全爲一鳳凰釵。」

25 秦韜玉，京兆人，父爲左軍軍將。韜玉有詞藻，亦工長短歌，有貴公子行曰：「階前莎毬緑不卷①，銀龜噴香挽不斷②。亂花織錦柳撚綫，粧點池臺畫屏展。主人功業傳國初③，六親聯絡馳朝車。鬬雞走狗家世事，抱來皆佩黄金魚④。卻笑書生把書卷⑤，學得顔回忍飢面。」然慕柏耆爲人〔一〕，至於躁進。駕幸西蜀，爲田令孜擢用。未期歲，官至丞郎，判鹽鐵，特賜及第〔二〕。

紀事卷六三秦韜玉、類説卷三四摭言之貴公子行、紺珠集卷四摭言之顔回忍飢面條皆録載，詩又見全詩卷六七〇。

〔校〕

① 階前莎毬緑不卷　「莎毬」，紀事作「莎毬」，類説作「莎球」。紺珠集「緑」在「莎」前。

② 銀龜　類説作「龜眼」。

③ 功業　紀事、全詩作「公業」。

④ 佩　紺珠集作「著」。類説自「主人」至「黄金魚」四句無。

⑤ 書生　紀事、紺珠集、全詩皆作「儒生」。

〔證〕

〔一〕柏耆：兩唐書皆有傳。柏良器之子，學縱横家，志健而望高，急於立名。王承宗以常山叛，柏耆自薦於裴度，自處士授左拾遺，奉使鎮州宣諭，由是知名。又於元和十五年代鄭覃于滑州宣諭王承宗，以平軍亂，轉兵部郎中。

〔二〕特賜及第：秦韜玉於僖宗中和二年歸仁紹下敕賜及第。此前依田令孜爲神策判官，爲工部侍郎判鹽鐵。

26 郭薰者，不知何許人，與丞相于都尉向爲硯席之交〔一〕。及琮居重地〔二〕，復綰財賦，薰不能避譏嫌，而樂爲半夜客。咸通十三年，趙騭主文〔三〕，斷意爲薰致高等①，騭甚撓阻②，而拒之無名。會列聖忌辰，宰執以下於慈恩寺行香。忽有彩帖子千餘，各方寸許，隨風散漫，有若蜂蝶，其上題曰：「新及第進士郭薰。」公卿覽之，相顧䩤然③。因之主司得以黜去。

〔校〕

① 斷意　管本方校云「斷意」上當有「琮」字。

② 阻　宋犖本、管本作「沮」。

③ 䩤　厲校本作「駭」。雅雨初印原作「䩤」，傅校作「駭」。他本皆作「䩤」。

〔證〕

〔一〕硯席之交：謂同窗之誼。本書卷四與恩地舊交：「劉虛白與太平裴公同硯席。」劉禹錫集卷三八謝柳子厚疊石硯：「常時同硯席，寄硯感離群。」

〔二〕及琮居重地：案：新書卷九懿宗紀：琮咸通八年七月拜相，十三年二月丁巳罷。

〔三〕咸通十三年趙騭主文：騭主文年，舊書卷一七八趙隱傳：「弟騭，亦以進士登第。……咸通初，以兵部員外郎知制誥，轉郎中，正拜中書舍人。六年，權知貢舉。七年，選士，多得名流，拜禮部侍郎。」本書卷一二酒失門12-28條：「韓袞，咸通七年趙騭下狀元及第。」是以騭六年以中書舍人權知貢舉，七年放牓，正拜禮侍。又，丁居晦重修承旨學士壁記之趙騭下：「咸通二年八月六日，自右拾遺充。……（五年九月）三十日，改禮部侍郎，出院。」似並無官中書舍人之職。本書云十三年疑誤。記考卷二三咸通十三年主文者中書舍人崔瑾，記考補正考爲崔殷夢。

27 咸通中自雲翔輩凡十人，今所記者有八，皆交通中貴，號「芳林十哲」〔一〕。芳林，門名，由此入内故也。然皆有文字，蓋禮所謂「君子達其大者遠者，小人知其近者小者」〔二〕。得之與失，乃不能糾別淑慝，有之矣。語其虵豕之心者，豈其然乎！

〔證〕

〔一〕芳林十哲：案「十哲」之名，唐人文獻多有述及，指稱者亦多有異。可參看周勛初芳林十哲考。

〔二〕蓋禮所謂句：語出春秋左傳襄公三十一年，非三禮之文，蓋定保誤記。

四凶 今所記者三

案：「四凶」之名，唐人亦多所述及，唐國史補卷下敘著名諸公：「又有四夔、四凶」，然爲開元間人。廣記卷一八一蘇景張元夫引盧氏雜説「又有四凶甲」云云，未著名姓，爲開成、會昌間人。本條所及陳磻叟、劉子振、李沼三人，皆咸通、乾符、廣明間人，别是一「四凶」者。

28 陳磻叟者，父名岵〔一〕，富有辭學，尤溺於内典。長慶中，嘗注維摩經進上，有中旨，令與好官〔二〕。執政謂岵因内道場僧進經，頗抑挫之，止授少列而已。磻叟形質短小，長喙疎齒，尤富文學，自負王佐之才，大言騁辯①，雖接對相公，旁若無人。復自料非名教之器，弱冠度爲道士，隸名於昊天觀。咸通中，降聖之辰〔三〕，二教論義，而黄衣屢奔，上小不懌。宣下，令後輩新入内道場有能折衝浮圖者，許以自薦。磻叟攝衣奉詔，時釋門爲主論，自誤引涅槃經疏②。磻叟應聲叱之曰：「皇帝山呼大慶，阿師口稱獻壽，而經引涅槃，犯大不敬！」初，其僧謂磻叟不通佛書，既而錯愕，殆至顛墜。自是連挫數輩，聖顔大悦，左右呼「萬歲」。其日，簾前賜紫衣一襲。磻叟由是恣其輕侮，高流宿德多患之。潛聞上聽云：「磻叟衣冠子弟，不願在冠帔，頗思理一邑以自效耳。」於是中旨授至德縣令。磻叟莅事，未終考秩，拋官詣闕上封事，通義劉公引爲羽翼〔四〕，非時召對數刻，磻叟所陳凡數十節，備究時病③。復曰：「臣請破邊瑊家〔五〕，可以贍軍一二年。」上問：「邊瑊何人？」對曰：「宰相路巖親吏。」既而大爲巖恚怒。翌日，敕以磻叟誣罔上聽，訐斥大臣，除名爲民，流愛州。磻叟雖至顛蹶，輒不敢以其道自屈。素有重墜之疾，歷聘藩后，率以肩輿造墀廡，所至無不仰止。及巖貶〔六〕，磻叟得量移爲鄧州司馬。時屬廣明庚子之後，劉巨容起徐將〔七〕，得襄陽，不能磻叟④，待以巡屬一州佐耳。磻叟沿漢南下，中途與巨容幕吏書云：「已出無禮之鄉，漸及逍遥之境。」巨容得之大怒，遣步健十餘輩，移牒潭、鄂，追捕磻叟。時天下喪亂，無人爲隄防。既而爲卒伍所陵，全家泝漢。至賈壍後，門三十餘口，無噍類矣。

廣記卷二六五輕薄一陳磻叟亦載，文字略有異。

〔校〕

① 大言騁辯　明本、宋犖本、宋筠本、韓熙本、廣記「辯」作「辨」。

② 自誤引涅槃經疏　管本吴校「自」一本作「目」。韓熙本「誤」作「設」。廣記「疏」下有「義」字。

③ 備究時病　廣記「備」作「侵」。

④ 不能　廣記下有「知」字。

〔證〕

〔一〕陳岵：會要卷七六制科舉：元和元年四月「達於吏治可使從政科，陳岵及第。」通考卷三三載亦同。是年岵制舉及第。唐大詔令集卷一〇六制舉放制舉人敕：「達於吏理可使從政科第五上等陳岵。」元龜卷六四四貢舉部考試第二全載此詔，時在憲宗元和元年四月辛酉。陳岵進士及第年尚俟考，記考卷一六疑陳岵即貞元九年（七九三）進士及第之陳祜，而貞元九年下又作陳祐，徐松注云：「見英華，『祐』一作『佑』。」案：英華卷一八三有裴杞等五人作同題風光草際浮詩五首，其中一人爲陳祜，全詩卷七七九亦同，徐所云「祐」「佑」恐皆誤。然陳祜事跡已無由確考，記考所疑尚無可證實。

〔二〕長慶中句：會要卷五六左右補闕拾遺：「（寶曆）二年九月，以新授濠州刺史陳岵爲太常少卿。岵常好釋氏學，佛經中尤好維摩，自爲有得，即加注釋。輒復上獻，遂有宣令與好官，乃追前命，例在清賢，群議紛然。諫官劉寬夫等七人同疏論曰：『岵來由徑求，事因供奉僧進經。』

上覽疏奏，謂不直言，宜與宰相等云：『陳岵所進經，實不因僧。諫官何處得此語？卿等可即勘問，並推排頭首奏來。』」舊書卷一五三、新書卷一六〇劉寬夫傳所載略同，唯時在寶曆中，除官濠州刺史，不言太常少卿。摭言恐將「寶曆中」誤作「長慶中」。另，陳岵歷官，浙江通志卷一一二職官二臨海郡太守、台州刺史有陳岵者，注云「憲宗時任」。黄震云登科記考甄補引嘉定赤城志元和五年爲台州刺史，然又以爲「似岵有二人」。據上考，於時間上並無牴牾，疑即同一人。陳岵授少列，摭言本條在進經後，兩唐書皆在進經前。六藝之一録卷七〇左常侍路公碑下注云：「元和七年，國子博士韓愈撰，吏部尚書鄭餘慶書，右拾遺陳岵篆額。」元龜卷六四四貢舉部考試第二：「長慶元年十一月戊午，御宣政殿試制科舉人。……中書舍人白居易、膳部郎中陳岵、考功員外郎賈餗同考制策。」元氏長慶集卷五一永福寺石壁法華經記有「右司郎中、處州刺史陳岵」。

〔三〕咸通中降聖之辰：舊書卷一九下僖宗紀：咸通三年五月八日生於東内。初封普王，名儼。十四年懿宗遺詔改名儇。

〔四〕通義劉公：劉瞻，傳見舊書卷一七七、新書卷一八一。劉瞻拜相，舊書卷一九上懿宗紀在咸通十年。十一年九月，瞻以太醫韓紹宗未能治同昌公主而下獄事上疏，爲路巖、韋保衡進讒所冤逐。

〔五〕邊瑊：據下文，邊瑊爲宰相路巖親吏。通鑑卷二五二作「邊咸」：「西川節度使路巖，喜聲色游宴，委軍府政事於親吏邊咸、郭籌。」路巖敗，「咸、籌潛知其故，遂亡命」。乾符元年正月，路巖於江陵賜自盡後，「邊咸、郭籌捕得，皆伏誅。」瑣言卷三路侍中巾裹亦載：「唐路侍中巖，風貌之美，爲世所聞。鎮成都日，委執政於孔目吏邊咸。」

〔六〕及巖貶：路巖數貶，通鑑卷二五二咸通十四年：十一月戊辰，徙西川節度使路巖荆南節度使。十二月再貶新州刺史。乾符元年正月，路巖行至江陵，敕削官爵，長流儋州。尋於江陵獄中賜自盡，籍没其家。

〔七〕劉巨容起徐將：新書卷一八六劉巨容傳：「劉巨容，徐州人，爲州大將。」本書卷一五雜記門：「薛能尚書鎮彭門，時溥、劉巨容、周岌俱在麾下。未數歲，溥鎮徐，巨容鎮襄，岌鎮許，俱假端揆。」案唐方鎮年表卷二，薛能鎮許在乾符五年至廣明元年，巨容起徐當在稍後。

29 劉子振，蒲人也。頗富學業，而不知大體。尤好陵轢同道，詆訐公卿。不恥干索州縣，稍不如意，立致寒暑，以至就試明庭，稠人廣衆，罕有與之談者①。居守劉公主文歲〔一〕，患舉子納卷繁多，牓云：「納卷不得過三軸。」子振納四十軸，因之大掇凶譽。子振非不自知，蓋不能抑壓耳。乾符中官爲博士②，三年釋奠禮畢，令學官講書。宰臣已下，皆與聽焉③。時子振講禮記，陸鸞講周易④。

本書卷一二自負門劉允章侍郎主文年條（12-9）重出。廣記卷二六三無賴一亦録載。

〔校〕

① 談　廣記前有「立」字。

② 官爲博士　管本無「爲」字。

③ 與聽　管本作「與禮」。

④ 陸鸞講周易　管本、薈要本同，他本皆無「講」字。

〔證〕

〔一〕居守劉公主文歲：居守劉公，劉允章，主文在咸通九年。

30 李沼者①，封川相猶子也〔一〕，其妻乃董常侍禹之女也。大順中，邠州節度使尚父王行瑜外族董氏②，以舅事於禹，沼樂游行瑜之門，行瑜呼沼「李郎」。會與計偕，僕馬生生之具，皆行瑜所致，沼負是大恣③。未幾，按甲來覲，諷天子誅大臣，搢紳間重足一跡。沼出入行瑜之門，頗有得色。及行瑜敗〔二〕，詔捕沼，沼亡命秦隴。

〔校〕

①李沼　厲校本作「李紹」。

②邠州　韓熙本「邠」上空一字。厲校本「邠」上又有「邠」字。

③負　管本方校「負」當作「資」。

〔證〕

〔一〕李沼者封川相猶子也：封川相即李宗閔。舊書卷一七六李宗閔傳：會昌三年，出爲封州刺史。案新書卷七〇宗室世系表下：宗閔弟宗冉，宗冉子澹、給事中湯字希仁、深字希尚、韶州刺史湞。皆從水，厲校本作李紹恐誤，或爲宗冉另一子。通鑑卷二八三天福八年（九五四）：「（杜）威止奏三十萬斛，餘皆入其家。又令判官李沼稱貸於民。」天福距乾符七十餘年，父子兩代懸隔過久，當非同一人。

〔二〕行瑜敗：新書卷一〇昭宗紀：乾寧二年十一月，行瑜於慶州爲部下所殺。

［13］論曰：才者，璞也；識者，工也。良璞授于賤工，器之陋也；偉才任於鄙識，行之缺也。由是立身揚名，進德修業，苟昧乎識，未有一其行藏者也。矧乃時之不來，命或多蹇，善惡蔽於反己，得失倖于尤人，豈不驟達終危，雖榮寔辱①！非夫克明躁静之本，洞

究存亡之域，臨財無苟得，臨難無苟免，而能索身於坦夷者，未之有也。楊子雲曰：「治亦鳳也〔二〕。」美才高識，其唯君子歟！

〔校〕

①寔 管本作「實」。他本皆作「是」。

〔證〕

〔一〕治亦鳳也：揚子法言卷六問明篇：「或問君子，在治曰若鳳，在亂曰若鳳。或人不諭曰：『未之思矣。』曰：『治則見，亂則隱。』」

唐摭言校證 卷一〇

載應不捷聲價益振

1 太和二年〔一〕，裴休等二十三人登制科〔二〕。時劉蕡對策萬餘字〔三〕，深究治亂之本，又多引春秋大義，雖公孫弘、董仲舒不能肩也。自休已下，靡不歛衽。然亦指斥貴幸①，不顧忌諱，有司知而不取。時登科人李郃詣闕進疏②〔四〕，請以己之所得，易蕡之所失，疏奏留中。蕡期月之間，屈聲播於天下。

廣記卷一八一貢舉四劉蕡條亦録載。

〔校〕

① 然亦指斥貴幸　廣記「亦」作「以」，「幸」作「倖」。

② 李郃　「郃」，管本方校「新舊書皆作『郃』」，詳下考。

〔證〕

〔一〕太和二年：通考卷三三在「三年」，御覽卷六二九治道部十貢舉下制舉科附作「太和初」。案舊書卷一七上文宗紀：大和二年（八二八）「三月辛巳，上御宣政殿親試制策舉人。以左散騎常侍馮宿、太常少卿賈餗、庫部郎中龐嚴爲考制策官。」三月辛巳爲二十五日。元龜卷六四四貢舉部同。唐大詔令集在三月二十九日。舊書卷一六六龐嚴傳作二月，誤。

〔二〕裴休等二十三人登制科：管本方校云：「休長慶中從鄉賦登第，又應賢良方正升甲科，不言太和二年登制科，恐史誤也。」案舊書龐嚴傳：「大和二年二月，上試制舉人，命嚴與左散騎常侍馮宿、太常少卿賈餗爲試官，以裴休爲甲等制科之首。」史並不誤。另，元龜卷六四四貢舉部考試第二：「三月詔曰：……賢良方正能直言極諫科舉人第三等裴休、裴素，第三次等李郃。」記考卷二〇作「閏三月甲午」，下注：「按舊紀，閏三月丙戌朔，甲午爲九日。」另，「二十三人」，廣記同。宋犖本、會要、元龜、御覽、通考、唐鑑卷二〇諸書俱作「二十二人」。以元龜、唐大詔令集所載之姓名，記有：第三等裴休、裴素；第三次等李郃；第四等南卓、李甘、杜牧、馬植、鄭亞、崔璵；第四次等崔讜、王式、羅紹京、崔渠、崔慎由、苗愔、韋昶、崔博；第五上等崔渙、韓賓；詳閑吏理達於教化科舉人第四次等宋昆；軍謀宏遠堪任將帥科舉人第四次等鄭冠、李栻等，共計二十二人。

〔三〕劉蕡對策萬餘字：劉蕡，敬宗寶曆二年（八二六）禮部侍郎楊嗣復下進士及第。蕡舉制科，御覽、會要僅云「前進士」，通考作「賢良前進士」，唐鑑、容齋續筆卷一六劉蕡下第作「賢良方正」，則劉蕡所試爲賢良方正能直言極諫科，與裴休同科。

〔四〕登科人李郃：檢今本舊書卷一九〇下文苑下劉蕡傳、新書卷二〇三文苑下劉蕡傳皆作「李郃」。新書卷五九藝文志三著録：「李郃骰子選格三卷，字中玄，賀州刺史。」

2 乾符中，蔣凝應宏辭〔一〕，爲賦止及四韻，遂曳白而去①〔二〕。試官不之信，逼請所試②，凝以實告。既而比之諸公，凝有得色③，試官歎息久之。頃刻之間，播於人口。或稱之曰：「臼頭花鈿滿面④，不若徐妃半粧。」

廣記卷一八三貢舉六蔣凝亦載。紺珠集卷四白頭花鈿、海録碎事卷一九文學部下詩門臼頭花鈿、何氏語林卷一八、説郛卷三五上皆録載，文字間有出入。

〔校〕

① 曳白 廣記、紺珠集皆無「曳」字。

② 逼請所試 廣記「試」作「謂」。

③ 得 廣記作「德」。

④臼頭「臼」，韓熙本、徐本、閣本、雅雨初印、嘯園本作「白」，紺珠集、類説、説郛同。明本、宋犖本、宋筠本、揆敘本、黄本、管本、黄永年藏清舒木魯明本、學津本皆作「臼」，海録碎事同。厲校本原作「臼」，校改「白」。管本吴校云：「『臼頭』，刻本及漁洋香祖筆記所引俱作『白頭』。」方校云：「『臼頭』疑作『凹頭』，凹頭深目，謂齊無鹽邑女鐘離春也，見列女傳。」

〔證〕

〔一〕蔣凝：另見本書卷五以其人不稱才試而後驚門（5-12）及卷七知己門蔣凝條（7-23）。新書卷六〇藝文四：「蔣凝賦三卷，字仲山，咸通進士第。」

〔二〕遂曳白而去：曳白，舊書卷一一三苗晉卿傳：「玄宗大集登科人，御花萼樓親試，登第者十無一二，而（張）奭手持試紙，竟日不下一字，時謂之『曳白』。」

3　貞元中，樂天應宏辭，試漢高祖斬白蛇賦，考落〔一〕，蓋賦有「知我者謂我斬白帝，不知我者謂我斬白蛇」也〔二〕。然登科之人，賦並無聞，白公之賦，傳於天下也。

類説卷三四斬白蛇賦、説郛卷三五亦載。

〔證〕

〔一〕貞元中：記考卷一五拔萃科白居易下注：「汪氏香山年譜：貞元十八年，鄭珣瑜領選部，公試判拔萃科入等。養竹記云：『貞元十九年春，居易以拔萃選及第。』選制以十一月爲期，至三月畢，故十九年亦作十八年。居易祖名鍠，與宏同音，故白公不應宏詞試。摭言謂公試宏詞賦考落者，誤。」案本書卷三白樂天條（3-49），白居易進士及第在貞元十六年（八〇〇）。貞元十九年試拔萃科及第，試題爲毀方瓦合判。李商隱刑部尚書致仕贈尚書右僕射太原白公墓碑銘云：「公字樂天，諱居易，前進士，避祖諱選書判拔萃，注秘省校書。」新書卷一一九白居易傳：「貞元中，擢進士、拔萃皆中，補校書郎。」則居易養竹記所述爲是。

〔二〕知我者謂我斬白帝句：白居易集卷三八漢高祖親斬白蛇賦兩句互乙，又見英華卷四二、全文卷六五六。

〔14〕論曰：無義而生，不若有義而死；邪曲而得，不若正直而失。雖抱屈於一時，竟垂裕於千載者①，蕢得之矣。比夫天地無全功②，聖人無全能者，白得之矣。麟肝鳳髓不登於俎者，其唯蔣君乎！

〔校〕

①垂裕　管本吴校「裕」當作「譽」。

②比　學津本誤作「此」。

海敍不遇

4 宋濟老於辭場①〔一〕，舉止可笑。嘗試賦，誤落官韻，撫膺曰：「宋五坦率矣！」由此大著②。後禮部上甲乙名，明皇先問曰〔二〕：「宋五坦率否③？」或曰：「有客譏宋濟曰：『白袍何紛紛？』答曰：『爲朱袍紫袍紛紛耳！』」

此條出唐國史補卷下宋濟答客嘲、宋五又坦率二則。廣記卷一八〇貢舉三宋濟亦載。

〔校〕

①辭場　唐國史補作「文場」。

②大著　唐國史補下有「名」字。

③宋五坦率否　唐國史補「五」下有「免」字。

〔證〕

〔一〕老於辭場：全文卷八九四羅隱謝大理薛卿啓：「某啓：某聞宋濟之困名場，空餘坦率。」

〔二〕明皇：唐國史補卷下作德宗，瑣言卷五符載侯翮歸隱：「唐武都符載，字厚之，本蜀人，有奇才。始與楊衡、宋濟棲青城山以習業，楊衡擢進士第，宋濟先死無成。」唐才子傳校箋卷五考楊衡，符載隱廬山在建中初。類説卷四九録盧氏雜説下宋五坦率：「德宗夏中微行西明寺，宋濟葛巾犢鼻抄寫。應進士舉，須臾，聞呼官家，濟惶恐拜起待罪。」則本條云明皇誤，當爲德宗，應從盧氏雜説。本書卷一五明皇呼宋濟作宋五(15-8)亦誤。

5 張倬者，東之孫也①〔一〕。嘗舉進士落第，捧登科記頂戴之，曰：「此即千佛名經也。」

此條出封氏聞見記卷三貢舉，有删節。

〔校〕

① 張倬者東之孫也　宋犖本「倬」作「斥」。封氏聞見記「倬」作「繟」，「孫」作「曾孫」。唐語林卷四企羨「孫」亦作「曾孫」，然「張倬」仍與摭言同。詳下考。

〔證〕

〔一〕張倬者柬之孫也：封氏聞見記卷三貢舉原作：「余初擢第，太學諸人共書余姓名於舊紀末。進士張繟，漢陽王柬之曾孫也。」案新書卷七二宰相世系表二：張柬之有子漪，漪有子六人：願，吴郡太守、兼江東採訪使；毖，左補闕；勰，荆府倉曹參軍；軫，河南參軍；某，户部郎中；異，大理評事。六人中惟官户部郎中者名不知。另録柬之曾孫二人：煦，殿中侍御史，願之子；纁，失父名。趙超新唐書宰相世系表集校卷二據清李慈銘越縵堂讀書記所載襄陽出土張柬之家族墓誌九通，「其一爲河南府參軍張軫，字季心，亦漪之子，即繟之父也。以開元廿一年十月祔葬相城里。」以爲「張繟」爲是，繟爲柬之曾孫，摭言疑誤。

6 平曾謁華州李相固言①，不遇〔一〕，因吟一絶而去，曰：「老夫三日門前立，珠箔銀屏晝不開。詩卷卻抛書袋裏，譬如閑看華山來②。」

紀事卷六五平曾亦載。類説卷三四、説郛卷三五上皆録載。

〔校〕

①李相固言　宋犖本、宋筠本、揆敘本脱「言」字。明本「固」作「國」，誤。

②譬如　紀事作「正如」。

〔證〕

〔一〕平曾謁華州李相固言：案舊書卷一七下文宗紀：大和八年三月，李德裕輔政，「丙子，以右丞李固言爲華州刺史，代崔戎；以戎爲兗海觀察使。」大和九年五月「戊午，以御史大夫溫造爲禮部尚書，以吏部侍郎李固言爲御史大夫。」則李固言至遲於九年五月已還朝。同年秋七月辛亥，詔以御史大夫李固言爲門下侍郎、同平章事。開成二年（八三七）十月，「李固言爲劍南西川節度使，依前同門下侍郎、平章事。」舊書卷一七三李固言傳所載同，雲谿友議卷中白馬吟：「平曾以憑人傲物，多犯諱忌，竟没於縣曹。……曾後游蜀川，謁少師李固言相公，在成都賓館。」是可知平曾於大和謁固言不遇，開成二年後得於蜀中謁見。

7 劉魯風〔一〕，江西投謁所知〔二〕，頗爲典謁所沮①，因賦一絶曰：「萬卷書生劉魯風②，煙波千里謁文翁③。無錢乞與韓知客④，名紙毛生不爲通⑤〔三〕。」

紀事卷五八劉魯風亦録載。海録碎事卷九上聖賢人事部下交游門名紙生毛引，注出雜説（當即盧氏雜説）。紺珠集卷四名紙毛生、類説卷三四名紙毛生、説郛卷三五上亦録載。

〔校〕

①典謁所沮　紀事作「典客所阻」。管本、紺珠集、類説、海録碎事、説郛「沮」皆亦作「阻」。

②書生　紺珠集、海録碎事作「詩書」。

③千里　紀事、類説、説郛皆作「萬里」。

④韓　海録碎事作「報」。

⑤名紙毛生不爲通　海録碎事「毛生」作「生毛」。紀事「不爲通」作「不肯通」。

〔證〕

〔一〕劉魯風：紀事引注：「魯風，張又新客也。又新水記曰：『予刺九江，有客李滂，門士劉魯風。』」全詩卷五〇五小傳亦云：「劉魯風，九江刺史張又新客也。」

〔二〕江西投謁所知：「所知」或即張又新。又新，字孔昭，工部侍郎薦之子，舊書卷一四九、新書卷一七五有傳。新書卷四一地理五江州潯陽郡：郡西有斷洪堤，「會昌二年刺史張又新築」。劉魯風投謁張又新，約在此間。

〔三〕名紙毛生：典出後漢書卷八〇下禰衡傳：「始達潁川，乃陰懷一刺，既而無所之適，至於刺字漫滅。」宋陶岳五代史補卷三歐陽彬入蜀：「歐陽彬，衡山人。……爲詩曰：『無錢將乞樊知客，名紙生毛不爲通。』因而落魄街市，歌姬酒徒，無所不狎。」

8 羅隱，光化中猶佐兩浙幕〔一〕。同院沈嵩①〔二〕，得新牓封示隱〔三〕，隱批一絶於紙尾曰：「黄土原邊狡兔肥，矢如流電馬如飛②。灞陵老將無功業〔四〕，猶憶當時夜獵歸③。」

紀事卷六九羅隱下略載，詩又見羅隱羅昭諫集卷四。

〔校〕

① 沈嵩　紀事卷六九作「沈山松」，當爲「崧」之誤刻。

② 矢　紀事作「犬」。

③ 夜　羅昭諫集作「射」。

〔證〕

〔一〕羅隱光化中猶佐兩浙幕：羅隱佐浙右時間，陳師尚君舊五代史新輯會證卷二四羅隱傳：「唐廣明中，因亂歸鄉里，節度使錢鏐辟爲從事。」復引澗泉日記卷下：「唐光啓三年，吴越王表薦爲錢塘令，遷著作郎，辟掌書記。天祐三年，充判官。」又據汪名振羅隱年譜所據新城羅氏宗譜引沈崧羅給事墓誌：「始以光啓三年，罷隨計吏，投迹本藩，乃遇淮浙錢令公吴越國王。……因置錢塘縣，以策表上請，詔下可之。……拜秘書省著作郎，辟爲鎮海軍節度掌記。……天祐三年，轉司勛郎中，充鎮海節度判官。」宣和書譜卷一一行書五：「羅隱，字昭諫，餘杭人也。生於唐末，有詩名，尤長於詠史，多不稱意，窮愁感慨之間，言或譏諷怒張，以故爲時所黜。初名横，以十上不中第，乃更今名。始到浙右謁錢鏐，懼不見納，遂以所爲夏口詩標於卷首，其卒章云：『一箇禰衡容不得，思量黄祖漫英雄。』鏐覽之大笑，因加殊遇。」此當爲羅隱初入浙幕情形。羅昭諫集卷五有鎮海軍使院記：「庚申年，始闢大廳之西南隅，以爲賓從晏息之所。……是年冬十月，始命觀察判官羅隱爲記。」庚申年即光化三年（九〇〇），是隱自記浙幕此年建使院事，與摭言本條所記亦合。

〔二〕沈嵩：即沈崧。吴越備史卷二文穆王：「乾寧二年，刑部尚書崔凝主禮闈，凡二十五人登進士第。……是日崧再以章奏捷。尋歸寧，途由淮甸，淮帥辟之不就，遂歸武肅。歷鎮海軍掌書記，授浙西營田副使，奏授秘書監、檢校兵部尚書右僕射。」

〔三〕新牓：據前注，羅隱光化三年十月始爲鎮海軍觀察判官，此「新牓」當爲光化三年進士牓，即王定保登第年之牓。

〔四〕灞陵老將：漢書卷五四李廣傳：「數歲，（廣）與潁陰侯屏居藍田南山射獵。嘗夜從一騎出，從人田間飲。還至亭，霸陵尉醉，呵止廣，廣騎曰：『故李將軍。』尉曰：『今將軍尚不得夜行，何故也！』」此爲隱以廣自況，喻爲人棄。

9 莊布謁皮日休不遇〔一〕，因以長書疏之，大行於世。

〔證〕

〔一〕莊布：瑣言卷七李浣行文卷附皮日休莊布：「皮日休曾謁歸融尚書不見，因撰夾蛇龜賦，譏其不出頭也。而歸氏子亦撰皮靸鞋賦遞相謗誚。皮生後爲湖南軍倅，亦甚傲誕，自號『間氣布衣』。莊布以長書責之，行於世也。」案：江南通志卷一一九選舉志進士表附唐代年份無考者有莊布，吴縣人。江南餘載卷下：「莊布訪皮日休不遇，因以書疏其短失，世頗傳其文。日休子光鄴嘗爲吴越王使江南，輒問：『江表何人近文最高？』或對曰：『近世無聞，惟莊布贈皮日休書，家藏一本。』光鄴大慚。」另，事文類聚後集卷二六、全芳備祖後集卷六、合璧事類別集卷四三録莊布石榴歌詩一首。

10 温憲，先輩庭筠之子①，光啓中及第〔一〕，尋爲山南從事〔二〕。辭人李巨川草薦表②，盛述憲先人之屈。略曰：「蛾眉先妒，明妃爲去國之人；猿臂自傷，李廣乃不侯之將③。」

紀事卷七〇温憲、紺珠集卷四述温憲屈、類説卷三四温憲淹屈、説郛卷三五上亦録載。

〔校〕

① 庭筠 紀事作「廷筠」。

②辭人　紀事無此二字。他本皆作「詞人」。

③侯　紺珠集、説郛作「封」。

〔證〕

〔一〕光啓中及第：温憲，記考卷二四龍紀元年（八八九）及第。唐才子傳卷九：「憲，庭筠之子也，龍紀元年李瀚牓進士及第。」唐才子傳校箋考同。類説云「天聖中及第」，顯誤。

〔二〕尋爲山南從事：唐才子傳校箋卷九考温憲光啓三年（八八七）與李巨川在山南楊守亮幕，次年（龍紀元年）及第，非及第後入山南，可參看。

11 盧汪門族①，甲於天下，因官②，家于荆南之塔橋。舉進士二十餘上不第，滿朝稱屈。嘗賦一絶，頗爲前達所推③，曰：「惆悵興亡繫綺羅，世人猶自選青娥。越王解破夫差國，一箇西施已太多。」晚年失意，因賦酒胡子長歌一篇甚著，敘曰④：「二三子逆旅相遇，貰酒於旁舍，且無絲竹，以用娱賓友。蘭陵掾淮南生探囊中得酒胡子⑤，置於座上，拱而立，令曰：『巡觴之胡人⑥，心俛仰旋轉，所向者舉杯。』胡貌類人⑦，亦有意趣。然而傾側不定，緩急由人，不在酒胡也。作酒胡歌以誚之曰：『同心相遇思同歡⑧，擎出酒胡當玉盤，盤中䩺𩨗不自定，四座親賓注意看⑨。可亦不在心，否亦不在面，徇俗隨人自圓轉⑩，酒胡五藏屬他人⑪，十分亦是無情勸。爾不耕，亦不飢；爾不蠶，亦有衣。有眼不曾分黼黻⑫，有口不能明是非。鼻何尖？眼何碧？儀形本非天地力⑬。雕鐫匠意若多端⑭，翠帽朱衫巧裝飾。長安斗酒十千酤，劉伶平生爲酒徒。劉伶虚向酒中死，不得酒池中拍浮。酒胡一滴不入腸⑮，空令酒胡名酒胡。』」

紀事卷六六盧汪條亦載，文字多異，又無叙文。全詩卷七六八選盧汪兩首酒胡子、西施，歸入「有爵里無世次」之屬。小傳云：「盧汪，家荆南，舉進士二十上不第。」二詩與紀事文字同，然無叙，當取自紀事。

〔校〕

① 盧汪　管本「汪」作「注」。

② 官　紀事作「宦」。

③ 前達　閣本作「前輩」。

④ 敘　管本、閣本、薈要本作「序」。

⑤ 淮南生　閣本、薈要本作「淮南王」，抄誤。

⑥ 胡人　閣本作「時人」。

⑦ 胡貌　閣本作「其形」。

⑧ 思　宋犖本作「恩」。

⑨ 親賓　紀事作「清賓」。

⑩ 徇俗隨人　紀事「徇俗」作「狥客」。「隨人」，他本皆作「隨時」。

⑪ 酒胡五藏　閣本「酒胡」作「此地」。

⑫ 曾　紀事作「能」。

⑬ 儀形　閣本、薈要本作「儀容」。

⑭ 若　管本、紀事作「苦」。

⑮ 腸　紀事作「眼」。

12 羅隱，梁開平中累徵夕郎不起〔一〕，羅衮以小天倅大秋姚公使兩浙〔二〕，衮以詩贈隱曰：「平日時風好涕流，讒書雖盛一名休〔三〕。寰區歎屈瞻天問，夷貊聞詩過海求。向夕便思青瑣拜，近年尋伴赤松游。何當世祖從人望，早以公台命卓侯。」隱答曰：「崑崙水色九般流，飲即神仙憩即休。敢恨守株曾失意，始知緣木更難求。鴒原謾欲均餘力，鶴髮那堪問舊游。遥望北辰當上國，羡君歸棹五諸侯。」

紀事卷六八羅衮亦載。

〔證〕

〔一〕梁開平中累徵夕郎不起：夕郎，即給事中。舊五代史卷二四羅隱傳：「開平初，太祖以右諫議大夫徵，不至。魏博節度使羅紹威密表推薦，乃授給事中。」宋韓淲澗泉日記卷下：「羅隱，新城人。……梁開平二年，授給事中。三年，遷發運使。是年卒，葬於定山，金部郎中沈崧銘其墓。」舊五代史新輯會證卷二四羅隱傳據汪名振羅隱年譜考：「開平二年，授給事中。至三年，遷鹽鐵發運使。」

〔二〕羅衮以小天倅大秋姚公使兩浙：小天，萬曆野獲編卷一御制文集：「唐人以吏部……郎中爲小天。」大秋，容齋四筆卷一五官稱別名：「刑部爲大秋。」瑣言卷五羅衮不就西川辟云：「唐羅員外衮，成都臨邛人。應進士舉，文學優贍，操尚甚高。唐大順中，策名不歸故鄉。……終於梁禮部員外郎也。」姚公，即姚洎。宋錢儼撰吴越備史卷一武肅王下：開平二年（九〇八）「六月壬寅，王發明州，敕遣刑部尚書姚洎、禮部員外郎羅衮授王吴越王册禮。」

〔三〕讒書：羅隱著，諸書皆著録五卷，崇文總目卷一二作三卷。

13 孫定，字志元①，涪州大戎之族子〔一〕，長於儲②〔二〕。定數舉矣，而儲方欲就貢③。或訪於定，定謔曰：「十三郎儀表堂堂④，好箇軍將⑤，何須以科第爲資⑥！」儲頗銜之。後儲貴達，未嘗言定之長⑦。晚年喪志，放意杯酒⑧。景福二年⑨，下第游京，西出開遠門，醉中走筆寄儲詩曰：「行行血淚灑塵襟，事逐東流渭水深。愁跨蹇驢風尚緊⑩，静投孤店日初沈。一枝猶掛東堂夢，千里空馳北巷心。明日悲歌又前去⑪，滿城煙樹噪春禽。」定詩歌千餘首，多委於兵火，竟無成而卒。

紀事卷六六孫定、總龜卷四二怨嗟亦載，文字有異。總龜注引自詩史。

〔校〕

①志元　總龜「元」作「光」。

②儲　總龜作「修」。詳下考。

③欲　總龜無「欲」字。

④十三郎　「郎」，總龜無，紀事作「子」。

⑤好箇軍將　總龜「軍將」作「將軍」。

⑥何須以科第爲資　總龜「資」作「意」。

⑦言定之長　總龜「之長」作「長短」。

⑧杯酒　總龜作「酒杯」。

⑨景福 總龜作「景祐」，誤。

⑩愁 紀事作「秋」，誤。

⑪明日 紀事作「明月」。

〔證〕

〔一〕涪州大戎：大戎，即兵部尚書。容齋四筆卷一五官稱別名：「兵部爲大戎。」通鑑卷二四四太和六年胡三省注：「兵部掌戎政，尚書其長也。故悰隱語謂之『大戎』。」廣記卷一三八徵應四孫偓：「長安城有孫家宅，居之數世，堂室甚古。」孫儲是否歷官涪州未知，或爲其祖籍。

〔二〕儲：即孫儲，新書卷一八三有傳，歷天雄節度使，終兵部尚書。新書卷七三宰相世系表三：「景商，天平節度使、檢校禮部尚書。」景商九子，儲兄偓，乾寧二年十月以户部侍郎同中書門下平章事。全詩卷六八八小傳：「孫偓字龍光，武邑人。」武邑屬冀州上縣。

14 歐陽澥者，四門之孫也〔一〕，薄有辭賦①，出入場中僅二十年②。善和韋中令在閤下③〔二〕，澥即行卷及門，凡十餘載，未嘗一面，而澥慶弔不虧④。韋公雖不言，而心念其人。中和初，公隨駕至西川命相〔三〕，時澥寓居漢南，公訪知行止，以私書令襄帥劉巨容俾澥計偕〔四〕。巨容得書大喜，待以厚禮，首薦之外，資以千餘緡，復大讌於府幕。既而撰日遵路，無何，一夕心痛而卒⑤。巨容因籍瀨答書⑥，既呈於公，公覽之憮然，因曰：「十年不見，酌然不錯⑦！」

紀事卷六七歐陽澥、廣記卷一五八定數亦録載。

〔校〕

①有　廣記作「善」。

②僅　廣記作「近」。

③善和韋中令　管本無「善和」二字。

④弔　宋犖本作「第」。厲校本原作「第」，校改「弔」。

⑤心痛　廣記作「心病」。

⑥籍　閣本作「藉」。

⑦酌　廣記、紀事作「灼」。管本吴校作「灼」，云刻本作「酌」誤。

〔證〕

〔一〕四門之孫：四門，即歐陽詹。新書卷二〇三歐陽詹傳：「詹，字行周，泉州晉江人，……國子監四門助教。」雲谿友議卷下巢燕辭：「後五十年來有閩川歐陽澥者，四門詹之孫也。」紀事卷六七歐陽澥：「閩川歐陽澥者，四門博士詹之孫也。」全詩卷六〇七小傳：「歐陽澥，四門博士詹之孫。」當取自紀事，詹官四門助教，本書卷一五閩中進士（15–29條）云「詹死於國子四門助教」，並未歷四門博士職，紀事恐誤。

〔二〕善和韋中令：案：善和，唐兩京城坊考朱雀門街之西，從北第一爲光禄坊。增訂唐兩京城坊考改光禄坊爲善和坊，韋昭度府第即在此坊，故名。韋中令，即韋昭度。案舊書卷一七九韋昭度傳：「昭度，咸通八年進士擢第。乾符中，累遷尚書郎、知制誥，正拜中書舍人。」據下文距中和初昭度拜相「凡十餘載」，澥行卷昭度當在此間。

〔三〕中和初公隨駕至西川命相：通鑑卷二五四：廣明二年（八八一）七月丁巳，改元中和。庚申，以翰林學士承旨、兵部侍郎韋昭度同平章事。又，舊書韋昭度傳：「中和元年，權知禮部貢舉。明年，以本官同平章事，兼吏部尚書。」

〔四〕襄帥劉巨容：據唐方鎮年表卷四，劉巨容鎮山南東道在乾寧六年十月至中和四年（八八四）。

15 劉得仁〔一〕，貴主之子。自開成至大中三朝，昆弟皆歷貴仕，而得仁苦於詩。出入舉場三十年〔二〕，竟無所成〔三〕。嘗自述曰：「外家雖是帝，當路且無親。」既終，詩人爭爲詩以弔之。唯供奉僧棲白擅名〔四〕，詩曰：「忍苦爲詩身到此，冰魂雪魄已難招〔五〕。直教桂子落墳上①，生得一枝冤始銷。」

紀事卷五三、郡齋讀書志卷四中、類説卷三四、總龜卷四三傷悼門、説郛卷三五上皆録載，文字有異。

〔校〕

① 直　管本方校或作「若」。紀事作「若」。

〔證〕

〔一〕劉得仁：兩唐書皆無傳。新書卷六〇藝文志四録「劉得仁詩一卷」。全詩卷五四五收其詩。

〔二〕出入舉場三十年：郡齋讀書志卷四中：「唐劉得仁，公主之子。長慶中以詩名，五言清瑩，獨步文場。自開成後，昆弟皆居顯仕，獨自苦於詩。舉進士二十年，竟無所成。嘗有寄所知詩云：『外族帝王足，中朝親故稀。翻令浮議者，不許九霄飛。』及卒，詩僧棲白以絶句弔之」云云，可互參看。

〔三〕竟無所成：全詩卷五四五得仁詩山中尋道人不遇有「年過弱冠風塵裏」句，京兆府試目極千里有「獻賦多年客，低眉恨不前」句。

〔四〕唯供奉僧棲白擅名：案棲白曾爲内供奉，賜紫。全詩卷六〇六有林寛哭棲白供奉：「侍輦才難得，三朝有上人。」

〔五〕忍苦爲詩身到此二句：津逮秘書本全唐詩話卷六有棲白詩哭劉德仁，首二句作：「爲愛詩名吟到此，風魂雪魄去難招。」

16 李洞，唐諸王孫也〔一〕。嘗游兩川①，慕賈閬仙爲詩，鑄銅像其儀，事之如神〔二〕。洞爲終南山詩二十韻，句有：「殘陽高照蜀，敗葉遠浮涇。」復曰：「劚竹煙嵐凍②，偷秋雨雹腥③。遠平丹鳳闕④，冷射五侯廳。」大約全篇得唱。又贈司空侍郎云：「馬飢餐落葉，鶴病曬殘陽⑤。」又曰：「卷箔清溪月，敲松紫閣書。」又送僧云：「越講迎騎象，蕃齋懺射鵰。」復贈高僕射曰：「征南破虜漢功臣，提劍歸來萬里身。閑倚陵雲金柱看，形容消瘦老於真。」復曰：「藥杵聲中擣殘夢，茶鐺影裏煮孤燈。」復送人歸日本云⑥：「島嶼分諸國，星河共一天。」時人但誚其僻澀，而不能貴其奇峭，惟吳子華深知。子華才力浩大，八面受敵，以八韻著稱。游刃頗攻騷、雅，嘗以百篇示洞，洞曰：「大兄所示，百篇中有一聯絕唱，西昌新亭曰：『暖漾魚遺子，晴游鹿引麛。』」子華不怨所鄙，而喜所許。洞，三牓裴公第二牓，策夜，簾獻曰：「公道此時如不得，昭陵慟哭一生休。」尋卒蜀中。裴公無子，人謂屈洞之致也。

紀事卷五八李洞録載，注引自瑣言。總龜卷一〇雅什門上亦載。類説卷三四李洞詩、卷四三賈島佛、説郛卷三五上有摘録。大典卷一八二二三十八漾下像之事賈島像亦録載，與本條有異，當爲略文。

〔校〕

①兩川　紀事作「西川」。

②劚　厲校本、徐本、管本、閣本作「斸」。明本、韓熙本作「斵」，宋犖本、揆叙本、紀事作「斲」，或爲「斸」之訛。

③秋　管本、紀事作「湫」。

④丹鳳　管本作「雙鳳」，方校云：「全唐詩話及紀事皆作『丹鳳』，以丹對下句五侯，蓋借音爲對也。」

⑤鶴病　全詩卷七九六「病」作「宿」。

⑥日本　他本皆作「日東」。紀事作「東南」。

〔證〕

〔一〕李洞：唐才子傳卷九：「洞，字才江，雍州人，諸王之孫也。」郡齋讀書志卷一八：「李洞，字才江，諸王之孫。」案新書卷七〇宗室世系表上，蔡王房有蔡王岡後裔「陪位出身洞」。「襲濟北郡公、衢黄二州刺史兼防禦使、興平軍節度使、御史中丞奂」爲其高祖輩，懸隔三代。新書卷六肅宗紀：至德二載（七五七）十月，「興平軍兵馬使李奐及慶緒之衆戰于武關」，當即此李奐。若以代均二十五年計，此陪位出身之李洞當在會昌、大中間。又本條下文「洞三牓裴公」，裴贄三知舉在大順、乾寧中，又與會昌距四十餘年。則此「陪位出身洞」當非本條所及之李洞，其世系本事已難考實。

〔二〕嘗游兩川句：瑣言卷七洞庭湖詩：「進士李洞慕賈島，欲鑄而頂戴。嘗念賈島佛，而其詩體又僻于賈。」齊東野語卷一六賈島佛：「唐李洞，字子江，苦吟有聲。慕賈浪仙之詩，遂鑄其像事之。」

17 趙牧〔一〕，不知何許人。大中、咸通中，斅李長吉爲短歌①，可謂蹙金結繡而無痕跡。對酒詩曰：「雲翁耕扶桑②，種黍養日烏。手挼六十甲子③，循環落落如弄珠。長繩繫日未是愚④，有翁臨鏡捋白鬚⑤。飢魂弔骨吟古書⑥，馮唐八十無高車。人生如瘧在須臾⑦，何乃自苦八尺軀⑧！裂衣換酒且爲娱，勸君日飲一瓢⑨，夜飲一壺。杞天崩，雷騰騰，紂非舜是何足憑？桐君桂父豈欺我⑩，醉裏騎龍多上升⑪。菖蒲花開魚尾定，金丹始可延君命。」其餘尤上輕巧⑫，辭多不載。

紀事卷六六趙牧亦載，文字稍異。紺珠集卷四蹙金結繡而無痕跡、類説卷三四蹙金結綉、説郛卷三五上亦略載。

〔校〕

①敦　韓熙本作「效」。厲校本作「教」，改作「效」。

②雲翁耕扶桑　厲校本原無「耕」，校補，「扶」作「秋」。

③六十甲子　紀事「甲子」上有「花」字。

④愚　管本作「疑」。

⑤捋　韓熙本誤作「將」。

⑥古書　閣本、薈要本作「古詩」。

⑦如瘧　管本無「如」字。紀事「瘧」作「雲」，薈要本作「夢」。

⑧何乃自苦　厲校本原無「何」，校補「胡」字。

⑨日　紀事作「朝」。

⑩桐君桂父豈欺我　管本無「君」字，「欺」作「勝」。宋犖本「欺」作「騰」。

⑪騎龍　紀事「騎」作「白」，閣本、薈要本作「走」。

⑫上　宋犖本、閣本、薈要本作「工」。紀事作「尚」。

〔證〕

〔一〕趙牧：唐才子傳卷八：「趙牧，不知何許人。大中、咸通中，累舉進士不第。有俊材，負奇節。遂捨場屋，放浪人間。效李長吉爲歌詩，頗涉狂怪聳動，當時躄金結繡而無痕迹，裝染其餘，輕巧之詞甚多。」當出自本條。案全詩卷六四四李咸用披沙集有讀修睦上人歌篇云：「李白亡，李賀死，陳陶、趙睦尋相次。」趙睦即趙牧，知其與陳陶同時卒，約在中和、光啓間。曹汛趙能卿與趙牧一文認爲許棠、鄭谷、羅隱、張蠙諸人詩中提及之趙能卿，亦即趙牧。

18 崔櫓慕杜紫微爲詩①〔一〕，而櫓才情麗而近蕩②。有無機集三百篇〔二〕，尤能詠物，梅花詩曰：「强半瘦因前夜雪，數枝愁向晚來天③。」復曰：「初開已入雕梁畫，未落先愁玉笛吹。」山鵲詩曰④：「雲生柱礎降龍地，露洗林巒放鶴天。」如此數篇，可謂麗矣。若蓮花詩曰：「無人解把無塵袖，盛取殘香盡日憐⑤。」此頗形跡。復能爲應用四六之文，辭亦深侔章句。

紀事卷五八崔櫓亦載，文字略同。唐才子傳卷九亦載，語頗有異，可互參看。崔櫓事，另見本書卷一二酒失門崔櫓酒後失虔州陸郎中肱條（12-25）。說郛卷三五上有節録。

〔校〕

① 崔櫓　管本方校「櫓」或作「魯」。

② 才情麗　海録碎事卷一九「情」作「清」。

③晚來天　紀事作「晚天來」。厲校本「晚來」原作「曉喪」，校改爲「晚來」。

④山鵲　管本方校云：「紀事作『山寺』，當從之。」然核紀事及摭言諸本皆作「山鵲」。

⑤盛　海録碎事作「拂」。

〔證〕

〔一〕崔櫓：紀事卷五八：「櫓，大中時進士也。」直齋書録解題卷一九云僖宗時人。

〔二〕無機集：全詩卷五六七崔櫓小傳：「無機集四卷，今存詩十六首。」新書卷六〇藝文志四、書録解題作「無譏集」。

19 劉光遠，不知何許人。慕李長吉爲長短歌，尤能埋没意緒。竟不知其所終。

20 姚巖傑，梁國公元崇之裔孫〔一〕。童丱聰悟絶倫①，弱冠博通墳典，慕班固、司馬遷爲文，時稱大儒。嘗以詩酒放游江左②，尤肆陵忽前達，旁若無人。乾符中，顏標典鄱陽〔二〕，鞠場宇初構③，巖傑紀其事。文成，粲然千餘言。標欲刊去一兩字，巖傑大怒。既而標以睚眦，已勒石，遂命覆碑於地，以車牛拽之磨去。巖傑以一篇紀之曰：「爲報顏公識我麽，我心唯只與天和。眼前俗物關情少④，醉後青山入意多⑤。田子莫嫌彈鋏恨〔三〕，甯生休唱飯牛歌〔四〕。聖朝若爲蒼生計，也合公車到薜蘿〔五〕。」盧子發牧歙州〔六〕，巖傑在婺源，先以著述寄肇。肇知其人性使酒，以手書褒美，贈之以束帛，辭以兵火之後，郡中凋弊，無以迎逢大賢。巖傑復以長牋激之，始以文友相遇，千載一時。肇不得已，輟所乘馬，迎至郡齋，館穀如公卿禮〔七〕。既而日肆傲睨，輕視子發。子發嘗以篇詠誇於巖傑曰⑥：「明月照巴山⑦。」巖傑笑曰：「明月照天下，奈何獨照巴山耶？」子發慚不得意。無何，會於江亭，時蒯希逸在席，子發改令曰：「目前取一聯象令主，曰：遠望漁舟，不闊尺八。」巖傑遽飲酒一器⑧，憑欄嘔噦。須臾，即席，還肇令曰：「憑欄一吐，已覺空喉。」有集二十卷，目曰象溪子〔八〕。中和末，豫章大亂，巖傑苦河魚之疾，寓於逆旅，竟不知其所終。

廣記卷二〇〇文章、卷二六六輕薄二亦録載，皆注出摭言，文字稍異。紀事卷六六姚巖傑、總龜卷三亦載，語頗有異。

〔校〕

① 丱　厲校本作「忙」，閣本作「心」，均誤。

② 放游　廣記卷二〇〇作「放逸」，閣本、薈要本作「遨游」。

③ 鞠場宇初構　廣記兩卷「宇」上有「公」字。

④少　廣記卷二六六作「大」。

⑤意　廣記卷二〇〇作「夢」。

⑥詫　廣記作「誇」。

⑦巴山　廣記作「巴天」，下同。

⑧飲酒一器　管本無「酒」字。廣記卷二六六「器」作「罨」。

〔證〕

〔一〕梁國公元崇：姚崇，新書卷一二四、舊書卷九六有傳。初以功封梁縣侯，先天二年（七一三），進封梁國公。

〔二〕顔標典鄱陽：新書卷九僖宗紀：乾符五年（八七八）二月，「王仙芝伏誅，其將王重隱陷饒州，刺史顔標死之。」新書卷四一地理五：「饒州鄱陽郡，上。」屬江南西道。

〔三〕田子：此用齊人馮諼客孟嘗君事，事見戰國策齊策四。孟嘗君，嬀姓，田氏，名文。

〔四〕甯生休唱飯牛歌：事見史記卷八三鄒陽傳：「甯戚飯牛車下，而桓公任之以國。」集解：應劭曰：「齊桓公夜出迎客，而甯戚疾擊其牛角商歌曰：『南山矸，白石爛，生不遭堯與舜禪。短布單衣適至骭，從昏飯牛薄夜半，長夜曼曼何時旦？』公召與語，説之，以爲大夫。」

〔五〕也合公車到薜蘿：南朝梁吴均與顧章書：「僕去月謝病，還覓薜蘿。」薜蘿借指高士歸隱之所。

〔六〕盧子發牧歙州：本書卷三周墀任華州刺史條（3–24），肇字子發。案新書卷四一地理五：江南西道有歙州新安郡，屬上郡。宋陳思寶刻叢編卷六録盧肇爲歙州刺史時所撰三碑：一爲宣州立並書新興寺碑，大中二年（八四八）立；一爲袁州立並篆額閲城君廟碑，大中三年十二月一日；一爲定州立並正書建文宣王廟記，大中十三年八月。則盧肇大中二年已刺歙州。又，宋羅願新安志卷五婺源沿革：「咸通六年，刺史盧肇奏於縣界内置弦高、五福二鎮。」另，陳思另著書苑菁華卷一六録唐林韞撥鐙序云：「韞，咸通末爲州刑掾，時廬陵盧肇罷南浦太守，歸宜春。」

〔七〕館穀如公卿禮：「館穀」意即居而食之，左傳僖公二十八年：「楚師敗績。……晉師三日館穀，及癸酉而還。」杜預注：「館，舍也，食楚軍穀三日。」

〔八〕象溪子：兩唐書經籍、藝文志及諸公私目録皆無載，全詩卷六六七僅存詩一首，即本條中巖傑所紀之作。

21周賀，少從浮圖，法名清塞，遇姚合而反初①〔一〕。詩格清雅，與賈長江、無可上人齊名〔二〕。島哭柏巖禪師詩籍甚，及賀賦一篇，與島不相上下。島曰：「苔覆石牀新，師曾占幾春。寫留行道影，焚卻坐禪身②〔三〕。塔院關松雪，房廊露隙塵③。自嫌雙淚下④，不是解空人。」賀曰：「林徑西風急，松枝講法餘⑤。凍鬢亡夜剃⑥，遺偈病時書。地燥焚身後，堂空著影初⑦。此時頻下淚⑧，曾省到吾廬⑨。」

紀事卷七六僧清塞、總龜卷一〇雅什門上亦録載。紀事文字頗異。

〔校〕

①反初　宋犖本、紀事「反」作「返」。

②坐禪身　揆敍本「禪」作「亡」，顯誤。管本吴校云一本下有原注「焚卻坐禪身，是燒殺活和尚也」。詳下考。

③房廊露　唐百家詩選、長江集、瀛奎律髓、全詩皆作「經房鎖」。紀事卷七六作「房廊鎖」。紀事卷四〇、事文類聚作「房門鎖」。

④自嫌　總龜作「自憐」。

⑤法　韓熙本、弘秀集卷四、瀛奎律髓作「鈔」。衆妙集、紀事作「抄」。宋犖本作「杪」。總龜又作「妙」。管本吴校引查初白云「講鈔」未詳，方校疑作「妙」。

⑥鬢　弘秀集、衆妙集、瀛奎律髓、紀事作「髭」。

⑦著　紀事作「卧」。

⑧此時頻下淚　弘秀集「時」作「來」。紀事「下淚」作「淚下」。瀛奎律髓作「弔來頻落淚」。

⑨曾省到吾廬　瀛奎律髓「省」作「憶」，總龜作「有」。韓熙本「吾」作「我」。

〔證〕

〔一〕周賀：兩唐書無傳，事跡散見郡齋讀書志卷四中清塞詩、唐才子傳卷六清塞。其反初時間，唐才子傳校箋卷六據讀書志有「寶曆中，姚合爲杭州刺史」句，考姚合爲杭州刺史在大和八年、九年，清塞返初當在此時，云「寶曆中」誤。可參看。

〔二〕與賈長江無可上人齊名：案唐張爲詩人主客圖於「清奇雅正」主李益下，僧清塞、無可爲「入室」者，賈島爲「升堂」者。

〔三〕焚卻坐禪身：案瀛奎律髓詩末注：「歐公謂『第四句似燒殺活和尚』，誠亦可議，然詩格自好。」紀事卷四〇亦於詩末注：「永叔云：『焚卻坐禪身，乃是燒殺活和尚也。』」吳校所謂原注當即後人所附歐陽永叔之辭。

22 繆島雲，少從浮圖，才力浩大，有李、杜之風。其詩尤重奇險，至如：「四五片霞生絕壁，兩三行雁過疎松。」復曰：「拋芥子降顛狒狒①，折楊枝灑醉猩猩②。」廬山瀑布曰：「白鳥遠行樹③，玉虹孤飲潭。」皆敻出前輩。開成中，嘗游豫章。武宗朝准敕反初，名甚喧然。

紀事卷六五繆島雲、紺珠集卷四繆島雲詩有摘録。

〔校〕

① 狒狒　紀事作「拂拂」。

② 猩猩　紀事作「惺惺」。

③ 樹　原本、閣本作「豎」。薈要本作「墅」。紀事、管本作「樹」。厲校本原作「豎」，改作「樹」，從改。

23 胡玢①，不知何許人，嘗隱廬山，苦心於五七言。桑落洲一篇曰〔一〕：「莫問桑田事，但看桑落洲。數家新住處，昔日大江流。古岸崩欲盡，平沙長未休。想應百年後②，人世更悠悠。」又月詩云：「輪中別有物，後改云桂根寧有土。光外更無空。」玢與李騭舊交③，騭廉問江西〔二〕，弓旌不至。

紀事卷六五胡玢録載。

〔校〕

①胡玢　英華卷三二六石楠樹、卷三二九巢燕作者署胡汾，貫休禪月集卷一〇寄西山胡汾、卷一四寄西山胡汾吴樵、全詩卷七一六曹松與胡汾坐月期貫休上人不至等往還詩皆作胡汾。

②應　管本作「因」。

③與李鷺舊交　宋犖本脱「鷺舊交」三字。

〔證〕

〔一〕桑落洲：江西通志卷一二山川六九江府：「桑落洲，在府城東北過江五十里。昔江水泛漲，流一桑於此，因名。」

〔二〕與李鷺舊交鷺廉問江西：丁居晦重修承旨學士壁記，鷺咸通九年（八六八）五月十六日除江西觀察使，翰林學士題壁記亦同。全文卷七二四李鷺作於咸通十年二月一日之題惠山寺詩序云：「去年蒙恩，自禁職出鎮鍾陵。」

24 段維，或云忠烈之後〔一〕。年及强仕〔二〕，殊不知書。一旦自悟其非，聞中條山書生淵藪①，因往請益。衆以年長猶未發蒙，不與授經。或曰：「以律詩百餘篇，俾其諷誦。」翌日，維悉能强記，諸生異之。復授八韻一軸②，維誦之如初，因授之孝經。自是未半載，維博覽經籍，下筆成文，於是請下山求書糧。至蒲、陜間，遇一前資郡牧即世，請維誌其墓。維立成數百言，有燕、許風骨，厚獲濡潤。而乃性嗜煎餅，嘗爲文會，每箇煎餅纔熟，而維一韻賦成。咸通、乾符中，聲名籍甚，竟無所成而卒。

本書卷一三敏捷門段維條（13-4）又述及。紺珠集卷四一餅熟成一韻詩略載。

〔校〕

① 生　宋犖本作「云」。

② 復授　「授」，宋犖本、宋筠本、揆敘本、韓熙本、厲校本、閣本、薈要本作「受」。管本下有「以」。

〔證〕

〔一〕忠烈之後：「忠烈」即段秀實，舊書卷一二八、新書卷一五三有傳。舊書卷一二德宗紀：興元元年（七八四）「二月戊寅，詔故司農卿張掖王段秀實贈太尉，謚曰忠烈，賜實封五百户。」

〔二〕强仕：語出禮記卷一曲禮：「四十曰强，而仕。」

25 劇燕〔一〕，蒲阪人也，工爲雅正詩。王重榮鎮河中〔二〕，燕投贈王曰：「祇向國門安四海，不離鄉井拜三公。」重榮甚禮重。爲人多縱①，陵轢諸從事，竟爲正平之禍②〔三〕。

廣記卷二六六輕薄二亦載此條，總龜卷五自薦、紀事卷七〇劇燕亦載。

〔校〕

① 多縱　總龜作「縱誕」。

② 正平　紀事作「平正」，誤。

〔證〕

〔一〕劇燕：咸通末與張喬等爲「十哲」，見本書10–35條。劇談録卷下元相國謁李賀：「賈島、平曾、李陶、劉得仁、喻坦之、張喬、劇燕、許琳、陳覺，以律詩流傳。」

〔二〕王重榮鎮河中：舊書卷一九下僖宗紀：廣明二年（八八一）春正月，河中馬步都虞候王重榮逐其帥李都，自稱留後。七月丁巳，以河中節度使王重榮爲京城北面都統。光啓三年六月甲寅，河中牙將常行儒殺其帥王重榮。通鑑卷二五四中和元年：四月，「詔以河中留後王重榮爲節度使。」

〔三〕正平之禍：正平即禰衡，字正平。衡爲江夏太守黄祖書記，祖善之。後因言不遜順，祖恚殺之。事見後漢書卷八〇下禰衡傳。

26 李濤，長沙人也。篇詠甚著，如：「水聲長在耳①，山色不離門。」又：「掃地樹留影②，拂床琴有聲。」又：「落日長安道③，秋槐滿地花。」皆鱠炙人口④。温飛卿任太學博士〔一〕，主秋試，濤與衛丹、張郃等詩賦，皆牓於都堂。

紀事卷六七、類説卷三四李濤詩亦載。

〔校〕

① 水聲長在耳　漁隱叢話前集卷二四唐人雜記引摭言「水」作「溪」，詩人玉屑卷三引亦同。管本「長」作「常」。

② 樹　類説作「花」。

③ 落日　類説作「日落」。

④ 鱠　韓熙本、管本、閣本皆作「膾」。吴校「刻本作『鱠』，非是」。

〔證〕

〔一〕温飛卿任太學博士：全文卷七八六有牓國子監云：「咸通七年十月六日，試官温庭筠牓。」當即此。夏承燾唐宋詞人年譜之温飛卿繫年考温庭筠於咸通七年任國子助教。

27 任濤，豫章筠州人也①〔二〕，詩名早著，有「露團沙鶴起②，人卧釣船流」，他皆倣此。數舉，敗於垂成。李常侍騭廉察江西，時與放鄉里之役③，盲俗互有論列，騭判曰：「江西境內，凡爲詩得及濤者，即與放色役④，不止一任濤耳。」

紀事卷七〇、唐才子傳卷九、類説卷三四爲詩放鄉役、説郛卷三五上亦載。

〔校〕

①筠州人　「筠州」原作「筠川」，閣本、薈要本、學津本、唐才子傳、紀事皆同，據舊書卷四〇地理改。詳下考。

②團　錦繡萬花谷前集卷三、總龜卷四作「摶」。江西通志、五代詩話卷二引堅瓠集作「溥」。

③時　宋犖本、宋筠本、韓熙本、管本、閣本、薈要本、學津本皆作「特」。紀事、娱書堂詩話、唐才子傳亦皆作「特」。

④色役　管本作「邑役」。

〔證〕

〔一〕任濤豫章筠州人：案宋趙與虤娱書堂詩話云：「唐任濤，高安人。」江西通志卷一五九雜記作「筠州」，然卷七一人物六瑞州府又云「任濤，高安人」。總龜卷四作「任濤，豫章人」。筠州即高安，舊志：江南西道有高安縣，武德七年（六二四）改爲筠州。八年，廢筠州，以高安屬洪州。

洪州上都督府，治豫章郡。

28 羅虬辭藻富贍，與宗人隱、鄴齊名。咸通、乾符中，時號「三羅」。廣明庚子亂後，去從鄜州李孝恭〔一〕。籍中有紅兒者①，善肉聲②，常爲貳車屬意。會貳車聘鄰道③，虬請紅兒歌，而贈之繒綵。孝恭以副車所貯④，不令受所貺。虬怒，拂衣而起。詰旦，手刃紅兒，絶句百篇，號比紅詩⑤，大行於時。

廣記卷二七三、紀事卷六九羅虬、總龜卷二七、郡齋讀書志卷四中皆録載。唐才子傳卷九亦載，文字頗異。

〔校〕

① 紅兒　紀事、讀書志、才子傳皆作「杜紅兒」。

② 善肉聲　宋犖本「肉」作「内」。

③ 聘　宋犖本、宋筠本、揆敘本、徐本、管本作「騁」。

④ 貯　原作「盼」，廣記、紀事同，然摭言他本皆作「貯」，據改。

⑤ 手刃紅兒絶句百篇號比紅詩　宋犖本、宋筠本、揆敘本、韓熙本、厲校本、徐本、閣本、薈要本、雅雨初印皆無「紅兒」二字。管本「手刃」作「手揮」，方成珪云「若作刃，則下便有闕文」。厲校

本「刃」下補「紅兒爲」三字。韓熙本「手刃」作「手書」，明本作「手刃書」。廣記云「手刃紅兒，既而思之，乃作絕句百編，號比紅兒詩」。然以作文而殺人，恐亦出臆測。

〔證〕

〔一〕鄜州李孝恭：疑當爲李孝昌。案舊書卷一九下僖宗紀：廣明二年三月，「鄜延節度使李孝昌、夏州節度使拓拔思恭等同盟起兵，傳檄天下。」七月，以鄜延節度使李孝昌爲京城西面都統。通鑑卷二五四：該年三月，「宥州刺史拓跋思恭，本党項羌也，糾合夷、夏兵會鄜延節度使李孝昌於鄜州，同盟討賊。」另，李孝恭鎮鄜時間在孝昌後。通鑑：中和三年五月，建延州爲保塞軍，以保大行軍司馬、延州刺史李孝恭爲節度使。以上與本條時間不符。

29 周緘者①，湖南人也，咸通初以辭賦擅名。緘嘗爲角觝賦，略曰：「前衝後敵②，無非有力之人；左攫右拏，盡是用拳之手。」或云緘善角觝③。

類説卷三四角觝賦、説郛卷三五上亦略載。

〔校〕

①周緘　宋犖本作「周瑊」。

② 衝　類説作「勁」。

③ 或云　學津本作「或非」，誤。

30 周繁〔一〕，池州青陽人也。兄繇〔二〕，以詩篇中第。繁工八韻①，有飛卿之風。

〔校〕

① 繁工八韻　原本「繁」作「繇」，于文意不合，據明本、宋犖本、韓熙本、閣本、薈要本改。

〔證〕

〔一〕周繁：劇談録卷下元相國謁李賀：「自大中、咸通之後，每歲試春官者千餘人，其間章句有聞，亹亹不絶，如……周繁，以詞賦標名。」

〔二〕兄繇：記考卷二三：周繇於懿宗咸通十三年中書舍人崔瑾下進士及第。唐才子傳卷八有傳。

31 何涓〔一〕，湘南人也。業辭，嘗爲瀟湘賦〔二〕，天下傳寫。少游國學，同時潘緯者〔三〕，以古鏡詩著名①。或曰：「潘緯十年吟古鏡，何涓一夜賦瀟湘。」

紀事卷六三潘緯、類説卷三四瀟湘賦、説郛卷三五上有略載。

〔校〕

① 古鏡　韓熙本作「古鏡」。

〔證〕

〔一〕何涓：總龜卷四稱賞門注引古今詩話云何涓襄陽人，當爲同一人。劇談録卷下元相國謁李賀：「何涓……以詞賦標名，……苦心文華，厄於一第。」

〔二〕瀟湘賦：總龜卷四引古今詩話：「零陵總記載何涓瀟湘賦云：『鏡斂殘色，霞披曉光。』」

〔三〕潘緯：紀事卷六三云緯「登咸通進士第」，餘不詳。

32 章碣，不知何許人，或曰孝標之子。咸通末，以篇什著名。乾符中，高侍郎湘自長沙攜邵安石至京及第①，碣賦東都望幸以刺之②。詩在好知己惡及第門。復爲焚書坑詩曰：「竹帛煙銷帝業虚，昔年曾是祖龍居③。坑灰未冷關東亂④，劉項從來不讀書⑤。」

紀事卷六一録此詩。

〔校〕

① 高侍郎湘　宋犖本、韓熙本「湘」爲小注。

②東都望幸　管本下有「詩」字。

③昔年曾是　紀事卷六一作「關河空鎖」。

④關東　紀事作「山東」。總龜卷一六作「江東」。

⑤從來　紀事、總龜皆作「元來」。

33 來鵠〔一〕，豫章人也，師韓、柳爲文。大中末、咸通中，聲價益籍甚。廣明庚子之亂，鵠避地游荆、襄①。南返，中和客死於維揚②〔二〕。

〔校〕

①荆襄　閣本、薈要本「襄」作「湘」。

②維揚　原本作「維陽」，據閣本、薈要本、學津本改。

〔證〕

〔一〕來鵠：全詩卷六四二注鵠「一作鵬」。全唐詩補逸卷一三來鵬牡丹詩一首，注「全唐詩作來鵠」。又小傳：「來鵬，豫章人。家徐孺子亭邊，林園自樂，師韓、柳爲文。咸通間，舉進士不第。廣明中，避地荆、襄，中和間客死於維揚逆旅，主人收葬之。補詩一首。」當取自才子傳卷八來鵬傳。案來鵠與來鵬非同一人。唐才子傳校箋卷八來鵬傳辯之甚詳，可參看。簡言之，鵠以文名，鵬以詩著；鵠師韓、柳，鵬依韋岫；鵠客死維揚，鵬卒於蜀。紀事卷五六來鵬、來鵠分述之，亦可爲證。

〔三〕中和：唐才子傳校箋卷八考來鵠卒於中和二、三年。

34 閔廷言〔一〕，豫章人也，文格高絶。咸通中，初與來鵠齊名。王棨嘗謂同志曰：「閔生之文，酷似西漢。」有魚腹誌一篇①，棨尤所推伏。

〔校〕

① 魚腹 明本、宋犖本、宋筠本、撥敘本、韓熙本、管本、徐本、雅雨初印、學津本作「漁腹」，當爲抄誤。

〔證〕

〔一〕閔廷言：本書卷五切磋門陳嶠謁安陸鄭郎中誡條（5-4）亦見。全文卷八二三黄滔與王雄書：「無令鄭濬、孫泰、李瑞、閔廷言、陳嶠數公寂寞而已。」貫休禪月集卷一七有聞閔廷言周璉下第詩一首。

35 張喬〔一〕，池州九華人也。詩句清雅，夐無與倫。咸通末，京兆府解，李建州時爲京兆參軍主試①〔二〕，同時有許棠與喬，及俞坦之②。劇燕、任濤、吴罕、張蠙、周繇、鄭谷、李栖遠、温憲、李昌符③，謂之「十哲」〔三〕。其年府試月中桂詩，喬擅場，詩曰：「與月長洪濛④，扶踈萬古同。根非生下土，葉不墜秋風。每以圓時足，還隨缺處空。影高群木外，香滿一輪中。未種青霄日，應虚白兔宫。何當因羽化，細得問神功⑤。」其年，頻以許棠在場席多年，以爲首薦⑥。喬與俞坦之復受許下薛能尚書深知，因以詩唁二子曰：「何事盡參差，惜哉吾子詩。日令銷此道，天亦負明時。有路當重振，無門即不知。何曾見堯日，相與啜澆漓。」

紀事卷七〇張喬、總龜卷一八紀實門中、類説卷三四月中桂詩、説郛卷三五上有録載，文字有異。

〔校〕

① 主試　韓熙本作「主司」。

② 與喬及俞坦之　閣本、薈要本「與」「及」互乙。

③ 吴罕　唐才子傳卷一〇、紀事卷七〇作「吴宰」，恐誤。唐才子傳校箋卷一〇考當依摭言作「吴罕」。

④長　紀事作「轉」。
⑤神功　總龜作「元功」。
⑥以爲首薦　總龜作「爲薦首」。

〔證〕

〔一〕張喬：全詩卷六三八小傳云：「張喬，池州人，咸通中進士，黄巢之亂罷舉，隱九華。詩二卷。」喬登第年，記考卷二三在咸通十四年，記考補正列入大順元年（八九〇）。另，江南通志卷一六七人物志文苑三云：「張喬，秋浦人，與弟霞俱有詩名。喬咸通中京兆試月中桂詩，爲時傳誦，大順初登第。」

〔二〕李建州：即下文之李頻。新書卷二〇三文藝下李頻傳未云曾官京兆參軍，此亦或可補史闕。

〔三〕謂之十哲：周紹良唐才子傳箋證以爲許棠與張喬不在「十哲」之列，自「俞坦之」至「謂之十哲」，當爲小注，並應移至「喬擅場」之後。

36 謝廷浩〔一〕，閩人也。大順中，頗以辭賦著名，與徐夤不相上下，時號「錦繡堆」。

紺珠集卷四、類説卷三四、説郛卷三五上略載。

〔證〕

〔一〕謝廷浩：宋馬永易實賓録卷一〇、海録碎事卷一八皆有「謝延皓」。雲仙雜記卷五聚香團引揚州事跡云：「揚州太守仲端畏妻，不敢延客。謝廷皓謁之，坐久飢甚，端入内，袖聚香團啖之。」未知此是否同一人。

37 李巨川，字下己，姑臧人也〔一〕。士族之鼎甲，工爲燕、許體文。廣明庚子亂後，失身於人，佐興元楊守亮幕〔二〕。守亮，大閹復恭養子①。守亮敗，爲華帥韓建所擒〔三〕。建重其才，奏令掌書奏，凡十餘年〔四〕，名振海内。乾寧中，駕幸三峰，巨川自使下侍御史拜工部郎中，稍遷考功郎中、諫議大夫〔五〕。時建奏勒諸王放散殿，後都雪岐〔六〕，下宋文通〔七〕，皆巨川之謀也。上返正〔八〕，轉假禮部尚書，充華州節度判官②〔九〕。上至華清宫，遣使賜建御容一軸，時巨川草謝表以示吴子華，其中有「彤雲似蓋以長隨，紫氣臨關而不度③」，子華吟味不已④，因草篇與巨川對壘，略曰：「霧開萬里⑤，克諧披覩之心；掌拔一峰，兼助捧持之力。」天祐初，大駕幸岐〔一〇〕，梁太祖自東平擁師迎駕至三峰⑥，單騎出降〔一一〕。既而素忌巨川多謀，遣人害之〔一二〕。

紀事卷六八吴融條亦録載，文字有異。

〔校〕

① 養子　管本方校「一本作『義子』」。

② 華州　原本作「黄州」，管本方校當作「華州」，據改，詳下考。

③ 闕　韓熙本「闕」作「門」。

④ 吟味　管本、韓熙本、閣本、薈要本皆作「吟詠」。

⑤ 萬里　紀事作「五里」。

⑥ 東平　韓熙本作「永平」。

〔證〕

〔一〕李巨川：舊書卷一九〇下文苑下李巨川傳：「國初十八學士道玄之後，故相逢吉之侄曾孫。」宋黄震古今紀要卷一五亦同。

〔二〕楊守亮：舊書無傳。新書卷一八六楊守亮傳：「曹州人，本姓訾，名亮」，「楊復光平江西，得其兄弟，養爲假子。以信養于弟復恭家，曰守亮、守信。」

〔三〕守亮敗爲華帥韓建所擒：時在景福元年（八九二）十二月。舊書卷二〇昭宗紀：景福元年春正月，鳳翔李茂貞、邠州王行瑜、華州韓建、同州王行約、秦州李茂莊等上表疏興元楊守亮納叛臣楊復恭，請同出本軍討伐。……十一月辛丑，鳳翔、邠寧之衆攻興元府，陷之。山南西道節度使楊守亮與前左軍中尉楊復恭、判官李巨川突圍而遁，將奔太原。十二月，華州節度使韓建奏於乾元縣遇興元潰散兵士，擊敗之。其楊守亮、楊復恭並已處斬訖，皆傳首京師。新書卷一〇昭宗紀楊守亮伏誅在乾寧元年八月。

〔四〕凡十餘年：巨川自景福元年依韓建，至下文天復元年（九〇一）爲朱全忠所殺，約十年上下。

〔五〕諫議大夫：舊傳：「昭宗還京，特授諫議大夫，仍留佐建。」

〔六〕建奏勒諸王放散殿後都雪岐：所述故事，史未見載。明王世貞弇州山人四部稿卷一三六濟安侯廟碑：「濟安侯廟記在華州，蓋昭宗自華歸長安，褒賞節度使韓建，而及於城隍之神者也。記爲諫議大夫李巨川撰，拾遺柳懷素書，其所載七月甲午建迎上於富平，丙申至華州，命建與丞相參大政，固辭其年爲大京兆，光化元年加太傅、興德尹，與史皆合。特巨川所諛建辭過，當後梁兵下華州，以建所爲表檄書奏皆出巨川手。又爲建畫策，殺十六宅諸王，逐禁旅，斂藩鎮資，數而僇之，距碑成僅一年耳。」曝書亭集卷五〇唐濟安侯廟二碑跋：「濟安侯者，華之城隍神也。巨川爲韓建掌書記，撰許國公勤王録以媚建。方昭宗幸華，建請散殿後軍，誅李筠，圍諸王十六宅，皆巨川教之。」案：此碑宋陳思寶刻叢編卷一〇引復齋碑録：「唐李巨川撰，柳懷素正書，光化二年四月一日記。」與史及本條俱合。

〔七〕宋文通：即李茂貞。新書卷二〇八宦者下田令孜傳：「始，右神策統軍宋文通爲諸軍所疾，令孜因事召見，欲殺之。既見，乃欣然更養爲子，名彥賓，即李茂貞也，故獨上書雪其罪，詔爲湖南監軍。」

〔八〕上返正：舊紀：光化四年春正月甲申朔，昭宗反正。

〔九〕華州：案舊紀：天復元年十一月壬子，「華州節度使韓建遣判官李巨川送款。」通鑑卷二六二「判官」作「節度副使」。

〔一〇〕天祐初：當作「天復初」。案舊紀：天復元年十一月壬子，昭宗車駕出幸鳳翔。二年六月，朱全忠進圍鳳翔，遣判官入城迎駕。天祐元年正月遷昭宗發洛陽。

〔一一〕單騎出降：通鑑：「全忠自故市引兵南渡渭，韓建遣節度副使李巨川請降。」

〔一二〕遣人害之：新書卷二二四下叛臣下李巨川傳：光化初，朱全忠兵入潼關，韓建令巨川往詣軍納款。巨川指陳利害，爲全忠判官敬翔所構而被殺。案舊紀：韓建令巨川見全忠送款在天復元年十一月壬子。通鑑載亦同。孫光憲瑣言卷一五韓建賣李巨川：「巨川爲韓建副使，朱令公軍次於華，用張濬計，先取韓建，其幕客張策擕印，率副使李巨川同詣轅門請降，宋公謂曰：『車駕西幸，皆公所教也。』建曰：『某不識字，凡朝廷章奏、鄰道書檄，皆巨川爲之。』因斬之。」

38 陳象，袁州新喻人也。少爲縣吏，一旦憤激爲文，有西漢風骨，著貫子十篇。南平王鍾傳鎮豫章〔一〕，以羔雁聘之，累遷行軍司馬、御史大夫。傳薨，象復佐其子文政〔二〕。爲淮師攻陷〔三〕，象被擒送維揚①，戮之。象頗師黃、老，訖至於此，莫知所自也。

〔校〕

①維揚　原本作「維陽」，學津本作「維楊」，皆非。閣本、薈要本作「維揚」，據改。

〔證〕

〔一〕南平王鍾傳鎮豫章：新書卷一九〇鍾傳傳：「中和二年，逐江西觀察使高茂卿，遂有洪州。」通鑑卷二五五中和二年：秋七月己巳，以鍾傳爲江西觀察使。天祐三年（九〇六）卒。

〔二〕文政：案新傳：鍾傳二子，長匡時，次匡範。匡時先爲袁州刺史，鍾傳卒後自立爲節度觀察留後。新傳云楊渥陷洪州「執匡時及司馬陳象歸揚州」，疑此文政即匡時。

〔三〕淮師：淮師即楊渥之淮軍。案新書卷一〇昭宗紀：天祐三年四月，鎮南軍節度使鍾傳卒，其子匡時自稱留後。九月，楊渥陷洪州，執鍾匡時。

39 湯篔，潤州丹陽人也，工爲應用，數舉敗於垂成。李巢在湖南〔一〕，鄭續鎮廣南〔二〕，俱以書奏受惠。晚佐江西鍾傳，書檄闐委，未嘗有倦色。傳女適江夏杜洪之子〔三〕，時及昏暝，有人走乞障車文〔四〕。篔命小吏四人，各執紙筆，倚馬待製，既而四本俱成。天祐中〔五〕，逃難至臨川，憂恚而卒。

〔證〕

〔一〕李巢在湖南：唐方鎮年表卷六：李巢據湖南在乾符六年與廣明元年。廣明元年即引本條爲據。

〔二〕鄭續鎮廣南：見本書卷四節操門盧大郎補闕條(4-2)、卷九好知己惡及第門鄭隱者條(9-9)注。唐方鎮年表卷七：鄭續於乾符六年至光啓二年爲嶺南東道節度使。

〔三〕江夏杜洪：新書卷一九〇杜洪傳：洪於光啓二年據鄂州，自爲節度留後，僖宗即拜本軍節度使。天祐二年(九〇五)爲楊行密所執，斬於揚州。

〔四〕障車文：唐時婚俗障車時祝頌之辭。

〔五〕天祐中：新書卷一九〇鍾傳傳：傳卒於天祐三年，湯篔逃難當在此時前後。

40 陳岳〔一〕，吉州廬陵人也。少以辭賦貢于春官氏，凡十上，竟抱至冤。晚年從豫章鍾傳，復爲同舍所譖，退居南郭，以墳典自娱。因之博覽群籍①，嘗著書商較前史得失，尤長於班、史之業，評三傳是非。著春秋折衷論三十卷，約大唐實録，撰聖紀一百二十卷。以所爲述作，號陳子正言十五卷②，其辭、賦、歌、詩，別有編帙。光化中，執政議以蒲帛徵，傳聞之，復辟爲從事。後以讒黜，尋遘病而卒。

〔校〕

①因之　閣本、薈要本作「因以」。

②陳子正言十五卷　明本下有「三史新論三十五卷」八字，未詳何自。

〔證〕

〔一〕陳岳：新書卷五七藝文志：「陳岳折衷春秋三十卷，唐末鍾傳江西從事。」直齋書録解題卷三春秋折衷論三十卷，下注：「唐江西觀察判官廬陵陳岳撰。以三傳異義，折衷其是非而斷於一。岳，唐末十上春官，晚乃辟江西從事。」當沿自摭言本條。

41 李凝古〔一〕，給事中損之子①〔二〕，沖幼聰敏絶倫，工爲燕、許體文。中和中，從彭門時溥。溥令製露布，進黄巢首級〔三〕。凝古辭學精敏，義理該通，凡數千言，冠絶一時，天下仰風。無何，溥奏諸將各領一麾，凝古獲濡潤而不之謝，溥因兹減薄。

〔校〕

①給事中　宋犖本、宋筠本、韓熙本、撲敘本作「執事中」，厲校本校「執」作「給」。

〔證〕

〔一〕李凝古：舊書卷一七九蕭遘傳具述凝古與時溥事本末，凝古早從武寧軍節度使支詳，爲徐州從事。廣明元年九月，詳爲衙將時溥所逐，而賓佐陷於徐。及溥爲節度使，因食中毒。而惡凝古者譖之，云爲支詳報讎行鴆。溥收凝古殺之，又誣凝古父損與凝古同謀，斷獄成，蕭遘救損。

〔二〕給事中損：案舊書卷一七九蕭遘傳云爲「右常侍」，通鑑卷二五五作「右散騎常侍」，新書卷一〇一蕭遘傳亦不言其官給事中。

〔三〕進黃巢首級：舊紀中和四年(八八四)，「秋七月己未朔，癸酉，賊將林言斬黃巢、黃揆、黃秉三人首級降時溥。」

韋莊奏請追贈不及第人近代者〔一〕

42 孟郊，字東野，工古風①，詩名播天下，與李觀、韓退之爲友。貞元十二年及第，佐徐州張建封幕卒〔二〕，使下廷評，韓文公作東野誌，謚曰「貞曜先生」②。賈島詩曰：「身殁聲名在，多應萬古傳。寡妻無子息，破宅帶林泉。塚近登山道，詩隨過海船。故人相弔處，斜日下寒天。」莊云不及第，誤也。

紀事卷三五孟郊録載。

〔校〕

①工　宋犖本、宋筠本、撈敘本、韓熙本作「上」，紀事作「尚」。

②作東野誌　明本、宋犖本、宋筠本、撈敘本、徐本、韓熙本、閣本、薈要本「東野」在「誌」下，屬下爲句。

〔證〕

〔一〕案：以下韋莊所奏者諸人名姓人數，諸書間有齟齬，兹述考之：新書卷一九六陸龜蒙傳：「光化中，韋莊表龜蒙及孟郊等十人，皆贈右補闕。」容齋三筆卷七唐昭宗恤録儒士：「唐昭宗光化三年十二月，左補闕韋莊奏：『詞人才子，時有遺賢，不霑一命於聖明，没作千年之恨骨。據臣所知，則有李賀、皇甫松、李群玉、陸龜蒙、趙光遠、温庭筠、劉德仁、陸逵、傅錫、平曾、賈島、劉稚珪、羅鄴、方干，俱無顯過，皆有奇才，麗句清詞，徧在詞人之口，銜冤抱恨，竟爲冥路之塵。伏望追賜進士及第，各贈補闕、拾遺。見存唯羅隱一人，亦乞特賜科名，録升三署。』敕奬莊而令中書門下詳酌處分。」全文卷八八九録韋莊所奏全文，題乞追賜李賀皇甫松等進士及第奏，「録升三署」作「録升三級」，其下續云：「便以特敕，顯示優恩。俾使已升冤人，皆霑聖澤。後來學者，更勵文風。」容齋三筆韋莊所提及姓名者共一十四人，既與新書所云十人不符，與本條以下所及者亦不全合，計少孟郊、李甘、顧邵孫、沈佩、顧蒙五人。又，據下10–49條，温庭筠當作温庭皓。又，晚唐追賜及第事多有，如鑑誡録卷八屈名儒：「唐末宰臣張文蔚、中書舍人封舜卿等奏：『前有名儒屈者十有五人，請賜孤魂及第。』」

〔三〕佐徐州張建封幕卒：此誤，兩唐書皆未載郊佐張建封幕，當爲佐鄭餘慶幕，唐才子傳校箋卷五考之甚詳，郊暴卒於元和九年（八一四）八月赴興元尹鄭餘慶幕途中之閿鄉。舊書卷一三德宗紀：徐泗濠節度使、檢校尚書右僕射、徐州刺史張建封卒於貞元十六年（八〇〇）五月，兩者相距甚遠。又舊書卷一六〇孟郊傳：「鄭餘慶鎮興元，又奏爲從事，辟書下而卒。餘慶給錢數萬葬送，贍給其妻子者累年。」韓愈貞曜先生墓誌銘：「去尉二年，而故相鄭公尹河南，奏爲水陸運從事，試協律郎，親拜其母於門内。母卒五年，而鄭公以節領興元軍，奏爲其軍參謀，試大理評事。挈其妻行之興元，次于閿鄉，暴疾卒，年六十四。」當以墓銘爲正。舊傳云「奏爲從事」亦不確。新書卷一七六孟郊傳即更爲「奏爲參謀」。案舊書卷一四憲宗紀上：元和元年十一月，以國子祭酒鄭餘慶爲河南尹。元和九年三月辛酉，以太子少傳鄭餘慶檢校右僕射、興元尹。

43 李賀，字長吉，唐諸王孫也〔一〕，父瑨肅〔二〕，邊上從事。賀年七歲，以長短之製，名動京華。時韓文公與皇甫湜覽賀所業①，奇之，而未知其人。因相謂曰：「若是古人，吾曹不知者；若是今人，豈有不知之理！」會有以瑨肅行止言者，二公因連騎造門，請見其子②。既而總角荷衣而出，二公不之信，因面試一篇，承命欣然，操觚染翰，旁若無人，仍目曰高軒過〔三〕，曰：「華裾織翠青如葱，金鐶壓轡摇冬瓏，馬蹄隱耳聲隆隆。入門下馬氣如虹，云是東京才子、文章鉅公③。二十八宿羅心胸，殿前作賦聲摩空④，筆補造化天無功。元精炯炯貫當中⑤，龐眉書客感秋蓬，誰知死草生華風。我今垂翅負冥鴻，他日不羞蛇與龍⑥。」二公大驚，以所乘馬命連鑣而還所居，親爲束髮。年未弱冠，丁内艱。他日舉進士，或謗賀不避家諱，文公特著辨諱一篇⑦，不幸未登壯室而卒。

廣記卷二〇二韓愈、總龜卷二、漁隱叢話前集卷二〇、詩人玉屑卷一五高軒過亦引録。紀事卷三四李賀下録此高軒過詩。

〔校〕

①覽賀所業　廣記「覽」作「賢」。

②見　廣記無此字。

③云是東京才子文章鉅公　叢話、玉屑無「鉅」字。

④ 摩 宋犖本、宋筠本、揆敘本、韓熙本、厲校本、徐本、薈要本作「磨」。

⑤ 炯炯 廣記、叢話、玉屑皆作「耿耿」。

⑥ 蛇與龍 廣記、總龜、叢話、玉屑皆作「蛇作龍」。

⑦ 辨諱 叢話、韓集作「諱辨」。

〔證〕

〔一〕唐諸王孫：舊書卷一三七、新書卷一六〇李賀傳皆言賀爲鄭王之後，朱自清李賀年譜考證賀當出自大鄭王亮房。

〔二〕父瑨肅：唐才子傳校箋卷五李賀下有詳考，可參看。又，錢注杜詩卷一三有杜甫公安送李二十九弟晉肅入蜀余下沔鄂，並韓愈諱辨皆作「晉肅」。杜詩作於大曆三年（七六八），則賀父晉肅亦當於此年前後入蜀任邊上從事。

〔三〕仍目高軒過：案高軒過詩非李賀七歲可作，可參錢仲聯李賀年譜會箋考。李賀詩歌集注此詩下原有小注：「韓員外愈、皇甫侍御湜見過，因命而作。」王琦亦疑李賀此詩七歲作不實，此十五字小注疑亦後人所增。

44 皇甫松著醉鄉日月三卷〔一〕，自敘之矣〔二〕。或曰，松，丞相奇章公表甥，然公不薦①。

因襄陽大水，遂爲大水變②，極言誹謗，有「夜入真珠室③，朝游瑇瑁宮」之句。公有愛姬名真珠。

紀事卷五二皇甫松下亦録載。紺珠集卷四真珠室、類説卷三四侍妾名珍珠所載文字稍異。

〔校〕

①然公不薦　厲校本校改「然」作「怨」。紀事作「公不薦舉怨望」，管本依紀事云此「然」或當作「怨」。

②變　「變」，閣本、雅雨初印作「辨」，薈要本作「辯」。

③真珠室　閣本、薈要本作「珍珠室」。

〔證〕

〔一〕皇甫松：紀事云：「松，韓門弟子，湜之子也。」案：新書卷五九藝文志三有「劉軻牛羊日曆一卷」，原注：「檀欒子皇甫松序。」舊書卷一七三吴汝納傳：「吴汝納者，澧州人，故韶州刺史武陵兄之子。武陵進士登第，有史學，與劉軻並以史才直史館。」吴武陵，憲宗元和二年及第。宋周南山房集卷五牛羊日曆：「牛羊日曆一卷，唐太和九年劉軻作。」與本條意相合，蓋皇甫松主要活動也當在憲宗至文宗間。

〔二〕自敘之：此敘全文見載於全唐文紀事卷三三。

45 李群玉，不知何許人〔一〕，詩篇妍麗，才力遒健。咸通中，丞相修行楊公爲奧主，進詩三百篇，授麟臺讎校〔二〕。

〔證〕

〔一〕李群玉：瑣言卷六：「唐李群玉校書，字文山，澧州人。」舊書無載。

〔二〕咸通中句：此句後人所載多有牴牾。較早記載群玉事跡爲瑣言卷六李群玉輕薄事：「唐李群玉校書，字文山，澧州人。有詩名，散逸不樂應舉，親友强之，一上而已。嘗受知於相國河東裴公休，爲其延譽，因進詩，授弘文館校書，終於荆、襄間。」受知者裴休，不言授校書時間。新書卷六〇藝文四：「裴休觀察湖南，厚延致之，及爲相，以詩論薦，授校書郎。」至郡齋讀書志卷一八李群玉詩一卷中始有具體年份：「李群玉，文山也，澧州人，曠逸不樂仕進，專以吟詠自適，詩筆妍麗，才力遒健，好吹笙，弄筆翰。親友彊赴舉，一上而止。裴休廉察湖南，延郡中。大中八年來京師，進詩三百篇。休復論薦，授弘文館校書郎。」唐才子傳卷七皆取晁説。

案：以上諸説，與本條牴牾頗多。「丞相修行楊公」，管本吴校：「修行，里名。楊公名收。」方校云楊遺直四子「皆以文學登第，時號『修行楊家』」。舊書卷一九上懿宗紀：咸通四年三月，以兵部侍郎、判度支楊收本官同平章事。五年爲門下侍郎、兼刑部尚書。八年三月，楊收檢校兵部尚書，充浙江西道觀察使。通鑑卷二五〇與舊紀稍有異。又唐文拾遺卷八懿宗皇帝下有李群玉進詩賜物敕：「卿所進歌詩，異常高雅，朕已遍覽。今有少錦彩器物賜卿，宜領取。夏熱，卿比平安好。」注引席本唐詩。則本條言收「咸通中」爲丞相不誤。另，據全詩卷五六九有群玉長沙陪裴大夫登北樓、長沙陪裴大夫夜宴、將之番禺留别湖南府幕諸詩作，裴大夫即裴休。唐方鎮年表卷六：裴休於會昌三年（八四三）至大中元年爲湖南觀察使，當即於裴休湖南幕内唱游之作。舊書卷一八下宣宗紀：大中五年二月，户部侍郎裴休充諸道鹽鐵轉運等使。九月，守禮部尚書，進階金紫。六年四月，以禮部尚書、諸道鹽鐵轉運等使同平章事。舊書卷一七七裴休傳：十年，罷相，檢校户部尚書、汴州刺史、御史大夫，充宣武軍節度使。據上，群玉於咸通四至七年進詩楊收，或大中六至十年進詩裴休而授校書，皆無不可。然瑣言不言進詩何人，亦不書年月，且大中八年云云遲至讀書志才見。恐史實已無考矣。

46　陸龜蒙〔一〕，字魯望，三吴人也。幼而聰悟，文學之外，尤善談笑，常體江、謝賦事，名振江左。居於姑蘇，藏書萬餘卷。詩篇清麗，與皮日休爲唱和之友〔二〕，有集十卷，號曰松陵集〔三〕。中和初，遘疾而終〔四〕，顔蕘給事爲文誌其墓①〔五〕，吴子華奠文千餘言，略曰：「大風吹海，海波淪漣。涵爲子文，無隅無邊。長松倚雪②，枯枝半折。挺爲子文，直上巔絶。風下霜晴③，寒鍾自聲。發爲子文，鏗鏘杳清④。武陵深閴，川長晝白⑤。間爲子文⑥，渺茫岑寂。豕突禽狂⑦，其來莫當。雲沉鳥没，其去倏忽⑧。膩若凝脂，軟於無骨。霏漠漠，澮涓涓。春融冶⑨，秋鮮妍。觸即碎，潭下月。拭不滅，玉上煙。」

紀事卷六四陸龜蒙亦録載。

〔校〕

① 顔蕘給事　管本作「顔給事蕘」。紀事作「陳給事」。詳下考。

② 雪　紺珠集卷四吴子華奠陸龜蒙文作「雲」。

③ 晴　紺珠集作「清」。

④ 杳　紺珠集作「音」。

⑤ 晝　韓熙本作「晝」。

⑥ 間　紺珠集作「洞」。

⑦ 禽　紺珠集、紀事皆作「鯨」。

⑧ 其去　閣本、薈要本、紀事作「去其」。

⑨ 融　紺珠集作「秀」。紀事作「哆」。

〔證〕

〔一〕陸龜蒙：新書卷一九六陸龜蒙傳：「陸龜蒙，字魯望，元方七世孫也。……居松江甫里，多所論撰。」

〔二〕與皮日休爲唱和之友：瑣言卷二皮日休獻書：「寓蘇州，與陸龜蒙爲文友。」

〔三〕有集十卷號曰松陵集：新書卷六〇藝文志四：「松陵集十卷，皮日休、陸龜蒙唱和。」全文卷七九六收皮日休松陵集序：「（咸通）十年，大司諫清河公出牧于吴，日休爲郡從事。居一月，有進士陸龜蒙字魯望者，以其業見造，凡數編。」則集當編成於此年。

〔四〕中和初：瑣言卷六陸龜蒙追贈：「唐末以左拾遺授之，詔下之日，疾終。」新傳：「李蔚、盧攜素與善，及當國，召拜左拾遺。詔方下，龜蒙卒。」陸龜蒙笠澤叢書序：「自乾符六年春，卧病于笠澤之濱。」又龜蒙自憐賦並序：「余抱病三年于衡、泌之下。」唐才子傳校箋卷八據此證龜蒙卒於中和二年。

〔五〕顔蕘給事：瑣言卷六陸龜蒙追贈：「光化三年，贈右補闕，吴侍郎融傳貽史，右補闕韋莊撰誄文，相國陸希聲撰碑文，給事中顔蕘書，皮日休博士爲詩。」並無陳姓給事者，紀事當誤。案：瑣言同卷顔給事墓銘：「顔給事蕘，謫官没於湖外。嘗自草墓誌。……龜蒙卒，爲其就木至穴，情禮不缺。」

47 趙光遠，丞相隱弟子〔一〕，幼而聰悟。咸通、乾符中，以爲氣焰温、李，因之恃才，不拘小節，常將領子弟，恣游狹斜著①。北里志頗述其事。

〔校〕

① 狹斜　宋犖本、宋筠本、撰敘本、韓熙本、厲校本、徐本「狹」作「俠」。

〔證〕

〔一〕趙光遠：新書卷七三宰相世系表三有趙光遠者，字玄錫，華州刺史騭之子。光遠伯父隱，字大隱，相懿宗、僖宗。北里志楊妙兒條有云：「進士天水（原注：光遠），故山北之子，年甚富，與萊兒殊相懸，而一見溺之，終不能捨。萊兒亦以光遠聰悟俊少，尤諂附之。」趙隱，舊書卷一七八、新書卷一八二皆有傳，皆作京兆奉天人。據舊傳卷一七八趙隱傳附趙騭傳，光遠父騭於咸通末拜相，進階特進、天水伯，故曰天水，光遠似當襲父爵。

48 李甘，字鉌鼎①〔一〕，長慶四年及第，登科記已注矣。莊云不及第②，誤矣。

〔校〕

①龢鼎　韓熙本「龢」作「秋」，恐誤。

②莊云不及第　明本「莊」作「第」，誤。他本皆無「及」字。

〔證〕

〔一〕李甘：見本卷載應不捷聲價益振門10-1條及本門題下注。舊書卷一七一李甘傳：「（甘）長慶末進士擢第，又制策登科。太和中，累官至侍御史。」直齋書録解題卷一六：「李甘文集一卷，唐侍御史李甘和鼎撰。」

49 温庭皓〔一〕，庭筠之弟，辭藻亞於兄，不第而卒。

〔證〕

〔一〕温庭皓：舊書卷一九〇下文苑下温庭筠傳：「弟庭皓，咸通中爲徐州從事，節度使崔彦曾爲龐勛所殺，庭皓亦被害。」新書卷九一温庭筠傳附温庭皓傳，敘之稍詳。

50 劉得仁　陸逵　傅錫　平曾　賈島　劉稚珪　顧邵孫吴人　沈珮吴人

51 顧蒙，宛陵人。博覽經史，慕燕、許刀尺，亦一時之傑。餘力深究内典，繇是屢爲浮圖碑，倣歐陽率更筆法，酷似前人。庚子亂後，萍梗江、浙間。無何，有美姬爲潤帥周寶奄有〔一〕。蒙不能他去，而受其豢養，由此名價減薄。甲辰，淮、浙荒亂〔二〕，避地至廣州，人不能知，困於旅食，以至書千字文授於聾俗，以換斗筲之資。未幾，遘疾而終。蒙頗窮易象，著大順圖三卷。

〔證〕

〔一〕潤帥周寶：舊書卷一九下僖宗紀：乾符六年十一月，制以神策大將軍周寶檢校尚書左僕射，兼潤州刺史、鎮海軍節度、浙江西道觀察等使。光啓三年二月，周寶爲潤州牙將劉浩、度支使薛朗同謀逐，劉浩自稱留後。

〔二〕甲辰淮浙荒亂：甲辰，即中和四年，新書卷三五五行志二：「中和四年，江南大旱，饑，人相食。」

52 羅鄴，餘杭人也〔一〕，家富於財。父則，爲鹽鐵小吏。有子二人，俱以文學干進，鄴尤長七言詩。時宗人隱亦以律韻著稱。然隱才雄而麄疎，鄴才清而綿緻。咸通中，崔安潛侍郎廉問江西〔二〕，志在弓旌，竟爲幕吏所沮。既而俯就督郵，因兹舉事闌珊，無成而卒。

紀事卷六八羅鄴亦録載。

〔證〕

〔一〕羅鄴餘杭人：此條可參本書卷二争解元門咸通末永樂崔侍中廉問江西條（2-12）注。明楊慎丹鉛總録卷二一三羅詩：「晚唐江東三羅，羅隱、羅虬、羅鄴也，皆有集行世，當以鄴爲首。」稱「三羅」爲江東人。唐才子傳校箋卷八疑羅鄴之鄉里在吴江而非餘杭。

〔二〕崔安潛：唐方鎮年表卷五：崔安潛自咸通十三年至乾符二年爲江西觀察使，時已咸通末。

53 方干〔一〕，桐廬人也，幼而清才，爲徐凝所器，誨之格律。干或有句云：「把得新詩草裏論。」反語云「村裏老」①，譃凝而已。王大夫名與定保家諱下一字同②。廉問浙東〔二〕，干造之，連跪三拜，因號「方三拜」。王公將薦之於朝，請吴子華爲表草③。無何，公遘疾而卒〔三〕，事不諧矣。

本條前半復見本書卷四師友門方干師徐凝條（4-20）。

〔校〕

①反語云　宋犖本無「云」字。

②下一字同　明本、宋犖本、韓熙本、管本、閣本、薈要本無「一」字。

③草　宋犖本作「章」。

〔證〕

〔一〕方干：瑣言卷六羅顧昇降附方干：「詩人方干，亦吴人也。」

〔二〕王大夫：瑣言卷六作王龜，廣記卷二〇王可交有「越州廉使王渢」。新書卷一六七王播傳附王龜傳：「鐸爲相，改太常少卿、同州刺史。……徙浙東觀察使。」而唐方鎮年表卷五引方干詩，以王大夫爲王渢。據明張元忭紹興府志卷二五職官一，大中、咸通間統轄浙東有王氏三人：一、王式，大中十四年任，有傳；二、王渢，咸通八年任；三、王龜，式之弟，咸通十三年任。岑仲勉跋唐摭言考引瑣言、嘉泰會稽志等，以爲「王公當非王渢」，並據全詩方干獻王大夫二首，詩意與王龜行迹相合，「疑亦獻龜之作」。中國文學家大辭典唐五代卷方干條，吴在慶考亦作王龜，唐才子傳校箋卷七略同。陳師尚君又補充玄英先生傳所云「於是會稽太守王公龜以其亢直，宜在諫署」予以補證。因王龜曾仕御史大夫，方干稱王龜爲王大夫，而稱王渢則爲王侍郎。如王大夫即爲王龜，則定保父名中當有「龜」字。

〔三〕遘疾而卒：唐才子傳校箋卷七考方干卒於光啓元年前後，可參看。

前件人俱無顯遇，皆有奇才。麗句清辭，徧在時人之口；銜冤抱恨，竟爲冥路之塵。但恐憤氣未銷，上衝穹昊，伏乞宣賜中書門下①，追贈進士及第②，各贈補闕、拾遺。見存明代，唯羅隱一人，亦乞特賜科名，録升三級③，便以特敕，顯示優恩。俾使已升冤人④，皆霑聖澤；後來學者，更厲文風。

〔校〕

① 賜　管本方校云當作「示」。

② 贈　管本方校云當作「賜」。

③ 級　容齋三筆作「署」。

④ 升　管本吴校云當作「斥」，刻本誤作「升」。

〔15〕論曰：工拙由人，得喪者命；非賢之咎，伊時之病。善不爲名，而名隨之；名不爲禄，而禄從之。苟異於是不汩①，而小人之儒也尤人，君子之儒也反己。詩曰：「風雨如晦，雞鳴不已。」

〔校〕

①苟異於是不汨　明本、宋犖本「汨」作「泪」，閣本作「曰」。管本作「洎」。方校云「汨」上當脱「其」字，「如云不其汨而，亦左氏句法也」。薈要本「苟異於是不汨」作「是謂命自我立」，不知何自。

唐摭言校證 卷一一

反初及第

1 劉軻〔一〕，慕孟軻爲文〔二〕，故以名焉。少爲僧，止于豫章高安縣南果園①。復求黄、老之術②，隱於廬山〔三〕。既而進士登第，文章與韓、柳齊名。

廣記卷一八一貢舉四劉軻亦録載。

〔校〕

① 高安縣南果園　明本、廣記「縣」作「之」。

② 復求　閣本作「後求」。

〔證〕

〔一〕劉軻：記考卷一八：軻，元和十三年（八一八）中書舍人庾承宣下進士及第。其生平仕歷，全文卷七四二軻與馬植書、上座主書，及雲谿友議卷中葬書生、白氏長慶集卷四三代書、宋馬永易實賓録卷一三豢龍子敘之甚詳，其仕歷亦大致可考知。友議云其「韶右人」，實賓録云其「彭城人」，紀事卷四六致疑「不知爲僧者是彭城劉軻否」？案：劉軻上座主書：「軻本沛上耕人，代業儒爲農人家。天寶末流離于邊，徙貫南鄙。」蓋彭城爲軻祖籍，韶右則爲其先居之地，兩説當皆不誤。雲谿友議謂其「劉侍郎軻」，廣記卷一一七報應十六云「唐侍御劉軻」，紀事云「軻字希仁，元和末登進士第，卒於洺州刺史。與吴武陵並以史才直史館。」

〔二〕慕孟軻爲文：白居易代書云：「軻開卷慕孟子爲人，軻秉筆慕揚雄、司馬遷爲文。」

〔三〕隱於廬山：劉軻上座主書：「貞元中，軻僅能執經從師。元和初，方結廬于廬山之陽。」白居易代書：「貞元初，有符載、楊衡輩隱焉，亦出爲文人。今其讀書屬文，結草廬于巖谷間者，猶一二十人。即其中秀出者，有彭城人劉軻。」則與劉軻同隱於廬山者，尚有苻載、楊衡諸人。代書又云：「予佐潯陽三年，軻每著文，輒來示予。」據陳振孫白氏文公年譜：白居易元和十年貶江州，則向長安諸友引薦劉軻之代書當作於元和十三年，此年劉軻進士及第。

反初不第

2 張策，同文子也〔一〕，自小從學浮圖〔二〕，法號藏機，粲名内道場①，爲大德。廣明庚子之亂，趙少師崇主文②〔三〕，策謂時事更變，求就貢籍，崇庭譴之。策不得已，復舉博學宏辭。崇職受天官〔四〕，復黜之，仍顯揚其過。策後爲梁太祖從事〔五〕。天祐中在翰林，太祖頗奇之，爲謀府。策極力媒蘗③，崇竟罹冤酷〔六〕。

〔校〕

① 内道場　明本、宋犖本、宋筠本、揆敘本、韓熙本、厲校本作「内場」。

② 崇　明本、宋犖本、韓熙本、厲校本皆爲小注。

③ 蘗　明本、宋犖本、揆敘本、韓熙本作「孽」，管本誤作「蘖」。

〔證〕

〔一〕張策：舊五代史卷一八、新五代史卷三五唐六臣傳皆有傳。字少逸，河西敦煌人。兩五代史皆言父名同，曾官至容管經略使。此云「同文子」，疑有誤。

〔二〕從學浮圖：舊五代史卷一八：「然而妙通因果，酷奉空教，未弱冠，落髮爲僧，居雍之慈恩精廬，頗有高致。」新五代史卷三五：「策少好浮圖之説，乃落髮爲僧，居長安慈恩寺。」

〔三〕趙少師崇主文：策與趙崇故事，又見瑣言卷三張策：「梁相張策嘗爲僧，返俗應舉，亞台鄙之。或曰：『劉軻、蔡京得非僧乎？』亞台曰：『劉、蔡輩雖作僧，未爲人知，翻然貢藝，有何不可？

張策衣冠子弟，無故出家，不能參禪訪道，抗迹塵外，乃於御簾前進詩，希望恩澤。如此行止，豈掩人口？某十度知舉，十度斥之。』清河公乃東依梁主而求際會，蓋爲天水拒棄，竟爲梁相也。」案：記考卷二四禮部侍郎趙崇主文在龍紀元年（八八九），則前云「廣明庚子」恐不確。

〔四〕崇職受天官：趙崇官職，兩唐書皆無仕吏尚者。嚴耕望唐僕尚丞郎表龍紀後至天祐趙崇卒時，亦無趙崇爲吏尚、吏侍者。恐此有誤。

〔五〕梁太祖從事：舊五代史：「天復中，策奉其主書幣來聘，太祖見而喜曰：『張夫子且至矣。』即奏爲掌記，兼賜金紫。」新五代史：「建遣策聘于太祖，太祖見而喜曰：『張夫子至矣。』遂留以爲掌書記。」

〔六〕崇竟罹冤酷：通鑑卷二六五：天祐二年（九〇五），「六月，戊子朔，敕裴樞、獨孤損、崔遠、陸扆、王溥、趙崇、王贊等並所在賜自盡。」案舊五代史卷六〇蘇楷傳：「柳璨陷害朝臣，衣冠惕息，無敢言者。初，梁祖欲以張廷范爲太常卿，裴樞以爲不可。柳璨懼梁祖之毒，乃歸過於樞，故裴、趙罹白馬之禍。」崇等罹難，乃因柳璨陷害，似與張策並無直接關係。諸史皆無策參與之記載，即便於張策微詞顯著之瑣言亦無記録。

無官受黜

3 襄陽詩人孟浩然，開元中頗爲王右丞所知〔一〕。句有「微雲淡河漢，疎雨滴梧桐」者，右丞吟詠之，常擊節不已。維待詔金鑾殿，一旦，召之商較風、雅，忽遇上幸維所，浩然錯愕伏床下。維不敢隱，因之奏聞。上欣然曰：「朕素聞其人。」因得詔見。上曰：「卿將得詩來耶？」浩然奏曰：「臣偶不齎所業。」上即命吟，浩然奉詔，拜舞念詩曰：「北闕休上書，南山歸臥廬①。不才明主棄，多病故人疎。」上聞之憮然曰：「朕未曾棄人，自是卿不求進，奈何反有此作！」因命放歸南山，終身不仕。

紺珠集卷四孟浩然誦詩亦録載。

〔校〕

① 卧廬　瑣言、孟浩然集卷三、總龜、紀事、唐才子傳作「敝廬」。

〔證〕

〔一〕開元中頗爲王右丞所知：案：浩然與王維交結本事，新書卷二三七本傳、郡齋讀書志卷四上、宋魏泰臨漢隱居詩話、宋陳巖肖庚溪詩話卷下、唐才子傳卷二、明何良俊何氏語林卷二九皆有載，雖文句有異，而句意略同。唐才子傳校箋卷二有詳考，略爲：浩然開元十六年（七二八）四十歲時入長安應進士試，與王維、王昌齡等唱和，此年落第後，離長安經洛返鄉。然王維此年雖在京，並未居官，「待詔金鑾」及玄宗「幸維所」亦絕無可能。紀事卷二三又云：「明皇以張説之薦，召浩然，令誦所作。」校箋云其亦誤，可參看。另，校箋未考及者，瑣言卷七孟浩然趙嘏以詩失意云：「唐襄陽孟浩然與李太白交游，玄宗徵李入翰林，孟以故人之分，有彈冠之望。久無消息，乃入京謁之。一日，玄宗召李入對，因從容説及孟浩然。李奏曰：『臣故人也，見在臣私第。』上令急召賜對，俾口進佳句。孟浩然誦詩曰：『北闕休上書，南山歸敝廬。不才明主棄，多病故人疏。』上意不悦，乃曰：『未曾見浩然進書，朝廷退黜，何不云：氣蒸雲夢澤，波撼岳陽城？』緣是不降恩澤，終於布衣而已。」案：王琦李太白全集附年譜，李白入翰林待詔在天寶二年（七四三），然孟浩然已於之前開元十八年去世，孟絕無可能入京謁白。又，總龜卷二九詩累門：「孟浩然曾謁華山李相，不遇，因留一絶而去，曰：『老夫三日門前立，朱箔銀屏晝不開。詩卷卻拋書袋内，譬如閒看華山來。』一日，明皇召李對，説及浩然事，對曰：『見在臣私第。』急召，俾口進佳句，孟誦」云云，下與瑣言載同。「華山李相」疑即李元紘。新書卷五玄宗紀：元紘，開元十四年四月丁巳由户部侍郎入相，十七年六月罷爲中書侍郎。然今本孟浩然集並無與元紘交結之作。綜上，本條所述或空穴來風，爲好事者臆想杜撰；或移花接木，前後矛盾。恐不足徵信。

4 賈島，字閬仙①。元和中，元、白尚輕淺，島獨變格入僻，以矯浮艷。雖行坐寢食，吟味不輟②。嘗跨驢張蓋，横截天衢。時秋風正厲，黄葉可掃，島忽吟曰：「落葉滿長安」，志重其銜口直致，求之一聯③，杳不可得，不知身之所從也，因之唐突大京兆劉栖楚④〔一〕，被繫一夕而釋之。又嘗遇武宗皇帝於定水精舍〔二〕，島尤肆侮，上訝之。他日有中旨令與一官，謫去，乃受長江縣尉。稍遷普州司倉而卒〔三〕。

廣記卷一五六定數十一賈島條亦録載。

〔校〕

① 賈島字閬仙　閣本、薈要本作「賈閬仙名島」。

② 味　閣本、廣記作「咏」。

③ 求之　管本方校云當作「求足」。

④ 唐突　明本、廣記「唐」作「搪」。

〔證〕

〔一〕大京兆劉栖楚：案舊書卷一七上敬宗紀：寶曆元年（八二五）十一月壬辰，以刑部侍郎劉栖楚爲京兆尹。舊書卷一五四劉栖楚傳：「出爲桂州觀察使。逾年，卒於任，時大和元年九月。」則栖楚爲京兆尹至寶曆三年止。新書卷一七六賈島傳：「一日見京兆尹，跨驢不避，謼詰之，久乃得釋。」此京兆尹當即指劉栖楚。案：賈島唐突劉栖楚，及下文肆侮武宗被貶事，諸家雜説，至爲混亂。宋王楙野客叢書卷一四賈島事衆説不同條已有所辨，李嘉言長江集新校附賈島年譜再予考辨，唐才子傳校箋卷五亦考。可參看，此不詳述。

〔二〕武宗皇帝：瑣言卷八、鑑誡録卷八賈忤旨皆作宣宗，後書敘之甚詳。全文卷七〇授賈島長江主簿制又歸列文宗時，此制當録自賈忤旨所載「御札墨制」之文。李嘉言賈島年譜考爲穆宗長慶二年（八二二），可參本書卷二府元落門 2-6 條注。

〔三〕稍遷普州司倉而卒：蘇絳賈司倉墓誌銘：「三年在任，卷不釋手。秩滿，遷普州司倉參軍。」李嘉言賈島年譜：島開成五年（八四〇）九月秩滿遷普州司倉參軍。蘇銘：「會昌癸亥歲七月二十八日，終於郡官舍，春秋六十有四。」癸亥歲即武宗會昌三年（八四三），又：「未及浹旬，又轉授普州司户參軍，榮命雖來，于公何有？」

5 開成中①〔一〕，温庭筠才名籍甚，然罕拘細行，以文爲貨〔二〕，識者鄙之。無何，執政間復有惡奏庭筠攬擾場屋，黜隨州縣尉②。時中書舍人裴坦當制〔三〕，忸怩含毫久之。時有老吏在側，因訊之升黜，對曰：「舍人合爲責辭③，何者？入策進士，與望州長、馬一齊資④。」坦釋然，故有澤畔、長沙之比。庭筠之任，文士詩人争爲辭送，唯紀唐夫得其尤，詩曰：「何事明時泣玉頻，長安不見杏園春。鳳皇詔下雖霑命，鸚鵡才高却累身。且飲緑醽銷積恨，莫辭黄綬拂行塵⑤。方城若比長沙遠，猶隔千山與萬津。」

廣記卷二六五輕薄一温庭筠條亦録載。紀事卷六一紀唐夫亦略載。紀唐夫此詩，雲谿友議卷中白馬吟、東觀奏記卷下温庭筠李商隱仕途蹇滯有摘録。

〔校〕

① 開成中　廣記卷二六五輕薄一作「開明中」，誤。

② 黜隨州縣尉　雲谿友議卷中白馬吟云「謫方城」。東觀奏記卷下作「謫爲九品吏」，又云「可隨州隨縣尉」。舊傳云「貶爲方城尉，再遷隋縣尉」。

③ 舍人合爲責辭　管本無「舍人」二字。

④ 長馬一齊資　管本吴校引竹垞本「馬」作「爲」，無「一」字。方校云仍當作「長馬」，謂長史、司馬也，當是。

⑤ 莫辭　雲谿友議作「莫言」。唐詩鼓吹卷七作「休辭」。

〔證〕

〔一〕開成中：舊書卷一九〇下温庭筠傳：「大中初，應進士。苦心硯席，尤長於詩賦。初至京師，人士翕然推重。然士行塵雜，不修邊幅。」玉泉子：「温庭筠有詞賦盛名，初從鄉里舉。客游江、淮間，揚子留後姚勗厚遺之。庭筠少年，其所得錢帛，多爲狹邪所費。」夏承燾唐宋詞人年譜之温飛卿繫年考温庭筠初試不第在宣宗大中元年（八四七），此前於開成五年（八四〇）游江、淮。

〔二〕以文爲貨：與下文「攪擾場屋」，即大中九年科場案，庭筠代京兆尹柳憙之子柳翰假手應試。舊書卷一八下宣宗紀載及，東觀奏記卷下：「吏部侍郎，兼判尚書銓事裴諗左授國子祭酒，吏部郎中周敬復罰二月俸，監察御史馮顓左授秘書省著作佐郎，考院所送博學宏詞科趙秬等十人，並宜覆落，不在施行之限。初，裴諗兼上銓，主試宏、拔兩科。其年，争名者衆，應宏詞選，前進士苗台符、楊巖、薛訢、李詢、古敬翊已下一十五人就試。諗寬豫仁厚，有賦題不密之説。前進士柳翰，京兆尹柳憙之子也。故事，宏詞科只三人，翰在選中。不中選者言翰於諗處先得賦題，託詞人温庭筠爲之。翰既中選，其聲聒不止，事徹宸聽。」瑣言卷四温李齊名：「庭雲又每歲舉場，多借舉人爲其假手。沈詢侍郎知舉，别施鋪席授庭雲，不與諸公鄰比。翌日，簾前謂庭雲曰：『向來策名者，皆是文賦託於學士，某今歲場中並無假託學士，勉旃！』因遣之，由是不得意也。」

〔三〕中書舍人裴坦當制：舊紀：大中十一年四月「以職方郎中、知制誥裴坦爲中書舍人」。十三年十月權知禮部貢舉。又，東觀奏記卷下：「前一年，商隱以鹽鐵推官死。」案張采田玉谿生年譜會箋卷四：李商隱卒於大中十二年，則庭筠貶隨縣尉當在大中十三年。夏承燾温飛卿繫年亦在此年。劉學鍇温庭筠文箋證暨庭筠晚年事跡考辨考在大中十年：「裴坦大中十年即以職方郎中知制誥，職司起草詔敕。唐代他官知制誥者亦可稱舍人，故其貶隋縣尉在大中十年。」且與段成式隱峴山與庭筠游、徐商鎮山南留庭筠爲從事同在大中十年相合。

薦舉不捷

6 張祜，元和、長慶中，深爲令狐文公所知①〔一〕。公鎮天平日〔二〕，自草薦表，令以新舊格詩三百篇表進獻。辭略曰：「凡製五言，苞含六義。近多放誕，靡有宗師。前件人久在江湖，早工篇什。研機甚苦，搜象頗深。輩流所推，風格罕及。云云②。謹令録新舊格詩三百首，自光順門進獻，望請宣付中書門下。」祜至京師，方屬元江夏偃仰内庭〔三〕，上因召問祜之辭藻上下③，稹對曰：「張祜雕蟲小巧，壯夫恥而不爲者。或奬激之，恐變陛下風教。」上頷之，由是寂寞而歸。祜以詩自悼，略曰：「賀知章口徒勞説，孟浩然身更不疑④。」

廣記卷一八一貢舉四亦載，云出摭言。紀事卷五二張佑（祜）略載之，詩又見全詩卷五一一。

〔校〕

①令狐文公　宋犖本「文」作「相」。

②云云　管本、閣本此二字爲正文。

③上下　廣記作「高下」。

④身更不疑　廣記作「身不更疑」。

〔證〕

〔一〕令狐文公：即令狐楚。

〔二〕鎮天平日：舊書卷一七文宗紀：大和三年（八二九）十二月己丑，以東都留守令狐楚檢校右僕射、天平軍節度使。六年二月甲子朔，以前義昌軍節度使殷侑檢校吏部尚書，充天平軍節度、鄆曹濮等州觀察使，代令狐楚。案：唐才子傳校箋卷六張祜考令狐楚大和中鎮天平時薦張祜一事有誤，當在元和十五年秋楚爲宣歙觀察使時，可參看。另，張祜與令狐綯交結事，見本書卷一三矛楯門令狐趙公鎮維揚條（13–16）。

〔三〕元江夏偃仰内庭：元江夏即元稹。承旨學士院記：稹長慶元年二月十六日自祠部郎中知制誥，行中書舍人、翰林學士，仍賜紫金魚袋。其年十月十九日拜工部侍郎出院。

7 長沙日試萬言王璘辭學富贍〔一〕，非積學所致。崔詹事廉問〔二〕，特表薦之於朝①。先是試之於使院，璘請書吏十人，皆給筆硯。璘縝絺捫腹，往來口授，十吏筆不停輟②。首題黄河賦三千字，數刻而成。復爲鳥散餘花落詩二十首③，援毫而就。時忽風雨暴至，數幅爲迴飈所卷，泥滓沾漬，不勝舒卷④。璘曰：「勿取，但將紙來。」復縱筆一揮，斯須復十餘篇矣。時未亭午，已構七千餘言。詹事傳語試官曰：「萬言不在試限，請屈來飲酒。」黄河賦復有僻字百餘，請璘對衆朗宣。旁若無人。至京師，時路庶人方當鈞軸，遣一介召之。璘意在沽激，曰：「請俟見帝。」巖聞之，大怒，亟命奏廢萬言科〔三〕。璘杖策而歸，放曠於盃酒間，雖屠沽無間然矣。

本條事，本書卷一二設奇沽譽門王璘舉日試萬言科條（12–24）亦略述，可互參。廣記卷一八三貢舉六王璘、紀事卷六六王璘亦引録，有删削。

〔校〕

①特　管本作「時」，廣記作「持」，均誤。

②輟　明本、管本作「綴」，誤。

③鳥散餘花落詩二十首　明本、宋犖本、宋筠本、撲敘本、韓熙本、徐本無「落」字。

④舒卷　管本作「卷舒」。

〔證〕

〔一〕王璘：史無他載。案：封氏聞見記卷一〇敏速記張陟事，與本條頗類：「天寶中，漢州雒縣尉張陟應一藝，自舉日試萬言，須中書考試。陟令善書者三十人，各令操紙執筆就席，環庭而坐，俱占題目。身自循席，依題口授。言訖即過，周而復始。至午後詩筆俱成，得七千餘字。仍請滿萬數。宰相曰：『七千可謂多矣，何須萬？』具以狀聞。敕賜縑帛，拜太公廟丞，直廣文館。時號爲『張萬言』。」張陟，舊書卷一二七有傳，名張涉：「張涉者，蒲州人，家世儒者。涉依國學爲諸生講説，稍遷國子博士，亦能爲文，嘗請有司日試萬言，時呼『張萬言』。德宗在春宫，受經于涉。及即位之夕，召涉入宫，訪以庶政，大小之事皆咨之。翌日，詔居翰林。」

〔二〕崔詹事：管本方校云名瑾。案，崔瑾，中書舍人崔鄲子。唐方鎮年表卷六：崔瑾廉察湖南在乾符三年（八七六）至五年。舊書卷一五五崔鄲傳附崔瑾傳云瑾咸通十三年（八七二）知貢舉，歷禮部侍郎，出爲湖南觀察使，然不言其曾官詹事。據本條下文「路庶人方當鈞軸」，舊書卷一七七路巖傳：巖爲相在咸通三年，在相位八年。此八年間，官湖南觀察爲崔姓者唯有崔黯。雲谿友議卷中南黔南亦云：「唯吴武陵郎中、劉軻侍御俱服其才識也。初爲拾遺，與崔詹事黯，因諫諍出宰。」則此崔詹事當爲崔黯。

〔三〕奏廢萬言科：案，史未載咸通間廢萬言科。會要卷七六童子：「開成三年十二月敕：『諸道應薦萬言、童子等，朝廷設科取士，門目至多，有官者合詣吏曹，未仕者即歸禮部，文詞學藝，各盡其長，此外更或延引，則爲冗長。起今以後，不得更有聞薦。』」

已得復失

8 楊知至，會昌五年王僕射重奏五人：源重、楊知至、楊嚴、鄭樸、竇緘，奉敕特放楊嚴，其餘四人皆落。知至感恩自弔，詩曰：「由來梁燕與冥鴻，不合翩翾向碧空。寒谷漫隨鄒氏律①，長天獨遇宋都風。當時泣玉情雖異②，他日銜環事亦同。二月春光花澹蕩③，無因得醉杏園中。」

此條事與卷八別頭及第門楊嚴條（8–31）重複，可參看前注。

〔校〕

①漫隨　「漫」，他本皆作「謾」。「隨」，本書卷八作「勞」。

②當時　卷八作「此時」。

③二月春光花澹蕩　卷八「二月」作「三月」。「花澹蕩」，卷八作「正搖蕩」。

9 張濆，會昌五年陳商下狀元及第，翰林覆落濆等八人〔一〕。趙渭南貽濆詩曰〔二〕：「莫向春風訴酒杯①，謫仙真個是仙才。猶堪與世爲祥瑞，曾到蓬山頂上來②。」

紀事卷五六趙嘏、廣記卷一八二貢舉五張濆條録載，詩見全詩卷五五〇。

〔校〕

①訴　紀事作「送」。

②蓬山　紀事作「蓬萊」。

〔證〕

〔一〕張濆句：案舊書卷一八上武宗紀：會昌五年「二月戊寅朔，太白掩昴之北側。諫議大夫、權知禮部貢舉陳商選士三十七人中第，物論以爲請託。令翰林學士白敏中覆試，落張濆、李玗、薛忱、張觀、崔凛、王諶、劉伯芻等七人。」「瀆」即「濆」之訛。「翰林」，即翰林學士白敏中。覆落者，舊紀作七人，元龜卷六四四貢舉部考試第二：「又遣敏中覆試，落下八人，議者以爲公。」亦作「八人」。

〔三〕趙渭南：即趙嘏。紀事卷五六趙嘏：「嘏字承祐，大中間終於渭南尉。」

以德報怨

10 裴垍舉宏辭，崔樞考之落第〔一〕。及垍爲宰相〔二〕，擢樞爲禮部〔三〕，笑謂樞曰：「聊以報德也。」

此條出唐國史補卷中裴垍報崔樞條。紀事卷五〇崔樞亦録載。

〔證〕

〔一〕裴垍舉宏辭：唐國史補卷中裴垍報崔樞原文：「裴相垍嘗應宏詞，崔樞考不中第。及爲相，擢樞爲禮部侍郎，笑而謂曰：『此報德也。』樞惶恐欲墜階。又笑曰：『此言戲耳！』」案：裴垍早舉賢良方正，舊書卷一四八本傳：「垍弱冠舉進士。貞元中，制舉賢良極諫，對策第一，授美原縣尉。」全文卷六〇五劉禹錫唐故中書侍郎平章事韋公集序：「德宗朝天水姜公公輔、杜陵韋公執誼、河東裴公垍以賢良方正徵。」然皆不言年份。記考卷一三列入貞元十年（七九四）禮部侍郎顧少連下賢良方正及第。又，兩唐書皆未言裴垍宏辭及第。

〔二〕垍爲宰相：舊傳：元和三年秋，宰相李吉甫出鎮淮南，垍代吉甫爲中書侍郎、同平章事。

〔三〕擢樞爲禮部：樞爲禮部在元和五年前。舊書卷一九二隱逸之孔敏行傳：敏行「字至之，舉進士，元和五年禮部侍郎崔樞下擢第。」

11 賈泳父翛〔一〕，有義聲。泳落拓，不拘細碎，常佐武臣倅晉州。昭宗幸蜀，三牓裴公時爲前主客員外〔二〕，客游至郡，泳接之傲睨。公嘗簪笏造泳，泳戎裝一揖，曰：「主公尚書邀放鷂子，勿怪！」如此倥傯而退①，贊頗銜之。後公三主文柄，泳兩舉，爲公所黜。既而謂門人曰：「賈泳潦倒可哀，吾當報之以德。」遂放及第。

〔校〕

① 倥傯 廣記作「傯傯」。

〔證〕

〔一〕賈泳父翛：賈泳、賈翛，事跡皆不詳。據本條，賈泳進士及第在乾寧五年（八七八）。

〔二〕昭宗：案：昭宗未曾幸蜀，裴贄於昭宗即位之次年即大順元年（八九〇）首主貢舉，又下文「後公三主文柄」，疑此處昭宗當爲僖宗之誤。通鑑卷二五四：僖宗於中和元年（八八一）正月丁丑避黄巢而幸成都，時亦與裴贄官主客員外相合。

惡分疎

12 宋人許晝〔一〕，閩人黄遘，遘嘗宰滑州衛南，與晝聲跡不疎。光化三年，二人俱近事〔二〕，遘謗晝嘗笞背矣。晝性卞急，時内翰吳融侍郎〔三〕，西銓獨孤損侍郎〔四〕，皆晝知己。一日，晝造二君子自辨，因袒而視之，二公皆掩袂而入。晝、遘其年俱落。

紀事卷六七許晝條録載。

〔證〕

〔一〕許晝：見卷三慈恩寺題名游賞賦詠雜紀門許晝條（3-37）注。

〔二〕二人俱近事：管本方校云：「二人近事，殊費解。」紀事作「求選京師」，疑即此意。案本書卷三，許晝至天復四年（九〇四）進士方及第。

〔三〕内翰吳融侍郎：唐才子傳校箋卷九引融唐英歌詩卷中壬戌歲閿鄉卜居詩所云「六載抽毫侍禁闈，可堪多病決然歸」。考融以禮部郎中入充翰林學士在乾寧三年（八九六），至天復元年初進户部侍郎，計六年。

〔四〕獨孤損：兩唐書無傳，其仕歷，舊書卷二〇上昭宗紀云天復三年十二月辛巳以禮部尚書獨孤損爲兵部侍郎、同平章事。唐僕尚丞郎表卷三吏侍考光化三年（九〇〇）見任。

13 光化中，蘇拯與鄉人陳滌同處①〔一〕。拯與考功蘇郎中璞初敘宗黨，璞故奉常滌之子也。拯既執贄，尋以啓事温卷，因請陳滌緘封②，滌遂誤書己名。璞得之大怒。拯聞之，蒼黄復致書謝過③。吳子華聞之曰：「此書應更懽也。」

今本瑣言逸文卷二、廣記卷二四二謬誤亦載。

〔校〕

①鄉人　管本上有「同」字。

②請　瑣言、廣記作「令」。

③蒼黃　瑣言、廣記作「倉皇」。

〔證〕

〔一〕光化中：案：蘇拯與陳滌於唐末皆無大名，光化中又爲王定保貢舉及第年，且定保又爲吴融之婿，蘇、陳之事恐難爲荆南之孫光憲所可易知。廣記云出瑣言，蓋誤記，或原爲孫光憲抄録自摭言。今汪校本廣記校云「明鈔本作『出摭言』」，當是。

14 文德中，劉子長出鎮浙西〔一〕，行次江西。時陸威侍郎猶爲郎吏①〔二〕，亦寓於此。進士褚載緘二軸投謁，誤以子長之卷面贄於威。威覽之，連有數字犯威家諱，威因拱而矍然②。載錯愕，白以大誤，尋以長牋致謝，略曰：「曹興之圖畫雖精〔三〕，終慙誤筆；殷浩之競持太過③，翻達空函〔四〕。」

〔校〕

①陸威侍郎　「陸威」，原本作「蘇威」，他本皆作「陸威」，當是，據改，並參下考。「侍郎」，韓熙本作「侍御」。

②矍　管本方校云當作「瞿」。

③兢持　類説卷三四、紀事卷五九作「矜持」。管本吴校：「統籤作『矜持』，全唐詩話同。」

〔證〕

〔一〕劉子長：即劉崇龜，子長其字。崇龜鎮浙西，兩唐書皆無載。方成珪據新書卷六八方鎮表，考其時鎮浙西者爲薛朗。案：新表江東下僅云「置忠國軍節度使，治湖州」，未言薛朗節度。舊紀：光啓三年（八八七）「二月乙巳朔，潤州牙將劉浩、度支使薛朗同謀逐其帥周寶，劉浩自稱留後。」則方考不符。又，新書卷一六三孔緯傳：「昭宗即位，（緯）進司空。……時天武都頭李順節，疏暴人也，以浙西節度使兼平章事。」唐方鎮年表卷五文德元年（八八八）鎮浙西者未録。此仍俟考。

〔二〕陸威：案：兩唐書無侍郎名蘇威者。陸威，瑣言卷四陸扆相六月及第：「唐陸相扆舉進士，屬僖宗再幸梁、洋。……朝中陸氏三人，號曰『三陸』，即相國洎希聲及威三人也。」唐僕尚丞郎表卷四：中和二年兵侍有陸威，「蓋僖宗世官至兵侍」。此云陸威文德中猶爲郎吏，恐亦不確。

〔三〕曹興之圖畫：御覽卷九四四蟲豸部一蠅：「張勃吴録曰：『曹興，帝使畫屏風。筆落，興便點爲蠅。帝疑生，乃彈之。』」

〔四〕翻達空函：案晉書卷七七殷浩傳：「（桓）温將以浩爲尚書令，遺書告之，浩欣然許焉。將答書，慮有謬誤，開閉者數十，竟達空函，大忤温意，由是遂絶。」

怨怒貢直附①

15 李義山師令狐文公。大中中，趙公在内廷〔一〕。重陽日，義山謁不見，因以一篇紀于屏風而去，詩曰〔二〕：「曾共山公把酒巵②，霜天白菊正離披③。十年泉下無消息④，九日樽前有所思。莫學漢臣栽苜蓿，還同楚客詠江蘺⑤。郎君漸貴施行馬⑥，東閣無因更重窺⑦。」

類説卷三四郎君東閣、説郛卷三五上摘録，紀事卷五三李商隱録載，文字多異。另錦繡萬花谷前集卷四重陽、古今事文類聚別集卷二七東閣不見、韻語陽秋卷二、漁隱叢話後集卷一四玉谿生亦有相近載録。

〔校〕

① 貢：宋犖本、宋筠本、揆敘本脱此字，徐本校改爲「戇」。

② 山公巴酒巵 全詩卷五四一「山公」作「山翁」，「巵」作「時」。

③ 正離披 管本、紀事作「繞階墀」。

④ 消息 全詩作「人問」。

⑤還同　韻語陽秋、紀事、漁隱叢話、全詩皆作「空教」。

⑥漸貴　學津本、類説卷三四、説郛、韻語陽秋、紀事、漁隱叢話、全詩皆作「官貴」。類説卷四三、廣記卷一九九引瑣言作「官重」。總龜作「位重」。

⑦更重窺　類説卷四三、廣記卷一九九引瑣言作「許再窺」。韻語陽秋、紀事作「再得窺」。漁隱叢話、總龜作「得再窺」。

〔證〕

〔一〕趙公在内廷：舊書卷一八下宣宗紀：大中四年十一月，以户部侍郎、判本司事令狐綯爲兵部侍郎、同平章事。新書卷八宣宗紀在十月辛未。十三年十二月丁酉罷。

〔二〕詩曰：全詩卷五四一題作九日，題注：「商隱爲令狐楚從事，楚既殁，子綯繼有韋平之拜。惡商隱從鄭亞之辟，疏之。重陽日，商隱留詩於其廳事，綯覩之，慙悵扃閉此廳，終身不處。」蓋出瑣言。宋蔡正孫詩林廣記卷六引，題作九日謁令狐綯不見。

16張曙、崔昭緯，中和初西川同舉〔一〕，相與詣日者問命。時曙自恃才名籍然，人皆呼爲「將來狀元」，崔亦分居其下。無何，日者殊不顧曙，目崔曰：「將來萬全高第。」曙有愠色。日者曰：「郎君亦及第，然須待崔家郎君拜相，當於此時過堂。」既而，曙果以慘恤不終場，昭緯其年首冠。曙以篇什刺之曰：「千里江山陪驥尾，五更風水失龍鱗①。昨夜浣花溪上雨，緑楊芳草屬何人②。」崔甚不平。會夜飲，崔以巨觥飲張，張推辭再三。崔曰：「但喫，卻待我作宰相，與你取狀頭。」張拂衣而去，因之大不叶。後七年，崔自内廷大拜，張後於三牓裴公下及第，果於崔公下過堂。

廣記卷一八三貢舉六張曙、紀事卷六六張曙條亦録載。

〔校〕

①風水　廣記作「風小」。

②屬，廣記、紀事、總龜作「爲」。

〔證〕

〔一〕中和初：記考卷二三：崔昭緯，中和三年禮部侍郎夏侯潭下狀元及第。案舊書卷一九下僖宗紀：中和元年十二月辛巳，黃巢陷京師，僖宗幸蜀，五年三月丁卯還京師。

17 崔珏佐大魏公幕〔二〕，與副車袁充常侍不叶，公俱薦之於朝。崔拜芸閣讎校，縱舟江滸。會有客以絲桐詣公，公善之①，而欲振其名，命以乘馬迎珏，共賞絶藝。珏應召而至，公從容爲客請一篇。珏方懷怫鬱②，因以發泄所蓄，詩曰：「七條絃上五音寒，此藝知音自古難。唯有河南房次律，始終憐得董庭蘭③。」公大慙恚。

紀事卷五八崔珏條亦録載。

〔校〕

① 公善之　紀事「公」作「心」。

② 怫　閣本、薈要本作「拂」。

③ 董庭蘭　管本、韓熙本、閣本、薈要本同，他本「庭」皆作「亭」。

〔證〕

〔一〕崔珏：新書卷六〇藝文志：「崔珏詩一卷。字夢之，并大中進士第。」大魏公即崔鉉，舊書卷一八下宣宗紀：大中九年八月，鉉檢校司空、同平章事，兼揚州大都督府長史，充淮南節度副大使、知節度使事。案舊書卷一六三崔元略傳附崔鉉傳：鉉咸通初移鎮襄州，疑珏即於此間佐鉉幕。珏生平事跡寥寥。戴偉華唐方鎮文職僚佐考據本條列崔珏在崔鉉淮南幕，時在大中九年至咸通三年。瑣言卷三崔珏二子有「崔珏侍御家寄荊州，二子兇惡，節度使劉都尉判之曰」云云。陶敏全唐詩作者小傳補正卷五九一以爲珏蓋首佐崔鉉淮南幕，復從鉉荊南幕，得侍御，遂寄家荆州。

18 張楚與達奚侍郎書〔一〕：公橫海殊量，干霄偉材，鬱爲能賢，特負公望。雄筆麗藻，獨步當時，峻節清心，高邁流俗。其爲御史也〔二〕，則察視臧否，糾遏姦邪；其任郎官也①，則彌綸舊章②，發揮清議；其拜舍人也〔三〕，則專掌綸綍，翺翔掖垣；其遷侍郎也，則綜覈才名，規模禮物。良由心照明鏡，手握純鈎，龍門少登，鵬翼孤運。猶且謙能下士，貴不易交。頃辱音書，恍若會面，眷顧之重，宿昔不渝，執翫徘徊，緘藏反覆，伐木之詩重作，採葵之詠再興。何慰如之！幸甚，幸甚！

〔校〕

① 任 閣本、薈要本作「爲」。

② 綸 撰敘本作「經」。

〔證〕

〔一〕張楚與達奚侍郎書：達奚侍郎即達奚珣，據唐僕尚丞郎表卷一六考，天寶二年正月以中書舍人權知禮侍，是年春放牓，正拜禮侍。天寶五載三四月至八九月間，遷吏侍。案：天寶十五載，安禄山稱帝，爲左相。舊書卷一〇肅宗紀：至德二載（七五七）十二月庚午，達奚珣因受僞職受誅。張楚，開元七年制舉文詞雅麗科及第，授長安尉。屢受達奚珣提掖。

〔二〕御史：唐御史台精舍題名考卷三有達奚珣，仍以摭言本條爲據。

〔三〕舍人：珣拜舍人在天寶二年正月前。

僕誠鄙陋，素乏異能，直守愚忠，每存然諾。背憎噂沓①，少小不爲。蘧蒢戚施，平生所恥②。故得從游君子，廁跡周行。歡會之間，常多企慕，聊因翰墨，輙寫蒭蕘③。公往在臨淄，請僕爲曹掾④，喜奉顔色，得接徽猷。美景良辰，必然邀賞；斗酒臠肉，何曾蹔忘？分若芝蘭，堅逾膠漆。時范、穆二子，俱在屬城；僕濫同人，見稱四友。嘗因醉後遂論，晚慕官資⑤，衆識許公榮陽，勃然不顧。公誠相期於下郡，咸及爲榮⑥，志氣之間，懸殊久矣。今范郎中永逝，穆司直尋殂，唯僕尚存，得覩榮貴。此疇昔之情一也。尋應制舉，同赴洛陽，是時春寒⑦，正值雨雪，俱乘款段，莫不艱辛。朝則齊鑣，夜還連榻，行邁靡靡，中心摇摇。及次新鄉，同爲口號。公先曰：「太行松雪，映出青天。」僕答曰：「淇水煙波，半含春色。」向將百對，盡在一時⑧。發則須酬，遲便有罰，並無所屈，斯可爲歡。此疇昔之情二也。初到都下，同止客坊，早已酸寒，復加屯躓。屬公家豎逃逸，竊藏無遺；賴僕僑裝未空⑨，同爨斯在。殆過時月⑩，以盡有無，巷雖如窮，坐客常滿。還復嘲謔，頗展歡娛。公詠僕以衣袖障塵，僕詠公以漿粥和酒。復有憨嫗，提攜破筐，頻來掃除，共爲笑弄。此疇昔之情三也。

〔校〕

① 嗜　管本作「沓」。

② 平　管本作「早」。

③ 蒻　薈要本、全文卷三〇六作「芻」。

④ 請　管本方校云當作「詣」。

⑤ 慕　揆敘本作「暮」。管本方校亦云當作「暮」。

⑥ 咸及爲榮　管本方校以爲上有脱誤。

⑦ 是時　宋犖本、宋筠本、揆敘本作「時在」。韓熙本、徐本作「時是」。

⑧ 在　閣本、薈要本作「其」。

⑨ 僕　全文脱此字。

⑩ 月　管本作「日」。

公授鄭縣〔一〕，歸迎板輿，僕已罷官①，時爲貧士。於焉貰酒，猶出荒郊，候得軒車②，便成野酌。留連數日，款曲襟懷，旋愴分離，遠行追送。他鄉旅寓，摻袂淒然，雖限山川，常懷夢想。此疇昔之情四也。公在畿甸〔二〕，僕尉長安，多陪府庭，是稱聯吏。數游魏十四華館，頻詣武七芳筵。婉孌心期，綢繆讌語，應接無暇，取與非他。車公若無，愷然不樂，黄生未見，鄙悋偏形③。此疇昔之情五也。公遷侍御，僕忝起居，執法記言，連行供奉，舉目相見，爲歡益深。焕爛玉除之前，馥郁香爐之下，仰戴空極④，盡覩朝儀，若在鈞天，如臨玄圃。此疇昔之情六也。僕轉郎署，先在祠曹，公自臺端，俯臨禮部，昔稱同舍，今則同廳。退朝每得陪行⑤，就食尋常接坐，攀由鴻鵠，倚是蒹葭。咫尺餘光，環迴末職，官連兩載，事等一家⑥。此疇昔之情七也。復考進士文策，同就侍郎廳房，信宿重闈⑦，差池接席，掎摭之務，仰止彌高。于時賢郎幼年辭翰，公以本司恐謗，不議祁奚。僕聞善必驚，是敬王粲⑧。驟請座主，超升甲科。今果飛騰，已遷京縣。雖云報國，亦忝知人。此疇昔之情八也。

〔校〕

① 已　韓熙本作「亦」。

②侯　揆敍本作「俟」。

③鄙悋偏形　揆敍本「形」作「生」。

④空　管本作「宸」。

⑤朝　全文脱此字。

⑥等　全文作「同」。

⑦闈　明本、宋犖本、宋筠本、揆敍本作「闕」。韓熙本、厲校本、徐本作「闕」。

⑧是　管本方校云當作「實」。

〔證〕

〔一〕公授鄭縣：會要卷七六制舉科：開元二年達奚珣文史兼優科及第，同第者李昇期、康子元，授鄭縣。當即此時或稍後。

〔三〕公在畿甸：寶刻叢編卷一〇引集古録目：「唐御製華嶽碑、述聖頌，唐京兆府富城縣尉達奚珣撰序。」又據文，此頌以開元中立，疑此時達奚珣仕富城縣尉。

凡人有一於此，猶有可論，況僕周旋若斯，足成深契。所以具申前好，用呈寸心，非欲稱揚，故爲繁冗。今公全德之際，願交者多；昔公未達之前，欲相知者少。於多甚易，在少誠難。則公居甚易之時，下走處誠難之日，本以義分相許，明非勢利相趨①。早爲相國所知，累遷官守。其在銓管也，用僕爲京兆掾；其在台衡也，用僕爲尚書郎。隻字片言，曾蒙激賞；連讒被謗②，備與辨明。察於危難之情，知在明教之地③。後緣疏惰，自取播遷，顧三省而多慙，甘一黜而何黷。歷司馬、長史，再佐任治中。萬里山川，七周星歲，從閩適越，染瘴纏痾。比先支離，更加枯槁，盡作斑鬢④，難爲壯心。常情尚有咨嗟，故舊能無歎息？非辭坎壈，但媿揶歈。偏觀昔人沈淪，多因推薦，其有超然，卻貴自達，十不二三。以管仲之賢，須逢鮑叔；以陳平之智，須遇無知；以諸葛之才，見稱徐庶；以禰衡之俊，見藉孔融⑤。如此之流，不可稱數。其於樗散，必待吹噓。如公顧眄生光⑥，剪拂增價，豈忘朽株之事，而輕連茹之辭乎？即有言而莫從，未有不言而自致⑦。世稱王陽在位，貢禹彈冠，彼亦何哉？非敢望也。復恐傍人疎間，貝錦成章。僕既無負於他人，人豈有嫌於僕？愚之竊料，當謂不然，彼欲加諸，復難重爾。嘗試大抵如之⑧，或在蒼黃，或於疑似，都由聽授，不至分明，便起猜嫌，俄成釁隙。廉、藺獨能生覺⑨，蕭、朱杳不深知。備出時談，可爲殷鑒。且今之從政，必也擇人，若非文儒，祇應吏道。

〔校〕

① 明 閣本、薈要本無此字。

② 連 管本作「遭」。

③ 教 管本方校云當作「斅」。

④ 班 管本、全文作「斑」，學津本作「頒」。

⑤ 藉 管本方校云當作「薦」。

⑥ 眄 閣本、全文作「盼」。

⑦ 自 韓熙本、全文脱此字。

⑧ 試 全文下小注「疑」。另，管本方校云此句以上當有脱誤。

⑨ 生覺 管本方校云一本作「先覺」。

僕於藻翰留意，則下筆成章；僕於幹蠱專精，則操刀必割。歷官一十五任，入事三十餘年①。夫琢玉爲器者，尚掩微瑕；斲木爲輪者②，猶藏小節。僕縱有短，身還有長。至如高班要津，聽望已久③，小郡偏州，常才爲之。嗟乎！不與其間，益用惆悵。要欲知其某郡太守④，以示子孫；未知生涯幾何，竟當遂否？天不可問，人欲奚爲？然則同時郎官，及餘親故，自僕貶黜之後，亡者三十餘人，皆負聲華⑤。豈無知己，不與年壽，相次殁於泉扃。有若范宣城等⑥，就中深密，最與追從。亦思題篇，匪朝即夕，索然皆盡，非慟而誰？不奈吾儕，多從鬼録⑦。獨求榮進，實愧無厭，向前借譽，於公是謬。自頃探釋氏苦空之説⑧，覽莊生齊物之言，寵辱何殊，喜愠無别。希求速進者，未必以前有；永甘棄廢者，未必以後無。倚伏難知，吉凶何定！朝榮暮落，始富終貧。

〔校〕

①事　管本作「仕」。
②僝木爲輪者　管本「僝」作「操」，脱「者」。
③聽　管本方校云當作「絶」。
④其　全文脱此字。
⑤皆　學津本作「一」。
⑥等　韓熙本脱此字。
⑦從　管本方校云或作「存」。
⑧苦　管本、閣本誤作「若」。

范卷簀而後榮，鄧賜錢而餓死，當黥而貴，折臂猶亨。翻覆何定①？□□波瀾，飄飄風雨②，任運推轉，何必越性干祈？但以鄴城，最當官路，使命來往③，賓客縱横，馬少憩鞍④，人當倒屣⑤。俸禄供幣，蓋不足云，筋力漸衰，故難堪也。儻少乖阻，即起憾辭，誠兼濟之義存，若屢空而理在。加以物務牽率，形役徒勞。幸有田園，在於河内，控帶泉石，交映林亭，密邇太行，尤豐藥物。素書數千卷，足覽古今；子姪五六人，薄閑詩賦。兼令佐酒，何處生愁？更引圍碁，别成招隱。風來北牖，月出東岑。往往觀魚，時時夢蝶。唯開一徑，懶問四鄰。潘岳於是閑棲⑥，梁竦由其罷歎⑦。行將謝病，自此歸耕。倘不遂微誠，明神是殛。遠陳本末之事，庶體行藏之心。秋中漸涼，唯納休謐。出處方異，會合無期。願以加餐，匪唯長憶。不具。張楚白。

〔校〕

① 何定　管本方校云二字疑衍。

② 飄飄　管本作「飄飆」，方云「舊本誤作飄飄」。

③ 來往　閣本、薈要本作「往來」。

④ 馬少憩鞍　管本作「馬鞍少憩」。此句與下句相對，管本恐誤。

⑤ 當　管本方校云當作「常」。

⑥ 棲　管本作「居」。

⑦ 其　管本方校云當作「斯」。

19 任華貢直①，上嚴大夫牋：「逸人姓任名華②，是曾作芸省校書郎者，輒敢長揖，俾三尺之童，奉牋於御史大夫嚴公麾下〔一〕：僕隱居巖壑，積有歲年，銷宦情於浮雲，擲世事於流水③。今者輟魚鈎④，詣旌麾，非求榮、非求利，非求名、非求媚，是將觀公俯仰，窺公淺深，何也？公若帶驕貴之色，移夙昔之眷，自謂威足陵物，不能禮接於人，則公之淺深，於是見矣。公若務於招延，不隔卑賤，念半面之曩日，迴親眼於片時⑤，則公之厚德，未易量也，惟執事少留意焉。且君子成人之美，僕忝士君子之末，豈敢不成公之美事乎⑥！是將投公藥石之言，療公膏肓之疾⑦，未知雅意欲聞之乎？必欲聞之，則當先之以卑辭，中之以喜色⑧，則膏肓之疾，不勞扁鵲而自愈矣。公其善聽之，何者？當今天下，有譏諫之士，咸皆不減于先侍郎矣。然失在於倨，闕在於怒，且易曰：『謙謙君子，卑以自牧。』論語曰⑨：『君子之道，忠恕而已矣。』公之頃者，似不務此道，非恐乖於君子，亦應招怒於時人。禍患之機，怨讎之府，豈在利劍相擊，拔戟相撞？其亦在於辭色相干，拜揖失節。則潘安仁以孫秀獲罪⑩，嵇叔夜爲鍾會所圖，古來此類，蓋非一也。公所明知之，又安可不以爲深誡乎？必能遇士則誠於倨，撫下則弘以恕，是可以長守富貴而無憂危，公成人之美，在此而已矣。念之哉！任華一野客耳，用華言亦唯命，不用華言亦唯命，明日當拂衣而去矣，不知其他。」

以下任華書四通，雅雨初印、閣本、學津本錯亂殊甚，宋犖本、厲校本、管本皆有所匡正。又，宋劉克莊後村詩話卷四於任華與李、杜二人兩通書信下云「華它作又不傳，獨此二篇」，實誤，任華四書見全文卷三七六。

〔校〕

①賁　雅雨初印、閣本、薈要本作「戇」。

②逸人　明本此二字上有「月日」二字。

③擲　明本作「擿」。

④魚　管本方校「一作漁」。明本作「漁」。

⑤親　明本、宋犖本、宋筠本、揆敍本、管本、閣本、薈要本、學津本作「青」。

⑥敢不　明本、宋犖本、宋筠本、揆敍本作「不敢」。

⑦盲　徐本作「肓」，誤。

⑧中　管本、全文作「申」。

⑨論語　明本、宋犖本、宋筠本、撰敘本、徐本作「復」，誤。

⑩孫秀　原本作「孫季」，據明本、管本、學津本改。

〔證〕

〔一〕御史大夫嚴公：管本方校云即嚴武，是。案舊書卷一一七嚴武傳：「上皇誥以劍兩川合爲一道，拜武成都尹、兼御史大夫，充劍南節度使；入爲太子賓客，遷京兆尹、兼御史大夫。二聖山陵，以武爲橋道使。無何，罷兼御史大夫，改吏部侍郎，尋遷黄門侍郎。」並不言時間。檢唐方鎮年表卷六寶應元年（七六二）下引草堂詩箋奉送嚴公入朝注：「寶應元年春，武開府成都。是年四月，代宗踐祚，召武以太子賓客。」下廣德二年（七六四）引通鑑：正月「癸卯，合劍南東西川爲一道，以黄門侍郎嚴武爲節度使。」嚴武入爲太子賓客在寶應元年，之前東、西川尚未合爲一道，舊書與通鑑，不知孰是。李肇唐國史補卷下：「寶應二年，大夫嚴武奏，在外新除御史，食宿私舍非宜。自此乃給公券。」則寶應二年七月前，嚴武仍兼爲御史大夫。

20 華與庾中丞書：「中丞閣下：公久在西掖，聲華滿路。昨還拜中憲①〔二〕，臺閣生風，甚善，甚善！華竊有所怪，請試言之。何者？華自去冬拜謁，偏承眷顧，幸辱以文章見許，以補衮相期，衆君子聞之當仁矣②。華請陪李太僕詣闕庭③，公乃謂太僕曰：『任子文辭，可爲卓絶，負冤已久，何不奏與太僕丞？』華也不才，皆非所望。然公之相待，何前緊而後慢若是耶？豈華才減於前日，而公之恩遇薄於兹辰。退思伏念，良增歎惋耳！況華嘗以三數賦筆奉呈於公④。展手札云：『足下文格，由來高妙。今所寄者，尤更新奇。公言之次，敢忘推薦。』朝廷方以振舉遺滯爲務，在中丞今日，得非公言之次乎？當公言之次⑤，曾不聞以片言見及。公其意者，豈欲棄前日之信乎？華本野人，嘗思漁釣，尋常杖策，歸乎舊山，非有機心，致斯扣擊。但以今之後進，咸屬望於公，公其留意焉！不然，後進何望矣！任華頓首。」

〔校〕

① 昨　明本、宋犖本、揆敘本、雅雨初印「昨」上有「一」字。

② 當仁　宋犖本、宋筠本、揆敘本、全文作「當信」。

③ 請　宋犖本、宋筠本、管本、全文作「頃」。

④ 奉呈於公　管本「公」下闕一字。明本下又有「公」字。全文脱「於公」二字。

⑤ 公言之次　管本作「公言濟物之心次」，「濟物」二字與下葉與與杜中丞書「成濟物之道」之「濟

物」二字重，當爲誤闌。

〔證〕

〔一〕中丞閣下句：庾中丞即庾準。「西掖」爲中書省之别稱，舊書卷一一八庾準傳：「父光先，天寶中文部侍郎。準以門蔭入仕，昵于宰相王縉，縉驟引至職方郎中、知制誥，遷中書舍人。」「中憲」即中丞之别稱。舊書卷一二德宗紀：建中元年（七八〇），「以前司農卿庾準爲江陵尹、兼御史中丞、荆南節度使。」建中二年，爲左丞。三年六月丁巳，卒。據「昨遷拜中憲」，任華此書當作於建中元年前後。

21 華與京尹杜中丞書①〔一〕：「中丞閣下：僕常以爲受人恩不易，何以言之？昔辟陽侯欲與朱建相知，建不與相見。無何，建母喪，家貧，假貸服具②，而辟陽侯乃奉百金往税焉。及辟陽侯遭讒而竟獲免者，建之力也。其後淮南王以諸吕之故，誅辟陽侯，而建以曾往來，亦受其禍。是知相知之道，乃是禍福存亡之門③，固不易耳。僕一到京輦④，嘗以孤介自處，終不能結金、張之援，過衛、霍之廬。苟或見招，輒以辭避。所以然者，以朱建自試耳。一昨不意執事猥以文章見知，特於名公大臣，曲垂翦拂⑤，由是以公爲知己矣。亦嘗造詣門館，公相待甚厚，談笑怡如。僕由是益知公懿德宏遠⑥，必能永保貞吉，而與人有終始之分。不然，何乃前日輒不自料，而有祈匄於公哉⑦？若道不合，雖以王侯之貴，親御車相迎，或以千金爲壽，僕終不顧。况肯策款段、崎嶇傍人門庭開强言乎⑧！矧僕所求不多，公乃曰：『亦不易致，即當分減。』然必若易致，則已自致矣，安能煩於公？且凡有濟物之心，必能輟於己，方可以成濟物之道。公乃曰分減，豈輟己之義哉？况自蒙見許，已經旬日，客舍傾聽，寂寥無聲，公豈事繁遺忘耶？當不至遺忘，以爲閒事耶？今明公位高望重，又居四方之地，若輕於信而薄於義⑨，則四方無所取。唯公留意耳。任華頓首。」

〔校〕

① 京尹　撲敘本作「京兆」。

② 假貸　學津本作「假借」。

③ 存亡　宋犖本、宋筠本、撲敘本、韓熙本、厲校本作「存立」。

④ 僕一到京輦　明本、宋犖本、宋筠本、撲敘本、韓熙本、厲校本無「一」字。

⑤ 翦　明本、管本、宋犖本、宋筠本、韓熙本、厲校本作「剪」。

⑥ 益　明本、宋犖本、撲敘本、徐本作「蓋」。宋筠本原作「蓋」，校改「益」。

⑦ 祈匄　閣本、薈要本「祈」作「所」。

⑧ 開　管本方校云當作「間」。明本作「開口」二字。
⑨ 輕　閣本、薈要本作「失」。

〔證〕

〔一〕京尹杜中丞：管本方校云爲杜濟。濟，舊書與通鑑大曆八年（七七三）由京兆尹貶杭州刺史。又案舊書卷一一代宗紀：大曆五年，以兵部侍郎賈至爲京兆尹。舊書卷一九〇中文苑中賈至傳：大曆「五年，轉京兆尹、兼御史大夫，卒。」新書卷一一九賈至傳：大曆「七年，以右散騎常侍卒。」則杜濟當即賈至京尹之後任。此書當作於大曆七、八年間。

22 華告辭京尹賈大夫書〔一〕：「大夫閣下：昔侯嬴邀信陵君車騎過屠門，而信陵爲之執綏，此豈辱公子耶？乃所以成公子名耳。王生命廷尉結韤，廷尉俯僂從命無難色，此豈辱廷尉乎？亦以成廷尉之名耳。僕所邀明公枉車過陋巷者，豈徒欲成君子之名而已哉①？竊見天下有識之士，品藻當世人物，或以君子之才望，美則美也，猶有所闕焉。其所闕者，在於恃才傲物耳。僕感君國士之遇，故以國士報君。其所以報者，欲洗君恃才傲物之過②，而補君之闕。宜其允迪忠告，惠然來思。而乃躊躇數日不我顧，意者恥從賣醪博徒者游乎③？觀君似欲以富貴驕僕，乃不知僕欲以貧賤驕君，君何見之晚耶！抑又聞昔有躄者，恥爲平原君家美人所笑，乃詣平原君，請笑者頭。平原君雖許之，終所不忍。居無何，賓客别去過半。君怪之④，有一客對曰：『以君不殺笑躄者，謂君爲愛色而賤士⑤。』平原君大驚悔過，即日斬美人頭，造躄者門謝焉，賓客由是復來。今君猶惜馬蹄不顧我，況有請美人頭者，豈復得哉？僕亦恐君之門客於是乎解體。僕即解體者也，請從此辭。任華頓首。」

〔校〕

① 君子　全文作「君」，下同。

② 洗　明本、宋犖本、宋筠本、搜敘本、韓熙本、徐本作「澆」，學津本作「曉」。

③ 者游乎　明本、宋犖本、宋筠本、韓熙本、厲校本作「游者乎」，管本作「游乎者乎」，顯誤。

④ 君怪之　全文上有「平原」二字。

⑤ 謂　明本、宋犖本、宋筠本、搜敘本、韓熙本、厲校本作「用」，管本、閣本、薈要本作「因」。

〔證〕

〔一〕賈大夫：即賈至，見上條注。賈至大曆五年爲京兆尹，七年，以右散騎常侍卒。此書當作於大曆五年至七年間。

23 崔國輔上何都督履光書①〔一〕：「崔國輔謹上書於都督何公節下：昨有自府庭而退者云，君公垂責，以爲怠於奉上之禮，死罪，死罪！竊聞禮不妄説人②，爲近佞媚也，不好狎，自全仁義也。故教訓正俗，非禮不備；君臣上下，非禮勿定；宦學事師，非禮勿親。所以君子恭敬撙節退讓以明禮，修身踐言合道以成禮。今人無禮，多涉於佞媚，不全於仁義。故以難進而易退孜孜善行者爲失禮。悲夫！古之有禮者貴，今之有禮者賤③。雖然，君子終不棄禮爲苟容。詩云：『風雨如晦，雞鳴不已。』言善人不拘俗也。國輔常見君公有謀贊之能，明恤之量，敢以大雅之道而事君公，殊不知君公以凡徒見待。君公聞叔向乎？聞張良乎？夫叔向者不能言，退然不勝衣，爲晉國之望。張良婦人也，而懦次之華，宜君公不禮④。蕭曹爲刀筆吏，碌碌無奇節；百里奚在虞而虞亡，在秦而秦霸；屈原之忠貞逐於楚，張儀之利口鞭於梁。皆士之屯蒙，莫能自異，僕今日復何言哉！」

〔校〕

① 上何都督履光書　厲校本、韓熙本「履光」在「書」下，爲小字注。

② 説人　閣本、薈要本作「悦人」。

③ 古之有禮者貴今之有禮者賤　明本、宋犖本、宋筠本、揆敘本、韓熙本、徐本、管本「貴」、「賤」

上皆有「則」字。

④張良婦人也而懦次之華宜君公不禮　管本方校云當有脱誤。閣本作「張良婦女之狀未嘗臨陣爲漢庭之傑」，文字相差較遠。全文「懦次之華」作「懦夫下輩」。撰叙本作「張良貌如婦人懦次之輩宜君公不禮」。

〔證〕

〔一〕崔國輔上何都督履光書：案：崔國輔，吴郡人，開元十四年進士。何履光，新書卷五玄宗紀：「天寶八載十月，特進何履光率十道兵以伐雲南。十五載爲嶺南節度使。」蠻書卷七：「天寶八載，玄宗委特進何履光統領十道兵馬，從安南進軍伐蠻國。十載已收復安寧城並馬援銅柱。……何履光本是邕管貴州人，舊嘗任交、容、廣三州節度。」

24朱灣別湖州崔使君書〔一〕：「灣聞蓬萊之山，藏杳冥之中①，行可到；貴人之門，無媒而通，不可到。驪龍之珠，潛於瀇滉之中，或可識；貴人之顔，無因而前，不可識。某自假道路，問津主人，一身孤雲，兩度圓月。凡載詣執事，三趨戟門。門人謂某曰：『子私來耶？公來耶？』若言公，小子實非公；若言私，公庭無私，不得入。以兹交戰彷徨于今，信知庭之與堂，不啻千里。況寄食漂母，夜眠漁舟，門如龍而難登，食如玉而難得②。得如玉之粟③，登如龍之門，如龍之門轉深，如玉之粟轉貴。實無機心，翻成機事。漢陰丈人聞之，豈不大笑？屬谿上風便，囊中金貧，望甘棠而歎，自引分而退。」

紀事卷四五朱灣、紺珠集卷四朱灣別崔使君書亦録載。

〔校〕

① 藏杳冥之中　管本方校云「藏」下當有「於」字，疑是。紺珠集有「以」字。

② 得　宋犖本、揆敘本作「登」。

③ 得如玉之粟　明本、宋筠本、韓熙本、厲校本、徐本、管本、閣本「得」作「食」。

〔證〕

〔一〕崔使君：管本方校云名侃。紀事卷四五亦作崔侃。全唐詩録卷四四：「灣嘗干湖州崔使君侃，不遇，獻書云。」崔侃，會要卷七六貢舉中制科舉：「（開元）二年，文儒異等科，崔侃、褚庭誨及第。」事跡不詳，然與下考之朱灣時代懸隔五十餘年，恐非此人。唐才子傳校箋卷三朱灣傳疑爲崔論，可參看。朱灣，新書卷六〇藝文四著録朱灣詩集四卷，注云：「李勉永平從事。」全詩卷三〇六小傳曰：「字巨川，西蜀人，自號滄州子。貞元、元和間爲李勉永平從事。」校箋卷三以爲有誤，並考李勉大曆八年（七七三）至建中四年（七八三）鎮永平，四年奔宋州，朱灣在此時歸隱於湖州東溪。此文蓋作於寶應元年之前隱湖州時。

［16］論曰：夫子口無擇言①，身無擇行〔一〕。言之遜，人不以爲諂；言之危，人不以爲訐。蓋言與行契，行由言立。故生人以來，未有如丘之聖者！儒有用言干進，幾乎！若乃交道匪終，得言紀之者，時則有其人矣。

〔校〕

① 夫子　閣本下有「云」字。

〔證〕

〔一〕口無擇言身無擇行：語出孝經卿大夫：「是故非法不言，非道不行，口無擇言，身無擇行。」

唐摭言校證　卷一二

自負

1 杜甫莫相疑行：「男兒生無所成頭皓白，牙齒欲落真可惜。憶獻三賦蓬萊宮，自怪一日聲輝赫①。集賢學士如堵墻，觀我落筆中書堂。往時文彩動人主，今日飢寒趨路傍②。晚將末節契年少③，當面輸心背面笑④。寄謝悠悠世上兒，莫爭好惡莫相疑⑤。」

〔校〕

① 輝　杜詩詳注卷一四作「烜」。

② 今　韓熙本作「人」。杜詩詳注作「此」。

③ 末節契年少　管本吴校云一作「末契託年少」。

④ 輸　韓熙本、學津本作「論」。

⑤ 莫争　管本吴校云一作「不争」。

2 甫獻韋右丞〔一〕：「紈袴不餓死，儒冠多悮身①。丈人試静聽②，賤子請具陳。甫昔少年日③，早充觀國賓。讀書破萬卷，下筆如有神。賦料揚雄敵，詩將子建親④。李邕求識面，王翰願卜鄰⑤。自謂頗挺生⑥，立登要路津。致君堯舜上，再使風化淳⑦。此意竟蕭索⑧，行歌非隱淪。騎驢三十年⑨，旅食京華春。朝叩富兒門，暮隨肥馬塵。殘盃與冷炙⑩，到處潛悲辛。主上頃見徵，欻然欲求伸。青冥卻垂翅，蹭蹬無縱鱗。甚愧丈人厚，甚知丈人真。每於百僚上，猥誦佳句新。竊效貢公喜，難甘原憲貧。焉能心怏怏，只是走踆踆。今欲東入洛⑪，即將西去秦。尚憐終南山，迴望清渭濱⑫。常擬報一飯⑬，況懷辭大臣。白鷗波浩蕩⑭，萬里誰能馴？」

〔校〕

① 悮　韓熙本、杜詩詳注卷一、杜詩鏡銓卷一作「誤」。

② 丈人　韓熙本誤作「文人」。

③ 少　杜詩詳注注：「一作妙。」

④將　杜詩詳注、杜詩鏡銓作「看」。

⑤卜　杜詩詳注作「爲」。

⑥生　管本、杜詩詳注、杜詩鏡銓作「出」。

⑦化　杜詩詳注、杜詩鏡銓作「俗」。

⑧索　杜詩詳注、杜詩鏡銓作「條」。

⑨三十年　杜詩詳注作「十三載」。管本、杜詩鏡銓「年」亦作「載」。

⑩盃　學津本誤作「盆」。

⑪洛　閣本、杜詩詳注、杜詩鏡銓作「海」。

⑫望　閣本、薈要本、杜詩詳注、杜詩鏡銓作「首」。

⑬飯　宋犖本、宋筠本、撰敘本、韓熙本、厲校本、徐本作「飡」。

⑭波　韓熙本、閣本、杜詩詳注、杜詩鏡銓作「没」。

〔證〕

〔一〕獻韋右丞：韋右丞，管本方校云名濟。杜詩詳注卷一注：「作於天寶七載。」新書卷一六六韋濟傳：「天寶中，授尚書左丞，凡三世居之。」舊書卷一一八王縉傳亦作左丞，則此「右丞」當爲「左丞」之誤。

3 崔仁師之孫崔湜，並滌及從兄涖〔一〕，並有文翰，列居清要。每私宴之際，自比王、謝之家。謂人曰①：「吾之門人及出身歷官，未嘗不爲第一。丈夫當先據要路以制人，豈能默默受制於人。」故進取不已，而不以令終。

廣記卷一八四貢舉七崔湜、卷第二六五輕薄一崔湜條，何氏語林卷三〇惑溺三七皆有録載。

〔校〕

①謂　宋犖本作「論」。

〔證〕

〔一〕崔仁師：舊書卷七四、新書卷九九崔仁師傳附崔湜傳亦據引此條，舊傳云湜「弟液、滌及從兄涖並有文翰」。新書卷七二下宰相表二下：仁師長子擢有一子液，第三子挹有四子：湜、泌、滌、涖。

4 開元中，薛據自恃才名〔一〕，於吏部參選，請受萬年録事①。流外官共見宰執，訴云：「赤録事是某等清要官，今被進士欲奪，則等色人無措手足矣。」遂罷。

此條當本自封氏聞見記卷三薛據條，有删節。廣記卷一八六銓選二録載，注出摭言。紀事卷二五亦録載。

〔校〕

①受　封氏聞見記、廣記、紀事皆作「授」。

〔證〕

〔一〕薛據：記考卷七：開元十九年（七三一）裴敦復下及第。事跡見舊書卷一四六薛播傳。

5 鄭起居仁表詩曰①〔一〕：「文章世上争開路②，閥閲山東拄破天③。」

紀事卷六一劉（鄭）仁表亦載。

〔校〕

①仁表　宋犖本、管本二字爲小字注。

②争　徐本原作「華」，校改「争」。

③拄　管本、紀事作「柱」。

〔證〕

〔一〕鄭起居仁表：舊書卷一七六、新書卷一八二鄭肅傳附鄭仁表傳：仁表，肅之孫，尚書郎洎之子，有俊才。舊傳云：「從杜審權、趙騭爲華州、河中掌書記，入爲起居郎。」孫棨北里志天水僊哥：「故右史鄭休範（原注：仁表）嘗在席上贈詩。」休範當爲鄭仁表之字。記考卷二三：鄭仁表，咸通九年（八六八）劉允章下進士及第。

6 張曙拾遺與杜荀鶴同年〔一〕，嘗醉中謔荀鶴曰：「杜十五公大榮①。」荀鶴曰：「何榮？」曙曰：「與張五十郎同年，争不榮？」荀鶴應聲答曰：「是公榮，小子争得榮？」曙笑曰：「何也？」荀鶴曰：「天下祇知有杜荀鶴，阿没處知有張五十郎。」

此條與瑣言卷四張曙戲杜荀鶴條所載相近。

〔校〕

①杜十五　瑣言作「杜十四」。岑仲勉唐人行第録考當作「杜十五」。宋犖本「五」後有「年」字。

〔證〕

〔一〕同年：張曙、杜荀鶴，皆於昭宗大順二年（八九一）禮部侍郎裴贄下進士及第。

7 盧延讓業癖澀詩，吴翰林雖以賦卷擢第，然八面受敵，深知延讓之能。延讓始投贄，卷中有説詩一篇，斷句云：「因知文賦易，爲下者之乎①。」子華笑曰：「上門惡罵來。」

延讓與吴融交結事，亦見本書卷六公薦門盧延讓條（6–3）。

〔校〕

① 因知文賦易爲下者之乎 「因知」，瑣言卷七盧詩三遇、紀事卷六五、鑑誡録卷五容易格、能改齋漫録卷一〇皆作「不同」。宋犖本、韓熙本、管本「者」作「得」。

8 薛保遜好行巨編〔一〕，自號「金剛杵」。太和中，貢士不下千餘人，公卿之門，卷軸填委，率爲閽媪脂燭之費，因之平易者曰：「若薛保遜卷，即所得倍於常也①。」

廣記卷一八二貢舉四薛保遜條亦録載。紺珠集卷四、類説卷三四、説郛卷三五上亦引録。

〔校〕

① 即 宋犖本無此字。

〔證〕

〔一〕薛保遜：舊書卷一五三、新書卷一六二薛存誠傳附保遜傳：保遜，存誠孫，「登進士第，位亦至給事中」。其仕歷可參瑣言卷三薛保遜輕薄條。

十軸。

9 劉允章侍郎主文年，牓南院曰：「進士納卷，不得過三軸。」劉子振聞之，故納四十軸。

本條與卷九四凶門劉子振條（9–29）重複，可參看。

10 元次山中興頌序云〔一〕：「天寶十四年①，安禄山陷洛陽。明年，犯長安②。天子幸蜀，太子即位於靈武。明年，皇帝移軍鳳翔。其年復兩京，上皇還京師。夫立聖德大業者，必有歌頌③。若今歌頌聖德④，刻諸金石⑤，非老於文學，其誰宜爲？」

〔校〕

① 年　全文卷三八〇作「載」，是。

② 犯　文粹卷二〇、全文皆作「陷」。

③ 有　文粹、全文作「見於」。

④ 若今歌頌聖德　宋犖本涉上脱「若今歌頌」四字。文粹、全文「聖德」作「大業」。

⑤ 諸　文粹、全文皆作「之」。

〔證〕

〔一〕中興頌序：文粹卷二〇、全文卷三八〇收入，名大唐中興頌。孫望元次山年譜繫此作於上元二年（七六一）八月。

11 盧肇初舉，先達或問所來①，肇曰：「某袁民也。」或曰：「袁州出舉人耶？」肇曰：「袁州出舉人，亦由沅江出龜甲②，九肋者蓋稀矣。」

紀事卷五五、説郛卷三五並載録。廣記卷二五一詼諧七盧肇録此條，與本書卷二恚恨門盧吉州肇條（2-21）合併，注出摭言。

〔校〕

① 所來　紀事作「所由來」。

② 由　紀事作「猶」。

12 王適侍御①〔一〕，元和初，舉賢良方正直言極諫科，太直見黜。故韓文公誌適墓云：「上初即位，以四科募天下士。君笑曰：『此非吾時耶。』即提所作書，緣路歌吟②，趨直言試。既至，對語驚人。不中第，益久困矣。」

〔校〕

① 王適侍御　閣本、薈要本「侍御」作「侍郎」。

② 緣路歌吟　閣本、薈要本無「吟」字。

〔證〕

〔一〕王適：事見全文卷五六四韓愈試大理評事王君墓誌銘，又見韓昌黎文集卷二八。王適爲侍御之年，銘云：「將軍遷帥鳳翔，君隨往，改試大理評事，攝監察御史、觀察判官。」「將軍」爲李惟簡。舊書卷一四憲宗紀：元和六年（八一一）五月庚子，以左金吾衛將軍李惟簡檢校户部尚書、鳳翔尹、隴右節度使。王適攝侍御當在此時。另，舊書又有名王適者，卷一九〇中文苑中王適傳：「王適，幽州人。官至雍州司功。」舊書卷四七經籍下、新書卷六〇藝文四皆著録「王適集二十卷」，與蘇味道等同時，爲武后時人，與此別爲一人。

13 薛能尚書題集後曰〔一〕：「詩源何代失澄清？處處狂波汙後生。常感道孤吟有淚①，卻緣風壞語無情。難甘惡少欺韓信，枉被諸侯殺禰衡。縱有緱山也無益②，四方聯絡盡蛙聲。」

紀事卷六〇亦録載，詩又見全詩卷五六〇，題作題後集。

〔校〕

①吟　韓熙本作「峰」。

②縱有　紀事、全詩作「縱到」。

〔證〕

〔一〕薛能尚書：唐僕尚丞郎表卷二一考，薛能，乾符中由感化節度使入遷工部尚書，在乾符五年（八七八）後。

14 王貞白寄鄭谷郎中曰〔一〕：「五百首新詩，緘封寄去時①。祇憑夫子鑒②，不要俗人知。火鼠重燒布③，冰蠶乍吐絲。直須天上手，裁作領巾披。」

紀事卷六七亦録載。詩又見全詩七〇一，題作寄鄭谷。

〔校〕

① 去時　紀事作「與誰」。

② 鑒　閣本、薈要本作「見」。

③ 燒　紀事作「收」。

〔證〕

〔一〕王貞白：可參本書卷七好放孤寒門7–9條注，昭宗乾寧二年（八九五）崔凝下進士及第。唐才子傳卷九：鄭谷，乾寧四年仕都官郎中。

15 袁參上中書姚令公元崇書〔一〕：「曹州布衣袁參頓首，謹上梁公閣下：參將自託於君，長爲君用①，君欲之乎②？參之託君何③？以利君也。若使君常懷相印，不失通侯，壽客滿堂，黃金橫帶，則參請以車軌所至，馬首所及，而掩君之短，稱君之長，使天下之人不能議君矣。若使君當不測之時，遘不測之禍④，身從吏訊，妻子滿獄，則參請以翳翳之身，眇眇之命，伏死一劍，以白君冤，使酷殺之刑不能陷君矣。若使君因緣謗書，不得見察，卒至免逐，爲天下笑，則參以一寸之節⑤，三寸之舌，抗義犯顏，解于闕庭，使逐臣之名不能汙君矣⑥。君有盛忿之隙⑦，睚眦之怨，朝廷之士，議欲侵君，則參請以直辭先挫其口，不爾，則更以背血⑧，次汗其衣，見陵之羞，不能醜君矣。若使君事至不可知，千秋萬歲後，而君門闌卒有飢寒之虞，則參請解參之裘，推參之哺，勉勉不怠，終身奉之，使子孫之憂，不能累君矣。此五者，參之所以利君而自託也，君其可乎？夫人不易知，知人不易。參於君，非有食客之舊，門生之恩。今便欲自託於君，長爲君用，得無不知參意而疑參妄乎？

然妄心實亦有之⑨，何也？參行年已半春秋，客復數載，黄金盡，烏裘弊⑩，唇腐齒落，不得成名。而親之在堂，終莫有慰，日暮途遠，不知所爲，然獨念非君無足依者⑪，故今敢以五利求市於君，冀君一顧見誠⑫，使得慰親恐懼。參聞言爲必聽者出，義爲知己者行，丈夫雄心，能無感激？況今以親親之故，而祈德於君，使君歡然，卒不見拒⑬，爾後即參尚何面目遂得默然而已哉！本向時之言，終不負德。夫幽則有鬼，天則有神，鬼神之間，參所必有。如使參敢負於君者，則鬼神之靈共誅之。敬以自盟，惟君之惠信也。且君以偉才，四入爲相，艱難情僞，君盡知之。至於進人亦多矣，然亦能有以參之五利而許君乎？參必愚儕鯫生，而自守取咎爾！則君之相士，何其備耶！至愚殆欲窺君之鑒矣⑭。頓首，頓首！

參今亦不敢盛稱譽上給于君，然竊自言之，正參亦非天下庸人也⑮。今君若見相以義，則參之本圖；若見相以才，則惟君所識。今幸君之力能必致參，顧此時坐而相棄，語曰：『厚利可愛，盛時難再。失利後時，終必有悔⑯。』君獨不聞蒯人之泣乎？昔蒯人爲商而賣冰于市，客有苦熱者將買之，蒯人自以得時，欲邀客以數倍之利，客於是怒而去，俄而其冰亦散，故蒯人進且不得冰⑰，二者俱亡，自泣而去。今君坐青雲之中，平衡天下⑱，天下之士皆欲附矣，此亦君賣冰之秋，而士買冰之際。有利則合，豈宜失時。苟使君強自遲迴至冰散⑲，則君尚欲開口，其事焉得哉？願少圖之，無爲蒯人之事也。參頓首。」

全文卷三九六收録袁參此書。

〔校〕

① 用　全文脱此字。

② 君欲之乎　他本皆無「君」字。

③ 參之託君　他本上皆有「且」字。

④ 遘　全文作「遭」。

⑤ 參　管本方校云「下當有『請』字」，蓋據前後語例而言。

⑥ 能　閣本作「得」。

⑦君　據上下文例，此字前當有「若使」二字。宋犖本、宋筠本上有「若」。

⑧背血　韓熙本作「背血」。

⑨妄心實亦有之　明本、宋犖本、宋筠本、揆敘本、厲校本、徐本皆作「妄人實亦有以」。管本、閣本、薈要本「妄心」亦作「妄人」。

⑩弊　閣本、薈要本作「敝」。

⑪依　韓熙本作「懷」。

⑫誠　全文作「試」。

⑬卒　韓熙本作「棄」。

⑭至愚殆欲窺君之鑒矣　管本方校云此句上下疑有脱誤。

⑮正　管本方校云此字疑爲衍文。

⑯必　明本同，他本皆作「不」。

⑰進且不得冰　管本方校云似當作「進不得利退且不得冰」。

⑱平衡　管本上有「正」字。

⑲强自　管本作「獨自」。

〔證〕

〔一〕袁參：全文卷三九六小傳云：「參，開元時布衣。」蓋據本文中「參行年已半春秋，客復數載，黄金盡，烏裘弊，唇腐齒落，不得成名」而推測。另，本書中云「君以偉才，四入爲相」，據舊書卷九六姚崇傳：開元初，避開元尊號，改名崇，進封梁國公，開元四年（七一六）罷相，九年卒。全文卷二五〇蘇頲授姚崇兼紫微令制稱「梁國公姚崇」，唐代詔敕目録編此制在先天二年（七一三），則先天二年已封梁國公。則本書當作於改元開元前。

輕佻 戲謔嘲詠附

16 顧雲，大順中，制同羊昭業等十人修史①〔一〕。雲在江、淮②，遇高逢休諫議。時劉子長僕射清名雅譽〔二〕，充塞搢紳，其弟崇望復在中書〔三〕。雲以逢休與子長舊交，將造門希致先容，逢休許之久矣。雲臨岐請書，逢休授之一函，甚草創。雲微有惑，因濳啓閲之③。凡一幅，並不言雲，但曰：「羊昭業等擬將一尺三寸汗腳，踏他燒殘龍尾道④。懿宗皇帝雖薄德，不任被前人羅織⑤，執大政者亦大悠悠。」雲吁歎而已。

廣記卷二六五輕薄一高逢休條、紀事卷六七顧雲條亦録載。

〔校〕

①「大順」至「修史」　宋犖本無「中」字。韓熙本脱「羊」字。

② 在　紀事作「至」。

③ 潛啓　廣記上有「取所授」三字。

④ 他　管本、閣本、薈要本作「地」。

⑤ 前人　廣記、紀事皆作「前件人」。

〔證〕

〔一〕顧雲句：紀事卷六七：「雲與盧知猷、陸希聲、錢珝、馮渥、司空圖等分修宣、懿、德三朝實録，皆一時之選也。」

〔二〕劉子長僕射：即劉崇龜，字子長。瑣言卷三劉僕射荔枝圖：「唐劉僕射崇龜，以清儉自居。」

〔三〕崇望復在中書：舊書卷二〇上昭宗紀：龍紀元年（八八九）正月，以翰林學士承旨、兵部侍郎、知制誥劉崇望本官同平章事。大順二年六月，出爲武寧軍節度、徐宿觀察制置使。

17 李白戲贈杜甫曰：「長樂坡前逢杜甫①，頭戴笠子日卓午②。借問形容何瘦生③，祇爲從來學詩苦④。」

本條或出本事詩高逸第三。紀事卷一八亦載，但注：「此詩載於唐舊史。」

〔校〕

①長樂坡　學津本作「飯顆坡」。

②頭　紀事作「頂」。

③形容何　本事詩作「別來太」。紀事作「因何太」。

④秖爲從來學詩苦　本事詩、紀事作「總爲從前作詩苦」。

18 鄭光業中表間有同人試者①〔一〕，于時舉子率皆以白紙糊案子面。昌圖潛紀之曰：「新糊案子，其白如銀。入試出試，千春萬春。」光業弟兄共有一巨皮箱，凡同人投獻，辭有可嗤者，即投其中，號曰「苦海」。昆季或從容用咨諧戲，即命二僕舁苦海於前，人閲一編，靡不極歡而罷。光業常言及第之歲，策試夜，有一同人突入試鋪②，爲吴語謂光業曰：「必先必先，可以相容否？」光業爲輟半鋪之地。其人復曰：「必先必先，諮仗取一杓水。」光業爲取。其人再曰：「便干託煎一椀茶，得否？」光業欣然與之烹煎。居二日〔二〕，光業狀元及第，其人首貢一啓，頗敘一宵之素。略曰：「既取水，更煎茶。當時之不識貴人，凡夫肉眼；今日之俄爲後進，窮相骨頭。」

本條廣記卷二五一詼諧七鄭光業條亦録載。

〔校〕

① 入　韓熙本、學津本、廣記作「人」。

② 突入試鋪　宋犖本「突入」作「笑」，韓熙本「鋪」作「銷」，皆誤。

〔證〕

〔一〕鄭光業：名昌圖，兩唐書無傳。懿宗咸通十三年中書舍人崔瑾下狀元及第。舊書卷一九下僖宗紀：中和四年（八八四）四月以兵部侍郎、判度支同平章事。

〔二〕居二日：案：唐制，舉子一般於年末期集，正月禮部策試，三月放牓。此僅二日即放牓，似不合，疑「日」或當作「月」。

19 羅隱謝裴廷翰詩卷云：「澤國佳人①，唯粧半面〔一〕；营丘辨士，或獻空籠②〔二〕。」

紀事卷六九亦録載。

〔校〕

①佳人 紀事作「家人」，誤。

②或獻 紀事作「何用」。

〔證〕

〔一〕唯粧半面：典出南史卷一二梁元帝妃徐昭佩事：「元帝徐妃諱昭佩。……無容質，不見禮，帝三二年一入房。妃以帝眇一目，每知帝將至，必爲半面粧以俟，帝見則大怒而出。」

〔二〕或獻空籠：典出史記卷一二六滑稽列傳齊使淳于髡獻空籠於楚王事。

20 賈島不善程試①，每自疊一幅，巡鋪告人曰：「原夫之輩，乞一聯！乞一聯！」

〔校〕

①程試 閣本、薈要本「試」作「式」。

21 薛保遜〔一〕，大中朝尤肆輕佻，因之侵侮諸叔，故自起居舍人貶洗馬而卒〔二〕。其子昭緯頗有父風，常任祠部員外。時李系任小儀，王蕘任小賓〔三〕，正旦立仗班退，昭緯朗吟曰①：「左金烏而右玉兔，天子旌旂。」蕘遽請下句，昭緯應聲答曰：「上李系而下王蕘，小人行綴。」聞者靡不哂哂。天復中，自臺丞累貶澄州司馬②〔四〕。中書舍人顔蕘當制〔五〕，略曰：「陵轢諸父，代嗣其凶。」

廣記卷二五六嘲誚四薛昭緯、紀事卷六七薛昭緯條亦録載。

〔校〕

① 朗吟　韓熙本作「即吟」。

② 澄州司馬　廣記「澄州」作「登州」，誤。

〔證〕

〔一〕薛保遜：見本卷上薛保遜好行巨編條（12–8）注。

〔二〕貶洗馬而卒：案：瑣言卷三薛保遜輕薄：「保遜因謫授澧州司馬，凡七年不代。」

〔三〕王蕘：舊書卷一六四有傳，王起孫，王龜子，仕右司員外郎。

〔四〕澄州司馬：瑣言卷四薛澄州弄笏：「唐薛澄州昭緯，即保遜之子也。恃才傲物，亦有父風。」紀事又作「磎州司馬」。案舊書卷一五三薛存誠傳附薛昭緯傳：「爲崔胤所惡，出爲磎州刺史，卒。」新書卷一六二薛存誠傳附薛昭緯傳略同。另「臺丞」，即御史中丞。

〔五〕顔蕘當制：顔蕘爲中書舍人，舊書卷二〇上昭宗紀在光化三年（九〇〇）八月。案瑣言卷六陸龜蒙追贈：「（陸龜蒙）光化三年，贈右補闕，……給事中顔蕘書。」

22 咸通末，執政病舉人僕馬太盛〔一〕，奏請進士舉人許乘驢。鄭光業材質環偉①，或嘲之曰：「今年敕下盡騎驢，短轡長鞦滿九衢②。清瘦兒郎猶自可③，就中愁殺鄭昌圖。」

此條與本書卷一五條流進士門（15–27）重複，文字稍異。紺珠集卷四、類説卷三四、説郛卷三五上、卷六五上亦載。

〔校〕

① 材　管本作「体」。

② 轡　本書卷一五作「胄」。

③ 自　本書卷一五作「是」。

〔證〕

〔一〕執政：廣記卷二五一詼諧七楊玄翼引盧氏雜記：「唐咸通中，楊玄翼怒舉子車服太盛」云云，此「執政」或即楊玄翼。舊書卷一八四宦官之楊復恭傳：「玄翼，咸通中掌樞密。」

〔17〕論曰：語云〔一〕：「當仁，不讓於師。」顏氏子亦曰〔二〕：「舜何人也，予何人也。」苟得其道，自方於舜，不爲之太過①；苟失其道，五尺童子能不鄙其妄歟？參以五利受售，不繫能否，儒行缺矣。輕薄之徒，終喪厥德。旅獒之戒，人子其惟慎諸！

〔校〕

①不爲　管本方校云「『爲』當作『謂』」。

〔證〕

〔一〕語云：語出論語第一五衛靈公。

〔二〕顏氏子亦曰：語出孟子卷五滕文公上滕文公爲世子章：「成覸謂齊景公曰：『彼，丈夫也；我，丈夫也；吾何畏彼哉？』顏淵曰：『舜何人也，予何人也。』有爲者亦若是。」

設奇沽譽

23 咸通中，鄭愚自禮部侍郎鎮南海〔一〕。時崔魏公在荆南，愚著錦襖子半臂，袖卷謁之，公大奇之。會夜飲，更衣，賓從閒竊謂公曰：「此應是有黷不稱耳！」既而，復易之紅錦，

尤加煥麗，衆莫測矣。〔三〕

瑣言卷三鄭愚尚書錦半臂條所記略同。紀事卷六六鄭愚條亦録載。

〔證〕

〔二〕咸通中：案記考卷二三：鄭愚於咸通八年以禮部侍郎知貢舉。丁居晦翰林承旨學士壁記：咸通八年十一月十六日，以劉允章爲禮部侍郎。則鄭愚鎮南海當在此時。萬曆廣東通志卷二六廣州刺史有「鄭愚，番禺人，九年任」。

〔三〕瑣言云：「崔魏公鉉鎮荆南，滎陽除廣南節制，經過，魏公以常禮延遇。滎陽舉進士時，未嘗以文章及魏公門，此日於客次换麻衣，先贄所業。魏公覽其卷首，尋已，賞歎至三四，不覺曰：『真銷得錦半臂也。』」紀事所載云：「愚爲進士時，未嘗以文章及魏公門。至是，乃贄所業。崔歎賞曰：『真銷得錦半臂矣。』」

24 王璘舉日試萬言科，崔詹事觀察湖南，因遺之夾纈數匹。璘翌日以中單襜褕衣之以詣，崔公接之，大驚矣。

酒失

25 崔櫓酒後失忤虔州陸郎中肱①〔一〕，以詩謝之曰：「醉時顛蹶醒時羞，麴蘖催人不自由。叵耐一雙窮相眼，不堪花卉在前頭。」

本條紀事卷五八亦録載，略同。總龜卷三九詼諧門引雍洛靈異記敘之稍詳。

〔校〕

① 酒後失忤　薈要本無「失」。他本皆無「忤」。

〔證〕

〔一〕崔櫓酒後失忤虔州陸郎中肱：「櫓」或亦作「魯」，見本書卷一〇海敘不遇門崔櫓慕杜紫微爲詩條(10–18)注。崔櫓生平，可參唐才子傳校箋卷九。陸肱，兩唐書無傳。案紀事卷五三陸肱云：「肱，大中九年登進士第，咸通六年自前振武從事試平判入等。後牧南康郡，辟許棠爲郡從事。」江西通志卷四六虔州刺史下有云：「陸肱，咸通中任。」據歸仁紹撰唐故光禄大夫吏部尚書長洲郡開國公食邑二千户贈左僕射歸公(仁晦)墓誌銘，肱嘗任湖州刺史。僖宗乾符三年前，終於虔州刺史任。娶吏部尚書歸仁晦長女爲妻。

26 宋人衛元規，酒後忤宋州丁僕射〔一〕，謝書略曰：「自茲囚酒星於天獄，焚醉日於秦坑①。」人多記之②。

〔校〕

① 日　宋犖本、宋筠本、韓熙本、管本、閣本、薈要本、類説同，他本及説郛作「目」，誤。

② 記　韓熙本作「誦」。管本方校云當作「譏」。

〔證〕

〔一〕衛元規：年里事跡不詳。宋州丁僕射，姜漢椿唐摭言校注云似爲丁公著。案：公著，舊書卷一八八、新書卷一六四有傳，卒後贈僕射，然皆云蘇州吴郡人，非宋州人。公著多歷京官，外任僅浙西觀察使、河南尹，並無宋州仕歷。似亦不合。

27 杜工部在蜀〔一〕，醉後登嚴武之牀，厲聲問武曰：「公是嚴挺之子否〔二〕？」武色變。甫復曰：「僕乃杜審言兒〔三〕。」於是少解。

本條唐國史補卷上亦略載。廣記卷二六五輕薄一杜甫條引録，文字稍異。

〔證〕

〔一〕杜工部在蜀：雲谿友議卷上嚴黄門云：「武年二十三，爲給事黄門侍郎。明年擁旄西蜀，累於飲筵，對客騁其筆札。杜甫拾遺乘醉而言曰：『不謂嚴定之有此兒也。』武恚目久之，曰：『杜審言孫子，擬捋虎鬚？』合座皆笑，以彌縫之。」嚴武，舊書卷一一代宗紀：寶應二年（七六三）十月壬辰，以京兆尹、兼吏部侍郎嚴武爲黄門侍郎。次年（廣德二年）再次鎮蜀，任成都尹、劍南節度使。管本方校云「杜、嚴交契，並無此事」，雖兩傳不録，然並無實證，方氏亦僅臆測耳。

〔二〕嚴挺之子：挺之，舊書卷九九有傳，新書卷一二九與嚴武合傳。雲谿友議誤作嚴定之。

〔三〕杜審言兒：舊書卷一九〇上文苑上杜審言傳：「（審言）次子閑。閑子甫。」雲谿友議、廣記皆作「杜審言孫子」。此云「審言兒」顯誤。

28 韓衮〔一〕，咸通七年趙騭下狀元及第。性好嗜酒。謝恩之際，趙公與之首宴。公屢賞歐陽琳文學，衮睨之曰：「明公何勞再三稱一複姓漢！」公愕然，爲之徹席，自是從容不過三爵。及杏園開宴，時河中蔣相以故相守兵部尚書〔二〕，其年子泳及第〔三〕，相國欣然來突，衆皆榮之。衮厲聲曰：「賢郎在座，兩頭著子女，相公來此得否？」相公錯愕而去。及泳歸，公庭責之曰：「席内有顛酒同年①，不報我，豈人子耶！」自是同年莫敢與之歡醉矣。

本條可與本書卷一三無名子謗議門趙鷺試被衮以象天賦條(13–31)互參。

〔校〕

① 顛酒　管本下有「漢」字。

〔證〕

〔一〕韓衮：韓愈之孫，韓昶次子。王應麟困學紀聞卷一四考史：「韓文公子昶雖有金根車之譏，而昶子綰、衮皆擢第，衮爲狀元，君子之澤遠矣。」陳師尚君登科記考正補引乾隆河南通志卷四五選舉：「韓緄，綰弟，咸通七年狀元。」又金石萃編卷一一四録韓昶自爲墓誌銘云：「有男五人：曰緯，前復州參軍；次曰綰，曰緄，曰綺，曰紈，舉進士。」亦見全文卷七四一。

〔二〕河中蔣相：即蔣伸。舊書卷一四九、新書卷一三二有傳，然皆失書兵尚，唐僕尚丞郎表卷一七輯考六上據摭言本條補。新傳：咸通二年，出爲河中節度使、同中書門下平章事，徙宣武。

〔三〕泳及第：新書卷七五宰相世系表五：蔣泳，字越之，蔣伸之子。見本書卷三慈恩寺題名遊賞賦詠雜紀門咸通中進士及第過堂後條(3-17)注。

29 史蕘上李中丞書：「禍之將至①，鬼神奪魄。豈有委身府幕，塵忝下寮，而抵犯威重②，前後非一。中丞審蕘，豈非知禮之人？豈非感恩之人？自拜揖馬塵，十有三載，盃酒歌詠，久蒙提攜，未省竟有差失。中丞因賜賞鑒，辟書府③，及陪接萬里，星霜二年。正當策名之時，豈願固有干觸？此蓋命之牽陷，一至於此，實非常情之所料也。豈非十二年間，東馳西走，肝膽塗地，竟無所成。鬢髮斑白，幸逢推薦。恩命垂至，自貽顛危。昏昏薄言，罔知攸處④。豈非命矣！豈非命矣！且初坐之時，每舉一盞酒，未嘗不三思其過，似覺體中有酒，亦哀請矜量。既對衆賓，復不敢苦訴。俄而迷亂乍合，若怪魅以憑心神⑤，事且不知，死亦寧悟。哀哉微命，有此舛剥。中丞縱寬以萬死，蕘亦無所施其面目，不即引決者。伏念累世單緒，一身早孤，中年未婚，晚乏兒息，封樹何日？先靈靡安。痛此纏迫⑥，乞哀殘喘！今髡剪首髮，自爲毁責，期在粉骨，永知此過。中丞旋旆之日，願隨一卒，步走後塵，洗節布誠，以期他效。伏願少垂舊惠，戀戀故人，無任憂悸感切之至！謹投書閤下，荒辭無敘，萬不申一。仍憑押衙口哀謝，不宣。蕘再拜。」

〔校〕

① 禍　韓熙本作「裀」。

② 抵　韓熙本闕。雅雨初印原作「擅」，傅校改「抵」，宋筠本校改「抵」作「扛」。

③ 府　閣本作「俯」。管本方校「一作俯」。

④ 罔　韓熙本作「固」。

⑤ 心神　閣本作「心人」。

⑥ 迫　韓熙本作「道」。

30 元相公在浙東時，賓府有薛書記〔一〕，飲酒醉後，因争令擲注子，擊傷相公猶子，遂出幕。醒來，乃作十離詩上獻府主〔二〕：

馴擾朱門四五年，毛香足浄主人憐。無端咬著親情客，不得紅絲毯上眠。犬離主①。

越管宣毫始稱情，紅牋紙上撒花瓊。都緣用久鋒頭盡，不得羲之手裏擎。筆離手②。

雲耳紅毛淺碧蹄③，追風曾到日東西。爲驚玉貌郎君墜，不得華軒更一嘶。馬離廄。

隴西獨自一孤身，飛去飛來上錦裀。都緣出語無方便，不得籠中更喚人。鸚鵡離籠④。

出入朱門未忍抛，主人常愛語咬咬。銜泥穢汙珊瑚簟，不得梁間更壘巢。燕離巢⑤。

皎潔圓明内外通，清光似眼水精宮⑥，都緣一點瑕相穢，不得終宵在掌中。珠離掌。

戲躍蓮池四五秋，常摇朱尾弄輪鈎。無端擺斷芙蓉朵，不得清波更一游。魚離池⑦。

爪利如鋒眼似鈴，平原捉兔稱高情。無端竄向青雲外，不得君王手上擎。鷹離主⑧。

蓊鬱新栽四五行，常將貞節負秋霜。爲緣春筍鑽牆破，不得垂陰覆玉堂。竹離亭⑨。

鑄瀉黄金鏡始開，初生三五月徘徊。爲遭無限塵蒙蔽⑩，不得華堂上玉臺。鏡離臺。

馬上同攜今日盃，湖邊還折去年梅。年年祇是人空老，處處何曾花不開。歌詠每添詩酒興，醉酣還命管絃來。罇前百事皆依舊，點檢唯無薛秀才。元公詩⑪。

總龜卷三七譏誚門下、紀事卷四九薛書記並收載，文字稍異。鑑誡録卷一〇蜀才婦所載近。

〔校〕

①犬離主詩　鑑誡録「馴擾」作「出入」，「無端」作「近緣」。總龜「客」作「腳」，「犬離主」作「犬離家」。

②筆離手　宋犖本、撲敘本、韓熙本、厲校本、徐本、雅雨初印、閣本、薈要本「手」作「毛」。

③雲耳　紀事「雲」作「雪」。

④鸚鵡離籠詩　紀事「語」作「去」，「更」作「再」。

⑤鸎離巢詩　韓熙本、學津本、管本、紀事「咬咬」皆作「交交」。宋犖本「穢汙」作「汙穢」，閣本作「穢涴」。

⑥似眼　管本、紀事、總龜「眼」作「照」。

⑦魚離池詩　鑑誡録「戲」作「跳」，「蓮池」作「池中」。管本「弄輪鈎」作「弄綸鈎」，鑑誡録作「玩銀鈎」。

⑧鷹離主　閣本作「鷹」作「應」。

⑨竹離亭　鑑誡録「亭」作「叢」。

⑩蒙蔽　總龜作「蒙汙」。

⑪元公詩　閣本「去年」作「舊年」，「罇」作「樽」。紀事「醉酣」作「醉游」。

〔證〕

〔一〕元相公在浙東：管本方、吴皆以爲即元稹。全詩卷八〇三薛濤十離詩題下注：「元微之使蜀，嚴司空遣濤往事，因事獲怒，遠之。濤作十離詩以獻，遂復善焉。」案：此云元稹者有誤。其一，薛書記所獻書者，當爲韋臯。鑑誡録卷一〇蜀才婦云：「薛濤者，容色艷麗，才調尤佳，言謔之間，立有酬對。大凡營妓初無『校書』之稱。自韋南康鎮成都日，令入樂籍呼爲『女校書』。……韋公既知且怒，於是不許從官。濤作十離詩以獻，情意感人，遂復寵召，當時見重如此。」韋公即韋臯。舊書卷一四〇韋臯傳：貞元元年（七八五），拜檢校户部尚書，兼成都尹、御史大夫、劍南西川節度使，代張延賞。臯在蜀二十一年，貞元十七年封南康郡王。卞孝萱元稹年譜考亦爲韋臯。其二，元稹鎮浙東，起長慶三年（八二三），大和三年（八二九）遷左丞，凡七年。今本元稹集無本條「馬上同攜今日盃」詩。白氏長慶集卷二〇收有此詩，題與諸客攜酒尋去年梅花有感，於詩末另有自注：「去年與薛景文同賞，今年長逝。」白氏長慶集卷二〇另有和薛秀才尋梅花同飲見贈，即前一年二人唱和之作。則摭言下所謂元公詩實爲白居易詩竄入，薛秀才當即白居易友薛景文者。其三，雲谿友議卷下艷陽詞敘及元稹與薛濤相關事跡云：「安人元相國，應制科之選，歷天禄畿尉，則聞西蜀樂籍有薛濤者，能篇詠，饒詞辯，常悄悒於懷抱也。及爲監察，求使劍門，以御史推鞫，難得見焉。及就除拾遺，府公嚴司空綬知微之欲，每遣薛氏往焉。臨途訣別，不敢挈行。……乃廉問浙東，别濤已逾十載。方擬馳使往蜀取濤，乃有排優周季南、季崇及妻劉採春，自淮甸而來。善弄陸參軍，歌聲徹雲，篇韻雖不及濤，容華莫之比也。元公似忘薛濤，而贈採春詩曰。」元稹鎮浙東時二人已别十年，似也並無相見之記載。此條張冠李戴，下文所云「擊傷相公猶子」更無出處。

〔三〕十離詩：鑑誡録卷一〇蜀才婦中作五離詩，計犬離主、魚離池、鸚鵡離籠、竹離叢、珠離掌五離。

［18］論曰：蕭琛以桃杖虎靴〔一〕，邢紹以絳緜糾髮，所務先設奇以動衆，後務能以制

人，振天下之大名，爲一時之口實者也。鄭公之服錦，王公之衣縝，得無意於彼乎？苟名實相遠，則服之不衷，身之災也①，知沈酗之失②，聖人所戒。雖王佐之才，得以贖過，其如名教何！

〔校〕

① 身之災也　宋犖本、宋筠本「身」上有「乃」字。

② 知沈酗　他本皆無「知」字。

〔證〕

〔一〕蕭琛：此用蕭琛以桃杖虎靴謁王儉故事，出南史卷一八蕭琛傳。

唐摭言校證卷一三

敏捷

1 王勮，絳州人，開耀中任中書舍人①〔一〕。先是，五王同日出閤受册，有司忘載册文，百寮在列②，方知闕禮。勮召小吏五人，各執筆③，口授分寫，一時俱畢。

本條原出大唐新語卷八聰敏。廣記卷一七四俊辯二王勮、紀事卷七亦載。

〔校〕

① 開耀　大唐新語作「天授」。廣記、紀事作「開元」。詳下考。

② 寮　廣記、紀事皆作「官」。

③ 筆　廣記、紀事「管」。

〔證〕

〔一〕開耀中任中書舍人：案：舊書卷一九〇上文苑上、新書卷二〇一文藝上王勃傳附王勮傳，皆載長壽中擢爲鳳閣舍人。舊書卷九五李成器傳：「及睿宗降爲皇嗣，則天册授成器爲皇孫，與諸弟同日出閤。」舊書卷六則天皇后紀：載初元年（六八九）「九月九日壬午，革唐命，改國號爲周，改元爲天授，大赦天下，賜酺七日。乙酉，加尊號曰聖神皇帝，降皇帝爲皇嗣。」即五王出閤當在天授元年（六九〇），上云「開耀中」或「開元中」皆誤。故會要卷五五省號下中書舍人録新語此條，逕改「天授中」爲「天授元年」。御覽卷二二二中書舍人下引此條亦同。元龜卷五五一詞臣部才敏下云：「王勮，長壽中爲太子典膳丞，知鳳閣舍人事。時壽春王成器、衡陽王成義等五王初出閤」，亦微誤。

2 開元中〔一〕，李翰林應詔草白蓮花開序及宮詞十首〔二〕。時方大醉，中貴人以冷水沃之。稍醒，白於御前索筆一揮，文不加點。

廣記卷一七四李白録載。

〔證〕

〔一〕開元中：據清王琦李太白文集卷三五附李太白年譜。李事當在天寶三載（七四四）。

〔二〕白蓮花開序及宮詞十首：全文卷六一四范傳正贈左拾遺翰林學士李公新墓碑：「他日，泛白蓮池，公不在宴。皇歡既洽，召公作序。時公已被酒於翰苑中。」宮詞十首，本事詩之高逸第三：「（玄宗）嘗因宮人行樂，謂高力士曰：『對此良辰美景，豈可獨以聲伎爲娛，倘時得逸才詞人詠出之，可以誇耀于後。』遂命召白。時寧王邀白飲酒，已醉。既至，拜舞頹然。上知其薄聲律，謂非所長，命爲宮中行樂五言律詩十首。白頓首曰：『寧王賜臣酒，今已醉。倘陛下賜臣無畏，始可盡臣薄技。』上曰：『可。』即遣二内臣腋扶之，命研墨濡筆以授之，又令二人張朱絲欄於其前。白取筆抒思，畧不停綴，十篇立就，更無加點。」王琦年譜云：「蓋皆得之傳聞，故其説不無少異。今宮詞僅存八首，白蓮序已亡。」

3 温庭筠燭下未嘗起草，但籠袖凭几，每賦一詠①〔一〕，一吟而已，故場中號爲温八吟〔二〕。

廣記卷一八二貢舉五温庭筠、紺珠集卷四温八吟、類説卷三四温八吟、説郛卷三五上、紀事卷五四並載，略同。

〔校〕

① 詠　廣記、紺珠集作「韻」，管本方校云當作「韻」。

〔證〕

〔一〕每賦一詠：案容齋續筆卷一三試賦用韻：「唐以賦取士，而韻數多寡，平側次敘，元無定格。故有三韻者。……自大和以後，始以八韻爲常。」又本書卷一〇海敘不遇門周繁條（10–30）亦云：「（周）繁工八韻，有飛卿之風。」此「詠」疑當作「韻」。

〔二〕温八吟：案：又有「温八叉」之説。瑣言卷四温李齊名：「温庭雲字飛卿，……每入試，押官韻作賦，凡八叉手而八韻成。」唐才子傳卷八：「場中曰温八吟，又謂八叉手成八韻，名温八叉。」沿自瑣言。

4 段維晚富辭藻，敏贍第一。常私試八韻，好喫煎餅，凡一箇煎餅成，一韻粲然。

此條與本書卷一〇海敘不遇門段維條（10–24）重複，見前注。

5 昭宗天復元年正旦，東内反正〔一〕。既御樓，内翰維吴子華先至，上命於前跪草十餘詔，簡備精當，曾不頃刻。上大加賞激。

〔證〕

〔一〕東内：舊書卷三八地理一：「東内曰大明宫，在西内之東北，高宗龍朔二年置。」舊書卷二〇上昭宗紀：光化三年（九〇〇）十一月，左右軍中尉劉季述、王仲先廢昭宗，幽於東内問安宫，請皇太子裕監國。次年「春正月甲申朔，昭宗反正」。四月甲戌，改元天復。

6 短李鎮揚州〔一〕，請章孝標賦春雪詩，命札於臺盤上①。孝標唯然，索筆一揮，云：

「六出花飛處處飄，黏窗拂砌上寒條②。朱門到晚難盈尺③，盡是三軍喜氣消。」

紀事卷四一章孝標、類説卷三四春雪詩、説郛卷三五上亦録載。大典卷五八四〇十六麻下花之六出花亦全引本條。詩見全詩卷五〇六。

〔校〕

① 札　紀事作「題」。

② 拂砌　全詩作「著砌」。

③ 到晚難盈尺　全詩「晚」作「曉」。管本「難」作「不」。

〔證〕

〔一〕短李：即李紳，新書卷一八一李紳傳：「（紳）字公垂，……爲人短小精悍，於詩最有名，時號短李。」案雲谿友議卷下巢燕辭：「元和十三年下第，時輩多爲詩以刺主司，獨章君爲歸燕詩，留獻庾侍郎承宣。小宗伯得詩，輾轉吟諷，誠恨遺才，仍候秋期，必當薦引。庾果重秉禮曹，孝標來年擢第。」記考卷一八：章孝標於元和十四年（八一九）中書舍人庾承宣下及第。舊紀：紳於會昌四年（八四四）七月再鎮揚州。通鑑：會昌六年七月，壬寅，淮南節度使李紳薨。章孝標賦詩，或在此之間。

7 白中令鎮荆南〔一〕，杜蘊常侍廉問長沙，時從事盧發致聘焉①〔二〕。發酒酣傲睨，公少不懌，因改著詞令曰：「十姓胡中第六胡，也曾金闕掌洪爐。少年從事誇門地②，莫向罇前喜氣麄。」盧答曰：「十姓胡中第六胡，文章官職勝崔盧。暫來關外分憂寄，不稱賓筵語氣麄③。」公極歡而罷。

本條廣記卷二五一詼諧七、總龜卷一四唱和門、紀事卷六六盧發並載。

〔校〕

① 時　廣記作「請」。總龜作「諸」。

② 誇門地　宋犖本、閣本、紀事「地」作「第」。

③ 語氣　紀事作「喜氣」。管本方校云作「喜氣」爲是。

〔證〕

〔一〕白中令：即白敏中。舊書卷一八下宣宗紀：敏中大中十一年（八五七）春正月以本官兼江陵尹，充荆南節度、管内觀察處置等使。唐方鎮年表卷五：白敏中鎮荆南在大中十一年至十三年。

〔二〕盧發：即盧子發，盧肇之字。

8 張祜客淮南，幕中赴宴，時杜紫微爲支使〔一〕。南座有屬意之處①，索骰子賭酒②。牧微吟曰：「骰子巡巡裹手拈③，無因得見玉纖纖。」祜應聲曰：「但知報道金釵落，髣髴還應露指尖。」〔二〕

紺珠集卷四報道金釵落、説郛卷三五上、廣記卷二五一詼諧七、總龜卷二三寓情門並載。總龜末注：「南部新書謂此詩乃李義山作。」

〔校〕

①南座　總龜無「南」字。

②酒　總龜作「色」。

③巡巡　管本、學津本、廣記、總龜皆作「逡巡」。

〔證〕

〔一〕張祜：案鑑誡録卷七釣巨鼇：「會昌四年，李相公（原注：紳）節鎮淮南日，所爲尊貴，薄於布衣，若非皇族卿相囑致，無有面者。張祜與崔涯同寄府下。」李紳鎮淮南在會昌四年至六年。據繆鉞杜牧年譜，杜牧會昌四年九月由黄州刺史遷池州刺史，五年九月，祜至池州，與杜牧唱和甚歡。雲谿友議卷中錢塘論亦云：「杜舍人之守秋浦，與張生爲詩酒之交，酷吟祜宫詞。」則本條云「幕中赴宴」、「支使」蓋誤。唐才子傳校箋卷六據韋縠才調集卷九收祜此詩爲李群玉聯句，並據洪邁萬首唐人絶句卷三七亦題群玉作，而斷摭言所記祜與牧聯句事有誤。

〔二〕案：牧此詩，全詩録卷八四爲李群玉作，題戲贈姬人，又注「一作張祜詩」。全詩卷五七〇亦收入李群玉下，題與詩録同，原注：「一本此下有『賦尖字韻』四字，一作張祐與杜牧聯句詩。」卷七九二又復收入「聯句」下祜與牧所聯之句。四部叢刊本李群玉詩後集卷五戲贈姬人收全詩，當爲群玉之作。

9 柳棠謁梓州楊尚書汝士〔一〕，因赴社宴，楊公逼棠巨魚①，棠堅不飲，楊公口占一篇曰：「文章謾道能吞鳳，杯盞何曾解喫魚②。今日梓州陪社宴③，定應遭者老尚書④。」棠應聲曰：「未向燕臺逢厚禮，幸陪社會接餘歡⑤。一魚喫了終無媿，鯤化爲鵬也不難⑥。」

雲谿友議卷中弘農忿、紀事卷五八柳棠亦載。

〔校〕

①巨魚　管本、閣本作「巨杯」，友議作「巨魚盃」。

②杯盞　友議、紀事作「盃酒」。

③陪社宴　友議、紀事作「張社會」。

④定應　友議、紀事作「應須」。「者」，宋犖本、管本、閣本、薈要本作「著」，友議、紀事作「這」。

⑤幸陪社會接餘歡　閣本「會」作「宴」。友議、紀事「陪」作「因」。

⑥爲　友議作「成」。

〔證〕

〔一〕柳棠：兩唐書無傳。記考卷二一據雲谿友議考爲開成二年（八三七）禮部侍郎高鍇下進士及第。舊書卷一七下文宗紀：開成元年十二月癸丑，以兵部侍郎楊汝士檢校禮部尚書，充劍南東川節度使，治梓州。四年九月辛卯，以劍南東川節度楊汝士爲吏部侍郎。

10 柳公權，武宗朝在内庭，上常怒一宫嬪久之，既而復召，謂公權曰：「朕怪此人，然若得學士一篇，當釋然矣。」目御前有蜀牋數十幅，因命授之。公權略不佇思而成一絶，曰：「不忿前時忤主恩①，已甘寂寞守長門。今朝卻得君王顧，重入椒房拭淚痕。」上大悦，賜錦綵二十疋②，令宫人拜謝之。

廣記卷一七四俊辯二柳公權、紀事卷四〇柳公權並載。

〔校〕

① 忿　閣本、薈要本、廣記、紀事作「分」。

② 二十疋　廣記作「二百匹」。

11 山北沈侍郎主文年〔一〕，特召温飛卿於簾前試之，爲飛卿愛救人故也。適屬翌日飛卿不樂，其日晚請開門先出，仍獻啓千餘字。或曰：「潛救八人矣。」〔二〕

紺珠集卷四潛救八人、類説卷三四潛救八人、説郛卷三五上有節録。

〔證〕

〔一〕山北沈侍郎：即沈詢。記考卷二二：大中九年（八五五）沈詢以中書舍人知貢舉。因話録卷六羽部：「大中九年，沈詢侍郎以中書舍人知舉。」山北爲昭義别稱。

〔二〕瑣言卷四温李齊名詳述之：「温庭雲，字飛卿，或『雲』作『筠』字，舊名岐，與李商隱齊名，時號曰『温李』。才思艷麗，工於小賦，每入試，押官韻作賦，凡八叉手而八韻成，多爲鄰鋪假手，號曰『救數人』也。……庭雲又每歲舉場，多借舉人爲其假手。沈詢侍郎知舉，别施鋪席授庭雲，不與諸公鄰比。翌日，簾前謂庭雲曰：『向來策名者，皆是文賦託於學士，某今歲場中並無假託學士，勉旃！』因遣之，由是不得意也。」

12 裴虔餘①，咸通末佐北門李公淮南幕〔一〕。嘗游江，舟子刺船②，誤爲竹篙濺水③，濕近座之衣，公爲之色變④。虔餘遽請彩牋，紀一絶曰：「滿額鵝黄金縷衣，翠翹浮動玉釵垂。從教水濺羅衣濕，知道巫山行雨歸。」公覽之極歡，命謳者傳之矣⑤。

廣記卷二五一詼諧七裴慶餘、紀事卷六〇裴虔餘亦録載。總龜卷二二宴游門引古今詩話，所記事近而用語及人名皆異。

〔校〕

①裴虔餘　廣記、薈要本作「裴慶餘」。

②刺船　紀事作「剡舟」。

③誤爲　管本、廣記作「誤以」，紀事無二字。

④公爲之色變　管本無此五字，疑抄脱。

⑤謳者　廣記作「謳者」。

〔證〕

〔一〕北門李公：即李蔚。舊書卷一九上懿宗紀：咸通十一年（八七〇）十一月，「以蔚檢校吏部尚書、揚州大都督府長史，兼淮南節度副大使、知節度事。」十五年四月，「以前淮南節度使李蔚爲吏部尚書」。另，蔚曾於乾符六年（八七九）八月官北都留守，故稱「北門李公」。

13韋蟾左丞至長樂驛亭①，見李湯給事題名，索筆紀之曰：「渭水秦山豁眼明②，希仁何事寡詩情？祇應學得虞姬婿，書字纔能記姓名。」

本條與卷三慈恩寺題名遊賞賦詠雜紀門李湯題名於昭應縣樓條（3–47）重出，文字稍異。韋蟾及李湯事跡，亦見前注。

〔校〕

①長樂驛亭　本書卷三作「昭應縣樓」。

②秦山豁眼　本書卷三作「秦川拂眼」。紀事卷五八、總龜卷三六作「春山照眼」。

14 鄭仁表起居經過滄浪峽〔一〕，憩於長亭。郵吏堅進一板①，仁表走筆曰：「分陝東西路正長，行人名利火燃湯②。路傍著個滄浪峽③，真是將閑攪擾忙。」

紀事卷六一亦載。總龜卷一五留題門上據摭言引録。詩又見全詩卷八七〇。

〔校〕

①郵吏　紀事、全詩作「驛吏」。

②燃　閣本、總龜、全詩作「然」。

③路傍著個　學津本「傍」作「旁」。紀事「個」作「牓」，全詩作「板」。

〔證〕

〔一〕鄭仁表：舊書卷一七六、新書卷一八二有傳。記考卷二三：咸通九年禮部侍郎劉允章下及第。舊傳：「仁表擢第後，從杜審權、趙騭爲華州、河中掌書記，入爲起居郎。」

15 裴廷裕〔一〕，乾寧中在内庭，文書敏捷，號爲「下水船」〔二〕。梁太祖受禪，姚洎爲學士①〔三〕，嘗從容，上問及廷裕行止，洎對曰：「頃歲左遷，今聞旅寄衡水②。」上曰：「頗知其人構思甚捷。」對曰：「向在翰林，號爲『下水船』。」太祖應聲謂洎曰③：「卿便是『上水船』也。」洎微笑，深有慙色。議者以洎爲「急灘頭上水船」也。

廣記卷二五七嘲誚五姚洎，紀事卷六一裴廷裕，紺珠集卷四上水船，類説卷二九引雞跖集急灘上水船，類説卷三四條均録載。

〔校〕

① 姚洎　宋稗類鈔卷二五作「姚垍」，海録碎事作「姚泊」，皆誤。詳下考。

② 衡水　明本作「衡泳」。廣記作「衡永」，當是。

③ 應聲謂洎　明本無「謂」。揆敘本無「洎」。管本無「謂洎」二字。

〔證〕

〔一〕裴廷裕：兩唐書無傳。新書卷五八藝文二：「裴廷裕東觀奏記三卷。大順中，詔修宣、懿、僖實録，以日曆注記亡缺，因摭宣宗政事奏記於監修國史杜讓能。廷裕，字膺餘，昭宗時翰林學士、左散騎常侍，貶湖南，卒。」記考卷二三：中和五年（八八五）禮部侍郎歸仁澤下進士及第，見本書卷三曲江游賞條（3-13）注。

〔二〕下水船：案：郡齋讀書志卷四中别集類中沈顔聱書下沈顔亦稱「下水船」：「顔少有詞藻，琴棊皆臻妙，場中語曰『下水船』，言爲文敏速，無不載也。」

〔三〕姚洎：案：洎仕梁時官職，五代會要卷二三緣舉雜録載梁開平元年（九〇七）以兵部尚書知貢舉。元龜卷六四一貢舉部條制第三作開平四年十二月以兵部尚書知貢舉。同書卷一九九閏位部命相：「（後梁）末帝即位初，以御史大夫姚洎爲中書侍郎、平章事。」通鑑卷二六八：乾化三年（九一三）九月甲辰，以御史大夫姚洎爲中書侍郎，同平章事。舊五代史載亦同。皆未載爲學士。舊書卷二〇上昭宗紀：天復三年（九〇三）春正月辛亥，朱全忠令判官李振入奏，上令翰林學士姚洎傳宣。新書卷一〇昭宗紀亦云天復三年正月辛亥，「翰林學士姚洎爲汴、岐和協使。」然此事在昭宗時。朱全忠建朝後，史料未載姚洎爲學士。傅璇琮唐翰林學士傳論考本書所謂「梁太祖受禪，姚洎爲學士」不確。

矛楯

16 令狐趙公鎮維揚〔一〕，處士張祜嘗與狎讌。公因視祜①，改令曰：「上水船，風又急②。帆下人，須好立。」祜應聲答曰：「上水船，船底破。好看客，莫倚桅③。」

廣記卷二五一詼諧七張祜條亦録載。紺珠集卷四好看客莫倚柁、類説卷三四上水船令、説郛卷三五上並收録，文字有異。

〔校〕

① 因視祜　閣本、薈要本「因」作「固」。

② 風又急　廣記「又」作「太」。

③ 桅　管本、紺珠集作「柁」。

〔證〕

〔一〕令狐趙公鎮維揚：令狐趙公即令狐綯，舊書卷一七七令狐綯傳：咸通三年冬，遷揚州大都督府長史、淮南節度副大使、知節度事。舊書卷一九上懿宗紀：咸通十年九月，馬舉代之，以綯爲太子太保，分司東都。

17 沈亞之嘗客游〔一〕，爲小輩所試曰：「某改令書俗語各兩句①：伐木丁丁，鳥鳴嚶嚶。東行西行，遇飯遇羹。」亞之答曰：「如切如磋②，如琢如磨。欺客打婦③，不當嘍囉。」

廣記卷二五一詼諧七沈亞之、明董斯張吳興備志卷二七璅徵第二四之一亦録載。

〔校〕

① 俗語　閣本、薈要本同，他本皆無「語」字。

② 磋　原本作「嗟」，他本皆作「磋」，據改。

③ 打婦　明本作「打媍」，「媍」即「婦」古字。宋犖本、宋筠本、徐本、管本、閣本、薈要本亦作「打婦」。厲校本作「村婦」。

〔證〕

〔一〕沈亞之：元和十年禮部侍郎崔群下進士及第。兩唐書無傳。全文卷七三四小傳：「字下賢，吴興人。元和十年進士。歷殿中丞、御史、内供奉。大和初爲德州行營使判官，謫南康尉。終郢州掾。」

18元和中，長安有沙門，不記名氏①。善病人文章，尤能捉語意相合處。張水部頗恚之〔一〕，冥搜愈切，因得句曰：「長因送人處，憶得別家時〔二〕。」徑往誇揚，乃曰：「此應不合前輩意也。」僧微笑曰：「此有人道了也。」籍曰：「向有何人？」僧乃吟曰②：「見他桃李樹③，思憶後園春〔三〕。」籍因撫掌大笑。

廣記卷一九八文章元和沙門、類説卷三四長因送人處憶得別家時、説郛卷三五上、紺珠集卷九捉語意合處亦載。

〔校〕

①名氏　宋犖本作「姓名」。

②乃　廣記作「冷」。

③見他桃李樹　説郛「見」作「是」。廣記、類説「樹」作「發」。

〔證〕

〔一〕張水部：張籍，貞元十五年（七九九）中書舍人高郢下進士及第。長慶中爲水部員外郎。

〔二〕長因詩：此詩全篇見張司業集卷三薊北旅思：「日日望鄉國，空歌白紵詞。長因送人處，憶得別家時。失意還獨語，多愁衹自知。客亭門外柳，折盡向南枝。」

〔三〕見他詩：長沙窯瓷器題詩：「歲歲長爲客，年年不在家。見他桃李樹，思憶後園花。」爲僧語所本，蓋即所謂人人皆知者也。參見陳師尚君八十年來的唐詩輯佚及其文學史意義一文。

19 張處士憶柘枝詩曰①〔一〕：「鴛鴦鈿帶抛何處，孔雀羅衫屬阿誰？」白樂天呼爲「問頭」②〔二〕。祜矛楯之③，曰：「鄙薄『問頭』之誚，所不敢逃。然明公亦有目連變④，長恨辭云：『上窮碧落下黃泉，兩處茫茫都不見。』此豈不是目連訪母耶⑤？」

本條當出自本事詩嘲戲第七詩人張祜未嘗識白公條。總龜卷三九詼諧門下、紺珠集卷四目連變、類説卷三四目蓮訪母所載録自摭言，廣記卷二五一詼諧七張祜亦録載。

〔校〕

① 憶柘枝詩　明本「枝」誤作「板」。撰敘本「詩」作「詞」。

② 問頭　本事詩、紺珠集作「欵頭」，下同。

③ 矛楯之　明本、閣本「楯」作「盾」。宋犖本、宋筠本無「之」。

④ 目連變　厲校本「目」原作「因」，校改「目」。學津本「變」作「經」。明本「變」下有「聲」。

⑤ 目連訪母　本事詩、總龜、廣記、説郛皆作「目連變」。明本無「訪母」二字。

〔證〕

〔一〕憶柘枝：類説作憶亡妓。紀事卷五二、全詩卷五一一題作感王將軍柘枝妓殁。案：柘枝，唐崔令欽教坊記有柘枝引、柘枝二曲名。又雲谿友議卷上舞娥異：「李八座翺，潭州席上有舞柘枝者，匪疾而顔色憂悴。」此當指柘枝妓。

〔二〕問頭：本事詩載此事於樂天刺蘇州時：「詩人張祜未嘗識白公，白公刺蘇州，祜始來謁。」舊書卷一六六白居易傳：「寶曆中，復出爲蘇州刺史。文宗即位，徵拜秘書監。」白居易集卷六八蘇州刺史謝上表：「伏奉三月四日恩制，授臣使持節蘇州諸軍事守蘇州刺史，臣以某月二十九日發東都，今月五日到州，當日上任訖。」時在寶曆元年（八二五）。另白居易詩寶曆二年八月三十日夜夢後作云：「塵纓忽解誠堪喜，世網重來未可知。」此時罷蘇州刺史。如依本事詩，張祜與白居易之事當在此時。然據本書卷三有白居易在杭薦徐凝而屈張祜事（2-13），時在長慶二年（八二二）。則張、白在蘇州已非「未嘗識」，本事詩所載或有誤。

20 章孝標及第後〔一〕，寄淮南李相曰〔二〕或云寄白樂天：「及第全勝十改官①，金湯鍍了出長安。馬頭漸入揚州郭，爲報時人洗眼看。」紳亟以一絶箴之曰②：「假金方用真金鍍，若是真金不鍍金。十載長安得一第，何須空腹用高心。」

紀事卷四一章孝標、廣記卷二五一詼諧七章孝標、類説卷三四章孝標及第詩、説郛卷三五上亦録載。

〔校〕

① 改　明本、宋犖本、宋筠本、撰敘本、厲校本、徐本、管本、廣記、類説、全詩皆作「政」。

② 箴　廣記作「答」。

〔證〕

〔一〕章孝標：記考卷一八：章孝標於元和十四年中書舍人庾承宣下及第。

〔二〕淮南李相：即李紳。全詩卷五〇六章孝標有及第後寄廣陵故人，注：「一作寄淮南李相公紳。」卷八七〇章孝標下重出，題作及第後寄李紳。據卞孝萱李紳年譜：紳，元和十四年由山南西道節度使崔從之薦爲該道判官，五月除右拾遺，十五年正月入爲翰林學士。李紳於開成、會昌間兩次鎮淮南，與章孝標及第時間不符。此云「淮南李相」，蓋以紳後官呼之。另，舊書卷一六六白居易傳：白居易元和「十三年冬，量移忠州刺史。自潯陽浮江上峽。十四年三月，元稹會居易於峽口。」「其年冬，召還京師，拜司門員外郎。」此間未處淮南，云寄白樂天當有誤。孝標與李紳還往事，亦可參本卷13–6條注。

21 方干姿態山野，且更兔缺①，然性好陵侮人。有龍丘李主薄者，不知何許人，偶於知聞處見干，而與之傳盃酌。龍丘目有翳，改令以譏之曰②：「干改令，諸人象令主③：『措大喫酒點鹽，軍將喫酒點醬。只見門外著籬，未見眼中安障。』」龍丘答曰：「措大喫酒點鹽，下人喫酒點鮓。干嗜鮓。只見半臂著襴④，未見口脣開袴⑤。」一座大笑。〔一〕

廣記卷二五七嘲誚五李主簿録載。類説卷三四、説郛卷三五上亦摘録。

〔校〕

① 且更兔缺　原本「兔」誤「免」，他本皆作「兔」，據改。

② 改令　他本及廣記、類説、説郛、全詩前皆有「干」，當是。

③ 諸人象令主　廣記「諸」作「謂」，「主」作「云」。

④ 半臂　類説、説郛作「手臂」。

⑤ 袴　明本、廣記作「跨」，宋犖本、揆敘本、徐本、管本、閣本、薈要本作「㟁」，厲校本作「胯」。

〔證〕

〔一〕唐語林卷七：「方干貌陋脣缺，味嗜魚鮓，性多譏戲。蕭中丞典杭，軍倅吴傑患眸子赤，會宴於城樓飲，促召傑。傑至，目爲風掠，不堪其苦。憲笑命近座女伶裂紅巾方寸，帖臉以障風。干時在席，因爲令戲傑曰：『一盞酒，一捻鹽。止見門前懸箔，何處眼上垂簾？』傑還之曰：『一盞酒，一臠鮓。止見半臂著襴，何處口唇開袴？』一席絶倒。爾後人多目干爲『方開袴』。」爲此事之別本。

惜名

22 李建州嘗游明州慈溪縣西湖①，題詩。後黎卿爲明州牧，李時爲都官員外〔一〕，託與打詩板，附行綱軍將入京。

〔校〕

① 慈溪　管本方校：慈，曝書亭本作磁。宋犖本、宋筠本、揆敘本、徐本亦作「磁」。

〔證〕

〔一〕李建州：即李頻，宣宗大中八年及第。新書卷二〇三有傳。懿宗嘉其政，擢侍御史，遷累都官員外。舊書卷一九下懿宗紀：乾符二年正月己丑，都官員外郎李頻爲建州刺史。據唐才子傳校箋卷七李頻傳考，李頻爲都官員外當在咸通十三年後之數年間。明州隸於浙東，新書卷三八地理一：「浙江東道節度使。治越州，管越、衢、婺、温、台、明等州。或爲觀察使。」唐方鎮年表卷五：咸通十四年至乾符元年浙江東道團練觀察使爲王龜，與李頻員外官時間合。則此明州牧疑即王龜，定保以「黎卿」名之，蓋爲避家諱。

23 蜀路有飛泉亭，亭中詩板百餘，然非作者所爲。後薛能佐李福於蜀〔一〕，道過此，題云：「賈掾曾空去，題詩豈易哉〔二〕！」悉打去諸板，唯留李端巫山高一篇而已〔三〕。

紀事卷三〇李端録載。紺珠集卷四留李端一篇、類説卷三四飛泉亭詩、説郛卷三五上條節録。

〔證〕

〔一〕薛能佐李福於蜀：李福鎮蜀，通鑑卷二五〇：咸通五年二月己巳，「以刑部尚書、鹽鐵轉運使李福同平章事、充西川節度使，以代蕭鄴」。咸通七年「四月，辛巳，貶前西川節度使李福爲蘄王傅」。紀事卷六〇薛能：「（李）福徙西川，取爲節度副使。咸通中，攝嘉州刺史。」

〔二〕賈掾曾空去詩：全詩卷五六〇録薛能通仙洞全詩：「高龕險欲摧，百尺洞門開。白日仙何在？清風客暫來。臨崖松直上，避石水低迴。賈掾曾空去，題詩豈易哉！」賈掾即賈島，島曾仕長江主薄。

〔三〕李端巫山高：全詩卷一七收李端巫山高詩：「巫山十二峰，皆在碧虚中。回合雲藏日，霏微雨帶風。猨聲寒過水，樹色暮連空。愁向高唐望，清秋見楚宫。」雲谿友議卷上巫詠難、樂府詩集卷一七、紀事卷三〇、明周復俊全蜀藝文志卷九所録文字略異。

24 韓文公作李元賓墓銘曰：「文高乎當世①，行出乎古人②。」或謂文公以觀文止高乎當世，蓋謂己高乎古人也③。

〔校〕

① 文高乎當世　韓集卷二四、全文卷五六六「文」作「才」。

② 行出乎古人　文粹卷六九「出」作「過」。宋犖本脱「古」字。

③ 或謂句　此二十字，唯管本作正文，校云「一本誤作夾注」。

25 李繆公〔一〕，貞元中試日有五色賦及第〔二〕。最中的者，賦頭八字曰：「德動天鑒，祥開日華。」後出鎮大梁〔三〕，聞浩虚舟應宏辭，復試此題①。頗慮浩賦逾己，專馳一介取本②。既至，啓緘尚有憂色③。及覩浩破題云：「麗日焜煌④，中含瑞光。」程喜曰：「李程在裏。」

瑣言卷七鄭綮相詩李程附亦敘李程及第及試虛舟事，可互參。廣記卷一八〇貢舉三李程亦載。

〔校〕

①試　閣本、薈要本、廣記作「賦」。

②取本　廣記作「取原本」。

③啓緘　廣記上有「將」字。

④麗日　閣本、薈要本作「日麗」。

〔證〕

〔一〕李繆公：即李程，見卷八已落重收門8-24條注。

〔二〕貞元中：李程，貞元十二年禮侍呂渭下狀元及第，此年試題，全文卷六三二作日五色賦。瑣言卷七亦云：「李程以日五色賦擢第。」

〔三〕出鎮大梁：新書卷二二五中李希烈傳：「披其地建四節度，以汴州爲大梁府治。」舊書卷一六七李程傳：大和「七年六月，檢校司空、汴州刺史、宣武軍節度使。九年，復爲河中晉絳節度使，就加檢校司徒。」

26 裴令公居守東洛〔一〕，夜宴半酣，公索聯句①，元、白有得色。時公爲破題，次至楊侍郎，汝士，或曰非也②。曰：「昔日蘭亭無艷質，此時金谷有高人。」白知不能加，遽裂之曰③：「笙歌鼎沸，勿作此冷淡生活。」元顧曰：「白樂天所謂能全其名者也。」

紀事卷四六、總龜卷二三宴游門、漁隱叢話後集卷一七唐人雜紀下亦録載。

〔校〕

① 聯句　紀事無「聯」字。

② 汝士或曰非也　紀事、總龜、漁隱叢話皆無此六字，當爲後人所加。

③ 裂之　總龜、漁隱叢話皆作「裂紙」。

〔證〕

〔一〕裴令公居守東洛：裴令公即裴度。此條所述之本事有誤。據舊紀，度凡兩守東都：一在長慶二年。舊書卷一六穆宗紀：長慶二年二月丁亥，「以河東節度使、司空、兼門下侍郎、平章事裴度守司徒、平章事，充東都留守，判東都尚書省事、都畿汝防禦使、太微宫等使。」次月即入朝，三月「戊申，裴度來朝，對于麟德殿。……壬子，以新授東都留守裴度爲揚州大都督府長史，充淮南節度使」。據新書卷一七三裴度傳：「穆宗即位，……時元稹顯結宦官魏弘簡求執政，憚度復當國，因經制軍事，數居中持梗，不使有功。度恐亂作，即上書痛暴稹過惡。帝不得已，罷弘簡、稹近職。」舊紀云長慶元年十月，「壬午，以尚書主客郎中、知制誥白居易爲中書舍人。河東節度使裴度三上章，論翰林學士元稹與中官知樞密魏弘簡交通，傾亂朝政」。此時裴、元交惡，且白居易在京爲中書舍人，夜宴聯句之事既無可能，亦不合常情。二在大和八年（八三三），舊書卷一七下文宗紀下：大和八年三月「庚午，以山南東道節度使裴度充東都留守，依前守司徒、兼侍中。……大和九年十月庚子，東都留守、特進、守司徒、侍中裴度進位中書令，餘如故。……（開成二年五月）乙丑，以東都留守裴度爲太原尹、北都留守、河東節度使，依前守司徒、中書令。」前後歷三年。又據舊紀：大和七年癸丑，白罷河南尹，再授賓客分司。九年九月辛亥，以太子賓客分司東都白居易爲同州刺史，代楊汝士。若裴、白諸人聯句，當在大和八年三月至九年九月間。然據舊紀：大和五年八月庚午，武昌軍節度使、檢校户部尚書元稹已卒，何來八年元、白聯句之説？本書卷三述元、白寶曆間與楊於陵、汝士東洛宴會事，疑實即與本條所述爲同一事，裴度或當爲楊於陵之誤。

27 湖南日試萬言王璘，與李群玉校書相遇於嶽麓寺〔一〕。群玉揖之曰：「公何許人？」璘曰：「日試萬言王璘。」群玉待之甚淺，曰：「請與公聯句，可乎？」璘曰：「唯子之命。」群玉因破題而授之，不記其詞。璘覽之，略不佇思而繼之曰：「芍藥花開菩薩面，椶櫚葉散野叉頭①。」群玉知之，訊之他事矣。

紀事卷六六王璘、總龜卷一四警句門下亦録載，文字稍異。此條王璘日試萬言本事，可與本書卷一一薦舉不捷門長沙日試萬言條（11-7）、卷一二設奇沽譽門王璘舉日試萬言科條（12-24）互參。

〔校〕

①芍藥二句　宋筠本校改「野」爲「夜」，與上「菩薩」爲對。各本「叉頭」皆作「乂頭」，今改正。紀事、全詩卷七九五作「人頭」。

〔證〕

〔一〕李群玉校書：郡齋讀書志卷一八：群玉「大中八年來京師，獻詩三百。（裴）休復論薦，授弘文館校書郎。」

〔19〕論曰：構思明速①，稟生知乎？用不以道，利口而已。矛楯相攻，其揆一也。惜名掩善，仁者所忌，堯、舜其猶病諸。

〔校〕

①明速　宋犖本「明」作「敏」。

無名子謗議

28 貞元中，劉忠州任大夫〔一〕，科選多濫進〔二〕，有無名子自云山東野客，移書於劉①：吏部足下：公總角之年，奇童入仕〔三〕。有方朔之專對，無枚皋之敏才。佳句推長，竿妙入神，善謔稱名字不正②。過此以往，非僕所聞。徒以命偶良時，身居顯職，方云好經術，重文章，賣此虚名，負其美稱。今年聖上虚天官之署，委平衡之權，所期公有獨見之明，清平爲首。豈意公有專恣之幸③，高下在心，且數年以來，皆無大集。一昨所試，四方畢臻，公但以搜索爲功，糾訐爲務，或有小過，必陷深文。既毁其髪膚，又貶其官敘，使孝子虧全歸之望，良臣絶没齒之怨。豈以省闥從容之司，甚於府縣暴虐之政？所立嚴法，樹威脅人，云奉德音，罔畏上下。使聖主失含弘之道④，損寬仁之德，豈忠臣之節耶？主上居高拱穆清之中，足下每以煩碎之事，奏請無度，塵黷頗多，呈三接以示人，期一言以悟主，朝臣氣懾，選士膽驚，内以承寵承榮，外以作威作福，豈良臣之體耶？

全文卷九八六收録，題作移劉吏部書。此書篇幅較長，爲便閲讀，兹分數段。

〔校〕

①劉　厲校本下補「公」字。

②稱名　厲校本校「名」作「朋」，管本方校云當作「朋」。

③專恣之幸　宋犖本「專」作「獨」。閣本、薈要本、全文「幸」作「行」，管本吴校云當作「行」。

④聖主　宋犖本「主」作「旨」。

〔證〕

〔一〕貞元中劉忠州：即劉晏。案：舊書卷一二德宗紀上：建中元年（七八〇）二月，貶尚書左僕射劉晏爲忠州刺史。七月，忠州刺史劉晏賜自盡。則摭言「貞元」顯誤。舊書卷一一代宗紀：寶應元年（七六二）六月壬申，以通州刺史劉晏爲户部侍郎、兼御史大夫、京兆尹，充度支轉運鹽鐵諸道鑄錢等使。此云「大夫」，或即指御史大夫職。本條下又云「吏部足下」，全文收録亦題移劉吏部書，蓋晏時官吏部，而非大夫之職。舊紀：寶應二年正月，晏爲吏部尚書、同中書門下平章事。廣德二年（七六四）旋又任太子賓客、户部尚書、判鹽鐵等使。大曆四年（七六九）再改吏部尚書，至建中元年二月貶忠州刺史前皆在吏尚任上，則「貞元」似爲「大曆」之誤。

〔二〕科選多濫進：據舊書卷一一代宗紀：大曆八年「八月甲寅，詔吏部尚書劉晏知三銓選事。」

案：本條下有言及常衮科選事，記考：衮於大曆十年至十二年三爲禮侍放牓，則無名子此書或即作於此間。

〔三〕奇童入仕：舊書卷一二三劉晏傳：「舉神童，授秘書正字。」開天傳信記：「劉晏年八歲，獻東封書。上覽而奇之，命宰相出題，就中書試驗。張説、源乾曜等咸寵薦。上以晏間生秀妙，引宴於内殿，縱六宫觀看。貴妃坐晏於膝上，親爲晏畫眉總丱髻。宫中人投果遺花者不可勝數也。尋拜晏秘書省正字。」明皇雜録卷上神童劉晏：「時劉晏以神童爲秘書正字，年方十歲，形狀獰劣，而聰悟過人。」

且兩京常調，五千餘人，書判之流，亦有碩學之輩，莫不風趍洛邑，霧委咸京。其常衮之徒，令天下受屈。且衮以小道矯俗，以大言誇時，宏辭曾不登科①，平判又不入等。徒以竊居翰苑，謬踐掖垣，雖十年掌於王言〔二〕，豈一句在於人口？以散鋪不對爲古，以率意不經爲奇，作者見之痛心，後來聞之撫掌。奈何輕蔽天下之才，以自稱爲己高，以少取爲公道。故郄至自伐稱兵②，處父尚云終喪其族。以兹偏見，求典禮闈，深駭物情，實乖時望。故詩曰〔三〕：「濟濟多士，文王以寧。」夫聖人用心③，異代同體。衮云親奉密旨，令少取入等，豈聖人容衆之意耶？

〔校〕

① 曾不登科　「不」原作「下」，據宋犖本改。

② 故郄至　宋犖本無「故」字。閣本「郄」作「郗」，學津本、薈要本、全文作「郤」，左傳成公十六年作「郤」。

③ 夫　管本作「禮」。

〔證〕

〔二〕十年掌於王言：舊書卷一一九常衮傳：寶應二年，選衮爲翰林學士、考功員外郎中、知制誥。舊紀：大曆九年十二月庚寅，以中書舍人常衮爲禮部侍郎，前後計十一年。

〔三〕故詩曰：句出詩大雅文王：「王國克生，維周之楨。濟濟多士，文王以寧。」

爲近臣而厚誣，干處士之横議，甚不可也！況杜亞薄知經籍〔一〕，素懵文辭。李翰雖以辭藻擢第〔二〕，不以書判擅名。不慎舉人，自貽伊咎。又常衮謂所親曰：「昨者考判，以經語對經，以史對史，皆未點對，考爲下等。」先翰有常無名判云〔三〕：「衛侯之政由甯氏，魯侯之令出季孫。」又常無欲云：「在凌室而須開，闕夷盤而不可。」豈以經對史耶？又嚴迪云〔四〕：「下樊姬之車，曳鄭崇之履。」豈以史對經耶？數十年之間，布衆多之口，縱世人可罔，而先賢安可誣也？

〔證〕

〔一〕杜亞：舊書卷一四六、新書卷一五九有傳：至德初，於靈武獻封章，言政事，授校書郎。

〔二〕李翰：舊書卷一九〇下文苑下、新書卷二〇三文藝下李華傳附李翰傳：擢進士第，調衛尉。天寶末，房琯、韋陟俱薦爲史官，肅宗上元中，爲衛縣尉，入爲侍御史。

〔三〕常無名：新書卷七五宰相世系表五：常衮父名無爲，三原丞。無爲伯仲四人：無名，禮部員外郎；無欲；無求，右補闕。無爲行二。此「常無名」及下文之「常無欲」，當即衮之叔伯。

〔四〕嚴迪：記考卷七：迪開元十四年（七三六）嚴挺之下狀元及第。

今信四豎子，取彼五幽人，且吉中孚判以「大明御宇」爲頭，以「敢告車軒」爲尾，初類是頌，翻乃成箴。其間又「金盤」對於「玉府」，非惟問頭不識，抑亦義理全乖。據此口嘲，堪入醜縷。張載華以「江皋」對「纏洛」①，朱邵南以「養老」對「乞言」。理目未通②，對仍未識，並考入等，可哀也哉！王申則童子何知？裴通則因人見録，苟容私謁，豈謂公平？

〔校〕
①纏　閣本、學津本、全文作「瀍」，當是。
②理目　管本、全文「目」作「自」，宋犖本作「且」。

夫有西施之容，方可論於美醜；無太阿之利，安可議其斷割？使五千之人，囂然騰口；四海之内，孰肯甘心？况宏辭大國光華，吏曹物色，公明立標牓，令盡赴上都東京者，棄而不收①。常衮大辱於國，豈以往來敗績②，自喪秣陵之師；今日復讎，欲雪會稽之恥。雖擢須賈之髮，衮不足以贖罪；負廉頗之荆，公不足以謝過。况所置科目，標在格文，盡無宏辭，固違明敕。欺天必有大咎③，陵人必有不祥。足下以此持衡，實負明公④；以此求相，實負蒼生。况公爲主司，自合參議，信衮等升降由己，取捨在心，使士子含冤不得申，結舌不得語，罔上若是，欺下如斯，豈以天聽蓋高⑤，帝閽難叫？亦由宰臣守道，任公等弄權。嗚呼！使朱雲在朝，汲黯當位，則敗不旋踵，安能保家？宰輔侍郎，非公等所望也〔二〕。無名子長揖。詩曰：「三銓選客不須嗔，五箇登科各有因。無識伯和憐吉獠⑥，弄權虞候爲王申。載華甲第歸丞相，裴子門徒入舍人。莫怪邵南書判好，他家自有景監親。」

〔校〕

① 不收　閣本、薈要本作「弗收」。

② 往來　管本方校云「往」當作「從」。

③ 咎　宋犖本誤作「赴」。

④ 明公　管本方校當作「明主」。

⑤ 天聽　明本、宋犖本、宋筠本、徐本作「天德」。

⑥ 伯和　原本作「伯知」，據宋犖本、學津本改。

〔證〕

〔一〕辛輔侍郎句：案：劉晏官聲，兩唐書皆評價甚著。舊書卷一二德宗紀上：「時將貶劉晏，罷使名，歸尚書省本司。今又命洄判度支，令金部郎中杜佑權勾當江、淮水陸運使，一如劉晏、韓滉之則，蓋楊炎之排晏也。」晏爲人清儉，然爲楊炎所惡。新書卷一四九劉晏傳：「晏治元載罪，而炎坐貶。及炎執政，銜宿怒，將爲載報仇。」疑此無名子構冤，或爲楊炎之黨主使致誣。

29 顏標，咸通中鄭薰下狀元及第〔一〕。先是徐寇作亂〔二〕，薰志在激勸勛烈，謂標魯公之後，故擢之巍峩①。既而問及廟院，標曰：「寒素，京國無廟院②。」薰始大悟，塞默久之。

時有無名子嘲曰：「主司頭腦太冬烘，錯認顏標作魯公。」

此條與卷八誤放門鄭侍郎薰主文條(8–18)重複。廣記卷二五六嘲誚四亦載録。

〔校〕

①巍峩　廣記作「首科」。

②「標曰」至「廟院」　宋犖本抄脱。

〔證〕

〔一〕咸通中：標宣宗大中八年鄭薰下狀元及第，此云「咸通中」誤，見本書卷八注。

〔二〕徐寇作亂：案徐州軍情常不定，屢生軍嘩。通鑑卷二四八大中三年「五月，徐州軍亂，逐節度使李廓。……武寧士卒素驕，有銀刀都尤甚，屢逐主帥。自大中三年至八年之五年間，徐州節度五易其帥，其亂亦可知。

30 崔澹試以至仁伐至不仁賦〔一〕，時黃巢方熾，因爲無名子嘲曰：「主司何事厭我皇①，解把黃巢比武王。」

廣記卷二五七嘲誚五亦載録。

〔校〕

① 我　明本、宋犖本、宋筠本、揆敘本、管本、廣記、全詩卷八七二皆作「吾」。

〔證〕

〔一〕崔澹：案：澹僖宗乾符五年以中書舍人知舉，見本書卷八夢門孫龍光偓條（8–9）注。

31 趙騭試被衮以象天賦〔一〕，更放韓衮爲狀元。或爲中貴語之曰：「侍郎既試王者被衮以象天賦①，更放韓衮狀元，得無意乎？」騭由是求出華州〔二〕。

〔校〕

① 王者被衮以象天賦　閣本、薈要本脱「賦」字。

〔證〕

〔一〕趙騭：記考卷二三：騭主貢舉在懿宗咸通七年，此年韓衮狀元及第，見本書卷一二酒失門韓衮條（12–28）注。

〔二〕求出華州：舊書卷一七八趙隱傳附趙騭傳：「（咸通）七年，選士多得名流，拜禮部侍郎、御史中丞，累遷華州刺史、潼關防禦、鎮國軍等使，卒。」

32 劉允章試天下爲家賦〔一〕，爲拾遺杜裔休駮奏①，允章辭窮②，乃謂與裔休對。時允章出江夏〔二〕，裔休尋亦改官〔三〕。

廣記卷一八三劉允章條事相近，注出盧氏雜説。

〔校〕

① 杜裔休　宋犖本「杜」下有「公」字。

② 辭　明本誤作「謂」，他本皆作「詞」。

〔證〕

〔一〕劉允章：記考卷二三：允章知舉在懿宗咸通九年。此年試題，賴摭言得存。

〔二〕出江夏：舊書卷一五三劉允章傳：「咸通九年知貢舉，出爲鄂州觀察使、檢校工部尚書，後遷東都留守。」廣記二六五輕薄一崔昭符引三水小牘：「東都留守劉允章，文學之宗，氣頗高介，後進循常之士，罕有敢及門者。咸通中，自禮部侍郎授鄂州觀察使。」

〔三〕尋亦改官：重修承旨學士壁記：杜裔休「咸通十一年正月十一日自起居郎入，守本官充，五月二十七日三殿召對，賜紫。九月十一日加司勛員外郎，知制誥，依前充。十三年二月九日守本官出院。」舊書卷一九上懿宗紀：咸通十三年五月，給事中杜裔休貶端州司馬。新書卷一六六杜悰傳附杜裔休傳：「裔休，懿宗時歷翰林學士、給事中，坐事貶端州司馬。」

33 光啓中，蔣皤以丹砂授善和韋中令〔一〕。張鵠，吴人，有文而不貧①。或刺之曰：「張鵠只消千馱絹②，蔣皤唯用一丸丹。」

〔校〕

①不貧　總龜卷三五譏誚門上引古今詩話、全詩卷八七二所收皆無「不」字，疑是。

②馱　總龜作「駝」。

〔證〕

〔一〕蔣皤：生平仕歷不詳。韋中令，即韋昭度。新書卷一〇昭宗紀：文德元年（八八八）四月庚午，以韋昭度爲中書令。善和，韋昭度府第在西京之善和坊，見本書卷一〇海敘不遇門歐陽澥條（10–14）注。

［20］論曰：飛書毀謗，自古有之①。言之公，足以改過；不公，足以推命。睚眦讎之②，無益於己。夫子之謂桓魋，孟子之稱臧倉③，其是之謂與！

〔校〕

① 自古有之 宋犖本「之」作「一」。

② 讎之 閣本、薈要本、管本作「之讎」。

③ 孟子之稱 宋犖本「稱」作「謂」。

唐摭言校證卷一四

主司稱意

1 天寶十二載，禮部侍郎陽浚四牓①〔一〕，共放一百五十人〔二〕，後除左丞。

〔校〕

① 陽浚 原本作「楊浚」，據明本、宋犖本、宋筠本、揆敘本、徐本、管本改。

〔證〕

〔一〕陽浚：天寶十二（七五三）至十五載知舉，連放四牓。

〔二〕一百五十人：案通考卷二九選舉考二唐登科記總目：「（天寶）十二載，進士五十六人；十三載，進士三十五人，諸科一人；十四載，進士二十四人；十五載，進士三十三人。」以上進士共一百四十八人，並諸科一人，總一百四十九人。

2 至德二年，駕臨岐山①，右補闕兼禮部員外薛邕下二十一人〔一〕。後至大曆二年，拜禮部侍郎，聯翩四牓，共放八十人〔二〕。

〔校〕

①臨　明本、宋犖本、宋筠本、撰敘本作「幸」。

〔證〕

〔一〕駕臨岐山：舊書卷一〇肅宗紀：至德二載（七五七）二月戊子，幸鳳翔郡。十月癸亥，上自鳳翔還京。記考卷一〇：此年右補闕兼禮部員外薛邕於岐山，門下侍郎崔渙於江、淮，禮部侍郎裴士淹在蜀，禮部侍郎李希言於江東分別放牓。則此年四牓也。案：記考卷一〇引此年登科記云鳳翔放二十二人。

〔二〕聯翩四牓：唐語林卷八：「神龍元年已來，累爲主司者：……薛邕四，大曆二年、三年、四年、五年。」通考卷二九選舉考二唐登科記總目：薛邕以禮侍於大曆二年（七六七）至五年連續於上都放四牓，計二年進士二十人，諸科一人；三年進士十九人，諸科三人；四年進士二十六人，諸科二人；五年進士二十六人。進士總九十一人，諸科總六人。記考依通考，以爲摭言曰八十人，「或字有奪誤」。

3 貞元二年，禮部侍郎鮑防帖經，後改京兆尹、刑部侍郎〔一〕。

〔證〕

〔一〕貞元二年：舊書卷一二德宗紀上：「貞元二年（七八六）正月丁未，以禮部侍郎鮑防爲京兆尹，京兆尹韓洄爲刑部侍郎。」舊書卷一四六鮑防傳：「除禮部侍郎，尋遷工部尚書致仕。」新書卷一五九鮑防傳：「貞元元年，策賢良方正，得穆質、裴復、柳公綽、歸登、崔邠、韋純、魏弘簡、熊執易等，世美防知人。」又，防與知雜御史竇參遇，「及（參）爲相，防尹京兆，迫使致仕，授工部尚書。」然諸書及唐僕尚丞郎表並未載防官刑侍職，此條或可補史闕。

4 元和十一年，中書舍人權知貢舉李逢吉下及第三十三人，試策後拜相〔一〕。令禮部尚書王播署牓，其日午後放牓。

〔證〕

〔一〕試策後拜相：逢吉知舉事，見本書卷七好放孤寒門 7-7 條注。舊紀：元和十一年（八一六）二月癸卯，「以中書舍人、權知禮部貢舉、賜緋魚袋李逢吉爲門下侍郎、同平章事，賜紫金魚袋。」

舊書卷一六七李逢吉傳以此月權知貢舉，四月入相。因話録卷二商部：「李太師逢吉知貢舉，牓成未放而入相，禮部王尚書播代放牓。及第人就中書見座主，時謂『好腳跡門生』，前世未有。」

5 元和十五年閏正月十五日，太常少卿知貢舉李建下二十九人。至二月二十九日，拜禮部侍郎〔一〕。

〔證〕

〔一〕拜禮部侍郎：舊書卷一五五李遜傳附李建傳：「徵拜太常少卿，尋以本官知禮部貢舉。建取捨非其人，又惑於請託，故其年選士不精，坐罰俸料。明年，除禮部侍郎，竟以人情不洽，改爲刑部。」全文卷六五五元稹唐故中大夫尚書刑部侍郎上柱國隴西縣開國男贈工部尚書李公墓誌銘：「入以亞太常，於禮部中覈貢士，用己鑒取文章，選用多薦説者。遂爲禮部侍郎，遷刑部，權于吏部郎衆品。」全文卷六七八白居易有唐善人（李建）墓碑銘又云其「在禮部時，由文取士，不聽譽，不信毀」。與舊書貶抑李建處頗有出入。

6 天祐元年，楊涉行在陜州放牓，後大拜〔一〕。

〔證〕

〔一〕後大拜：案舊書卷二〇哀帝紀：天祐二年（九〇五）三月壬戌，「以銀青光禄大夫、行尚書左丞、上柱國、弘農縣伯、食邑七百户楊涉爲中書侍郎、同平章事、集賢殿大學士、判户部事。」新書卷六三宰相表下：天祐二年三月「甲申，吏部侍郎楊涉同中書門下平章事、判户部。」通鑑卷二六五略同。

7 二年，張文蔚東洛放牓，後大拜〔一〕。

〔證〕

〔一〕後大拜：舊書卷二〇哀帝紀：天祐二年三月甲子，「以正議大夫、尚書吏部侍郎、上柱國、賜紫金魚袋張文蔚爲中書侍郎、同平章事、監修國史、判度支」。

主司失意

8 大曆十四年改元建中，禮部侍郎令狐峘下二十二人及第〔一〕。時執政間有怒薦託不得①，勢擬傾覆〔二〕。峘惶恐甚，因進其私書。上謂峘無良，放牓日竄逐，並不得與生徒相面。後十年，門人田敦爲明州刺史，峘量移本州别駕〔三〕，敦始陳謝恩之禮②。

廣記卷一七九貢舉二令狐峘條亦録載。

〔校〕

① 薦託不得　廣記「得」作「從」。

② 陳　廣記上有「使」字。

〔證〕

〔一〕令狐峘：舊紀：大曆十四年九月丙戌，以中書舍人令狐峘爲禮部侍郎。

〔二〕怒薦託不得勢擬傾覆：案：此事本末，舊書卷一四九令狐峘傳載：「初，大曆中，劉晏爲吏部尚書，楊炎爲侍郎，晏用峘判吏部南曹事。峘荷晏之舉，每分闕，必擇其善者送晏，不善者送炎，炎心不平之。及建中初，峘爲禮部侍郎，炎爲宰相，不念舊事。有士子杜封者，故相鴻漸子，求補弘文生。炎嘗出杜氏門下，託封於峘。峘謂使者曰：『相公誠憐封，欲成一名，乞署封名下一字，峘得以志之。』炎不意峘賣，即署名托封。峘以炎所署奏論，言宰相迫臣以私，臣若從之，則負陛下，不從則炎當害臣。德宗出疏問炎，炎具言其事，德宗怒甚，曰：『此姦人，無可奈何！』欲決杖流之，炎苦救解，貶衡州别駕。遷衡州刺史。」新書卷一〇二令狐峘傳所載略同。

〔三〕量移本州别駕：案舊書卷一四九令狐峘傳：「貶衢州别駕。衢州刺史田敦，峘知舉時進士門生也。初峘當貢部，放牓日貶逐，與敦不相面。敦聞峘來，喜曰：『始見座主。』迎謁之禮甚厚。敦月分俸之半以奉峘。峘在衢州殆十年。」新傳略同。順宗實録對峘自禮侍貶衡州别駕後之官歷記載甚詳：「乃黜爲衡州别駕。貞元初，李泌爲相，以左庶子史館修撰徵，至則與同職孔述睿争競細碎，數侵述睿。述睿長告以讓，不欲争。泌卒，竇參爲相，惡其爲人，貶吉州别駕，改吉州刺史。齊映除江西觀察，過吉州，峘自以前輩，懷怏怏，不以刺史禮見。入謁，從容步進，不襪首屬戎器，映以爲恨。去至府，奏峘舉前刺史過失，鞫不得真，無政事，不宜臨郡，貶衢州别駕。上即位，以秘書少監徵，未至，卒。」實録所述當可信。則田敦謝恩執弟子禮時皆在衢州，而非明州，峘官衢州亦非量移，當爲再貶。時間當在貞元五年前後。

9 長慶元年二月十七日，侍郎錢徽下三十三人。三月二十三日重試，落第十人，徽貶江州刺史〔一〕。

〔證〕

〔一〕長慶元年：案舊書卷一六穆宗紀：此年三月己未，敕今年錢徽下進士及第鄭朗等一十四人，宜令中書舍人王起、主客郎中知制誥白居易等重試以聞。四月丁丑，貶禮部侍郎錢徽爲江州刺史。舊書卷一六六白居易傳：「長慶元年三月，受詔與中書舍人王起覆試禮部侍郎錢徽下及第人鄭朗等一十四人。」同書卷一六八錢徽傳：「内殿面奏，言徽所放進士鄭朗等十四人。」「遂命中書舍人王起、主客郎中知制誥白居易，於子亭重試，内出題目孤竹管賦、鳥散餘花落詩，而十人不中選。」後代文獻所載月日、人數多有不合。記考卷一九考當作「進士二十五人，駁下十一人，重試及第十四人」。

10 會昌六年〔二〕，陳商主文，以延英對見，辭不稱旨，改授王起①。

〔校〕

①授　宋犖本、宋筠本、撰敘本無此字。厲校本、徐本作「受」。

〔證〕

〔一〕會昌六年：當作「會昌三年」，参本書卷三慈恩寺題名遊賞賦詠雜紀門進士題名條（3-10）原文及注。案：陳商於會昌五年（八四五）再主文柄，放牓後，物論以爲請託，令翰林學士白敏中覆試。

11 咸通四年，蕭倣雜文牓中數人有故，放牓後發覺，責授蘄州刺史〔一〕。主司其年二月十三日得罪，貶蘄州刺史。五年五月，量移虢略①。中書舍人知制誥宇文瓚制敕：「朕體至公以御極，推至理以臨人，舉必任才，黜皆由過，二者之命，吾何敢私？中散大夫、守左散騎常侍、權知禮部貢舉、上柱國賜紫金魚袋蕭倣，早以藝文，薦升華顯，清貞不磷，介潔無徒②，居多正直之容，動有休嘉之稱。近者擢司貢籍，期盡精研；既紊官常，頗興物論。經詢大義，去留或致其紛挐③；牓掛先場，進退備聞其差互。且昧泉魚之察，徒懷冰蘖之憂，豈可尚列貂蟬，復延騎省？俾分郡牧，用示朝章。勿謂非恩，深宜自勵。可守蘄州刺史，散官勛賜如故。仍馳驛赴任。」

〔校〕

①「主司」至「號略」　原本爲正文，然上文云「責授蘄州刺史」，此句又見「貶蘄州刺史」，文意重複。管本方校云自「主司」迄「號略」二十四字當係小注，今據改。方校又云「主司」二字疑衍，恐非。學津本「主司」作「主文」。

②介潔　閣本、薈要本「潔」作「節」。

③挐　他本皆作「拏」。

〔證〕

〔一〕責授蘄州刺史：案舊書卷一九上懿宗紀：咸通三年（八六二）十二月，以吏部侍郎蕭倣權知禮部貢舉。六年九月，「以吏部侍郎蕭倣檢校禮部尚書、滑州刺史、御史大夫，充義成軍節度、鄭滑潁觀察等使。」新書卷一〇一蕭倣傳：「咸通初，爲左散騎常侍。……後官數遷，拜義成軍節度使。」皆不言其爲蘄州刺史並移號、略事，此條可補史闕。另，倣知舉時之正官，新傳及摭言皆爲左散騎常侍，據此敕文，則舊紀吏部侍郎恐不確。舊書卷一七二蕭倣傳：「（咸通）四年，本官權知貢舉，遷禮部侍郎，轉户部。」唐僕尚丞郎表卷十蕭倣以咸通二年冬以左散騎常侍知吏部銓事，三年見在任，十二月改權知禮部貢舉。舊紀以咸通六年九月以吏侍充義成軍，蓋爲户部之訛。

12 蕭倣蘄州刺史謝上兼知貢舉敗闕表：「臣某言：臣謬掌貢闈，果玆敗失，上負聖獎，下乖人情。實省己以兢慙①，每自咎而惶灼②。猶賴陛下猥矜拙直，特貸刑書。不奪金章，仍付符竹。荷恩宥而感戀，奉嚴譴以奔馳。不駐羸驂，繼持舟棹③。臣二月十三日當日於宣政門外謝訖④，便辭進發，今月一日到任上訖。臣誠惶誠懼，頓首頓首。臣性稟樸愚，材昧機變。皆爲叨據，果竊顯榮。一心唯知效忠，萬慮未嘗念失⑤。是以頃升諫列〔一〕，已因論事去官；後忝瑣闈，亦緣舉職統旆。身流嶺外〔二〕，望絶中朝。甘於此生，不到上國。伏遇陛下臨御大寶，恭行孝思。詢以舊臣，徧霑厚渥。臣遠從海嶠，首還闕廷。才拜丹墀〔三〕，俄捧紫詔〔四〕。任掄材於九品，位超冠於六曹。家與國而同歸，官與職而俱盛⑥。常思惕厲，麤免悔尤。已塵銓衡，復忝貢務。昨雖有過，今合具陳。臣伏以朝廷所大者，莫過文柄；士林所重者，無先辭科。推公過即怨讟並生⑦，行應奉即語言皆息。爲日雖久，近歲轉難⑧。如臣孤微，豈合操專⑨？徒以副陛下振用，明時至公，是以不聽囑論，堅收沈滯。請託既絶，求瑕者多。臣昨選擇，實不屈人⑩。雜文之中⑪，偶失詳究。扇衆口以騰毀，致朝典以指名。緘深懇而未得敷陳⑫，奉詔命而須乘郵傳。罷遠藩赴闕，還鄉國而只及一年〔五〕；自近侍謫官〔六〕，歷江山而又三千里。泣別骨肉，愁涉險艱。今則已達孤城，唯勤郡政。緝綏郭邑，訓整里閭。必使獄絶冤人，巷無横事，峻法鈐轄於狡吏，寬弘撫育於疲農，矗立微勞，用贖前過。伏乞陛下特開睿鑒，俯察愚衷。臣前後黜責，多因於奉公⑬，秉持直誠，常逢於黨與⑭。分使如此，時亦自嗟。寫肝膽而上告明君，希衰殘而得還帝里。豈望復升榮級，更被寵光。願受代於蘄春，遂閑散於輦下。臣官爲牧守，不同藩鎮。謝上之後，他表無因。達天聽而知在何時，備縈辭而併陳今日。馳魂執筆，流血拜章。形神雖處於遐陬，夢寐尚馳於班列。臣無任感恩，惶恐涕泣，望闕屏營之至！謹差軍事押衙某奉表陳謝以聞。」

〔校〕

① 兢　厲校本、徐本作「競」。

② 自咎而惶灼　管本「咎」作「吝」。宋犖本、宋筠本「灼」作「怍」。

③ 棹　學津本作「櫂」。管本、徐本作「檝」。

④ 當日　管本吴校「日」疑衍，似無據。

⑤ 念失　管本方校「念」當作「患」。

⑥ 職　管本作「政」。

⑦ 讟　管本作「讋」。厲校本作「謝」。

⑧ 近歲轉難　宋犖本脱「難」。

⑨ 專　他本皆作「剸」，管本方云：「『剸』義同『專』，裁也，斷也。」

⑩ 實不屈人　徐本「實」下有「其」字，或爲衍文。

⑪ 雜文之中　管本「雜」上有「其」字。

⑫ 緘深懇而未得敷陳　原本「未」字作一字空，管本方校當補「未」字，閣本、薈要本有「未」字，據補。

⑬ 多因於奉公　原本脱「於」字，據閣本補。

⑭ 常逢於黨與　原本「於」字作一字空，他本皆作「於」，據補。

〔證〕

〔一〕頃升諫列：舊書卷一七二蕭倣傳：「倣，太和元年登進士第。大中朝，歷諫議大夫、給事中。」

〔二〕身流嶺外：新書卷一〇一蕭倣傳：大中時「令狐綯用李琢經略安南，琢以暴沓免，倣起爲壽州團練使，倣劾奏琢無所回，時推其直。自集賢學士拜嶺南節度使。」當即指此。

〔三〕才拜丹墀：新傳：咸通初，爲左散騎常侍。上條宇文瓚制敕所云「中散大夫、守左散騎常侍」即是。

〔四〕俄捧紫詔：即舊紀所云咸通三年十二月爲禮侍知舉事。

〔五〕只及一年：當即自嶺南節度使還朝，爲中散大夫、左散騎常侍，前後或僅歷一年。

〔六〕自近侍謫官：當即咸通四年自禮侍貶蘄州。

13 倣與浙東鄭裔綽大夫雪門生薛扶狀①〔一〕：「某昨者出官之由，伏計盡得於邸吏。久不奉榮問，惶懼實深。某自守孤直，蒙大夫眷奬最深，輙欲披陳其事，略言首尾，冀當克副虛襟，鑒雪幽抱。伏以近年貢務，皆自閣下權知，某叨歷清榮②，不掌綸誥。去冬遽因銓衡，叨主文柄，珥貂載筆，忝幸實多。遂將匪石之心，冀伸藻鏡之用。蘊遏末俗，蕩滌訛風，刈楚於庭，得人之舉。而騰口易唱，長舌莫箝。吹毛豈惜其一言，指纇何啻於十手。既速官謗，皆由拙直。竊以常年主司，親屬盡得就試。某敕下後，牓示南院，外内親族，具有約勒，並請不下文書，斂怨之語，日已盈庭。復禮部舊吏云：『常年例得明經一人。』某面責其事，即嚴釐革。然皆陰蓄狡恨，求肆讒言。致雜文之差互，悉群吏之構成。失於考議，敢不引過？又常年牓帖，並他人主張，凡是舊知，先當垂翅。靈蛇在握，棄而不收；璞鼠韜懷，疑而或取。致使主司脅制於一時，遺恨遂流於他日。今春此輩，亦有數人，皆朝夕相門，月旦自任，共相犄角，直索文書。某堅守不聽，唯運獨見。見在子弟無三舉，門生舊知纔數人。推公擢引，且既在門館日夕③，即與子弟不生④。爲輕小之徒望風傳説曰：

『筆削重事，閫門得專。』某但不欺知白之誠，豈畏如篁之巧⑤。頃年赴廣州日，外生薛廷望薦一李仲將外生薛扶秀才⑥，云負文業，窮寄嶺嶠⑦。到鎮日，相見之後，果有辭藻。久與宴處，端厚日新。成名後，人傳是蕃夷外親，嶺南巨富，發身財賂，委質科名。扶即薛謂近從兄弟，班行内外，親族絶多，嶺表之時，寒苦可憫，曾與月給，虚説蕃商。據此謗言，豈麄相近？況孔振是宣父胄緒，韓綰即文公令孫。蘇蒍故奉常之後⑧，鴈序雙高，而風埃久處；柳告是柳州之子，鳳毛殊有，而名字陸沈。其餘四面搜羅，皆有久居藝行之士，繁於簡牘⑨，不敢具載。某裁斷自己，實無愧懷。敦朝廷厚風，去士林時態。此志惶撓，豈憚悔尤。今則公忠道消，奸邪計勝。衆情猶有惋歎，深分卻無憫嗟。何直道而遽不相容，豈正德而亦同浮議。久猜疑悶，莫喻尊崇，幸無大故之嫌，勿信小人之論。麄陳本末，希存舊知。臨紙寫誠，含毫增歎。特垂鑒宥，無輕棄遺。幸甚！」

〔校〕

① 浙東鄭裔綽大夫　「裔綽」，原本誤作「商綽」，據明本改。

② 叨歷清榮　管本「歷」作「列」。「榮」，薈要本同，他本皆作「崇」。

③ 日夕　管本吴校「夕」當作「久」，疑是。

④不生　管本吴校「生」疑作「殊」。
⑤如篁之巧　宋犖本、閣本、薈要本、學津本、全文「篁」皆作「簧」，當是。
⑥薛廷望　學津本作「薛延望」，當誤。
⑦寄　閣本、薈要本作「奇」。
⑧蔿　明本作「蘊」。閣本作「蔿」。管本作「藹」。
⑨繁於簡牘　閣本、薈要本「繁」作「煩」。宋犖本脱「於」字。

〔證〕

〔一〕鄭裔綽：舊書卷一七三、新書卷一六五鄭覃傳皆附鄭裔綽傳。舊傳殊簡，新傳云：「後繇秘書監遷浙東觀察使」，然未著年月。宋施宿會稽志卷二：「鄭裔綽，咸通三年三月自權知秘書監授。楊嚴，咸通五年九月自前中書舍人授。」又本書下云：「去冬遽因銓衡，叨主文柄。」則此書當作於咸通五年，與會稽志合。唐方鎮年表卷五考裔綽鎮浙東在咸通三、四年，當再補入五年至楊嚴代鎮止。

14 乾寧二年，崔凝牓放〔一〕，貶合州刺史。先是李涜附於中貴①，既憤退黜，百計推之，上亦深器涜文學，因之蘊怒。密旨令内人於門搜索懷挾，至於巿廛②，靡有不至。

〔校〕

①李浣　原本作「李滚」，據瑣言卷七李浣行文卷改。下同。

②屨　宋犖本、管本、閣本、薈要本作「履」。

〔證〕

〔一〕乾寧二年：案：此年崔凝知舉事，見本書卷七好放孤寒門昭宗皇帝頗爲寒進開路條（7–9）注。

唐摭言校證　卷一五

雜記

1 高祖武德四年四月十一日〔一〕，敕諸州學士及白丁有明經及秀才、俊士，明於理體①，爲鄉曲所稱者，委本縣考試，州長重覆，取上等人，每年十月隨物入貢。至五年十月，諸州共貢明經一百四十三人，秀才六人，俊士三十九人，進士三十人。十一月引見，敕付尚書省考試。十二月吏部奏付考功員外郎申世寧考試，秀才一人，俊士十四人〔二〕，所試並通，敕放選與理人官②。其下第人各賜絹五疋，充歸糧，各勤修業。自是考功之試，永爲常式。至開元二十四年，以員外郎李昂與舉子矛楯失體，因以禮部侍郎專知③。

此條與卷一述進士上篇門諸條多有重複，或爲定保對卷一相關内容之擇要歸納。

〔校〕

①理體　薈要本作「治體」，原本避高宗諱。

②理人官　原本「人」誤「入」，據明本、閣本改。

③專知　管本方校以爲「知」當作「之」，或「知」下有「之」字。吴校云「知」或作「焉」。

〔證〕

〔一〕四月十一日：本書卷一統序科第門作「四月一日」。案：其具體時日，諸書無載，難置可否。

〔二〕秀才一人俊士十四人：記考卷一作「秀才一人，進士四人」，並據玉海引趙傪登科記序所云「武德五年，詔有司特以進士爲選士之目」，以爲「進士」誤作「俊士」。案：武德五年之後，貢舉每年進士及第者大致在四至七名間，此以四人似更確。

2 貞觀初，放牓日，上私幸端門，見進士於牓下綴行而出，喜謂侍臣曰：「天下英雄入吾彀中矣！」

此條與卷一述進士上篇門永徽已前條(1-4)重複，見前考。

3 進士牓頭，豎黏黄紙四張，以氈筆淡墨衮轉書曰「禮部貢院」四字。或曰：文皇頃以飛帛書之①，或象陰注陽受之狀②。此條原與上條合，管本另作一條，據以析分。廣記卷一七八貢舉一放牓録載。

〔校〕

①飛帛書之　管本吴校「帛」一作「白」。宋犖本「書之」涉上誤作「書曰禮部貢院四字」。

②或　明本下有「云」字。

4 進士舊例於都省考試①，南院放牓，南院乃禮部主事受領文書於此，凡板様及諸色條流，多於此列之。張牓牆乃南院東牆也。别築起一堵，高丈餘，外有壖垣，未辨色。即自北院將牓，就南院張掛之。元和六年，爲監生郭東里決破棘籬，籬在垣牆之下，南院正門外亦有之。坼裂文牓，因之後來多以虚牓自省門而出，正牓張亦稍晚。廣記卷一七八貢舉一放牓條録載。

〔校〕

①進士舊例於都省考試　此九字，宋犖本、厲校本、學津本屬上條。廣記「都省」下有「御」字。

開成二年，高侍郎鍇主文，恩賜詩題曰霓裳羽衣曲〔一〕。三年，復前詩題爲賦題，太學石經詩並辭〔二〕，入貢院日面賜①。

當出自盧氏雜説。廣記卷一七八内出題引盧氏雜説，下有「進士試詩賦自此始也」一句。

〔校〕

①面賜　薈要本作「面試」。

〔證〕

〔一〕霓裳羽衣曲：雲谿友議卷上古製興：「文宗元年秋，詔禮部高侍郎鍇，復司貢籍，曰：『夫宗子維城，本枝百代，封爵便宜，無令廢絶。常年宗正寺解送人，恐有浮薄，以忝科名。在卿精揀藝能，勿妨賢路。其所試，賦則準常規，詩則依齊、梁體格。』乃試琴瑟合奏賦、霓裳羽衣曲詩。」此詔開成元年（八三六）秋所製，即開成二年進士試題。唐闕史卷下李可及戲三教：「開成初，文宗皇帝躭翫經典，妙古博雅，常欲黜鄭、衛之樂，復正始之音。有太常寺樂官尉遲璋者，善習古樂爲法曲，簫磬琴瑟戛擊鏗拊咸得其妙，遂成霓裳羽衣曲以獻。詔中書門下及諸司三品以上具常朝服班坐，以聽金奏。相顧曰：『不知天上也，瀛洲也。』因以曲名宣賜貢院，充試進士賦題句。」案：新書卷二二禮樂一二、唐國史補卷上皆載有霓裳羽衣曲，蓋玄宗時已有此曲，或璋依舊曲所作也。

〔三〕太學石經詩：創置石經事，舊書卷一七下文宗紀下：開成二年十月「癸卯，宰臣判國子祭酒鄭覃進石壁九經一百六十卷。時上好文，鄭覃以經義啓導，稍折文章之士，遂奏置五經博士，依後漢蔡伯喈刊碑列於太學，創立石壁九經。」舊書卷一七三鄭覃傳：「覃以宰相兼判國子祭酒，奏太學置五經博士各一人，緣無職田，請依王府官例，賜禄粟。從之。又進石壁九經一百六十卷。」

6 大中中，都尉鄭尚書放牓〔一〕，上以紅牋筆札一名紙云「鄉貢進士李御名。」以賜鎬〔二〕。

〔證〕

〔一〕大中中：大中十年（八五六），鄭顥知舉放牓，見本書卷三「大中十年鄭顥都尉放牓」（3-41）、卷八「鄭顥都尉第一牓」條(8-4)。舊書卷一五九鄭絪傳附鄭顥傳、新書卷七五宰相世系表五皆作鄭顥。

〔二〕上以紅牋句：廣記卷一八二貢舉五宣宗引盧氏雜説：「宣宗酷好進士及第，每對朝臣問及第，苟有科名對者，必大喜，便問所試詩賦題目并(並)主司姓名。或有人物稍好者，偶不中第，嘆惜移時。常於内自題『鄉貢進士李道龍』。」又，瑣言卷一宣宗稱進士：「唐宣宗皇帝好儒雅，每直殿學士從容，未嘗不論前代興亡。頗留心貢舉，嘗於殿柱上自題曰『鄉貢進士李某』。」

7 文貞公神道碑，太宗之文。時徵將薨，太宗嘗夢見①。及覺，左右奏徵卒〔一〕，故曰：「俄於髣髴，忽覩形儀②。」復曰：「高宗昔日得賢相於夢中〔二〕，朕今此宵失良臣於覺後。」

〔校〕

① 夢見　宋犖本、宋筠本、揆敘本下有「與徵別」三字。

② 形儀　宋犖本、宋筠本作「儀容」。

〔證〕

〔一〕徵卒：舊書卷三太宗紀下貞觀十七年(六四三)正月戊辰，太子太師、鄭國公魏徵薨。魏鄭公諫録卷五太宗親臨喪：「公薨夜，太宗夢公若平生。及朝而奏之，太宗趨臨赴，哭之甚慟，廢朝五日。」舊書卷七一魏徵傳：「後數日，太宗夜夢徵若平生，及旦而奏徵薨，時年六十四。……帝親製碑文，並爲書石。」

〔三〕高宗：即殷之高宗武丁。尚書正義卷一〇説命上「高宗夢得説」下孔傳：「盤庚弟小乙子，名武丁，德高可尊，故號高宗。夢得賢相，其名曰説。」

8 高祖呼裴寂爲「裴三」，明皇呼宋濟作「宋五」〔一〕，德宗呼陸贄爲「陸九」。

〔證〕

〔一〕明皇：據本書卷一〇海叙不遇門「宋濟老於辭場」條（10-4）考注，明皇當爲德宗之誤。

9 高祖呼蕭瑀爲「蕭郎」，宣宗呼鄭鎬爲「鄭郎」。

10 裴晉公下世，文宗賜御製一篇，置於靈座之上〔一〕。

〔證〕

〔一〕裴晉公下世：舊書卷一七下文宗紀下：開成四年三月「丙申，司徒、中書令裴度卒。」案舊書卷一七〇裴度傳：「屬上巳曲江賜宴，群臣賦詩，度以疾不能赴。文宗遣中使賜度詩曰：『注想待元老，識君恨不早。我家柱石衰，憂來學丘禱。』仍賜御札曰：『朕詩集中欲得見卿唱和詩，故令示此。卿疾恙未痊，固無心力，但異日進來。春時俗説難於將攝，勉加調護，速就和平。千百胸懷，不具一二。藥物所須，無憚奏請之煩也。』御札及門，而度已薨，四年三月四日也。上聞之，震悼久之，重令繕寫，置之靈座。」

11 白樂天去世〔一〕，大中皇帝以詩弔之曰①：「綴玉聯珠六十年，誰教冥路作詩仙。浮雲不繫名居易，造化無爲字樂天。童子解吟長恨曲，胡兒能唱琵琶篇②。文章已滿行人耳，一度思卿一愴然。」

紀事卷二宣宗、總龜卷四三傷悼門亦録載。詩又見全詩卷四。

〔校〕

①大中皇帝　總龜但作「人」。

②胡兒　閣本作「將軍」，係館臣所改。紀事作「邊人」。

〔證〕

〔一〕白樂天去世：舊書卷一六六白居易傳：「大中元年卒，時年七十六。」李商隱文編年校注刑部尚書致仕贈尚書右僕射太原白公墓碑銘：「公以致仕刑部尚書，年七十五，會昌六年八月薨東都，贈右仆射。」

12 元和十三年，進士陳標獻諸先輩詩曰〔一〕：「春官南院院牆東①，地色初分月色紅②。文字一千重馬擁，喜歡三十二人同③。眼看魚變辭凡水，心逐鶯飛出瑞風。莫怪雲泥從此別，總曾惆悵去年中。」

紀事卷六六陳標、總龜卷二四感事門亦録載。

〔校〕

①院牆　總龜作「粉牆」。

②地色初分月色紅　總龜「地」作「曉」，「月」作「明」。

③喜歡　總龜作「喜逢」。

〔證〕

〔一〕進士陳標：案紀事卷六六陳標：「標終侍御史，長慶二年進士也。」紀事詩作「標贈元和十三年登第進士曰」云云。

13 令狐趙公〔一〕，大中初在内庭，恩澤無二。常便殿召對，夜艾方罷，宣賜金蓮花送歸院。院使已下，謂是駕來，皆鞠躬階下。俄傳呼曰①：「學士歸院。」莫不驚異。金蓮花，燭柄耳，唯至尊方有之。

〔校〕

①傳呼　宋犖本、撲敍本、厲校本、徐本、管本作「傳吟」。

〔證〕

〔一〕令狐趙公：即令狐綯。舊書卷一七二令狐綯傳：綯大中二年召拜考功郎中，尋知制誥，同年入充翰林學士。三年拜中書舍人，尋拜御史中丞。四年，轉户部侍郎，判本司事。其年，改兵部侍郎拜相。案東觀奏記卷上記此事：「上將命令狐綯爲相，夜半幸含春亭召對，盡蠟燭一炬，方許歸學士院，乃賜金蓮花燭送之。院吏忽見，驚報院中曰：『駕來！』俄而趙公至。吏謂趙公曰：『金蓮花乃引駕燭，學士用之，莫折事否？』頃刻而聞傳説之命。」或即本條所從來。劇談録卷上宣宗夜召翰林學士詳述宣宗召對令狐綯本末，然僅言持燭，不言金蓮花。事當在大中三年前後。

14 韋澳〔一〕、孫宏〔二〕，大中時同在翰林。盛暑，上在太液池中宣二學士。既赴召，中貴人頗以絺綌爲訝。初殊未悟，及就坐，但覺寒氣逼人，熟視，有龍皮在側。尋宣賜銀餅餡，食之甚美，既而醉以醇酎，二公因兹苦河魚者數夕。上竊知，笑曰：「卿不禁事，朕日進十數，未嘗有損。」銀餅餡，皆乳酪膏腴所製也。

類説卷三四銀餅餡、説郛卷三五上有略載。

〔證〕

〔一〕韋澳：丁居晦重修承旨學士壁記：「韋澳：大中五年七月二十日自庫部郎中知制誥充。六年五月十九日遷中書舍人。八年五月十九日遷工部侍郎知制誥，並依前充。七月二日三殿召對，賜紫。十年五月二十五日授京兆尹。」

〔二〕孫宏：重修承旨學士壁記載大中時充翰林學士二十九人，然並無孫宏。疑他人竄入，或史本闕載。

15王源中〔一〕，文宗時爲翰林承旨學士。暇日，與諸昆季蹴踘于太平里第。毬子擊起，誤中源中之額，薄有所損。俄有急召，比至，上訝之，源中具以上聞。上曰：「卿大雍睦。」遂賜酒兩盤，每盤貯十金椀，每椀容一升許，宣令並椀賜之。源中飲之無餘，略無醉態。

廣記卷二三三王源中、大典卷一二〇四三二十有下酒之賜金椀酒亦録載。

〔證〕

〔一〕王源中：新書卷一六四王源中傳：「累轉户部郎中、侍郎，擢翰林學士，進承旨學士。」重修承旨學士壁記源中入翰林在寶曆間：「寶曆元年九月二十四日自户部郎中充，十一月二十八日賜紫。二年正月二十八日權知中書舍人。大和二年二月五日正拜，十一月五日遷户部侍郎知制誥，十二月加承旨。八年四月出院。」

16白樂天以正卿致仕〔一〕，時裴晉公保釐夜宴諸致仕官〔二〕，樂天獨有詩曰〔三〕：「九燭臺前十二姝，主人留醉任歡娱。飄飄舞袖雙飛蝶，宛轉歌喉一索珠。坐久欲醒還酩酊，夜深臨散更踟躕。南山賓客東山妓〔四〕，此會人間曾有無？」

〔證〕

〔一〕以正卿致仕：舊書卷一六六白居易傳：「會昌中，請罷太子少傅，以刑部尚書致仕。」白居易集、白居易集箋校所附年譜皆在會昌二年（八四二），王拾遺白居易生活繫年作會昌三年。

〔二〕裴晉公：案舊書卷一七下文宗紀下，開成四年三月裴度卒，此言裴度宴諸人顯誤，可參看卷一三惜名門「裴令公居守東洛」條考（13-26）。另，總龜卷二二宴游門引古今詩話「致仕官」作「進士官」，其下詩中言及「南山賓客東山妓」，則云「進士官」誤。

〔三〕樂天獨有詩：以下樂天詩，全詩卷四五五、清汪立名輯白香山詩集卷三三收，題作夜宴醉後留獻裴侍中，白居易集卷三二、白居易集箋校卷三二題同。案：樂天與裴度唱和之作頗多，白居易集箋校注此詩作於大和八年（八三四）樂天分司洛中時，同卷奉酬侍中夏中雨後游城南莊見示八韻下，考此年三月「庚午，以山南東道節度使裴度充東都留守，依前守司徒、兼侍中」，當是。

〔四〕東山妓：本晉謝安東山畜妓事。世説新語識鑒：「謝公在東山畜妓。簡文曰：『安石必出。既與人同樂，亦不得不與人同憂。』」

17 長慶初，趙相宗儒爲太常卿〔一〕，贊郊廟之禮。罷相三十餘年①〔二〕，年七十六，衆論其精健②。右常侍李益笑曰③〔三〕：「僕爲東府試官所送進士也④。」

此條出唐國史補卷中趙太常精健。廣記卷四九七雜録李益條據摭言録載。

〔校〕

① 罷相三十餘年　宋犖本、唐國史補「三十」作「二十」。詳下考。

② 衆論其精健　唐國史補「論」下有「伏」。

③ 右常侍　原本作「有常侍」，唐國史補作「右常侍」，據改。

④ 僕爲　唐國史補作「是僕」。

〔證〕

〔一〕太常卿：舊書卷一六七趙宗儒傳：長慶元年（八二一）二月，檢校右僕射，守太常卿。舊書卷一六穆宗紀：長慶二年閏十月，以太常卿趙宗儒爲吏部尚書。長慶四年六月丁未，復爲太常卿。

〔二〕罷相三十餘年：舊書卷一三：貞元十二年（七九六）十月甲戌，以「諫議大夫崔損、給事中趙宗儒并同中書門下平章事」。十四年七月壬申，「以給事中、中書門下平章事趙宗儒爲太子左庶子。」以長慶元年爲太常卿計，至此二十七年，尚不足三十年，唐國史補爲確。

〔三〕右常侍：案舊書卷一三七李益傳：「轉右散騎常侍。太和初，以禮部尚書致仕。」新書卷一六〇李益傳同。然舊書卷一七上文宗紀上又云：大和元年正月，「戊寅，以左散騎常侍李益爲禮部尚書致仕。」

18 開成中，户部楊侍郎汝士檢校尚書鎮東川〔一〕。白樂天即尚書妹婿〔二〕，時樂天以太子少傅分洛〔三〕，戲代内子賀兄嫂曰：「劉綱與婦共升仙①〔四〕，弄玉隨夫亦上天〔五〕。何似沙哥沙哥，汝士小字。領崔嫂②，碧油幢引向東川。」又曰：「金花銀椀饒兄用，罨畫羅裙盡嫂裁③。覓得黔婁爲妹婿④，可能空寄蜀茶來。」

紀事卷四六楊汝士條亦録載。

〔校〕

① 劉綱　管本「綱」作「網」，誤。詳下考。

② 何似沙哥　宋犖本「似」作「以」。

③ 盡　紀事作「任」。

④覔　紀事作「嫁」。

〔證〕

〔一〕鎮東川：舊書卷一七下文宗紀下：開成元年十二月「癸丑，以兵部侍郎楊汝士檢校禮部尚書，充劍南東川節度使。」

〔二〕尚書妹婿：舊書卷一六六白居易傳：「居易妻，（楊）穎士從父妹也。」

〔三〕以太子少傅分洛：舊書卷一七上文宗紀上：「大和九年十月乙未，以新受同州刺史白居易爲太子少傅分司。」元稹白居易墓誌銘：「（大和）九年除同州，不上，改太子少傅。」

〔四〕劉綱與婦共升仙：案：劉綱升仙事，出女仙傳，廣記卷六〇女仙五樊夫人。綱與妻樊夫人較法爲樂，終二人皆同升天而去。前蜀杜光庭墉城集仙録卷六樊夫人亦録載。

〔五〕弄玉：出神仙傳拾遺，廣記卷四神仙四蕭史、墉城集仙録卷六弄玉亦録載。

19　李石相公鎮荆〔一〕，崔魏公在賓席。未幾，公擢拜翰林，明年登相位〔二〕。時石猶在鎮，故賀書曰：「賓筵初起①，曾陪罇俎之歡；將幕未移，已在陶鈞之下②。」此李騭之詞也，時爲節度巡官。

廣記卷一七五幼敏下崔鉉條引尉遲樞南楚新聞詳述其事。紀事卷五一崔鉉下所載與廣記略同。

〔校〕

① 起 廣記、紀事作「啓」。

② 已在陶鈞 廣記、紀事「在」作「存」，「陶鈞」作「陶鎔」。

〔證〕

〔一〕李石相公鎮荆：李石鎮荆起迄，舊書卷一七下文宗紀下：開成三年正月丙子，以中書侍郎、同中書門下平章事李石爲荆南節度使。會昌三年十月，以荆南節度使、檢校右僕射、同平章事李石可檢校司空、平章事，兼太原尹、北都留守，充河東節度、管内觀察等使。

〔二〕公擢拜翰林明年登相位：公即崔魏公崔鉉，重修承旨學士壁記：崔鉉，開成五年七月五日自司勳員外郎充。會昌三年五月十四日拜中書侍郎平章事。舊書卷一八上武宗紀：會昌四年八月戊戌，以兵部侍郎、翰林學士承旨崔鉉爲中書侍郎、同平章事。新書卷八武宗紀：會昌三年五月戊申，翰林學士承旨、中書舍人崔鉉爲中書侍郎、同中書門下平章事。以本條「時石猶在鎮」覆之，事當在會昌三年，舊紀云「四年」或誤。

20 薛能尚書鎮彭門〔一〕，時溥、劉巨容、周岌俱在麾下。未數歲，溥鎮徐〔二〕，巨容鎮襄〔三〕，岌鎮許〔四〕，俱假端揆〔五〕。故能詩曰：「舊將已爲三僕射，病身猶是六尚書。」

紀事卷六〇薛能下亦載。

〔證〕

〔一〕薛能尚書鎮彭門：彭門即徐州，感化軍節度治所。唐方鎮年表卷三：能鎮徐在咸通十四年（八七三）至乾符六年（八七九）。

〔二〕溥鎮徐：通鑑卷二五四：中和元年（八八一）十二月，以感化留後時溥爲節度使。唐方鎮年表至景福二年（八九三）四月爲龐師古所殺止。

〔三〕巨容鎮襄：通鑑卷二五三：乾符六年十月，以山南東道行軍司馬劉巨容爲節度使。中和四年十一月，鹿晏弘引兵陷襄州，山南東道節度使劉巨容奔成都。

〔四〕岌鎮許：舊書卷二〇〇下秦宗權傳：廣明元年（八八〇）十一月，忠武軍亂，逐其帥薛能。是月，朝廷授別校周岌爲許帥。通鑑卷二五四：廣明元年十一月，以周岌爲忠武節度使。中和四年十一月，鹿晏弘掠襄、鄧、均、房、廬、壽，復還許州。忠武節度使周岌聞其至，棄鎮走。

〔五〕假端揆：及下「三僕射」、「六尚書」，蓋檢校、兼守、判知之屬也。然三人所假官，史無載。唐音癸籤卷一七詁箋二：「員外檢校等名，太宗定官額，其後復有員外置，又有特置同正員、檢校、兼守、判知之類，又有置使之名，或因事而置，事已則罷，或遂置而不廢其名，類頗多。節使、幕僚至檢校中丞，往往而是。末葉，鎮帥無不檢校臺司，如薛能詩『舊將已爲三僕射』之類，踰濫至此。」

21 崔安潛鎮西川〔一〕，李鋋爲小將〔二〕。廣明初，駕幸西蜀〔三〕，鋋乃蜀帥帶平章事〔四〕。安潛乃具寮耳①。曾趨走〔五〕，人皆美之。

〔校〕

① 具寮　厲校本、管本「具」作「其」，疑是。明本「具」作「是」。

〔證〕

〔一〕崔安潛鎮西川：舊書卷一七七崔安潛傳：乾符中，遷成都尹、劍南西川節度等使。唐方鎮年表卷六在乾符五年。通鑑卷二五三：廣明元年八月甲午，以前西川節度使崔安潛爲太子賓客分司。

〔二〕李鋋：兩唐書、通鑑有「李鋋」，疑即此人。新書卷一八九高仁厚傳：黄巢陷京師，天子出居成都，敬瑄遣黄頭軍部將李鋋、鞏咸以兵萬五千戍興平，數敗巢軍。通鑑卷第二五四：中和元年三月甲寅，敬瑄奏遣左黄頭軍使李鋋將兵擊黄巢。

〔三〕駕幸西蜀：通鑑卷二五四：廣明元年十二月甲申，黄巢寇長安，僖宗車駕出奔，次年正月丁丑，車駕至成都。

〔四〕蜀帥帶平章事：舊書卷一九下僖宗紀：文德元年（八八八）二月戊子，上御承天門，大赦，改元文德。以保鑾都將、黔中節度使李鋋檢校司徒、平章事。

〔五〕曾趨走：此句與上句文意不接，方成珪云疑有脱誤。

22 庾承宣主文〔一〕，後六七年方衣金紫①〔二〕。時門生李石，先於内庭恩賜矣。承宣拜命之初，石以所服紫袍金魚拜獻座主。

此條或本自因話録卷三商部下：「李相公石，是庾尚書承宣門生。不數年，李任魏博軍，因奏事特賜紫，而庾尚衣緋，人謂李侍御將紫底緋上座主。」廣記卷一八一貢舉四庾承宣條亦載。

〔校〕

①衣　廣記作「授」，類説、説郛皆作「賜」。

〔證〕

〔一〕庾承宣主文：會要卷七六貢舉中緣舉雜録：「元和十三年十月，權知禮部侍郎庾承宣奏：『臣有親屬應明經進士舉者，請准舊例送考功試。』從之。」新書卷四四：「（元和）十三年，權知禮部侍郎庾承宣奏復考功別頭試。」記考卷一八：元和十三年（八一八）、十四年庾承宣皆以中書舍人權知，李石亦於十三年及第。

〔二〕後六七年方衣金紫：案舊書卷四二職官志一：中書舍人，正第五品上階。吏侍，正第四品上階。京兆、河南、太原等七府牧，從第二品。舊書卷四五輿服志：文武三品已上服紫，金玉帶。四品服深緋，五品服淺緋，並金帶。李翺卓異記門生先爲座主佩金紫：「（李）石，元和十三年及第，後二年賜緋，後二年賜紫，自釋褐，四年之内服金紫。量之前輩，實無其比。至長慶二年，座主庾公内難服闋，除尚書右丞，始賜紫綬。石乃選紫衫金印以獻，議者榮之。」然據職官志正第四品下階：「尚書右丞，永昌元年進爲從三品，如意元年復舊。」似仍著緋。舊書卷一七上文宗紀上：庾承宣大和元年正月「癸未，以吏部侍郎庾承宣爲京兆尹、兼御史大夫。」則承宣元和十三年至大和元年之十年間當皆緋，大和中方著金紫。

23 令狐趙公在相位〔一〕，馬舉爲澤潞小將，因奏事到宅。會公有一門僧善聲色①，偶窺之，謂公曰：「適有一軍將參見相公，是何人？」公以舉名語之。僧曰：「竊視此人，他日當與相公爲方面交代。」公曰：「此邊方小將，縱有軍功，不過塞垣一鎮，奈何以老夫交代②？」僧曰：「相公第更召與語，貧道爲細看。」公然之。既去，僧曰：「今日看更親切，並恐是揚、汴。」公於是稍接之矣。咸通元年③，公鎮維揚，舉破龐勛有功〔二〕。先是，上面許：「成功，與卿揚州。」既而難於爽信，即除舉淮南行軍司馬〔三〕。公聞之，即處分所司排比迎新使。群下皆曰：「此一行軍耳！」公乃以其事白之，果如所卜。

廣記卷二二四相四令狐綯門僧條亦録載。

〔校〕

① 聲色　管本作「氣色」。

② 以老夫交代　廣記「以」作「與」。

③ 咸通元年　「元年」，廣記作「九年」，詳下考。

〔證〕

〔一〕令狐趙公：即令狐綯。綯在相位，自大中四年十一月始，迄十三年十二月，見前注。

〔二〕咸通元年公鎮維揚：案舊書卷一七二令狐綯傳：咸通二年，改汴州刺史、宣武軍節度使。三年冬，遷揚州大都督府長史、淮南節度副大使、知節度事。咸通九年，徐州戍兵龐勛起事，淮南節度使綯爲龐勛所敗。綯鎮淮揚，自咸通三年起，云「元年」顯誤。

〔三〕除舉淮南行軍司馬：案：以上史事在咸通九、十年間，舊紀：咸通十年正月，「以將軍馬舉爲揚州都督府司馬，充淮南行營招討使。」馬舉敗龐勛在咸通十年九月，龐勛自徐州趨濠州，馬舉追及渙河，擊敗之，勛溺水而死。以馬舉檢校司空，兼揚州大都督府長史、淮南節度副大使、知節度事。

24 光化二年，趙光逢放柳璨及第。光逢後三年不遷，時璨自内庭大拜〔一〕，光逢始以左丞徵入〔二〕。未幾，璨坐罪誅死〔三〕，光逢膺大用，居重地十餘歲〔四〕，七表乞骸①，守司空致仕。居二年，復徵拜上相〔五〕。

〔校〕

① 乞骸　宋犖本、宋筠本下有「骨」字。

〔證〕

〔一〕璨自内庭大拜：舊書卷二〇上昭宗紀：天復四年（九〇四）正月，以翰林學士、左拾遺柳璨爲右諫議大夫、同平章事。案：此時距光化二年（八九九）已隔五年，則前述「三年不遷」之「三」恐當作「五」。

〔二〕以左丞徵入：光逢二度爲左丞。舊紀：乾寧二年（八九五）三月，以翰林學士承旨、兵部侍郎、知制誥趙光逢爲尚書左丞。十二月，爲御史中丞。天祐元年（九〇四）十月，以吏部侍郎進開國公。天祐四年三月，昭宗傳位朱全忠，以御史大夫薛貽矩爲押金寶使，左丞趙光逢爲副。

〔三〕璨坐罪誅死：舊紀：天祐二年十二月甲寅，柳璨賜自盡。

〔四〕居重地十餘歲：案：光逢入梁，舊五代史卷五太祖紀：開平三年（九〇九）九月，自太常卿爲中書侍郎、平章事。貞明元年（九一五）閏二月丁卯，以右僕射兼門下侍郎、同平章事、監修國史、判度支爲太子太保致仕。自天祐元年徵入迄此，歷十年。

〔五〕復徵拜上相：舊五代史卷八末帝紀：貞明二年八月丁酉，光逢以開府儀同三司、太子太保致仕爲司空兼門下侍郎、平章事、弘文館大學士、延資庫使，充諸道鹽鐵轉運使，復入相。

25 韋承貽，咸通中①，策試夜潛紀長句於都堂西南隅曰②〔一〕：「褒衣博帶滿塵埃③，獨上都堂納試迴④。蓬巷幾時聞吉語，棘籬何日免重來⑤？三條燭盡鐘初動，九轉丸成鼎未開⑥。殘月漸低人擾擾，不知誰是謫仙才。」又：「白蓮千朵照廊明，一片升平雅頌聲⑦。纔唱第三條燭盡，南宮風景畫難成⑧〔二〕。」光化初，幾爲圬墁者有所廢。楊洞見而勉之，遂留之如故⑨。

紀事卷五六韋承貽下録載。總龜卷一〇亦載，注出南部新書。

〔校〕

①咸通中　原本「咸通」誤作「咸光」，據明本、管本改。

②西南隅　總龜作「南壁」。

③褒衣　總龜「褒」作「裒」。

④獨上　紀事作「獨自」。

⑤免　總龜作「卻」。

⑥丸　閣本、薈要本、總龜、紀事作「丹」。

⑦雅頌聲　「頌」，閣本、薈要本、紀事作「頌」，他本皆作「韻」。

⑧風景　總龜、紀事作「風月」。

⑨「光化初」至「如故」　此二十二字小注，明本在「謫仙才」後。

〔證〕

〔一〕韋承貽：案紀事：「字貽之，咸通八年登第。」全詩卷六〇〇收詩二首。題策試夜潛紀長句於都堂西南隅。

〔三〕白蓮千朵四句：萬首唐人絶句卷四八、古今事文類聚前集卷二六、詩林廣記前集卷九、蓮堂詩話卷下、全詩卷五六一又作薛能詩，題省試夜，文字稍異。

26 趙渭南嘏嘗有詩曰：「早晚麄酬身事了，水邊歸去一閑人〔一〕。」果渭南一尉耳。嘏嘗家于浙西，有美姬，嘏甚溺惑。洎計偕，以其母所阻，遂不攜去。會中元，爲鶴林之游，浙帥不知名姓。窺之〔二〕，遂爲其人奄有。明年嘏及第〔三〕，因以一絶箴之曰〔四〕：「寂寞堂前日又曛，陽臺去作不歸雲。當時聞説沙吒利〔五〕，今日青娥屬使君。」浙帥不自安，遣一介歸之於嘏。嘏時方出關，途次横水驛，見兜舁人馬甚盛，偶訊其左右，對曰：「浙西尚書差送新及第趙先輩娘子入京。」姬在舁中亦認嘏，嘏下馬揭簾視之，姬抱嘏慟哭而卒。遂葬於横水之陽。

類説卷二九趙嘏姬文字殊異。卷三四趙嘏詩僅録本條首句，説郛卷三五上亦同。紀事卷五六趙嘏亦録載。

〔證〕

〔一〕早晚麄酬身事了句：全詩卷五四九題作寄歸，全詩曰：「三年踏盡化衣塵，只見長安不見春。馬過雪街天未曙，客迷關路淚空頻。桃花塢接啼猿寺，野竹庭通畫鷁津。早晚相酬身事了，水邊歸去一閑人。」嘏，大中時終於渭南尉，故謂「趙渭南」。

〔二〕浙帥窺之：下文有「明年嘏及第」，嘏及第在會昌四年，此事當在三年。唐方鎮年表卷五：會昌二年到五年鎮浙西者爲盧簡辭。唐才子傳校箋卷七：「檢兩唐書簡辭傳，其爲人頗著風概，似不宜有此惡行」，恐不足爲據。就言之，簡辭奄姬，時趙嘏當在赴考中，或不知有其人。唐人納妾，本也尋常，況趙箴詩後，又遣人送姬入京歸於嘏，其行止正合於簡辭風概，言爲惡行稍過。唯舊書卷一六三盧簡辭傳：「會昌中，入爲刑部侍郎，轉户部。」與此不合。

〔三〕明年嘏及第：嘏，會昌四年左僕射王起下及第。

〔四〕一絶箴之：案：以下嘏詩，萬首唐人絶句卷三七題作座上獻元相公。此「元相公」似即元稹，然稹已於大和五年七月卒，殊無可能。詩末句「今日青娥屬使君」，此「使君」仍以浙帥簡辭稍近。

〔五〕沙吒利：即天寶中番將沙吒利劫韓翃美姬事，可參本事詩及許堯佐柳氏傳。

條流進士

27 咸通中，上以進士車服僭差，不許乘馬。時場中不減千人，雖勢可熱手，亦皆跨長耳。或嘲之曰：「今年敕下盡騎驢，短轡長鞦滿九衢①。清瘦兒郎猶自可②，就中愁殺鄭昌圖。」相國魁梧甚，故有此句。

本條與卷一二輕佻門鄭昌圖條（12-22）重複，文字稍異。廣記卷一八三貢舉六鄭昌圖條、總龜卷三八詼諧門上亦載。

〔校〕

① 短轡　宋筠本、揆敘本、厲校本、徐本、管本、閣本皆作「短胄」，宋犖本誤作「短冐」。廣記作「短袖」，總龜作「短帽」。

② 猶自　宋犖本、宋筠本、揆敘本、厲校本、徐本作「尤自」。閣本作「猶是」。

閩中進士

28 薛令之〔一〕，閩中長溪人。神龍二年及第，累遷左庶子①。時開元，東宮官僚清淡，令之以詩自悼②，復紀於公署曰：「朝旭上團團③，照見先生盤。盤中何所有？苜蓿長闌干④。飯澀匙難綰，羹稀筯易寬。何以謀朝夕⑤，何由保歲寒⑥？」上因幸東宮，覽之，索筆判之曰：「啄木觜距長⑦，鳳皇羽毛短⑧。若嫌松桂寒，任逐桑榆暖。」令之因此謝病東歸。詔以長溪歲賦資之，令之計月而受，餘無所取⑨。

廣記卷四九四雜録二薛令之載，注出閩川名仕傳。案：通志卷六五有「閩川名士傳一卷，黄璞撰」，當即所出。

紀事卷二〇薛令之亦録載。

〔校〕

① 左庶子　紀事作「右庶子」。

② 悼　管本作「述」。

③ 朝旭　廣記、紀事作「朝日」。

④ 長闌干　廣記「長」作「上」。

⑤ 何以　廣記作「只可」。閣本、紀事作「無以」。

⑥ 何由保　宋犖本「何由」二字空格闕文，「保」作「卒」。廣記「保」作「度」。

⑦ 觜距長　紀事作「口觜長」。

⑧ 鳳皇　閣本、薈要本、廣記、紀事作「鳳凰」。廣記「羽毛」作「毛羽」。

⑨ 餘無所取　宋犖本「取」作「受」。

〔證〕

〔一〕薛令之：案：令之事，可參新書卷一九六賀知章傳：「肅宗爲太子，知章遷賓客，授秘書監，而左補闕薛令之兼侍讀。時東宮官積年不遷，令之書壁，望禮之薄。帝見，復題『聽自安者』。令之即棄官，徒步歸鄉里。」清乾隆福建通志卷四八人物六福寧府有薛令之傳：「薛令之，字珍君，福安人。神龍二年進士，入閩登第，自令之始。開元中，遷右庶子，與賀知章並侍東宮。積歲不移，遂謝病歸。肅宗立，以舊恩召之，而令之已卒。」

29 歐陽詹卒〔一〕，韓文公爲哀辭，序云：「德宗初即位，宰相常衮爲福建觀察使〔二〕，治其地。衮以辭進①，鄉縣小民有能讀書作文辭者，親與之爲主客之禮，觀游宴饗，必召與之。時未幾，皆化翕然。于時詹獨秀出，衮加敬愛，諸生皆推服。閩、越之人舉進士，繇詹始也。」詹死於國子四門助教，隴西李翺爲傳〔三〕，韓愈作哀辭②。

哀辭具見韓愈昌黎先生集卷二二，語稍異。

〔校〕

①以辭　閣本作「以時」。

②「詹死」至「哀辭」　管本方校疑當爲小注。

〔證〕

〔一〕歐陽詹卒：新書卷二〇三歐陽詹傳：「卒，年四十餘。崔群哭之甚，愈爲詹哀辭，自書以遺群。初，徐晦舉進士不中，詹數稱之，明年高第，仕爲福建觀察使。」記考卷一五考徐晦於貞元十八年進士及第，則詹卒於貞元十七年。

〔二〕常衮爲福建觀察使：唐方鎮年表卷六：衮鎮福建在建中元年（七八〇）至四年。

〔三〕李翺爲傳：韓愈哀辭云：「詹之事業文章，李翺既爲之傳。」

賢僕夫

30 蕭穎士性異常嚴酷，有一僕事之十餘載〔一〕，穎士每以箠楚百餘，不堪其苦。人或激之擇木，其僕曰：「我非不能他從，遲留者，乃愛其才耳。」

本條或出張鷟朝野僉載卷六蕭穎士條，李亢獨異志卷下蕭穎士條亦載，文字稍異。

〔證〕

〔一〕有一僕：朝野僉載、獨異志二書記其僕名杜亮。

31 武公幹常事蒯希逸十餘歲①，異常勤幹。洎希逸擢第〔一〕，幹辭以親在②，乞歸就養，公堅留不住。公既嘉其忠孝，以詩送之，略曰：「山險不曾離馬後，酒醒長見在牀前。」同人醵絹贈行，皆有繼和。尋本末未得。

廣記卷二七五童僕奴婢附武公幹、紀事卷五五蒯希逸條亦録載。

〔校〕

① 武公幹　紀事作「武幹」。

② 在　管本作「老」。

〔證〕

〔一〕希逸擢第：蒯希逸於武宗會昌三年進士及第。

32 盧鈞僕夫。已具宴集門〔一〕，及鈞孫肅僕夫並同前。

〔證〕

〔一〕已具宴集門：案：本書無宴集門，事實在卷三慈恩寺題名遊賞賦詠雜紀門「盧相國鈞初及第」條（3–28）。

33 李元賓與弟書云〔一〕：「賴一僕傭賃①，以資日給。」其文頗勤勤敘之，而不記姓名。

〔校〕

① 傭賃　宋犖本、宋筠本、揆敘本、厲校本、徐本、管本「賃」作「債」，管本方校云「債」當作「積」，明本作「貨」。

〔證〕

〔一〕與弟書：全文卷五三三作報弟兑書：「而幸有一僕賃之童，純義而誠，服事只勤，傭蓄以給餘，爲隸以奉餘，久而不求直，殆而不施勞。盤飧之廉，汗馬之庸，不能過焉。」另本書卷五切磋門5-7條亦録李元賓與弟書部分文字。案：此條當録自李觀集，晚唐陸希聲編李觀集三卷（見新書卷六〇藝文四），蓋爲所本。

34 李敬者，本夏侯譙公之傭也〔一〕。公久厄塞名場，敬寒苦備歷。或爲其類所引曰：「當今北面官人，入則内貴，出則使臣，到所在打風打雨①。你何不從之？而孜孜事一箇窮措大，有何長進？縱不然，堂頭官人，此輩謂堂吏爲官人②。豐衣足食，所往無不克。」敬鼾然曰：「我使頭及第後，還擬作西川留後官。」衆皆大笑③。時譙公於壁後聞其言。凡十餘歲，公自中書出鎮成都〔二〕。臨行，有以邸吏託者，一無所諾。至鎮，用敬知進奏，既而鞅掌極矣。向之笑者，率多投之矣。

廣記卷二七五童僕奴婢附李敬録載。

〔校〕

①到所在打風打雨　管本「在」作「有」。

②堂吏　明本、宋犖本、撈敘本、徐本「吏」作「史」，恐誤。

③衆皆大笑　明本、宋犖本、宋筠本、撈敘本、厲校本、徐本作「衆官大笑」，閣本、薈要本、廣記作「衆皆非笑」。

〔證〕

〔一〕夏侯譙公：即夏侯孜，寶曆二年（八二六）禮部侍郎楊嗣復下進士及第。

〔二〕自中書出鎮成都：案：孜出鎮成都在咸通元年（八六〇）。舊書卷一九上懿宗紀：咸通七年十月，右僕射、門下侍郎、平章事夏侯孜檢校司空、平章事，兼成都尹、劍南西川節度等副大使、知節度使。舊書卷一七七夏侯孜傳：咸通八年，罷相，檢校司空、同平章事，兼成都尹，充劍南西川節度使。然通鑑卷第二五〇：咸通元年十月乙亥，以門下侍郎、同平章事夏侯孜同平章事，充西川節度使。三者差互頗多。又，唐大詔令集卷五〇夏侯孜平章事制，孜所帶銜有「劍南西川節度副大使」，此制注作於「咸通三年七月」，則通鑑咸通元年當是，兩唐書疑皆誤。

舊話①

35 一曰聞多見少②，跡静心勤。省閑游，事知己也。卷頭有眼，投謁必其地也。肚裏没嗔。得失算命③，群居用和。二曰貌謹氣和，見面少，聞名多。古人有言「見多成醜」之謂也。凡後進游歷前達之門，或慮進趍揖讓，偶有蹶失，則雖有烜赫之文，終負生疎之誚。故文藝既至，第要投謁慶弔及時，不必孜孜求見也。如其深知已下歲寒之契④，師友則不然也。三曰上等舉人，應同人舉；推公共也⑤。中等舉人，應丞郎舉；計通塞也。下等舉人，應宰相舉。

〔校〕

① 舊話　明本、宋犖本、宋筠本、撲敘本作「舊語」。

② 聞多　宋犖本作「多聞」。

③ 算命　撲敘本作「有命」。

④ 已下　管本作「已卜」。

⑤ 推公共　厲校本「公」作「人」。

切忌

36 就門生手裏索及第　求僧道薦屬姑息　對人前説中表在重位　誇解作客　愛享後進酒食

没用處

37 天寶二年〔一〕，吏部侍郎宋遥、苗晉卿等主試，禄山請重試，制舉人第一等人十無二①。御史中丞張倚之子奭，手持試紙，竟日不下一字，時人謂之「拽帛」②。

此條爲吏部銓選事，安禄山事迹卷上、舊書卷一一三、新書卷一四〇苗晉卿傳有詳載，可參看。廣記卷一八六銓選二張奭條，所載事近，而敘述尤詳，注出盧氏雜説。

〔校〕

①十無二　閣本作「十無一二」，新書作「十一二」，疑原本脱「一」字。

②拽帛　管本作「曳白」，安禄山事迹、兩唐書皆同。明本、廣記作「拽白」。

〔證〕

〔一〕天寶二年：安禄山事迹卷上：「（天寶三載三月）是時，禄山奏云：去年七月……又其時選人張奭者，御史中丞倚之子也，不辨菽麥，假手爲判，中甲科。時有下第者，爲蓟令，以事白禄山。禄山恩寵漸盛，得見無時，具奏之。玄宗乃大集登科人，御花蕚樓，親試升第者一二。奭手持試紙，竟日不下一字，時謂之『曳白』。玄宗大怒，出吏部侍郎宋遥爲武當太守，倚淮陽太守，敕：『庭闈之間，不能訓子；選調之際，仍以托人。』士子皆爲戲笑焉。」兩唐書、元龜卷一五二帝王部明罰、通鑑卷二一五皆在二年正月。會要卷七四選部上掌選善惡：「天寶元年冬，選六十四人判入等，時御史中丞張倚男奭判入高等。有下第者嘗爲蓟令，以其事白於安禄山，禄山遂奏之。至來年正月二十一日，遂於勤政樓下，上親自重試，惟二十人比類稍優，餘並下第。張奭不措一詞，時人謂之『曳白』。」通鑑卷二一五：「（天寶二載）春，正月，安禄山入朝；上寵待甚厚，謁見無時。」新書卷四五選舉下：三銓概「以十一月選，至三月畢」。宋、苗主試在天寶元年（七四二）末或二載初。

38 高涣者，鍇之子也，久舉不第。或謔之曰：「一百二十箇蜣蜋，推一箇屎塊不上。」蓋高氏三牓〔一〕，每牓四十人。

〔證〕

〔一〕高氏三牓：高鍇三牓，在文宗開成元年（八三六）、二年、三年，元龜卷六四一貢舉部條制第三：「自其年（開成元年）至二年、三年，並高鍇知貢舉，每年皆恩賜題目，及第並四十人。」

39 薛昭儉，昭緯之兄也。咸通末數舉不第，先達每接之，即問曰：「賢弟早晚應舉？」昭儉知難而退。

〔21〕論曰：七情十義，靡不宗於仁而祖於禮者。矧乃四科之本〔一〕，文不居先；三益之門，德常在首。又何片言小善，辨口利辭，垂於簡編，侔於粉繢者也？或曰：不然，夫人頂天踵地，惟呼最靈。有德者未必無文，其上也文不勝德，其次也德不勝文。有若文德具美，含光不耀者①，其唯聖人乎？奈何近世薄徒，自爲岸谷，以含毫舐墨爲末事②，以察言守分爲名流。洎乎評品是非，適較今古③，竟不能措一辭發一論者，能無愧於心乎？故僕

雖題親詠④，折沖罇俎者，皆列於門目，斯所以旌表贍敏，而矛楯榛蕪也。亦由辱以馬韉，而俟之鶯谷，知我者當免咎與？若乃先達所傳，臧否人物，雖不研究根本，皆可著鑑行藏，莫匪正言，足方周諺。其有迹處皁隸，而行同君子者，苟遺而不書，則取捨之道，賤賢而貴愚；忠孝之本，先華而後實。七十子之徒〔二〕，其臣於季孟者，亦其類而已。

〔校〕

①含光　學津本作「含元」。

②含毫舐墨　閣本、薈要本「舐」作「吮」，明本、厲校本、宋犖本、宋筠本、徐本誤作「紙」。宋筠本校改「紙」作「吮」。

③適較今古　管本「適」作「商」，疑是。

④雖題親詠　方成珪疑下或有脱誤。

〔證〕

〔一〕四科：始謂德行、言語、政事、文學，出論語第十一先進。又漢、唐以四科取士，後漢書卷四引漢官儀曰：「（章帝）建初八年十二月己未，詔書辟士四科：一曰德行高妙，志節清白；二曰經明行修，能任博士；三曰明曉法律，足以決疑，能案章覆問，文任御史；四曰剛毅多略，遭事不惑，明足照姦，勇足決斷。」唐蘇鶚蘇氏演義卷上：「漢朝又懸四科取士，一曰德行高妙，二曰通經學，三曰法令，四曰剛毅多略。」

〔三〕七十子之徒：史記卷六七仲尼弟子列傳：「孔子曰：『受業身通者七十有七人』。」索隱：「孔子家語亦有七十七人，唯文翁孔廟圖作七十二人，皆異能之士也。」

附録一　王定保簡譜

王定保，字翊聖，洪州豫章（今江西南昌）人。唐摭言，一本題光化進士瑯琊王定保撰，據卷一鄉貢之定保自述，其七世伯祖爲則天時鸞臺鳳閣龔石泉公王方慶。定保父曾於咸通七年任太常卿。唐摭言，原題摭言，今存十五卷鈔、刻足本十餘種。另有類説卷三四、説郛卷三五及紺珠集、稗海等摘録若干條，釐爲一卷，實爲節録之本，不完。太平廣記、唐詩紀事、詩話總龜、古今事文類聚等亦多有録載。

定保之字，明萬曆間范淶修、章潢纂新修南昌府志、清康熙二年陳弘緒纂修南昌郡乘、清修江西通志卷六六、清光緒七年趙之謙纂江西通志等地志定保傳皆言「王定保，字翊聖，豫章南昌人。」然自宋以降，它書均未署「字翊聖」，疑地志初以新唐書宰相世系表爲據，將太原字翊聖之王定保誤作爲撰摭言之王定保，後代地志遞相訛續。北京國家圖書館藏清管庭芬抄本，署「周後人翊聖」，更爲不確。王素、李方唐摭言作者王定保事跡辨正（刊文史第二十五輯）以爲定保之字已不可考。

資治通鑑卷二八二：「（後晉天福五年）漢門下侍郎、同平章事趙損卒；以寧遠節度使南昌王定保爲中書侍郎、同平章事，不逾年亦卒。」劉毓崧唐摭言跋也以此斷王定保即南昌人，並具述「定保生於懿宗咸通十一年。當其時，已寄居南昌」。證據是唐摭言文中多述江西各地人事：「綜核全書紀載故實最多者，莫若江南西道。誠以久居其地，不啻桑梓之鄉，故敘次較它道爲特詳耳。」唐摭言所載多江西事誠不誤，定保曾通過江西鍾傳解送，與鍾傳幕府名士多有交結，尚不能排除從幕中官宦及幕賓口耳相傳得之。

唐摭言卷三慈恩寺題名遊賞賦詠雜紀：「咸通中，……時家君任太常卿。」卷一〇：「方干，桐盧人也，……王大夫（原注：名與定保家諱下一字同。）廉問浙東。」岑仲勉跋唐摭言據此考定保之父名中有「龜」字，全名失考。

江西通志載定保有文集三十卷，諸家公私書目均不見著録，無考。

唐懿宗咸通十一年（庚寅，八七〇），一歲

新唐書卷九懿宗紀：四月，翰林學士承旨、兵部侍郎韋保衡同中書門下平章事。十一月辛亥，禮部尚書、判度支王鐸同中書門下平章事。十月，薛能由給事中爲京兆尹。

許棠本年四十九歲，入江西觀察使李騭幕。羅隱本年三十八歲，時往歙州途中。皮日休本年約三十七歲，在蘇州刺史崔璞幕爲從事，與陸龜蒙唱酬。李頻本年約五十七歲，在蘇州。

定保出生。

唐摭言卷三散序自述：「定保生於咸通庚寅歲。」

昭宗大順元年（庚戌，八九〇），二十一歲

正月改元。昭宗令張濬討伐李克用，敗。

吴融本年在韋昭度西蜀幕。陸希聲本年約六十三歲，召爲給事中，十月，編李觀文集三編，並撰集序。

此年前後。定保始棲隱於洪州廬山。

萬曆南昌府志卷一八王定保傳：「王定保，字翊聖，豫章南昌人。少與曹松同棲廬山，十年不下。」定保光化三年（庚申，九〇〇）及第，如十年爲確，則隱廬山當在此年。定保曾經三次應舉，均未成功，府志言「不下」誤。

唐摭言卷八夢：「予次匡廬，其夕遥祝九天使者。俄夢朱衣道人，長丈餘，特以青灰落衣襟霏霏然，常自謂『魚透龍門』，凡三經復透矣。私心常慮舉事中輟。既三舉矣，欲罷不能。於是四舉有司，遂僥忝矣。」

新唐書卷一九〇鍾傳傳：「廣明後，州縣不鄉貢，惟傳歲薦士，行鄉飲酒禮，率官屬臨觀，資以裝齎，故士不遠千里走傳府。」定保隱廬山間，有可能曾入鍾傳幕府或與幕中人物往還，其三次試舉，也可能有鍾傳齎送。唐摭言中提及鍾傳事，在卷二争解元、卷五切磋、卷一〇海敘不遇等多處。

昭宗光化三年（庚申，九〇〇），三十一歲

舊唐書卷二〇上昭宗紀：十一月，左右軍中尉劉季述、王仲先廢昭宗，幽於東内問安宫。

韋莊本年六十五歲，爲左補闕，唐摭言卷一〇韋莊奏請追贈不及第人近代者，奏請賜李賀、皇甫松、李群玉、陸龜蒙、賈島、方干、羅隱等文士進士及第。羅隱本年六十八歲。

此年定保進士及第。

登科記考卷二四：此年定保再試及第，知貢舉禮部侍郎李渥。同年有：裴格（狀元）、盧延讓（盧延遜）、裴皞、崔籍若、鄭玨、吴靄、孔昌明。登科記考補正卷二四補翁承裕、林用謙二人。登科記考及補正此年及第人數均爲三十六人。避暑録作二十八人。

宋阮閱詩話總龜卷二六引郡閣雅談：「王定保，唐光化三年李渥侍郎下及第。」

宋陳振孫直齋書録解題卷一一：「定保，光化三年進士。」

清梁廷枏南漢書卷九王定保傳：「王定保，南昌人，舉唐光化三年進士第。」

清吴任臣十國春秋卷六二南漢五王定保傳：「王定保，南昌人，舉唐光化三年進士第。」

昭宗天復元年（辛酉，九〇一），三十二歲

通鑑：昭宗反正，殺劉季述等。朱全忠進爵東平王，五月，領宣武、宣義、天平、護國四鎮節度使。崔胤結連朱全忠，誣陷宰相王摶。昭宗罷王摶相，後賜死於藍田驛。

吴融入爲翰林。唐摭言卷一三：「昭宗天復元年正旦，東内反正，既御樓，内翰惟吴子華先至，上命於前跪草十餘詔，簡備精當，曾不頃刻。上大加賞激。」十一月離長安客居閿鄉。

曹松等本年及第，爲「五老榜」（唐摭言卷八）。

王渙辟爲清海軍掌書記（太原王府君墓誌銘），赴任途中卒。

定保此年南下湖、湘。

詩話總龜卷二六：「王定保，唐光化三年李渥侍郎下及第，吴子華侍郎鸞爲婿。子華即世，定保南游湖、湘，無北歸意。」説郛卷一七下、鄭方坤補輯五代詩話卷三王定保小傳同。

直齋書録解題卷一一：「定保，光化三年進士，爲吴融子華婿。喪亂後入湖南。」通考卷二一六襲陳説。

南漢書卷九王定保傳：「王定保，南昌人，舉唐光化三年進士第。以中原喪亂，南游于楚。」

十國春秋卷六二南漢五王定保傳：「王定保，南昌人，舉唐光化三年進士第。南游湖、湘，不爲馬氏所禮。」

唐五代文學編年史五代卷開平元年：「王定保三十八歲，約於開平初爲南漢劉隱所招，入其幕。定保，南昌（今屬江西）人，郡望瑯琊（今屬山東）。唐光化三年登進士第，爲吴融招爲女婿。天復中游湖、湘，爲容管巡官。」然又據詩話總龜前集卷二六所引郡閣雅談及新五代史劉隱傳及十國春秋，認爲「定保於天復末游湖、湘，其任容管巡官應在天祐中，入劉隱幕約在開平初。」前後不合。

天復二年（壬戌，九〇二），三十三歲

韓偓爲翰林學士，隨昭宗在鳳翔。十一月，朱全忠圍鳳翔。

定保至楚，依馬殷，在幕。

南漢書考異卷一四引全唐詩注：「吴女（王定保妻）緇服自長安來謁，馬殷令引見於佛寺。」且詩話總龜云：「定保南游湖、湘，無北歸意。」知定保在馬殷幕中有過一段時間是可能的，長短無考，或在此年。

天復三年（癸亥，九〇三），三十四歲

正月，昭宗自鳳翔返京。閏四月，改元天祐。

吴融自閿鄉復召入翰林爲學士，遷承旨，本年卒。

定保此年自湖南南下容州，爲寧遠軍巡官。

吴融於天復三年去世，其女即王定保妻吴氏自長安南來尋夫。不久，定保遂南下容州，除寧遠軍巡官。約此年前後，沈彬有贈王定保詩：「仙桂曾攀第一枝，薄游湘水阻佳期。皋橋已失齊眉願，蕭寺行逢落髮師。廢苑露寒蘭寂寞，丹山雲斷鳳參差。聞公已有平生約，謝絶女蘿依兔絲。」（全唐詩卷七四三）萬曆南昌府志卷一八王定保傳：「光化中舉進士，吴融重之。寧遠軍節度使龐知禮辟爲巡官。」容州，今廣西容縣。舊唐書地理志：「開元二十一年，分天下爲十五道，每道置採訪使，……又於邊境置節度、經略使。……嶺南五府經略使，綏静夷獠，統經略、清海二軍，桂管、容管、安南、邕管四經略使。……容管經略使，治容州，管兵千一百人。」新唐書方鎮表：上元元年升容州經略都防禦使爲觀察使。乾寧四年升爲寧遠軍節度使，與通鑑時間合。定保天復三年前後入容州爲巡官，當爲寧遠軍巡官，言容管巡官當是以舊地稱之。

昭宗天祐元年（甲子，九〇四），三十五歲

八月，朱全忠遣樞密使蔣玄暉及左龍武統軍朱友恭弑昭宗於椒殿。立輝王祚爲皇太子，更名柷，監軍國事。又矯皇后令，太子於柩前即位，是爲昭宣帝。

定保在容州寧遠軍巡官任上。

昭宣帝天祐二年(乙丑,九〇五),三十六歲

六月,白馬驛事件,殺王溥、陸扆、趙崇等三十餘朝士於滑州白馬驛。

吴王楊行密病卒。顔蕘謫官湖外,不久卒。

定保自容州入廣州,依劉隱,入隱清海軍節度使幕,同幕有倪曙、劉浚、李衡、周傑、楊洞潛、趙光裔諸人。

後梁貞明三年、南漢乾亨元年(丁丑,九一七),四十八歲

通鑑卷二七〇:「(貞明三年)癸巳,清海、建武節度使劉巖即皇帝位於番禺,國號大越,大赦,改元乾亨。」

夏,定保出使荆南。八月以後返南漢。授禮部郎中知制誥。

劉毓崧考王定保此年撰成摭言,不確。

新五代史卷六五南漢世家:「(貞明)二年,祀天南郊,大赦境内,(劉巖)改國號漢。龑(巖改名)初欲僭號,憚王定保不從,遣定保使荆南,及還,懼其非己,使倪曙勞之,告以建國。定保曰:『建國當有制度,吾入南門,清海軍額猶在,四方其不取笑乎!』龑笑曰:『吾備定保久矣,而不思此,宜其譏也。』」

萬曆南昌府志卷一八云：「劉龑將建號，署百官，患定保抗直，多異議，乃令使荆，逾年方還。」

十國春秋卷五八南漢一高祖本紀：「貞明二年。乾亨元年秋八月癸巳，王（劉龑乾化三年龑封南平王）即皇帝位於番禺，國號大越，大赦，改元乾亨。」

南漢書卷二高祖本紀：「貞明二年，帝遣幕屬王定保聘于荆南。」

清吴蘭修撰南漢紀：「蘭修按：遣使月日不著，其復命在八月以後，則遣使當在夏間矣。十國春秋荆南世家書使至於貞明二年，誤也。」

唐五代文學編年史五代卷：「（貞明三年）八月，劉巖即皇帝位，國號大越，改元乾亨。初，巖欲僭號，懼定保反對，遣使荆南。及還，告以建國事，定保議以制度不全，然實贊同而事之。」

後梁貞明四年、南漢乾亨二年（戊寅，九一八），四十九歲

仕南漢。

新五代史卷六五南漢世家：「（乾亨）二年，祀天南郊，大赦境内，改國號漢。」

十國春秋南漢高祖本紀：「乾亨二年冬十一月，帝祀南郊，大赦，改國號曰漢。」

萬曆南昌府志卷一八：「乃令（定保）使荆，逾年方還。授禮部郎中知制誥。假秘書監使于吴，楊行密見而奇之，禮待甚厚。」

案：新五代史吴世家楊行密傳：「天祐二年……九月，梁兵攻破襄州，趙匡凝奔於行密。十一月，行密卒，年五十四，謚曰武忠。」（一説在天祐三年，參見陳師尚君舊五代史新輯會證。）從時間上來説，定保乾亨二年使吴時，

楊行密已去世十三、四年，「楊行密見而奇之，禮待甚厚」，顯無可能。

後唐同光二年、南漢乾亨八年（甲申，九二四），五十五歲

定保仍仕南漢，獻南宮七奇賦。

新五代史卷六五南漢世家：「八年，作南宮，王定保獻南宮七奇賦以美之。」

南漢大有初，約六十歲

此時或稍後，定保撰唐摭言成書。

定保任寧遠節度使，治容州。至大有十三年在任。

南漢書卷九王定保傳：「大有初，官寧遠節度使。」

萬曆南昌府志卷一八：「大有中，爲容州節度使。先是，軍宴多調民爲具，定保悉以家財供給，吏民懷之。」

後晉天福五年、南漢大有十三年（庚子，九四〇），七十一歲

定保此年十一月拜中書侍郎平章事，不久去世，享年七十一歲。

通鑑卷二八二：「是歲，漢門下侍郎、同平章事趙損卒。以寧遠節度使南昌王定保爲中書侍郎、同平章事，不逾年，亦卒。」

十國春秋南漢高祖本紀：「十一月丁丑望，月食。是歲，同平章事趙損卒。以寧遠節度使王定保爲中書侍郎同平章事，尋亦卒。」

南漢書卷九王定保傳：「（大有）十三年，趙損卒，入代爲中書侍郎、同平章事。不逾年，卒。」然考異卻又作大有十四年。

萬曆南昌府志卷一八：「召歸，遷中書侍郎平章事，卒，贈司空。」

唐五代文學編年史五代卷：「王定保七十一歲。仍爲南漢寧遠軍節度使。十一月，拜中書侍郎、同平章事。」

清萬斯同南漢將相大臣年表十三年庚子考：「按廣雅本繫此二人於十二年，於定保下無官銜，作『俱本年卒』。考定保爲相，在庚子十二月損卒以後，損亦不卒於己亥，故今從稿本訂正。」

附録二　歷代書目著録

宋史　藝文志　子部　小説類

王定保　摭言　十五卷

崇文總目　卷五　小説類　北宋　王堯臣等撰

摭言　十五卷

郡齋讀書志　卷三下　小説類　南宋　晁公武撰

摭言　十五卷

右唐王定保撰，八十三門，記唐朝進士應舉登科雜事。

直齋書録解題　卷一一　小説家類　南宋　陳振孫撰

摭言　十五卷
唐王定保撰。專記進士科名事。定保，光化三年進士，爲吴融子華婿。喪亂後入湖南，棄其妻弗顧，士論不齒。
廣摭言　十五卷
鄉貢進士何晦撰，其序言太歲癸酉下第於金陵鳳臺旅舍。癸酉者，開寶六年也，時江南猶未下，晦蓋其國人歟？

遂初堂書目　小説類　南宋　尤袤撰

摭言

通志　卷六八　藝文略第六　小説　南宋　鄭樵撰

摭言　十五卷　王定保撰

文獻通考　卷二一六　經籍考四十三　子　小説家　元　馬端臨撰

摭言　十五卷

晁氏曰：「唐王定保撰，分六十三門，記唐朝進士應舉登科雜事。」

陳氏曰：「定保，光化三年進士，爲吴融子華婿。喪亂後入湖南，棄其妻弗顧，士論不齒。」

唐摭言　十五卷

陳氏曰：「鄉貢進士何晦撰。其序言太歲癸酉下第於金陵鳳臺旅舍。癸酉者，開寶六年也，時江南獨未下，晦蓋其國人歟？」

文淵閣書目　卷八　荒字號第一廚書目　子雜　明　楊士奇撰

唐摭言　一部三册　完全

國史經籍志　卷四下　子部　小説家　明　焦竑撰

摭言　十五卷　王定保

唐摭言　十五卷　南唐何晦

晁氏寶文堂書目　中卷　子雜　明　晁瑮撰

唐摭言

菉竹堂書目　卷三　子雜　明　葉盛撰

唐摭言　三册

澹生堂書目　卷七　子類第三　小説家　雜筆　明　祁承㸁撰

摭言一卷　王定保　正稗海本

近古堂書目　子部　小説類　明　佚名撰

摭言

徐氏家藏書目　卷四　子部　小説類　明　徐𤊹撰

唐摭言　一卷　宋王保定

絳雲樓書目　子部　小説類　清　錢謙益撰

摭言

注：「唐末王定保撰，記當時進士應舉登科雜事，凡十五卷。定保，吴子華婿也。又唐摭言十五卷，

南唐何晦撰。」（吴縣陳景雲注）

上善堂宋元板精抄舊抄書目　清　孫從添撰

舊鈔摭言十五卷，有孫岫藏印，趙詒琛跋。

四庫全書總目　卷一四〇　子部五〇　小説家類一

五代王定保撰。舊本不題其里貫，其序稱王溥爲從翁，則溥之族也。陳振孫書録解題謂定保爲吴融之婿，光化三年進士，喪亂後入湖南。五代史南漢世家稱定保爲邕管巡官，遭亂不得還，劉隱辟置幕府，至劉龑僭號之時尚在，其所終則不得而詳矣。考定保登第之歲距朱温篡唐僅六年，又序中稱溥爲丞相，則是書成于周世宗顯德元年以後，故題唐國號，不復作内詞。然定保生於咸通庚寅，至是年八十五矣，是書蓋其暮年所作也。同時南唐鄉貢士何晦亦有唐摭言十五卷，與定保書同名。今晦書未見，而定保書刻于商氏稗海者删削大半，殊失其真。此本爲松江宋賓王所録，末有跋語，稱以汪士鋐本校正，較稗海所載特爲完備，近日揚州新刻，即從此本録出。惟是晁公武讀書志稱是書分六十三門，而此本實一百有三門，數目差舛不應至是，豈商維濬之前已先有删本耶？是書述有唐一代貢舉之制特詳，多史志所未及，其一切雜事，亦足以覘名場之風氣，驗士習之淳澆，法戒兼陳，可爲永鑒，不似他家雜録但記異聞已也。據定保自述，蓋聞之陸扆、吴融、李渥、顏蕘、王溥、王涣、盧延讓、楊贊圖、崔籍若等所談云。

欽定四庫全書簡明目録 卷一四 子部十二 小説家類

唐摭言 十五卷

五代王定保撰，商維濬嘗刻於稗海中，刪削不完。此乃揚州所刊宋賓王家足本也，凡一百三門，述唐代貢舉之制特詳，其一切雜事，亦足見當日之士風，有資法戒。

附録三　歷代題跋題記

宋鄭昉跋

唐以進士爲重，摭言所載，最爲詳備。刊之宜春郡齋，與好事者共之。嘉定辛未重午日，柯山鄭昉。（雅雨後印本載）

明徐𤊹跋

稗海摭言一卷。此書有十五卷，此僅什一，掇拾類書而爲之者。王定保作保定，誤。定保，光化初進士。（徐氏筆精卷六）

清朱彝尊跋

唐重科目，舉措分殊，有國史未具析者，藉王氏摭言，小大畢識，後代得聞其遺制。奈流傳者寡，又爲末學所删，存不及半。是編一十五卷，獲之京師慈仁寺集，乃足本也。卷尾有柯山鄭昉跋，稱嘉定辛

未刊於宜春郡。吴江徐電發近録棠郇相國所藏，與此本略同，當就其校讎訛字發雕焉。（書籍碑版題跋偶録）

（按：此跋另見於朱氏曝書亭集卷五二摭言足本跋及清人耿文光撰萬卷精華樓藏書記卷九九小説家類一摭言十五卷。跋中云「獲之京師慈仁寺集，乃足本也。」耿氏所録「足本」爲「定本」，恐誤抄。）

清王士禛跋

唐王保定摭言，足本凡十五卷，宋嘉定中柯山鄭昉刻於宜春。竹垞有寫本，予戊辰辛未于京師兩借觀，今會稽商氏刻僅什之一耳，商刻稗海多得之浙東鈕石溪家。（居易録卷一六）

摭言足本十五卷。從朱竹垞翰林借鈔，視稗海所刻多什之五。唐人説部流傳至今者絶少，此書洎封氏聞見記，皆秘本可貴重，當有好事者共表章之。王士禛阮亭跋。（雅雨後印本載）

黄永年藏舒木魯明鈔本跋（唐研究　第五卷）

卷首題識

阮亭嘗向余稱封氏見聞記並摭言皆爲説部中秘本可寶貴者。余嘗借觀二書，爲皮架上。經數月而後返，竟以未及鈔寫爲恨。今觀介夫手録摭言，本乃亦從阮亭所借者，蓋同一借有鈔有不鈔，人之好學與不好學夫也，可以見矣。噫！即此可以懲余之懶漫坐荒云。

卷尾跋

摭言足本，葵窗居士鈔本中多舛字，借松南中允藏本，屬余校之。立秋晚涼，凡六閲日而盡十五卷，正恐落葉亦不能盡掃耳。丁酉七月二日芝柟生校畢記。

書衣題

余生平喜説部書，而唐摭言十五卷世無刻本。余從漁洋尚書借而鈔之，春蚓秋蛇，甚不成字。吾友蒿亭先生南歸，持以爲贈，見此倘亦如常相悟言耳，因並識之。時康熙丁酉十月十三日長白舒木魯明。

張海鵬題識

唐摭言十五卷，無宋槧可讎，所見者唯一二照宋鈔本。後有嘉定辛未鄭昉題識者，最爲近古，所稱「臼頭本」是也。按第十卷載應不捷聲賈益振蔣凝條云：「臼頭花鈿滿面，不及徐妃半妝。」後人罔知，改作「白頭」。於字義則易明，於用意則甚乖。雅雨堂槧本亦仍其失。世人輕改古書，東坡固嘗病之矣；余既從邵朖仙處假得舊本是正，益歎校訂之難。倘異日宋槧種子尚見人間，或恐金根日及，有不止於是者。是又深望而未敢必者也。嘉慶乙丑荷誕日琴川張海鵬識。（學津討原本）

葛元煦題識

科舉之典，昉於唐代，法美意良，得人稱盛。三百年中，朝制之因革，士風之趨尚，足爲百世下掌故，端賴有人筆而記之，以昭一朝之盛事，蓋當時僅記聞見，後世奉爲楷模。此摭言十五卷，所以重其流傳也。昔商維濬曾將此書刻入稗海，删削不完，讀者惜焉。嗣爲德州盧雅雨都轉重梓，余於海昌朱養齋孝廉處丐得其原本，因爲重付剞劂，以廣流傳，願與唐代選舉志及封氏見聞記並垂不朽云。光緒五年歲次己卯正月仁和葛元煦理齋氏識。（嘯園叢書本）

清周廣業跋

唐王定保撰。定保，瑯琊人，方慶八世從孫也，登光化二年進士。是書專紀進士應舉登科雜事，列爲一百五門，各爲論贊，有關一朝典故。案進士科起于隋，盛于唐，得失之際，判若雲泥。争者既多，弊亦百出。就其所載干請營求已極醜態，則皆白衣公卿，一品白衫之號誤之。士習之壞，未必不由於此。是書向於稗海見之，此爲德州盧氏所刊，雕印甚精，惜訛字甚多，未及校正耳。（四部寓眼録）

清周中孚跋

唐摭言十五卷　學津討原本

南漢王定保撰，（定保，南昌人，唐光化三年進士，爲邕管巡官。避亂不得還，劉隱辟置幕府。至劉龑僭號，官至中書侍郎同平章事。）四庫全書著録。崇文目、讀書志、書録解題、宋志所載俱無「唐」字。陳氏又載「南唐何晦唐摭言十五卷」，通考同，其書久佚。後人刊此書，因此亦加以「唐」字耳。晁氏稱是書分六十三門，記唐朝進士應舉登科雜事。而今本實一百有三門，疑晁氏所舉有訛也。據第三卷散序條有云：「定保樂聞科第之美，嘗諮訪於前達間。如丞相吴郡公扆（陸扆），翰林侍郎漢陽公（吴融），恩門右省李常侍（渥），顔□□（蕘），從翁丞相（溥），從叔南海記室（涣），其次同年盧十三（延讓）、楊五十一（贊圖）、崔二十七（籍若）等十許人。時蒙言及京華故事，靡不録之於心，退則編之於簡策。」蓋其所記，皆從博諮廣詢而來，故能於一代貢舉之制特詳，有新唐書選舉志所未備者。其所縷述雜事，亦足見當日之士風，有資勸戒。近李雨邨所纂制義科瑣記及淡墨録，猶有王氏之遺意焉。是書向推盧氏雅雨堂本，張若雲以其間有仍舊本之失處，因復據善本是正而付之梓，並爲之跋，冠以提要一篇。至稗海所收係删本，説郛僅録一卷而已。（鄭堂讀書記卷六三）

蕘圃藏書題識續録　卷二　子類　黄丕烈撰　吴縣王大隆輯

唐摭言十五卷　舊鈔本

蔣凝賦「臼頭花鈿滿面，不若徐妃半妝」，今本均作「白頭」，昔人以「臼頭本」爲貴，此尚是「臼頭本」也，蕘翁。

藝風藏書記　卷二　諸子第三雜家　清繆荃孫

唐摭言十五卷

舊鈔本，新城王氏藏書。

李氏手跋曰：「乾隆庚申五月，購得新城王氏家藏鈔本唐摭言十五卷。」按阮亭蠶尾集有摭言足本，跋云：「摭言十五卷，從朱竹垞翰林借抄，視稗海所刻多十之五。唐人説部流傳至今者絶少，此書洎封氏聞見記皆秘本可貴重，當有好事者共表章之」云云，當即此本。名賢手澤，洵可寶也。庚申季秋易安園主人李文駒手識。

又按，阮亭居易録云：「唐王定保摭言，足本凡十五卷，宋嘉定中柯山鄭昉刻於宜春。竹垞有寫本，予戊辰辛未于京師兩借觀之，今會稽商氏刻僅十之一耳，商刻稗海多得之浙東鈕石溪家」云。今是本末卷尾有前字，的係所鈔宋本無疑。駒又識。

按：蔣凝賦四句播於人口，或稱之曰：「臼頭花鈿滿面，不若徐妃半妝」，今本均作「白頭」，昔人以「臼頭」本爲貴，此尚是「臼頭」本也。

唐摭言　徐洪鼇跋本（南京圖書館藏膠捲）

唐以進士爲重，摭言所載，最爲詳備。刊之宜春郡齋，與好事者共之。嘉定辛未重午日，柯山鄭昉書。

乾隆辛未重午日，曉堂校對一過。

乾隆庚辰上巳前二日，又從雅雨堂新刊本校勘一過。

摭言一書，自前明商氏以删節本刻入稗海，遂失王氏之舊。原書足本久爲藝林稀覯之籍。國初，松陵宋賓王以汪退谷太史家藏本校補，始還舊觀，四庫即以著録。而雅雨堂叢書中之據以翻雕者亦此也。此本爲武原張氏涉園故物。咸豐戊午得之西吴書舫，楮墨俱舊，尚是雅雨未刻以前鈔本，所據未審何本。而子目一百三門，按之提要所稱宋氏之本悉合。曉堂不識何許人，以雅雨堂本覆校，亦極精核，卷末有宋刊一跋，然與鈔者出自兩手，是據宋刻傳鈔與不，固未可肊定，而要爲舊鈔之足寶，則確然無疑焉。辛酉之亂，余藏書散佚，什一僅存，此書獨得完好。長夏無事，重裝一過，因記。癸亥六月鼇庵居士徐洪鼇跋。

（按：此跋王重民中國善本書提要收入，「徐洪鼇」作「徐保鼇」）

唐摭言　傅增湘批校雅雨堂叢書初印本（國圖編號：〇〇一九六）

唐以進士爲重，摭言所載，最爲詳備。刊之宜春郡齋，與好事者共之。嘉定辛未重午，柯山鄭昉書。

乾隆甲子冬十一月，在廣陵，以叢書樓本校定數字，其疑者闕之。厲鶚記。

道光丙午十月朔，從吴山寶書堂購。丹鉛精舍主人勞權手識。

（以上皆傅增湘筆録）

廠市得舊鈔本，有樊榭老人校記。新春少事，排日移校，惜八卷以前殘佚。異日當以學津本補之。丙辰燕九節，時雪滿園林，絶有疎寒之致。增湘。

七月廿九日，假莫楚丈藏鈔本補校前八卷。沅叔。

唐摭言　厲鶚校跋本　（國圖編號：〇二一五九）

外封

道光丙午十月朔，從吴山寶書堂購。丹鉛精舍主人勞權手識。

卷末

唐以進士爲重，摭言所載，最爲詳備。刊之宜春郡齋，與好事者共之。嘉定辛未重午日，柯山鄭昉書。

乾隆甲子冬十一月在廣陵，以叢書樓本校定數字，其疑者闕之。厲鶚記。

唐摭言　宋筠抄本（國圖編號：一一三四五）

目録前

唐以進士爲重，摭言所載，最爲詳備。刊之宜春郡齋，與好事者共之。嘉定辛未重午日，柯山鄭昉書。

摭言足本十五卷。從朱竹垞翰林借鈔，視稗海所刻多十之五。唐人説部流傳至今者絶少，此書洎封氏聞見記，皆秘本可貴重，當有好事者共表章之。康熙壬申年長至日南郊大雪，經筵講官户部右侍郎王士禛。

己亥中秋後五日，借葵窗居士善本逐一校勘，其中訛字僅去十分之半，並録鄭、王二跋于前。

卷末

唐重科目，舉錯分殊，有國史未具析者，藉王氏摭言，小大畢識，後代得聞其遺制。奈流傳者寡，又爲末學所删，存不及半。是編一十五卷，獲之京師慈仁寺集，乃足本也。卷尾有柯山鄭昉跋，稱嘉定辛未刊于宜春郡。吴江徐電發近録棠邨相國所藏，與此本略同，當就其校讎訛字發雕焉。秀水朱彝尊竹垞識。

雪苑宋筠蘭揮録于京邸，時己亥花朝前一日。柯山鄭昉跋未及抄，容爲補入。

此書錯誤甚多，惜無别本可對勘，即各條中尚有重出及前後倒置者，亦不能盡改。戊子八月望前十日龍藻識。

唐摭言　揆敘舊藏抄本（國圖編號：〇八二五四）

卷末録鄭昉跋

唐以進士爲重，摭言所載，最爲詳備。刊之宜春郡齋，與好事者共之。嘉定辛未重午日，柯山鄭昉書。

唐摭言　黄丕烈藏抄本（國圖編號：〇二七五五）

目録前

唐以進士爲重，摭言所載，最爲詳備。刊之宜春郡齋，與好事者共之。嘉定辛未重午日，柯山鄭昉書。

目録末

甲子冬季以二金得此于福州後街，今年在余府巷檢讀一過，丁卯三月記。

于卷中檢得顧千里、黄蕘圃兩先生手跋一紙，撿裝入卷尾，又記。

（按：以上爲朱筆跋）

卷葉中有標題某卷幾葉字及校勘小籤，皆復翁筆也。

詒見其手跋最多，是以識之，後之得者勿輕棄也。星詒又記。

是書經顧、黄二公閲過，而誤脱仍多，未嘗正補。惜無盧刻及他本一爲讐對耳，悵悵惋惋。三月晦夕覽訖記。夸脱内文李氏同望。丁卯三月二十九日葆馥李蕙讀過。

（按：以上墨筆跋）

卷末

辛未夏日校鮑氏集訖，以此遺日。用嘉靖本太平廣記略校，廣記所采與本書互有詳略，未敢盡改，但正舛誤脱落不可通者，疑則缺之，以示謹慎。十一日癸巳人星詒記。

（按：以上爲朱筆跋）

雅雨堂開雕是書，無嘉定辛未跋，亦足本也。第十卷有云「白頭花鈿滿面，不若徐妃半妝」，屢讀不見其誤，此本獨作「臼頭」，初觀尚未謂然，徐悟出列女辨通傳，乃指無鹽耳。夫開雕如雅雨堂之是書精矣，然猶遜舊本，況惡刻耶。

蕘圃出此見示，舉以共欣賞，他佳處殊多，不悉及云。嘉慶丁巳九月燈下閲一過記。顧廣圻。

此抄本唐摭言，余於丙辰春得諸書肆中，取其卷末有宋人跋，或從刻本影抄，較盧雅雨本有異同爾。近顧澗薲以此參校，果多勘正處。勿以世有刻本而薄抄本爲不必觀，其信然哉。嘉慶丁巳秋九月廿八日黃丕烈書。

壬申五月廿有二日，新收得雅雨堂刻本摭言，「臼頭」已不誤，當經補校修版故也。復翁又記，其先獲此時，又隔十五年矣。

乙亥中秋前二日，五柳主人新收洞庭山上人家書一單，中有惠松崖先生藏舊鈔本，向爲毛子晉家藏者，與此殊不同，因並收之，是舊鈔又添一本矣。時光荏苒，回憶得此書時，忽忽廿年，老之將至，可慨也矣。廿止醒人記。

（按：以上墨筆跋）

上册卷七末

太平廣記引用諸條，凡「恒」字，此本皆改作「常」，蓋避宋諱也，可證是天水舊槧，特表出之。（墨筆）

唐摭言　管庭芬抄吴昂駒、方成珪校正本　（國圖編號：一〇六八七）

目録後

道光元年嘉平月上浣，借武原張石樓茂才家藏鮑氏知不足齋本重校一過。醒園識。

道光十四年五月下浣，雪齋方成珪校閲一過。

道光甲午歲杪，以方雪齋師手鈔定本校閲三次，凡有論辨俱採録焉。其或旁引他書，出於可緩者則略之。醒園又誌。

全書後跋

唐以進士爲重，摭言所載，最爲詳備。刊之宜春郡齋，與好事者共之。嘉定辛未重午日，柯山鄭昉書。

此書五代王定保撰，明商維濬刻入稗海，頗多芟削，不成完書。今秘閣所藏，乃維揚所刊宋賓王家足本也。是鈔舊從嘉定宜春郡齋刊本録出，淵源尤古，惜繕寫者非讀書種子，魯魚帝虎，觸目紛紜。然一百三門，門目靡遺，次序不紊。縱夜光或混於魚目，崑山間雜以碔砆，瑕不掩瑜，往往遇寶。邢子才云思誤書亦是一適，即借爲求適之具，猶勝於他本遠甚。海昌吴醒園明經昂駒，績學功深，出此見示，因爲手鈔一過。其顯然紕繆者依形聲改之，或用他本正之。所云一本，雅雨堂盧刻也；所云鮑本者，知不足齋主人所校也；所云朱本者，曝書亭朱氏所手鈔者也，皆醒園舊校，不敢攘善而没其勞焉。餘著按字，悉係鄙論。或原本尚有可通，兩本各不相礙者，必仍留其舊，亦多聞闕疑之意耳。但其中存疑正自不少，安得藏書家善本細加勘讐，埽榛穢而闢康莊，重付梓人，豈非藝林一快事哉！荆州之惠，跂予望之矣。時道光十四年六月中澣瑞安雪齋方成珪識。

是書余家藏有雅雨堂刊本，卒卒寡暇，未遑校也。内兄吴子醒園，虚懷好古，老而彌篤。前於吴山書肆得此抄本，見與近刻每有魯魚亥豕之異，乃復購曝書亭本、知不足齋本，合而校之，方知盧本之紕繆，不一而足。刻印雖精，未足貴也。此本雖亦有錯誤，然視盧本則已善矣。醒園於字之顯謬者正之，可疑者兩存之。復證以唐詩紀事、海録碎事及諸名人引用摭言各書中，逐加標出，復釐正幾百餘字。噫！醒園之神勞矣，醒園之功偉矣。今春余僑寓汀溪，與醒園館寓密邇，偶論及定保著述，慨然出此本以示，予爲照簽録出，竊謂自今以後，得有好事者重刊之，廬山面目其庶幾矣。感醒園之下問，爰識數語附後，蘭江弟周勛常。

唐摭言十五卷，五代王定保所著也。當日流傳僅二卷，蓋從説部摘録，故前後亦失次，非完本也。此書宋嘉定辛未柯山鄭昉曾刻於宜春郡齋，竹垞翁得其影抄足本，跋而傳之。近盧、鮑二家梓人叢書者，則從閣本矣。今此卷題「周後人翊聖」，與近梓者稍異，蓋王氏系出王子晉之後，故曰周後人。至翊聖，則定保之字也。道光改元，醒園吴丈得其舊寫本於武林書肆，重加校勘，頗有正盧、鮑二家所略。雪齋方學師讀而善之，爰悉歲餘精力，爲之考訂，並以史傳證當日之事，蓋欲仿抱經堂注顔氏家訓體例，誠善舉也。惜所注過半，雪齋師又升任甬東，此志中輟。然其簽題如飄風落葉，恐歷久散去，誠爲可惜。因從醒園丈處假歸，手繕其副，使繼此志者，易於爲力云。録書始於癸卯初夏，屢爲人事間斷，至臘盡蕆事，至其中審擇去取，亦粗有所補益焉。芷湘居士管庭芬跋於淬江寓館之箠花吟榭。

頃又從拜經樓藏本，得竹垞檢討手書朱字跋云：「唐重科目，舉措分殊，有國史未具析者，藉王氏摭言，小大畢識，後代得聞其遺制。奈流傳者寡，又爲末學所删，存不及半。是編一十五卷，獲之京師慈仁寺集，乃足本也。卷尾有柯山鄭昉跋，稱嘉定辛未刊于宜春郡。吴江徐電發近録棠郇相國所藏，與此本略同，當就其校讎訛字發雕焉。」下署彝尊識，用橢形小長蘆朱文印，並記於此，癸丑冬日丙鴻。

劉毓崧　唐摭言跋（存目）

胡玉縉　四庫全書總目提要補正·唐摭言（存目）

余嘉錫　四庫提要辨證·唐摭言（存目）

岑仲勉　跋唐摭言（存目）

附録四　參考文獻

周易正義，（魏）王弼、（晉）韓康伯注，（唐）孔穎達等疏，中華書局，一九八〇年影印十三經注疏本
尚書正義，（漢）孔安國傳，（唐）孔穎達等疏，中華書局，一九八〇年影印十三經注疏本
毛詩正義，（漢）毛亨傳，鄭玄箋，（唐）孔穎達等疏，中華書局，一九八〇年影印十三經注疏本
周禮注疏，（漢）鄭玄注，（唐）賈公彦疏，中華書局，一九八〇年影印十三經注疏本
禮記正義，（漢）鄭玄注，（唐）孔穎達等疏，中華書局，一九八〇年影印十三經注疏本
春秋左傳正義，（晉）杜預注，（唐）孔穎達等疏，中華書局，一九八〇年影印十三經注疏本
論語注疏，（魏）何晏注，（宋）邢昺疏，中華書局，一九八〇年影印十三經注疏本
孝經注疏，（唐）唐玄宗注，（宋）邢昺疏，中華書局，一九八〇年影印十三經注疏本
孟子注疏，（漢）趙岐注，（宋）孫奭疏，中華書局，一九八〇年影印十三經注疏本
史記，（漢）司馬遷撰，中華書局，二〇一三年點校本修訂本
漢書，（漢）班固撰，中華書局，一九六二年

後漢書，（南朝宋）范曄撰，中華書局，一九六五年
晉書，（唐）房玄齡撰，中華書局，一九七四年
隋書，（唐）魏徵等撰，中華書局，二〇一八年點校本修訂本
南史，（唐）李延壽撰，中華書局，一九七五年
舊唐書，（五代）劉昫等撰，中華書局，一九七五年
新唐書，（宋）宋祁、歐陽脩等撰，中華書局，一九七五年
新唐書宰相世系表集校，趙超編著，中華書局，一九八六年
隋唐五代五史補編，北京圖書館出版社，二〇〇五年
新舊唐書人名索引，張萬起編，上海古籍出版社，一九八六年
隋唐史，岑仲勉著，中華書局，一九八二年
舊五代史，（宋）薛居正等撰，中華書局，二〇一五年點校本修訂本
新五代史，（宋）歐陽脩撰，中華書局，二〇一五年點校本修訂本
舊五代史新輯會證，陳尚君輯纂，復旦大學出版社，二〇〇五年
資治通鑑，（宋）司馬光撰，中華書局，一九五六年
資治通鑑考異，（宋）司馬光撰，四部叢刊景宋刊本
通鑑及新唐書引用筆記小説研究，章群著，臺北文津出版社，一九九九年

南漢書，（清）梁廷枏撰，廣東人民出版社，一九八一年
南漢紀，（清）吴蘭修撰，王甫校注，廣東高等教育出版社，一九九三年
南漢將相大臣年表，（清）萬斯同撰，二十五史補編本
唐會要，（宋）王溥撰，中華書局，一九五五年
五代會要，（宋）王溥撰，中華書局，一九九八年
唐方鎮年表，（清）吴廷燮撰，中華書局，一九八〇年
唐六典，（唐）李林甫等撰，中華書局，一九九二年
通典，（唐）杜佑撰，中華書局，一九九二年
通志，（宋）鄭樵撰，中華書局，一九八七年景萬有文庫本
文獻通考，（元）馬端臨撰，中華書局，二〇一一年
吴越備史，（宋）錢儼撰，（清）丁丙輯，光緒九年（一八八三）丁氏嘉惠堂武林掌故叢編本
十國春秋，（清）吴任臣撰，中華書局，一九八三年
廿二史考異，附三史拾遺、諸史拾遺，（清）錢大昕撰，上海古籍出版社，二〇〇四年
廿二史劄記校證，（清）趙翼撰，王樹民校證，中華書局，一九八四年
唐才子傳校箋，傅璇琮主編，中華書局，一九八七—一九九五年
登科記考，（清）徐松撰，中華書局，一九八四年

登科記考訂補，岑仲勉著，歷史語言研究所集刊第十一本，一九四三年
登科記考正補，陳尚君著，唐代文學研究，第四輯，一九九三年
登科記考補正，（清）徐松撰，孟二冬補正，北京燕山出版社，二〇〇三年
唐代詔敕目録，（日）池田温編，三秦出版社，一九九一年
唐大詔令集，（宋）宋敏求輯，商務印書館，一九五九年
唐大詔令集補編，李希泌主編，上海古籍出版社，二〇〇三年
十駕齋養新録，（清）錢大昕撰，上海書店出版社，一九八三年
居易録，（清）王士禛撰，文淵閣四庫全書本
唐史研究叢稿，嚴耕望著，香港新亞研究所，一九六九年
唐人行第録（外三種），岑仲勉著，中華書局上海編輯所，一九六二年
唐史餘瀋，岑仲勉著，中華書局上海編輯所，一九六〇年
岑仲勉史學論文集，岑仲勉著，中華書局，一九九〇年
岑仲勉史學論文續集，岑仲勉著，中華書局，二〇〇四年
金石論叢，岑仲勉著，上海古籍出版社，一九八一年
通鑑隋唐紀比事質疑，岑仲勉著，中華書局，一九六四年
隋唐制度淵源略論稿，唐代政治史述論稿，陳寅恪著，三聯書店，二〇〇一年

元白詩箋證稿，陳寅恪著，三聯書店，二〇〇一年
金明館叢稿初編，陳寅恪著，三聯書店，二〇〇一年
金明館叢稿二編，陳寅恪著，三聯書店，二〇〇一年
跋康熙時舒木魯明鈔本唐摭言，黄永年著，唐研究，第五卷，北京大學出版社，一九九九年
唐摭言作者王定保事跡辨正，王素、李方著，文史，第二十五輯，一九八五年
唐僕尚丞郎表，嚴耕望著，中華書局，一九八六年
唐尚書省郎官石柱題名考，（清）勞格、趙鉞撰，中華書局，一九九二年
唐御史臺精舍題名考，（清）趙鉞、勞格撰，中華書局，一九九七年
翰林學士壁記注補，岑仲勉著，歷史語言研究所集刊第十五本，一九四八年
郎官石柱題名新著録，岑仲勉著，歷史語言研究所集刊第八本第一分，一九三九年
唐刺史考全編，郁賢皓著，安徽大學出版社，二〇〇〇年
元和郡縣圖志，（唐）李吉甫撰，中華書局，一九八三年
括地志輯校，（唐）李泰撰，賀次君輯校，中華書局，一九八〇年
方輿勝覽，（宋）祝穆撰，祝洙增訂，中華書局，二〇〇三年
元豐九域志，（宋）王存撰，中華書局，一九八四年
太平寰宇記，（宋）樂史撰，中華書局，二〇〇七年

讀史方輿紀要，（清）顧祖禹撰，中華書局，二〇〇五年
古今姓氏書辨證，（宋）鄧名世撰，守山閣叢書本
元和姓纂附四校記，（唐）林寶撰，岑仲勉校記，郁賢皓、陶敏整理，孫望審定，中華書局，一九九四年
兩京新記，（唐）韋述撰，正覺樓叢書本
秦中歲時記，（唐）李淖撰，説郛本
拜經樓藏書題跋記，（清）吴騫撰，吴壽暘輯録，叢書集成初編本
南昌文徵，（清）魏元曠編纂，臺北成文出版社，一九七〇年
南昌縣志，（清）魏元曠編纂，臺北成文出版社，一九七〇年
（萬曆）新修南昌府志，（明）范淶修、章潢撰，書目文獻出版社，一九九〇年
吴郡志，（宋）范成大撰，臺灣成文出版社，一九七〇年
中國古代家族與國家形態：以漢唐時期琅琊王氏爲主的研究，王大良著，甘肅人民出版社，一九九九年
崇文總目，（宋）王堯臣撰，粤雅堂叢書本
遂初堂書目，（宋）尤袤編撰，海山仙館叢書本
天一閣書目，附碑目，（明）范欽藏，清嘉慶阮氏文選樓刻本
郡齋讀書志校證，（宋）晁公武撰，孫猛校證，上海古籍出版社，一九九〇年

直齋書録解題，（宋）陳振孫撰，上海古籍出版社，一九八七年
明代書目題跋叢刊，書目文獻出版社，一九九四年
四庫採進書目，吴慰祖編，商務印書館，一九六〇年
四庫全書總目，（清）永瑢等撰，中華書局，一九六五年
四庫提要辨證，余嘉錫著，中華書局，一九八〇年
四庫全書總目提要補正，胡玉縉撰，王欣夫輯，中華書局，一九六四年
中國善本書提要，王重民著，上海古籍出版社，一九八三年
蕘圃藏書題識，（清）黄丕烈撰，中華書局，一九九三年影印本
藏園群書經眼録，傅增湘撰，中華書局，一九八三年
自莊嚴堪善本書目，周叔弢撰，天津古籍出版社，一九八五年
四部寓眼録，（清）周廣業撰，海寧周氏萬潔齋校刊本
皕宋樓藏書志，（清）陸心源撰，光緒八年（一八八二）十萬卷樓本
越縵堂讀書記，（清）李慈銘撰，商務印書館，一九五九年
藝風藏書記，（清）繆荃孫撰，中華書局，一九九三年影印本
柏克萊加州大學東亞圖書館中文古籍善本書志，上海古籍出版社，二〇〇五年
古刻名抄經眼録，江澄波著，江蘇人民出版社，一九九七年

唐代墓誌彙編，周紹良編，上海古籍出版社，一九九二年
唐代墓誌彙編續集，周紹良、趙超主編，上海古籍出版社，二〇〇一年
千唐誌齋藏誌，河南省文物研究所、河南省洛陽地區文管處編，文物出版社，一九八四年
五代墓誌彙考，周阿根著，黄山書社，二〇一一年
秦晉豫新出墓誌蒐佚，趙君平、趙文成編，國家圖書館出版社，二〇一一年
秦晉豫新出墓誌蒐佚續編，趙文成、趙君平編，國家圖書館出版社，二〇一五年
河洛墓刻拾零，趙君平、趙文成編，北京圖書館出版社，二〇〇七年
大唐西市博物館藏墓誌，胡戟、榮新江主編，北京大學出版社，二〇一二年
新中國出土墓誌，中國文物研究所等編，文物出版社
隋唐嘉話，（唐）劉餗撰，中華書局，一九七九年
明皇雜録，（唐）鄭處誨撰，中華書局，一九九四年
劇談録，（唐）康駢撰，照曠閣學津討原本
唐國史補，（唐）李肇撰，照曠閣學津討原本
獨異志，（唐）李亢撰，振鷺堂稗海本
封氏聞見記，（唐）封演撰，學海類編本
教坊記箋訂，（唐）崔令欽撰，任半塘箋訂，中華書局，一九六二年

前定録，（唐）鍾輅撰，照曠閣學津討原本
劉賓客嘉話録，（唐）韋絢撰，學海類編本
大唐新語，（唐）劉肅撰，中華書局，一九八四年
本事詩，（唐）孟棨撰，津逮秘書本
朝野僉載，（唐）張鷟撰，中華書局，一九七九年
雲仙雜記，（唐）馮贄撰，四部叢刊續編本
雲溪友議，（唐）范攄撰，四部叢刊續編本
玉泉子，（唐）佚名撰，稗海本
兼明書，（唐）丘光庭撰，寶顔堂秘笈本
唐闕史，（唐）高彦休撰，知不足齋本，龍威秘書本
因話録，（唐）趙璘撰，古典文學出版社，一九五七年
北里志，（唐）孫棨撰，古今説海本
杜陽雜編，（唐）蘇鶚撰，照曠閣學津討原本
集異記，（唐）薛用弱撰，中華書局，一九八〇年
幽閒鼓吹，（唐）張固撰，叢書集成新編本
東觀奏記，（唐）裴庭裕撰，中華書局，一九九四年

蘇氏演義，（唐）蘇鶚撰，中華書局，二〇一二年
資暇集，（唐）李匡文撰，中華書局，二〇一二年
刊誤，（唐）李涪撰，中華書局，二〇一二年
金華子雜編，（南唐）劉崇遠撰，讀畫齋叢書本
北夢瑣言，（五代）孫光憲撰，中華書局，二〇〇二年
鑒誡録，（五代）何光遠撰，知不足齋本
中華古今注，（五代）馬縞撰，中華書局，二〇一二年
唐語林校證，（宋）王讜撰，周勛初校證，中華書局，一九八七年
南部新書，（宋）錢易撰，粵雅堂叢書本
野客叢書，（宋）王楙撰，中華書局，一九八七年
容齋隨筆、續筆、三筆、四筆、五筆，（宋）洪邁撰，四部叢刊續編景宋刊本
能改齋漫録，（南宋）吴曾撰，墨海金壺本
少室山房筆叢，（明）胡應麟撰，上海書店出版社，二〇〇一年
陶廬雜録，（清）法式善撰，中華書局，一九五九年
揚州畫舫録，（清）李斗撰，中華書局，一九六〇年
唐五代五十二種筆記小説人名索引，方積六、吴冬秀編撰，中華書局，一九九二年

宋高僧傳，（宋）贊寧撰，中華書局，一九八七年
雲笈七籤，（宋）張君房撰，中華書局，二〇〇三年
文苑英華，（宋）李昉等編，中華書局，一九六六年影印本
全唐詩，（清）彭定求等編，中華書局，一九六〇年
續勞格讀全唐文劄記，岑仲勉著，歷史語言研究所集刊第九本，一九四七年
全唐詩補編，陳尚君輯校，中華書局，一九九二年
全唐文，（清）董誥編，中華書局，一九八三年影印本
全唐文補編，陳尚君輯校，中華書局，二〇〇五年
全唐文補遺，吴鋼主編，三秦出版社，一九九四—二〇〇七年
全唐文補遺·千唐誌齋新藏專輯，吴鋼主編，三秦出版社，二〇〇六年
全上古三代秦漢三國六朝文，（清）嚴可均輯，中華書局，一九五八年影印本
唐文粹，（宋）姚鉉編，四部叢刊景密韻樓元翻宋小字本
六臣注文選，（唐）李善等六臣注，中華書局，一九八七年
唐集敘録，萬曼著，中華書局，一九八〇年
王子安集注，（唐）王勃撰，（清）蔣清翊集注，上海古籍出版社，一九九五年
駱臨海集箋注，（唐）駱賓王撰，（清）陳熙晉箋注，上海古籍出版社，一九八五年

楊炯集，（唐）楊炯撰，中華書局，一九八〇年
盧照鄰集，（唐）盧照鄰撰，中華書局，一九八〇年
孟浩然集，（唐）孟浩然撰，四部叢刊景明刊本
王右丞集箋注，（唐）王維撰，（清）趙殿成箋注，中華書局上海編輯所，一九六一年
杜詩鏡銓，（唐）杜甫撰，（清）楊倫箋注，上海古籍出版社，一九九八年
杜詩詳注，（清）仇兆鰲注，中華書局，一九七九年
杜甫全集校注，蕭滌非主編，人民文學出版社，二〇一四年
李太白全集，（唐）李白撰，（清）王琦注，中華書局，一九七七年
劉長卿詩編年箋注，（唐）劉長卿撰，儲仲君箋注，中華書局，一九九六年
禪月集，（唐）貫休述，曇域編，四部叢刊初編景印景宋寫本
長江集新校，（唐）賈島撰，李嘉言新校，上海古籍出版社，一九八三年
顔魯公文集，（唐）顔真卿撰，四部叢刊初編景明錫山安氏館刊本
李遐叔文集，（唐）李華撰，文淵閣四庫全書本
李元賓集，（唐）李觀撰，粤雅堂叢書本
戴叔倫詩集校注，（唐）戴叔倫撰，蔣寅校注，上海古籍出版社，二〇一〇年
昌黎先生集，（唐）韓愈撰，中華再造善本景宋咸淳廖氏世綵堂刻本

昌黎先生集考異，（宋）朱熹撰，上海古籍出版社，一九八五年影印本
韓昌黎文集校注，（唐）韓愈撰，馬其昶校注，上海古籍出版社，一九九八年
韓愈年譜，（宋）吕大防等撰，中華書局，一九九一年
皇甫持正文集，（唐）皇甫湜撰，四部叢刊初編景宋刊本
李賀詩歌集注，（唐）李賀撰，（清）王琦等注，上海古籍出版社，一九七七年
白居易集，（唐）白居易撰，中華書局，一九七九年
白居易年譜，朱金城著，上海古籍出版社，一九八二年
白氏長慶集，（唐）白居易撰，四部叢刊初編景日本翻宋大字本
元氏長慶集，（唐）元縝撰，四部叢刊初編景嘉靖壬子董氏刊本
劉禹錫年譜，卞孝萱著，中華書局，一九六三年
温庭筠全集校注，（唐）温庭筠撰，劉學鍇校注，中華書局，二〇〇七年
李商隱文編年校注，（唐）李商隱撰，劉學鍇、余恕誠校注，中華書局，二〇〇二年
李商隱詩歌集解，（唐）李商隱撰，劉學鍇、余恕誠集解，中華書局，二〇〇四年
毘陵集，（唐）獨孤及撰，四部叢刊初編景亦有生齋校刊本
李德裕年譜，傅璇琮著，中華書局，二〇一三年
牛僧孺年譜，丁鼎著，遼海出版社，一九九七年

李文公集，（唐）李翱撰，四部叢刊初編景明成化乙未馮孜刊本
杜牧集繫年校注，（唐）杜牧撰，吴在慶校注，中華書局，二〇〇八年
皮子文藪，（唐）皮日休撰，四部叢刊初編景明刊本
羅隱集，（唐）羅隱撰，雍文華輯校，中華書局，一九八三年
甫里先生文集，（唐）陸龜蒙撰，四部叢刊初編景黄蕘圃校明抄本
司空表聖文集，（唐）司空圖撰，四部叢刊初編景涵芬樓藏舊抄本
通義堂文集，（清）劉毓崧撰，續修四庫全書影印民國劉氏求恕齋叢書本
唐代詩文六家年譜，羅聯添著，學海出版社，一九八六年
唐宋詞人年譜（修訂本），夏承燾著，古典文學出版社，一九五五年
唐五代人物傳記資料綜合索引，傅璇琮等編撰，中華書局，一九八二年
太平廣記，（宋）李昉等編，中華書局，一九六一年
太平御覽，（宋）李昉等編，中華書局，一九八五年影印本
玉海，（宋）王應麟撰，廣陵書社，二〇〇三年影印本
説郛，（明）陶宗儀等編，中國書店，一九八六年景涵芬樓本
紺珠集，（宋）朱勝非編，文淵閣四庫全書本
册府元龜，（宋）王欽若等編，中華書局，一九六〇年影印本

永樂大典，中華書局，一九八六年影印本
海外新發現永樂大典十七卷，上海辭書出版社，二〇〇三年影印本
海録碎事，（宋）葉廷珪撰，中華書局，二〇〇二年
事物紀原，（宋）高承編，惜陰軒叢書本
記纂淵海，（宋）潘自牧撰，北京圖書館古籍珍本叢刊影印本
古今事文類聚，（宋）祝穆撰，文淵閣四庫全書本
增修詩話總龜，（宋）阮閲撰，四部叢刊初編景明月窗道人校刊本
韻語陽秋，（宋）葛立方撰，歷代詩話本
唐詩紀事，（宋）計有功撰，四部叢刊初編景明嘉靖錢塘洪氏刊本
唐詩紀事校箋，（宋）計有功撰，王仲鏞校箋，巴蜀書社，一九八九年
詩人主客圖，（唐）張爲撰，歷代詩話續編本
五代詩話，（清）王士禛原編，鄭方坤删補，書目文獻出版社，一九八九年
筆記小説大觀，臺北新興書局，一九七八年影印本
類説，（宋）曾慥輯，文學古籍刊行社，一九五五年影印本
趙嘏詩注，（唐）趙嘏撰，譚優學注，上海古籍出版社，一九八五年
唐詩人行年考，譚優學著，四川人民出版社，一九八一年

唐詩人行年考續編，譚優學著，巴蜀書社，一九八七年
全唐詩人名考證，陶敏著，陝西人民教育出版社，一九九六年
全唐詩人名彙考，陶敏著，遼海出版社，二〇〇六年
全唐詩人名考，吴汝煜、胡可先著，江蘇教育出版社，一九九〇年
唐九卿考，郁賢皓、胡可先著，中國社會科學出版社，二〇〇三年
唐人小説研究，王夢鷗撰，臺北藝文印書館，一九七一年
全唐詩作者小傳補正，陶敏著，遼海出版社，二〇一〇年
唐詩人軼事考辨，羅聯添著，臺灣編譯館館刊，一九七九年第六期
唐宋文史論叢及其他，傅璇琮著，大象出版社，二〇〇四年
唐五代文學編年史，傅璇琮等著，遼海出版社，一九九八年
唐詩叢考，王達津著，上海古籍出版社，一九八六年
唐代筆記小説敘録，周勛初著，江蘇古籍出版社，二〇〇〇年
唐人筆記小説考索，周勛初著，江蘇古籍出版社，二〇〇〇年
舊小説，吴曾祺編，上海書店出版社，一九八五年

唐宋史料筆記叢刊　書目

桯史
〔宋〕岳珂
游宦紀聞　舊聞證誤
〔宋〕張世南　〔宋〕李心傳
鐵圍山叢談
〔宋〕蔡絛
四朝聞見録
〔宋〕葉紹翁
春渚紀聞
〔宋〕何薳
蘆浦筆記
〔宋〕劉昌詩
鶴林玉露
〔宋〕羅大經
湘山野録　續録　玉壺清話
〔宋〕文瑩

泊宅編
〔宋〕方勺
老學庵筆記
〔宋〕陸游
西溪叢語　家世舊聞
〔宋〕姚寬　〔宋〕陸游
石林燕語
〔宋〕葉夢得　〔宋〕宇文紹奕考异
雲麓漫鈔
〔宋〕趙彦衛
鷄肋編
〔宋〕莊綽
清波雜志校注
〔宋〕周煇
建炎以來朝野雜記
〔宋〕李心傳

麟臺故事校證

〔宋〕程俱

師友談記　曲洧舊聞　西塘集耆舊續聞

〔宋〕李廌　〔宋〕朱弁　〔宋〕陳鵠

墨莊漫録　過庭録　可書

〔宋〕張邦基　〔宋〕范公偁　〔宋〕張知甫

侯鯖録　墨客揮犀　續墨客揮犀

〔宋〕趙令畤　〔宋〕彭□輯

北夢瑣言

〔五代〕孫光憲

南部新書

〔宋〕錢易

范成大筆記六種

〔宋〕范成大

容齋隨筆

〔宋〕洪邁

封氏聞見記校注

〔唐〕封演

開元天寶遺事　安禄山事迹

〔五代〕王仁裕　〔唐〕姚汝能

朝野類要

〔宋〕趙升

後山談叢　萍洲可談

〔宋〕陳師道　〔宋〕朱彧

愛日齋叢抄　浩然齋雅談　隨隱漫録

〔宋〕葉寘　〔宋〕周密　〔宋〕陳世崇

蘇氏演義（外三種）

〔唐〕蘇鶚　〔五代〕馬縞　〔唐〕李匡文

〔唐〕李涪

教坊記（外三種）

〔唐〕崔令欽　〔唐〕李德裕　〔唐〕鄭綮

〔唐〕段安節

丁晉公談録（外三種）
〔宋〕潘汝士　〔宋〕夷門君玉
〔宋〕孫升口述　〔宋〕劉延世筆録
〔宋〕孔平仲

奉天録（外三種）
〔唐〕趙元一　〔唐〕佚名　〔南唐〕尉遲偓
〔南唐〕劉崇遠

靖康緗素雜記
〔宋〕黄朝英

夢溪筆談
〔宋〕沈括

愧郯録
〔宋〕岳珂

錢塘遺事校箋考原
〔宋〕劉一清

曾公遺録
〔宋〕曾布

儒林公議
〔宋〕田況

雲溪友議校箋
〔唐〕范攄

嬾真子録校釋
〔宋〕馬永卿

王文正公筆録
〔宋〕王曾

王文正公遺事　清虚雜著三編
〔宋〕王素　〔宋〕王鞏

酉陽雜俎
〔唐〕段成式

新輯實賓録
〔宋〕馬永易

志雅堂雜鈔　雲煙過眼録　澄懷録

〔宋〕周密

大唐傳載（外三種）

不著撰人　〔唐〕張固　〔唐〕李濬　〔唐〕李綽

劉賓客嘉話録

〔唐〕韋絢

唐國史補校注

〔唐〕李肇

唐摭言校證

〔五代〕王定保